汉语史专书复音词研究

（增订本）

程 湘 清 著

商 务 印 书 馆

2018 年·北京

图书在版编目(CIP)数据

汉语史专书复音词研究(增订本)/程湘清著.
—北京:商务印书馆,2008(2018.3重印)
(古汉语专书研究系列)
ISBN 978-7-100-05511-6

Ⅰ.汉…　Ⅱ.程…　Ⅲ.汉语—古词语—研究
Ⅳ.H131

中国版本图书馆 CIP 数据核字(2007)第 073708 号

HÀNYǓSHǏ ZHUĀNSHŪ FÙYĪNCÍ YÁNJIŪ

汉语史专书复音词研究
(增订本)

程 湘 清　著

商 务 印 书 馆 出 版
(北京王府井大街36号　邮政编码 100710)
商 务 印 书 馆 发 行
北 京 冠 中 印 刷 厂 印 刷
ISBN 978-7-100-05511-6

2008 年 1 月第 1 版　　　开本 850×1168　1/32
2018 年 3 月北京第 2 次印刷　印张 15
定价:39.00 元

目　　录

一卷名山　两袖清风

——序程湘清《汉语史专书复音词研究》

序这种文体的产生,即使只从司马迁《太史公自序》算起,也有两千多年的历史了;受私人之托为私人著作写序,据说始于皇甫谧序左思的《三都赋》,从那时至今,也有1700多年的历史了;至于为古籍作序,撇开所谓孔子序《书》、子夏序《诗》不论,从刘向的"叙录"算起,也有两千多年了。序这种文体有如此长的生命力,如此被人看重,总有某种道理在。序既不同于书评,又不同于传记,却兼有二者之长。序是作者与读者之间的桥梁,它所提供的信息往往为"独家报道",也往往具有很高的学术价值和史料价值。就鄙人的阅读经验而言,每读一书,总要先读序和跋。如无序无跋,秃头又秃尾,则废书而叹,颇为怅恨。可是,自从顾炎武以来,对作序的事情就多所非议。这也难怪,序跟其他文体一样,质量有优劣,文品有高下。"多设游扬之辞"、"徒载空言竟献谀词以相标榜"之类的序文,受到非议自在情理之中。但有关序文的理论研究及其发展历史的研究,几乎是空白。顾炎武提出的一些原则也不可全信。如他说"书不当两序",我看就不见得对。只要言之有物,二序三序又何妨。他又说:"唐杜牧答庄充书曰:'自古序其文者,皆后世宗师其人而为之,今吾与足下并生今世,欲序足下未已之文,固不可也。'读此言,今之好为人序者,可以止矣。"按顾氏此言,我这篇序文就在"可以止矣"之列了。这又是我所不敢苟同的。理由是：正因为我与程湘清不仅"并生今世"，而且还有同窗五载之谊，所以我能告诉后人一个所不知道的程湘清。

程湘清，山东成武县人。1956年由菏泽一中考入北京大学中文系，性本爱文学，三年级伊始却被选入语言专门化；正当他立志献身语言学、系里也决定让他留校任教时，又被北京市委看中，点名要他到市委工作。从此，一个在语言学领域很有发展前途的业务尖子，服从组织需要开始步入仕途。现在的程湘清，已积劳40余载，官拜"侍郎"，两袖清风，一卷名山记梦痕。

综观湘清的"仕途"，既有"阴风怒号"，又有"春和景明"；既有"江湖之远"，又有"庙堂之高"。40年前，初出茅庐不久就遭遇"文革"。他的母校北大，他的机关北京市委，都被砸了个稀巴烂，他又好"舞文弄墨"，发表点小杂文，无须上纲上线，很自然就"靠"在邓拓、"三家村"那一边去"站"着了，后来发配到大兴县当了一名普通社员。还是故乡好，他的山东老乡好心好意地接纳了他。他们说："你与其在北京当社员，还不如回俺们老家当社员哩。"在京城漂泊了14载的湘清，1970年又回到了那个西临定陶东临金乡北靠巨野南接曹县的成武故乡。守望家园的夫人兼老同学，喜何如之！那位有眼光的县领导能让这样一支清新俊逸的大笔杆去当社员吗？在故乡的田野他一干就是8年，除了做好本职工作，还完成了人生一大任务：生儿育女。最后以县委宣传部副部长的身份调往省城。

乡园虽好，毕竟好不过梦笔生花、学林结果；父老虽亲，毕竟亲不过"尚友"古人、通国之善士。17载寒窗，所为何事？学人所苦者，莫过于学非所用，用非所学。一进省城，湘清就焕发了学术青春。社科院那种半官半民的工作,他游刃有余,可谓得其所哉,得其所哉!他从久违了的故纸堆中又捡回了汉语史,他又要发论文了,又要当主编了,又要在语言学这块园地上大显身手了。我看着他迸发出的学术热情,为之赞叹不已。那时候,山西有个温端政,山东有个程湘清,这两位北大子弟,王力高足,把本属冷门的语言学搞得有声有色,而又与今之炒作者迥然不同。他们都是有真本事且脚踏实地又能团结人的干才。前者组建山西语言学会,后者组建山东语言学会,前者办《语文研究》,后者办《语海新探》;前者咬住晋方言不放,后者咬住专书研究不放。王力师也亲自上阵,给予多方面的支持。《王力文集》之所以在山东教育出版社出版,程湘清有牵线搭桥之功。他一手策划的那套五卷本汉语史断代专书专题研究丛书,也引起了国内外同行的重视,引用率相当高,在这套丛书中发表大块文章的先生们、女士们,也深受其惠。"程湘清主编"也因此声名远播,他还需要我这个老同学来游扬声气"竟献谀词以相标榜"吗?他这个"主编"头衔可不是用来自欺欺人、沽名钓誉的。我们在学生时代编写《汉语发展史》时,他就是主编之一。他不仅要承担许多事务工作、审稿工作,还承担了繁重的撰稿任务。全班同学平均每人应完成 4 篇稿子,他一人就完成了 13 篇,名列第一。他简直就是个"拼命三郎",我这头"湖南骡子"有时也自愧弗如。我们看这套五卷本丛书,每一本都有他写的编稿后记。有事务性的交代,也有研究方法的探讨。更为重要的是每一卷都有他的呕心沥血之作,总计字数达 26 万。全稿均已收入本论文集,读者自可评说。我只想强调一点:汉语史断代专书研究的重要意义。尽管我们在学生时代就想以集体的力量编写一部汉语发展通史,而且初稿也编写出来了,也有某些独特见解,但严格来说,无论是40多年前还是40多年后的今天,编写汉语发展通史的条件并不十分成熟。根本原因是断代研究、专书研究都不够。当然,这不是说现在就不能写汉语通史,但通史必须建立在断代史的基础之上,这已经成为共识。湘清他们包括我的老同学何乐士、王绍新等,已经在这一方面进行了有意义的探索。尤其是湘清从方法论总结的四条原则的确是他们10年实践的心得之谈。他的《汉语史断代专书研究方法论》具有开创意义,是值得一读的。若说不足之处,是断代带有明显的主观性,我以为语音、语法、词汇的断代必然具有参差性、不平衡性,三者不可能一刀切,在理论上应如是看,至于实际处理上,"划分为五个断代"未尝不可。这套丛书还有一个明显的倾向是词汇和语法的断代描写、专书研究,成绩显著,而语音的断代描写则嫌不足了,这笔账当然不能算在主编头上,也与本论文集无关,但的确是今后断代研究中极应关注的一个问题,非有意求全责备也。遗憾的是著者仕途陡转,命运之神又一次不让他全力以赴从事语言研究。东坡先生说:"长恨此身非我有,何时忘却营营?"像程湘清这样的干部,有才能、苦干、忠诚、严于律己,有哪一个正直的领导不愿意选拔这样的人才呢? 在山东社会科学院的第七个年头,也就是1985年4月,山东省委接到以彭真委员长名义打来的电话:调程湘清上全国人大常委会办公厅研究室工作。真是:山东子弟多才俊,卷土重来未可知。15年前离开京城时,茕茕孑立,形影相吊,那时我正在江西鲤鱼洲修理地球,不知道他此行是伤感呢还是庆幸呢? 这次"卷土重来"可不一样了,一下子卷来了一个5口之家。上有老,下有小,天子脚下,柴米油盐,样样都贵,居何容易! 从来的京官都是清苦的,何况程湘清这样的清官呢? 我想他的经济负担一定很重,办公厅的工作更是非常繁重。

两副重担压在肩上,还搞那个枯燥无味的语言学吗?搞哟,不搞语言学还算程湘清吗?我听说,1989年底至1990年初写那篇9万多字的《变文复音词研究》时,正赶上机关工作特忙,经常夜半回家才开始研析变文,往往一坐两三个小时不动,夫人刘俊英多次催促,才搁笔休息。我们都是很少过节假日的人。他说:"哪个假日没加班,没研读,反觉得是白过了。"他多次跟我谈起:"我搞语言研究有瘾,乐此不疲。"记得40多年前,也就是1960年那个暑假,我们全班同学不放假,忙于撰写《汉语发展史》,昼夜苦干,"乐此不疲"。时年22岁的程湘清,竟能科研、结婚两不误。他把俊英请进北京,和班上另外两对新人一起举行集体婚礼。8月12日(星期五)那天,像开班会似的,大家热热闹闹、说说笑笑就把他们的婚姻大事给办了。湘清这种不磕一头、不请一客、轻取"围城"、办大事如烹小鲜的风度,何等潇洒,何等风流!婚礼一完,他又"乐此不疲"去了。俊英很能理解他、支持他,故君子偕老,恩爱如初。在他"卷土重来"之后,我也曾建议过:"你既然如此热爱语言学,何不转到高校来当教授呢?"他似乎有动于心,特别在意大利那不勒斯东方大学正式邀请他去讲授汉语一年时,他曾向领导谈过此意。但哪个领导愿意放走这样一位只干活不调皮的秀才呢?于是,他右手写时文,左手写论文,白天当官人,晚上当学人。他当官人有十足的书卷气,当学人可没有令人讨厌的官气。此时,他的健康也受到严重挑战,世上毕竟没有铁打的汉呀!

聪明的读者不难发现,湘清的这些论文也体现了至关重要的专一精神。惟专惟一,故能精进。他十年如一日,抱住这个"复音词"不放,掘进,掘进,不断地掘进,终于贯通古今,卓然有成。听说后来他转向研究民主法制理论,也是专注于"人大监督"专题,著述甚多。如果一暴十寒,用志不专,羊头上搔搔,狗头上摸摸,那就难成正果了。没有十年面壁的精神,就不要谈什么学术!

现在回想起20世纪五六十年代的大学生活,恍如隔世,几有谈开天遗事之感。我们这一代知识分子,与年轻的共和国一起成长,与普通百姓一样经受荣辱。当年母校给我们的教育就是要爱祖国、爱人民、爱自己的专业,像程湘清这样的官员,鞠躬尽瘁,从政不忘读书,正是那个时代精神的体现。为学与做官,看似无关,实则大有关系。曾国藩与李鸿章的区别就在"学问"二字上。曾氏以学问起家,以学问治军为政,故有"圣相"之称;李鸿章虽也中过进士,点过翰林,终难逃"不学无术"之讥。他的部下有那么多祸国殃民的军阀,他本人也不干不净,就糟在不以学问修身为本。从古以来,整顿吏治的有效之方就是提倡读书。即使不能官官都像程湘清这样著书立说,至少也能去掉奔竞之习,去掉以声色货利相尚的坏风气。读书可以清心,可以寡欲,可以知廉耻,可以砥砺名节,当然,也可以大长智慧,大长才干,何乐而不为!

这样说来,我们不仅可以读程湘清这本书,也可以读读程湘清这个人了。

何 九 盈

2002 年 2 月 19 日

于北京西郊蓝旗营寓所

写 在 前 面

——汉语史专书研究方法论

  我是北大中文系 56 级语言班学生，1960 年曾参加集体编写《汉语发展史》，毕业前还在《北京大学学报》上发表了我执笔的书稿中余论的一节，当时的心情是：这一辈子是和汉语史干上了。但参加工作后，我却主要在党政机关做政策研究工作，只有 1980 年至 1985 年在山东社会科学院集中搞了一段语言研究。这期间，直至 1991 年，我同何乐士、王绍新、杨克定、冯春田、张鸿魁等同志合作进行了汉语史断代专书研究，先后出版了《先秦汉语研究》、《两汉汉语研究》、《魏晋南北朝汉语研究》、《隋唐五代汉语研究》和《宋元明汉语研究》，均由山东教育出版社出版。在这套被称为"汉语史断代专书研究丛书"中，我分工撰写专书词汇部分，着重对汉语发展中的复音化现象进行描写和探索。1985 年后，由于我又调回国家机关工作，组织和参加丛书后三本的编著，只能在做好本职工作的前提下进行了。尤其是最后一本，我已无时间完成承担的研究课题，只好由我女儿程娟代劳写了一篇《〈金瓶梅〉动词研究》（她还写一篇《金瓶梅》形容词的文章，因未来得及收入书中，后在《中国语文》杂志发表）。而我只能挤时间对汉语史断代专书研究的方法作一小结，忝为《宋元明汉语研究》一书的代序。现在，感谢商务印书馆将我几篇研究汉语复音词的文章结集付梓，我把这篇方法论略加修订,仍放在全书的前面。

在《两汉汉语研究》后记中,我曾讲到,在各部论集中的文章各自独立成篇,学术观点也不尽一致,但按照断代、专书、专题研究的要求,却采取了大体相似的研究方法,即:

Ⅰ.解剖"麻雀",由点窥面;

Ⅱ.历史比较,鉴别异同;

Ⅲ.分门别类,静态描写;

Ⅳ.定量分析,从数求质。

现在看来,上述概括虽然不完全准确,但大体反映了我们从事这项工作的基本研究方法。下面,我们就从四个方面加以讨论。

一、选好专书,作穷尽式解剖。

汉语史断代专书研究的首要工作是确定断代,选好专书。确定断代,是从汉语发展的历史长河中横切一刀,选定一个横断面。这同汉语史的分期不是一回事,但是进行断代研究无疑有助于汉语史的科学分期。选好专书,是从每个横断面——通常都包括一个相当长的历史时代,选择适当的汉语书面语料。是否"适当",需要具备三个条件:第一,要看口述或撰写某部专书的作者是否属于该断代,这需要做一番专书及其作者的辨伪的工作。例如《尚书》一书,经考证除了《大诰》等十三篇属西周作品,其余则为后人拟作,不能选为研究西周语言的依据。第二,要看专书的语言是否接近或反映该断代的口语,这是最重要的一条标准。因为有书面记载以来的整个汉语史都是口语和文言并存的历史,只有接近或反映口语的书面语言才能比较真实地记录汉语的历史面貌。例如,东汉唯物主义思想家王充立足于"疾虚妄"、"求实诚"的进步主张,提倡"文字与言同趋","口则务在明言,笔则务在露文",乃至"直露其文,集以俗言",以力求达到"言无不可晓,指无不可睹",因此其语言虽经作者书面加工,仍在一定程度上反映当时的口语面貌,选择《论衡》作为专书研究对象是适当的。第三,要看专书的篇幅大小是否具备相当的语言容量。篇幅太小,不足于对词汇、语法、语音各要素进行描写和分析,则不宜确定为专书研究的语料。如明代刘基撰《诚意伯文集》,卷首收录了朱元璋召见刘基子刘仲璟的口语谈话,按前两项标准衡量都无问题,但因其分量有限,则不宜确定为专书研究的对象。

根据上述要求,我们把汉语发展的历史划分为五个断代,每个断代选择了部分专书作为主要研究对象。必须说明,我们选择的专书只是比较有代表性的部分著作。事实上各断代都有大量可供研究的专书语料。例如,先秦时期有:《尚书》(西周作品部分)、《诗经》、《楚辞》、《论语》、《墨子》、《孟子》、《庄子》、《荀子》、《左传》、《战国策》、《韩非子》、《吕氏春秋》等。两汉时期有:《史记》、《论衡》、乐府民歌以及近年出土的西汉帛书等。魏晋南北朝时期有:《抱朴子》、《世说新语》、《搜神记》、《搜神后记》、《百喻经》以及部分东汉佛经译文等。隋唐五代时期有:敦煌变文、敦煌曲子词、禅宗语录、《祖堂集》以及部分唐诗包括李白、杜甫、白居易等诗人的诗作等。宋元明时期有:宋元话本(包括《大宋宣和遗事》、《全相平话》五种、《古今小说》),宋儒语录(包括《二程集》、《朱子语类》),部分宋词和宋诗(包括苏轼、黄庭坚、晁补之、辛弃疾等词人的词作及苏轼、陆游等诗人的诗作),蒙译汉著作(包括《元朝秘史》、《元典章》),元曲(包括《元刊古今杂剧三十种》、《脉望馆钞校古今杂剧》及明人臧懋循编《元曲选》),朝鲜人学习汉语的会话书(包括《老乞大》、《朴事通》)以及长篇小说《水浒传》、《西游记》、《金瓶梅》等。

专书研究的一个形象的说法是"解剖麻雀",意思是对每部书作穷尽式的研究,从一个一个的典型来观察某一个时代的语言面貌。正如有的同志指出的,根据对一部书全面研究而得出的结论,当然要比只根据若干例句作出的结论更有价值。将这些专书的语言现象弄清楚了,对各个历史时期的语言面貌就有了比较具体的了解。再把各个历史时期联系起来,就能比较全面地(而不是片断地)比较清晰地(而不是模糊地)勾画出汉语历史发展的轮廓①。1983年3月,我应邀出席全国语言学学科规划会议。与会同志在讨论汉语史研究现状时指出,汉语史的研究,过去已经取得了不少成绩,但是基础研究做得很不够。要在汉语史研究方面取得重大进展,必须对历史上的许多重要著作从语言学角度做比较详尽的研究,写出专书词典或专书语法。专书词典应包括全部语汇。专书语法应包括全部句型②。这里说的专书研究要包括"全部词汇"、"全部句型",指的就是穷尽式的研究。当然,所谓"穷尽式"也是相对的,它既包括专书词典的全部词汇,专书语法的全部句型,也包括某一词汇、语法、语音现象在专书中的详尽情况。总之,要从基础工作上下笨工夫。

二、分门别类,进行系统的静态描写。

专书研究最基础的工作是对汉语进行共时静态描写。只有描写得具体、全面,结论才比较可靠,揭示规律才能够深入。

静态描写要求具体、全面,当然不是随随便便、杂乱无章、自然主义的描写,而是要在理论指导下,经过分析和综合,分门别类,进

---

① 参看蒋绍愚《汉语史研究的回顾与前瞻》,载《语言教学与研究》1989年第2期。

② 见该次会议所发《全国语言学学科规划会议纪要》。

行科学描述。对语料分门别类,是一个去粗取精、去伪存真、由此及彼、由表及里的探求过程。分门别类的结果,就把语料区别为具有一定从属关系的不同层次的大小类别,从中可反映出各种语言现象的本质区别和内在联系。可见,分门别类要以语言现象的本质的内在属性为标准,绝不是以非本质的外部特征为依据。这需要作深入细致的观察和提炼才能做到。如何乐士在《〈左传〉的单句和复句初探》一文中,把单句按谓语的性质分为动词谓语句、名词谓语句、形容词谓语句、数词谓语句、副词(或助动词)谓语句、主谓谓语句等六种单句句型。每种句型又按谓语构成情况的复杂程度分成若干小类。动词谓语句是单句中谓语构成最复杂的句型,文章按动词的作用和以动词为中心的内部结构分为十二个小类。其中有的小类,如"'介宾'·动式",又在"介宾短语作状语"小节中,把"介宾"分为"'于'·宾"、"'以'·宾"、"'与'·宾"、"'自'·宾"、"'为'·宾"、"'及'·宾"、"'从'·宾"、"'由'·宾"、"'因'·宾"、"'用'·宾"、"'当'·宾"、"'循'·宾"、"'代'·宾"、"'逮'·宾"等十四种情况,并对每类介宾短语的作用和每个介词通常所带的宾语作了细致的分析。读了以后,不仅觉得描写细致,而且还有一定的层次感[①]。

分门别类要科学,必须有一定的理论指导。事例从观察得,理论从事实来。正确的理论会引导你善于观察和发现事实。我在讨论《论衡》、《世说新语》和敦煌变文的复音词时,运用了现代语义学义位、义素分析的方法。对此,有的评论文章给予了基本肯定性的评述,兹摘取其中的一段:

---

① 参看洪成玉《一部富有特色的汉语断代研究论集——读〈先秦汉语研究〉》,载《语文研究》1984 年第 4 期。

"程湘清《〈论衡〉中联合式复音词的语义构成》①在确立构词模式基础上对联合式复音词'深层'进行语义分析。根据联合式中'由基本词汇中的单音词同一般词汇中的单音词联合构成'的两个语素贡献的意义分量的差异,从语义上划分出不平等联合的类型,并将音位学的区别性特征原理运用于义素分析,从语义的微观层次阐明了不平等的根源。例如在'糠皮''皮肤'联合词中,基本词'皮'和一般词'糠''肤'的义素构成分别如下:

　　'皮＝属于人或其他生物＋附在人体或其他生物表面＋呈平面形或圆壳形＋一层薄的组织

　　糠＝属于谷稻麦等作物＋附在子实表面＋呈圆壳形＋一层薄的组织

　　肤＝属于人＋附在人体表面＋呈平面形＋一层薄的组织'

　　显而易见,'糠'和'肤'的义素都可囊括在'皮'的义位中,组成合成词后'糠'和'肤'一方面同'皮'的相同义素融合,组成新的语义结构,另一方面排斥了'皮'义位中与己相悖的义素,规定、制约了'皮'的义位,'从而显示出既是联合又是不平等的特点'。《构成》揭示了联合词内部隐含的语义差别,阐明了联合式深层语义关系的辩证统一:互相融合,彼此制约。这就对目前一般认为联合式中并列成分是等量齐观的看法进行了重大的修正;并且还从基本词汇角度说明构词活动性(能产性)特征对扩大联合词法造词功用的影响。基本词多义位的特征使得'每个义位都有可能同一般词的相同相近义位构成不平等联合词',这说明两汉时期联合式构词

　　① 本文系收入《两汉汉语研究》一书的《〈论衡〉复音词研究》的一部分,载《中国语文》1983 年第 5 期。

法比前期间有发展,此是此期间联合式复音词大量出现的原因之一。《构成》的缺点是没有进一步注意到这种语义不平等关系在一定条件下可向偏正式语义关系演化,从而揭示语义同构词法间存在内在的制约转化关系,但其不满足对词汇表面形式的分类、描写,设法透过结构描写去揭示隐藏在现象背后的错综关系,力图把构词法研究和语义研究结合起来的努力是值得肯定的。"①

静态描写其所以要科学、全面,是由语言本身是一个系统而决定的。王力先生指出:"普通语言学还有这样一个原理:语言的历史发展也是系统的。从一个时代变到另一个时代,是一个新的系统代替一个旧的系统。它不是零零碎碎地变的。所以我们研究语言史绝不能零敲碎打。而必须对整个语言系统进行全面的审查。"②这也是我们在进行共时静态描写时的重要指导原则之一。例如我们在研究专书词汇时,不着重在一词一义的诠释上,而是把词汇作为一个系统,从结构、意义、词性、语序乃至修辞等诸方面进行综合研究。只有一个时代一个时代、一本书一本书地从多方面描写整个词汇的面貌,才能摸索出汉语词汇发展的特点和脉络。

三、探源溯流,作纵向历史比较。

"静态的研究对汉语史来说,是必经的阶段,但是单靠静态的研究并不能达到建立汉语史的目的。"③还必须抓住某一断代的汉语某一现象上探源、下溯流,作纵向的历史比较和动态分析。

这里有一个如何正确对待静态和动态的关系问题。按照辩证唯物主义的观点,世界万物都处在不停的运动之中,运动停止了,

①　颜洽茂《古汉语词汇研究的反思和创新》,载《语文导报》1986年第8期。
②　王力《我的治学经验》,载《语言学论文集》第10页,商务印书馆,1985年版。
③　王力《汉语史稿》,见《王力文集》第9卷第20页,山东教育出版社,1988年版。

事物也就消失了。语言也不例外。但由于语言的发展取渐变方式,从某一个断代看似乎是静而不动的,即呈相对静态,实际上它随着社会的发展和人类交际活动的需要,又无时不处在发展变化之中,即呈绝对动态。我们研究汉语史的时候,一方面要把静态描写作为基础,放在首位;另一方面又不能把静态体系作为僵死的东西,既要向前代探源,也要向后世溯流,进行历史的动态的纵向比较。通过比较不同时期汉语现象的异同,来把握汉语的历史发展。

在我们的断代专书研究中,何乐士特别注意运用历史比较的方法:在研究《史记》语法时同《左传》比较;在研究《世说新语》语法时同《史记》比较;在研究变文语法时同《世说新语》比较;在研究元曲语法时同变文比较。在《〈史记〉语法特点研究》一文中,她的具体做法是:一方面,把《史记》中记载史实与《左传》相同的部分跟《左传》进行对照,从司马迁的古今对译和引文变化中找出《史记》语法的一些特点;同时也对《史记》的全部篇章进行调查分析,尽力找出全书在语法上的主要特征。下面将作者比较《左》、《史》异同的做法摘举几例:

(一) 将主语补出。

《左》:十二月戊申,( )缢于新城。(僖$_4$)

《史》:十二月戊申,申生自杀于新城。(《晋世家》)

《左》:及期而往,( )告之曰:"帝许我罚有罪矣,敝于韩。"
　　　(僖$_{10}$)

《史》:及期而往,复见,申生告之曰:"帝许罚有罪矣,獘于韩。"
　　　(《晋世家》)

《左》:壬戌,( )战于韩原。(僖$_{15}$)

《史》:九月壬戌,秦穆公、晋惠公合战韩原。(《晋世家》)

《左》:（　）改馆晋侯,馈七牢焉。(僖$_{15}$)

《史》:于是秦穆公更舍晋惠公,馈之七牢。(《晋世家》)

《左》:（　）无施于民,无援于外;去晋而（　）不送,归楚而（　）不逆,何以冀国?(昭$_{13}$)

《史》:子比无施于民,无援于外;去晋,晋不送;归楚,楚不迎。何以有国!(《楚世家》)[①]

（二）将宾语补出。

《左》:秦伯诱（　）而杀之。(僖$_{24}$)

《史》:秦缪公诱吕、郤等,杀之河上。(《晋世家》)

《左》:王使（　）召之,曰:"来,吾免尔父。"(昭$_{20}$)

《史》:于是王使人召之,曰:"来,吾免而父。"(《楚世家》)

《左》:弗听。使（　）于齐。(哀$_{11}$)

《史》:王始不从,乃使子胥于齐。(《越王句践世家》)

《左》:卫侯请盟（　）,晋人弗许。(僖$_{28}$)

《史》:卫侯请盟晋,晋人不许。(《晋世家》)

（三）用名词(或短语)代替代词"之"。

《左》:夷吾诉之,公使让之。(僖$_5$)

《史》:夷吾以告公,公怒士芳。(《晋世家》)

《左》:秋九月,晋侯饮赵盾酒,伏甲,将攻之。(宣$_2$)

《史》:九月,晋灵公饮赵盾酒,伏甲将攻盾。(《晋世家》)

《左》:公问之,子家以告。(宣$_4$)

《史》:灵公问其笑故,具告灵公。(《郑世家》)

---

① 原文举例证较多,现只摘引部分,详见《两汉汉语研究》(山东教育出版社1992年版)中《〈史记〉语法特点研究》一文。

（四）偏正结构的名词短语明显增加。

《左》：夏四月辛巳，败秦师于殽，获百里孟明视、西乞术、白乙丙以归。（僖13）

《史》：四月，败秦师于殽，虏秦三将孟明视、西乞秋、白乙丙以归。（《晋世家》）

《左》：秦伯纳女五人，怀嬴与焉。（僖23）

《史》：缪公以宗女五人妻重耳，故子圉妻与往。（《晋世家》）

（五）"者"字短语的增加和复杂化。

《左》：宣子与诸大夫皆患穆嬴，且畏偪，乃背先蔑而立灵公，以御秦师。（文7）

《史》：赵盾与诸大夫皆患穆嬴，且畏诛，乃背所迎而立太子夷皋，是为灵公。发兵以拒秦送公子雍者。（《晋世家》）

《左》：寺人披请见。（僖24）

《史》：始尝欲杀文公宦者履鞮知其谋，欲以告文公，解前罪，求见文公。（《晋世家》）

（六）"所"字短语的大量增加与复杂化。

《左》：为之娶于齐，而美，公取之。（桓16）

《史》：右公子为太子娶齐女，未入室，而宣公见所欲为太子妇者好，说而自取之。（《卫康叔世家》）

《左》：先王违世，犹诒之法，而况夺之善人乎？（文6）

《史》：且先王崩，尚犹遗德垂法，况夺之善人、良臣、百姓所哀者乎？（《秦本纪》）

（七）连动式作谓语有明显增加。

《左》：初，郑武公娶于申，曰武姜。（隐1）

《史》：武公十年，娶申侯女为妇人，曰武姜。（《郑世家》）

16

《左》：乞食于野人，野人与之块。（僖₂₃）

《史》：饥而从野人乞食，野人盛土器中进之。（《晋世家》）

（八）兼语式有明显增加。

《左》：初，卫侯游于郊，子南仆。（哀₂）

《史》：灵公游于郊，令子郢仆。郢，灵公少子也，字子南。
（《卫康叔世家》）

《左》：余无子，将立女。（哀₂）

《史》：我将立若为後。（《卫康叔世家》）

经过比较研究和全面分析，作者对《史记》的语法特点得出以下结论：（一）句子成分进一步完备。（二）名词短语这个部分明显发达，不仅数量增加，结构也更加复杂。（三）名词的修饰语更为丰富。（四）动词谓语在各类谓语中占压倒优势，这一特点从《左》到《史》保持不变，但复杂谓语的百分比由《左》的 39％ 上升为《史》的 60％，动词谓语更加复杂化。（五）状语更加生动多样，介宾状语大量出现。（六）介宾补语减少，无介词补语增多，结果补语、趋向补语、程度补语发展迅速。（七）虚词的分工趋于明确，用法逐步规范。（八）如果说并列式、连动式的发展，兼语式的滋生，"介宾"作状语的句式之增加等现象反映了句子结构的扩展，而由连动、并列结构变化为动补式，则表示了句子结构的简缩。这种简缩，实际上是把动作行为及其结果在一个简化的动词结构中体现出来，包含着复杂的语法关系，是在高一级水平上的简化。正是句子结构的扩展与简缩的矛盾斗争，推动着句子的发展。

对于这种用严密的方法把不同时期的共时态进行比较的工作，有的评论文章给予了充分的肯定。许国璋先生在评介何乐士这篇文章时热情洋溢地称赞说："这一工作具有普通语言学的意义,因为它和本世纪初瑞士语言学家索绪尔提出的一项主张(把共时的语言态弄清楚了,历时的语言史才能写好)不约而同。不仅如此,它已经得出有意思的结论:'由以上各点可以看出,《史记》语法较之《左传》有重大的发展变化,它们各有自己的显著特色。因而在汉语史分期的问题上,我们初步考虑,先秦与汉似应划分为两个时期。'也就是说,过去的分期显得不够精确了。本书可以说是近时汉语语言学界较多地注意断代研究的一个例证。"①

我们运用历史比较的方法进行断代专书研究,不但将一个共时态同上一个时代对比,而且注意向下溯流,主要是同现代汉语对比。如王绍新在《唐代诗文小说中名量词的运用》一文中,将通用量词"个"同前代后世的通用量词作了比较和分析,得出南北朝时期"枚"居第一,"个"居其次,到了唐代"个"已跃居头号量词地位,且在大类别上同现代汉语已没有什么不同的结论。又如程湘清在《〈论衡〉复音词研究》一文中,把《论衡》中流传至今的 1275 个复音词从词义、词形、词性各方面进行了追踪调查,探讨了词义方面由单义向多义、由具体到抽象,词性方面由动词到名词,词形方面由不稳定到比较稳定的历史演变规律,同时阐明了两汉时期的复音词对丰富、发展汉语词汇的重要作用和在词汇史上的重要地位。

四、采用数学方法,把定性分析同定量分析结合起来。

在现代科学中运用数学的程度已成为衡量一门科学发展程度的重要标志。在断代专书研究中,我们还在采用数学方法方面进行了尝试。这表现在两个方面:一是运用统计方法,二是提炼形式化的数学模式。

---

① 见许国璋《计量的语言态对比研究》,载《外语教学与研究》1987 年第 1 期。

运用统计方法,就是以大量的观察为基础,通过数量统计总体,揭示从量变到质变的规律性。这是因为构成统计总体的许多个体存在着共同的质的规定性,只有经过大量统计才能使个别的偶然性抵消,使集体的必然性显现出来,从中可以看出一个大致的发展趋向。例如,对《论衡》中九种结构形式的复音词,我们基本上是按照数量统计来观察和分析其发展趋势的。这就是:

(一)九种结构形式的复音词,可归纳为语音造词和语法造词两大类。据统计,语法造词数共计 2199 个,占全书总词数的 95.61%;语音造词共计 101 个,只占 4.39%。这表明语法造词已经占了绝对优势。

(二)语法造词中运用词序方式造词数共计 2136,占语法造词数的 97.14%;运用虚词方式造词数共计 63 个,只占语法造词数的 2.86%。这说明语法造词中又以词序方式造词为大宗。

(三)运用词序方式造词的五种结构复音词,其发展也是很不平衡的:联合式 1404 个,占词序造词数的 67.24%;偏正式 517 个,占词序造词数的 24.76%;而补充式 101 个,支配式 52 个,表述式 14 个,三种合计 167 个,只占词序造词数的 8%。

(四)在联合式和偏正式中,先秦与两汉的“产量”对比起了变化。在《论语》中联合式复音词共计 60 个,占总复音词数的 32.8%,占词序造词数的 45.1%;偏正式复音词共计 67 个,占总复音词数的 36.6%,占词序造词数的 50.3%。在《论衡》中联合复音词共计 1404 个,分别占总复音词数和词序造词数的 61% 和 67.2%;偏正式复音词共计 517 个,分别占总复音词数和词序造词数的 22.5% 和 24.8%。这说明,进入两汉以后,联合式同偏正式的地位发生了向对立面的转化。

（五）联合式复音词的大量出现,是同上古汉语词汇意义的发展、演变有直接关系的。因为联合式复音词两个语素的关系是辩证统一的关系:既有彼此融合的一面,这就是说复音词的词义绝不是两个单音语素意义的简单相加;又有相互制约的一面,即把双方的意义制约在一定义位上。而语言的发展,既要求词义的丰富性、多样性,又要求表达的单一性、明确性。为解决这一矛盾,在单音词义不断发展、丰富的基础上,能够使语义表达更为单纯明确而且容量更大、更能满足交际需要的联合式复音词大量出现就是题中应有之义。

何乐士的语法研究更常常运用数量统计的方法来说明问题。例如《〈左传〉的单句和复句初探》一文仅就否定句中代词宾语的前置和后置就作了几项统计和比较。其中一项统计是:

否定副词	前置例句数	后置例句数	后置数占百分比
不	22	24	52%
莫	14	2	12.5%
未	16	1	6%
无	4	2	33%
毋	1	0	
弗	0	4	100%
勿	0	1	100%
总计	57	34	37.4%

文章通过统计和分析得出结论:《左传》否定句还是以宾语前置占优势,并且纠正说,周光午先生在《先秦否定句代词宾语位置问题》(见《中国语文》杂志社编《语法论集》第三集)一文中说先秦时期否定句中代词宾语基本上是后置优势,是不尽符合《左传》的实际情况的。但另一方面,宾语后置的比例确实比较大,占否定句

总数的 37.4%,有人说后置宾语仅占极少数的比例(《马氏文通》卷四:"有弗辞而代字不先置……仅见也"),更与《左传》的实情相背。不经过细致的计量,是很难就学术界的不同争议作出判断的。

又如《从〈史记〉和〈世说新语〉的比较看〈世说新语〉的语法特点》一文,作者统计出《世说新语》的复句共 2755 个,又从《史记》第八册不加选择地取 2755 个复句,对双方所含谓语读(分句)的多少作了分类统计和对比。见下表:

	二谓语读复句	三谓语读复句	四谓语读复句	五谓语读复句
《史记》	1415(51.4%)	762(27.6%)	413(15%)	165(6%)
《世说新语》	1067(38.7%)	916(33.2%)	538(19.5%)	234(8.6%)

统计表明,《世说新语》的二谓语读复句比《史记》有所减少,但三谓语读以上复句均有增加。从而得出结论:两书相比,在句法结构上最重要的变化之一是句子(主要是复句)所含谓语读数量的扩展。

冯春田《魏晋南北朝时期某些语法问题探究》一文中为证明"为……所……"式是"为……"式的发展,对先秦、汉代以至魏晋南北朝时期的 11 部专书作了统计。结果是:《论语》、《庄子》、《墨子》、《管子》未见"为……所……"式被动句。《荀子》有"为……所……"式被动句 1 例。《韩非子》有"为……"式被动句 32 例,"为……所……"式被动句仅 1 例。《论衡》有"为……"式被动句 8 例,"为……所……"式被动句却有 67 例之多。《三国志》全书"为……所……"式共出现 249 例,"为……"式仅出现 19 例;该书裴松之注"为……所……"式共出现 282 例,而"为……"式仅出现 15 例。《搜神记》"为……所……"式有 35 例,"为……"式只有 3 例。《世说新语》未见"为……"式被动句,而"为……所……"式共有 32 例;

该书刘孝标注"为……"式有 13 例,"为……所……"式则有 127 例。《百喻经》"为……"式只有 6 例,"为……所……"式则有 34 例。通过统计,揭示了"为……所……"式萌生于战国后期、习用于东汉以后的历史发展。

张鸿魁《〈世说新语〉并列结构的字序》一文对《世说新语》中 1611 个双字并列结构的字序作了统计,发现符合调序规则的正序结构共 1000 条,占 62%;同调结构 433 条,占 27%,这两部分均属不违背调序规则者,共 1433 条,占 89%。违反调序规则的逆序结构只有 178 条,占 11%。从而在一定程度上证明了并列结构的字序主要由字调决定,调序规则是客观存在。

运用数学方法进行专书研究,除了上述计量方式,还采用提炼类似数学模型和公式的方式。即运用一套形式化的数学语言来表示各汉语现象之间的变化和关系。这里要求所提炼的模型或公式既可使各种复繁因素得到必要的简化,又能反映问题的本质和要害。例如冯春田《从王充〈论衡〉看有关系词"是"的问题》一文,就把《论衡》中的形容词"是"以及它转化来的另外两种类型的"是",归纳为 A 型、B 型、C 型三类,并根据"是"在句中充当的成分及与其他成分的关系,又把三型区分为 A_1、A_2、B_1、B_2、C_1、C_2、C_3。经过研究,作者把三型之间的关系提炼为以下模式:

$$A \rightarrow B \rightarrow C$$

$$[A_1] \rightarrow [B_1]$$

$$[A_2] \rightarrow [B_2] \rightarrow [C_1、C_2、C_3]$$

作者以此表示 A 型(即形容词)"是"转化为 B 型"是":其中 A_1 转化为 B_1,A_2 转化为 B_2 以及 B_2 与 C 型(包括 C_1、C_2、C_3)之间的转化。通过语义转化关系的讨论、分析,得出系词"是"不是来源于指示代词"是",而是来源于形容词"是"。

杨克定在《李白诗歌中的自然 V》一文中研究动词和名词性成分的搭配关系,也注意提炼出一些程式。如:

吹 (李白诗)——〔Ⅰ 风$_{62}$、Ⅱ乐$_{33}$、Ⅲ鼻息$_1$〕

动词"吹"后括号中的文字表示该动词所在语料,破折号后方括号中文字表示与该动词搭配的名词性成分,Ⅰ、Ⅱ、Ⅲ表示频率的先后次序,名词成分右下角的数字为搭配次数。作者还利用这个程式同杜甫诗作比较,发现从杜诗提炼出的程式与李诗大致相同,即"吹"的风吹义不仅占多数,而且几乎是吹乐义的两倍。作者又统计了唐以前的《诗经》、《尚书》、《左传》、《公羊传》、《谷梁传》、《论语》、《孟子》、《庄子》、《荀子》、《墨子》、《韩非子》、《礼记》、《论衡》、《世说新语》、《搜神记》等 15 部书。发现有一些书根本没有出现"吹"字,在有"吹"字的书中,吹乐义总是占多数,风吹义总是占少数,即上述程式中Ⅰ和Ⅱ正处于相反的地位,从而可以看出动词"吹"的义位在不同时代的发展和变化。研究动词的搭配关系很重要,吕叔湘先生曾说过:"怎样研究动词?可以就动词本身研究动词,但更重要的是研究句子里边的动词和有关成分,主要是名词成分的关系。"①作者用程式化的形式研究动词与名词搭配关系的变化,尽管难度很大,仍不失为一种有益的尝试。

---

① 见《句型和动词学术讨论会》,载《中国语文》1986 年第 2 期。

先 秦 双 音 词 研 究

——对《尚书》、《诗经》、《论语》、
《韩非子》等专书双音词的考察

一 先秦词汇的复音化倾向

汉语词汇从以单音词为主,过渡到以复音词为主,是汉语发展史上的一大变化。这一变化的完成自然不是一朝一夕之功,而是经历了一个漫长的历史过程。如果说汉语至少有一万年以上的历史[①],那么事实表明,在距今两千多年的先秦两周时代,这一变化就已经开始了。

两周八百多年的历史,是我国社会发生重大变化的时期。从青铜时代进入铁器时代;从奴隶制的衰落、崩溃,到封建制的萌生、建立;从"溥天之下,莫非王土"的"成康盛世",经过"争地以战,杀人盈野"的霸雄割据,再到秦始皇并六国,成一统,这应当说是一个巨大的进步。伴随汉族社会的发展,汉语不断完善和改进自己的物质结构。表现在词汇上,一个最显著的事实就是在这个时期内出现了相当数量的双音词和双音词组,就是说,开始迈出了汉语词汇复音化的第一步。

上述结论,是我们对两周各时期的代表著作进行了初步考察而得出的。这些著作是:

---

① 见王力《汉语史稿》(下册)第 596 页,中华书局,1980 年版。

24

（1）基本反映西周初期语言面貌的《尚书·周书》、《诗经·周颂》和《诗经·大雅》。对《尚书·周书》又只取现在公认为西周作品的《大诰》等十三篇。

（2）基本反映西周末期语言面貌的《诗经·小雅》。

（3）基本反映东周前期语言面貌的《诗经》的《商颂》、《鲁颂》和《国风》。

（4）基本反映东周中期语言面貌的《论语》。

（5）基本反映东周末期语言面貌的《韩非子》。

为了说明上述结论，也为了便于看清古今词汇体系之间的联系，我们把在先秦是词或词组，在后世是词（包括少数短语词）并经常运用的双音组合列在下面。为节省篇幅，各词语只注篇名，不引例句；前面已经出现过的，后面不再列出。

1　有关指人的

1.1　见于《尚书·周书》、《诗经·周颂》和《诗经·大雅》的有：

先民（《周书·召诰》）、小民（《周书·酒诰》）、庶民（《周书·梓材》）、义民（《周书·立政》）、黎民（《大雅·云汉》）、人民（《大雅·抑》）、农夫（《周颂·噫嘻》）、艺人（《周书·立政》）、百姓（《周书·酒诰》）、天子（《周书·立政》）、先王（《周书·康王之诰》）、诸侯（同前）、大王（《周颂·天作》）、虎贲（《周书·立政》）、蟊贼（《大雅·召旻》）、同僚（《大雅·板》）、先祖（《周颂·有瞽》）、伯父（《周书·康王之诰》）、兄弟（《周书·梓材》）、赤子（《周书·康诰》）、孺子（《周书·洛诰》）、孝子（《周颂·雝》）、孙子（《大雅·文王》）、子孙（《周书·君奭》）、子子（《周书·梓材》）、孙孙（同前）、老夫（《大雅·板》）、鳏寡（《周书·大诰》）、妇人（《大雅·瞻卬》）、文人（《大雅·江汉》）、后人（《周书·君奭》）、古

25

人(《周书·酒诰》)、私人(《大雅·崧高》)、善人(《大雅·板》)、圣人(《大雅·桑柔》)、小人(《周书·康诰》)、小子(《周书·大诰》)、君子(《周书·酒诰》)。

1.2 见于《诗经·小雅》的有：

农人(《甫田》)、牧人(《无羊》)、富人(《正月》)、死人(《小弁》)、公子(《大东》)、妻孥(《常棣》)、男子(《斯干》)、女子①(同前)、寡妇(《大田》)、宾客(《吉日》)、爪牙(《祈父》)。

1.3 见于《商颂》、《鲁颂》和《国风》的有：

美人(《邶风·简兮》)、好人(《魏风·葛屦》)、家人(《周南·桃夭》)、大夫(《鲁颂·閟宫》)、先君(《邶风·燕燕》)、寡人(同前)、公侯(《周南·兔罝》)、童子(《卫风·芄兰》)、女子(《鄘风·蝃蝀》)、后生(《商颂·殷武》)、叔父(《鲁颂·閟宫》)。

1.4 见于《论语》的有：

野人(《先进》)、门人(《泰伯》)、夫人(《季氏》)、丈人(《微子》)、大人(《季氏》)、大臣(《先进》)、小童(《季氏》)、三军(《子罕》)、公卿(同前)、匹夫(同前)、乡原(《阳货》)、先生(《为政》)、弟子(同前)、朋友(《学而》)。

1.5 见于《韩非子》的有：

工人(《解老》)、匠人(《备内》)、众人(《解老》)、能人(《三守》)、贵人(《扬权》)、主人(《外储说左上》)、敌人(同前)、故人(《亡征》)、良民(《解老》)、士卒(同前)、战士(《外储说左上》)、烈士(《忠孝》)、学士(《孤愤》)、学者(《问辩》)、作者(《解老》)、豪杰(《孤愤》)、布衣

---

① 此处"男子"、"女子"后世用作"男孩"、"女孩"，"子"非虚化的词尾，同后面的"女子"指一般女性不同。

26

（《奸劫弑臣》）、陛下（《存韩》）、霸王（《初见秦》）、太子（《扬权》）、将军（《初见秦》）、人臣（同前）、忠臣（《奸劫弑臣》）、奸臣（《存韩》）、师长（《五蠹》）、门子（《亡征》）、县令（《五蠹》）、卿相（《奸劫弑臣》）、官吏（《有度》）、后妃（《备内》）、侏儒（《八奸》）、党与（《爱臣》）、朋党（同前）、盗贼（《六反》）、慈母（《解老》）、主母（《亡征》）、丈夫（《备内》）、后妻（《亡征》）、婢妾（同前）、爱妾（《内储说上》）、嫡子（《爱臣》）、亲戚（《十过》）。

2 有关指事物的

2.1 见于《周书》、《周颂》和《大雅》的有：

凤凰（《大雅·卷阿》）、赤豹（《大雅·韩奕》）、鲜鱼（同前）、飞虫（《大雅·桑柔》）、枝叶（《大雅·荡》）、梧桐（《大雅·卷阿》）、大风（《大雅·桑柔》）、清风（《大雅·烝民》）、朝阳（《大雅·卷阿》）、夕阳（《大雅·公刘》）、穹苍（《大雅·桑柔》）、疆土（《周书·大诰》）、股肱（《周书·酒诰》）、喉舌（《大雅·烝民》）、干戈（《大雅·公刘》）、师旅（《大雅·常武》）、旅力（《大雅·桑柔》）、流言（《大雅·荡》）、饥馑（《大雅·云汉》）、大事（《周书·大诰》）、公事（《大雅·瞻卬》）、大功（《周书·大诰》）、成功①（同前）、成绩（《周书·洛诰》）、武功（《大雅·文王》）、纲纪（《大雅·棫朴》）、古训（《大雅·烝民》）、天命（《周书·大诰》）、吉凶（《周书·召诰》）、阴阳（《大雅·公刘》）。

2.2 见于《小雅》的有：

鸿雁（《鸿雁》）、黄鸟（《黄鸟》）、白驹（《白驹》）、青蝇（《青蝇》）、鸳鸯（《鸳鸯》）、螟蛉（《小宛》）、杨柳（《采薇》）、乔木（《伐木》）、阴雨

---

① 此处"成功"是"大功"义，系偏正结构，同后面动宾结构的"成功"不同。

27

（《正月》）、苍天（《巷伯》）、酒食（《斯干》）、衣服（《大东》）、讹言（《正月》）、谗言（《青蝇》）、婚姻（《我行其野》）、新昏（《车牵》）、礼仪（《楚茨》）、织女（《大东》）、牵牛（同前）、启明（同前）、长庚（同前）。

2.3 见于《国风》的有：

蟋蟀（《唐风·蟋蟀》）、狐狸（《豳风·七月》）、羔羊（《召南·羔羊》）、苍蝇（《齐风·鸡鸣》）、桃李（《召南·何彼秾矣》）、木瓜（《卫风·木瓜》）、灌木（《周南·葛覃》）、北风（《邶风·北风》）、白露（《秦风·蒹葭》）、泉源（《卫风·竹竿》）、明星（《郑风·女曰鸡鸣》）、左手（《邶风·简兮》）、右手（同前）、总角（《卫风·氓》）、衣裳（《齐风·东方未明》）、竹竿（《卫风·竹竿》）、鱼网（《邶风·新台》）、甲兵（《秦风·无衣》）、乐土（《魏风·硕鼠》）、政事（《邶风·北门》）。

2.4 见于《论语》的有：

犁牛（《雍也》）、粪土（《公冶长》）、日月（《子张》）、兵车（《宪问》）、军旅（同前）、道路（《子罕》）、宫墙（《子张》）、容貌（《泰伯》）、颜色（同前）、文章（《公冶长》）、文学（《先进》）、文献（《八佾》）、宗族（《子路》）、法度（《尧曰》）、刑罚（《子路》）、下流（《子张》）、中庸（《雍也》）、德行（《先进》）。

2.5 见于《韩非子》的有：

蝼蚁（《喻老》）、蚘虮（同前）、豺狼（《扬权》）、畜生（《解老》）、六畜（《难二》）、马蹄（《外储说右上》）、狗矢（《内储说下》）、蔬菜（《外储说右下》）、粮食（《八奸》）、五谷（《难二》）、树木（《解老》）、果园（《说难》）、糟糠（《五蠹》）、污泥（《诡使》）、酖雾（《难势》）、土地（《初见秦》）、地形（同前）、雷霆（《解老》）、盘石（《显学》）、黄金（《十过》）、宝玉（《和氏》）、酒肉（《喻老》）、金钱（《外储说左下》）、甲胄（《喻老》）、矛楯（《难一》）、机械（《难二》）、牛车（《内储说上》）、牛屎

28

（同前）、舟车（《难二》）、产业（《解老》）、旌旗（《大体》）、辎重（《喻老》）、帷幄（同前）、轻舟（《奸劫弑臣》）、财物（同前）、资财（《解老》）、网罗（同前）、利剑（同前）、器械（同前）、锦绣（《诡使》）、毛羽（《解老》）、规矩（《有度》）、春风（《扬权》）、灾害（《存韩》）、事实（同前）、凶器（《初见秦》）、自然（《喻老》）、外貌（同前）、声色（同前）、人心（《功名》）、仪表（《安危》）、肠胃（《解老》）、魂魄（同前）、邪心（同前）、四肢（同前）、气力（《五蠹》）、智谋（同前）、智慧（《解老》）、知识（同前）、精神（同前）、嗜欲（同前）、觉悟（《外储说右下》）、民心（《定法》）、欢心（《存韩》）、人情（同前）、私利（《扬权》）、得失（《有度》）、权衡（同前）、轻重（同前）、根本（同前）、利害（《初见秦》）、愚忠（《存韩》）、道术（《难言》）、阴谋（《存韩》）、是非（《主道》）、功劳（《八奸》）、远见（《孤愤》）、法术（同前）、厚利（《说难》）、美名（同前）、危害（同前）、爱憎（同前）、法则（《和氏》）、法令（同前）、公家（同前）、世俗（《奸劫弑臣》）、公道（同前）、学术（同前）、暴乱（同前）、名誉（同前）、官职（《亡征》）、爵禄（同前）、号令（同前）、诏令（《初见秦》）、五音（《十过》）、新声（同前）、文辞（《外储说左上》）、词章（《难势》）、图书（《大体》）、新法（《定法》）、功课（《八经》）、功业（《外储说左上》）、技能（《功名》）、智能（《安危》）、功用（《外储说右上》）、功利（《难三》）、福祸（《三守》）、好恶（同前）、徭役（《备内》）、权势（同前）、耳目（同前）、公私（《饰邪》）、私心（同前）、法制（同前）、道理（《解老》）、玄虚（同前）、虚实（《安危》）、节操（《五蠹》）、道德（《显学》）。

3　有关指时地的

3.1　见于《周书》、《周颂》和《大雅》的有：

朝夕(《周书·酒诰》)、上下(《周书·召诰》)、左右(《周书·君奭》)、东方(《周书·康王之诰》)、西方(同前)、东房(《周书·顾命》)、西房(同前)、侧阶(同前)、南门(同前)、四方(《周书·洛诰》)、东土(同前)、中国(《周书·梓材》)、南国(《大雅·崧高》)、北国(《大雅·韩奕》)、友邦(《周书·大诰》)、南海(《大雅·江汉》)、江汉(同前)、水浒(《大雅·绵》)、王国(《大雅·文王》)、王宫(《周书·大诰》)、王室(《周书·康王之诰》)、京师(《大雅·公刘》)、天下(《周书·立政》)、国家(同前)。

3.2 见于《小雅》的有:

今朝(《白驹》)、正月(《正月》)、二月(《小明》)、北山(《杕杜》)、南山(《蓼莪》)、深渊(《小旻》)、深谷(《十月之交》)、幽谷(《伐木》)、大田(《大田》)、公田(同前)、王都(《雨无正》)。

3.3 见于《商颂》、《鲁颂》和《国风》的有:

春秋(《鲁颂·閟宫》)、海外(《商颂·长发》)、城隅(《邶风·静女》)、公庭(《邶风·简兮》)。

3.4 见于《论语》的有:

一朝(《颜渊》)、平生(《宪问》)、四海(《颜渊》)、丘陵(《子张》)、平地(《子罕》)、太庙(《八佾》)、宗庙(《乡党》)、宫室(《泰伯》)、朝廷(《乡党》)。

3.5 见于《韩非子》的有:

今年(《存韩》)、先古(《奸劫弑臣》)、万岁(《显学》)、中央(《初见秦》)、江南(同前)、城市(《爱臣》)、原野(《诡使》)、边境(《八奸》)、郡县(《存韩》)、囹圄(《三守》)、仓廪(《解老》)、茅屋(《喻老》)、辕门(《十过》)、长城(《初见秦》)。

4 有关指行为、动作、变化的

4.1 见于《周书》、《周颂》和《大雅》的有：

经营(《周书·召诰》)、经历(《周书·君奭》)、洒扫(《大雅·抑》)、驰驱(《大雅·板》)、奔走(《周书·酒诰》)、往来(《周书·君奭》)、匍匐(《大雅·生民》)、流亡(《大雅·召旻》)、颠沛(《大雅·荡》)、颠覆(《大雅·抑》)、保右(《大雅·大明》)、荼毒(《大雅·桑柔》)、救药(《大雅·板》)、淫佚(《周书·酒诰》)、燕饮(《大雅·凫鹥》)、饮食(《周书·酒诰》)、迷乱(《周书·无逸》)、变乱(同前)、闻知(同前)、教诲(同前)、赏罚(《周书·康王之诰》)、稽首(《周书·召诰》)、得罪(《周书·康诰》)、怀柔(《周颂·时迈》)、忍心(《大雅·桑柔》)、内讧(《大雅·召旻》)、御侮(《大雅·绵》)、即位(《周书·无逸》)、二心(《周书·康王之诰》)。

4.2 见于《小雅》的有：

沸腾(《十月之交》)、从事(同前)、劬劳(《蓼莪》)、戏谈(《节南山》)、反覆(《小明》)、安息(同前)、东征(《渐渐之石》)、征伐(《采芑》)。

4.3 见于《商颂》、《国风》的有：

辗转(《周南·关雎》)、踟蹰(《邶风·静女》)、蕴结(《桧风·素冠》)、漂摇(《豳风·鸱鸮》)、邂逅(《郑风·野有蔓草》)、瞻望(《邶风·燕燕》)、戏谑(《卫风·淇奥》)、伫立(《邶风·燕燕》)、相好(《邶风·日月》)、封建(《商颂·殷武》)。

4.4 见于《论语》的有：

鞠躬(《乡党》)、疾病(《述而》)、言语(《先进》)、讨论(《宪问》)、草创(同前)、修饰(同前)、润色(同前)、浸润(《颜渊》)、徒行(《先进》)、出纳(《尧曰》)、应对(《子张》)、聚敛(《先进》)、发愤(《述而》)。

4.5 见于《韩非子》的有：

存亡(《初见秦》)、亡国(同前)、暴露(同前)、独立(同前)、野战(《存韩》)、攻伐(同前)、蚕食(同前)、杀戮(同前)、诽谤(《难言》)、死亡(同前)、衰亡(《爱臣》)、危亡(《扬权》)、束缚(《难言》)、枝解(同前)、逾越(《有度》)、决策(《孤愤》)、掩蔽(《备内》)、进取(《南面》)、妨害(《饰邪》)、服从(《解老》)、周旋(同前)、战斗(同前)、忿争(同前)、战胜(同前)、攻击(《喻老》)、相杀(《说林下》)、自杀(同前)、报仇(《外储说左下》)、攻取(《诡使》)、争夺(《五蠹》)、伤害(同前)、斗争(《显学》)、扰乱(《制分》)、暴虐(《解老》)、举事(《喻老》)、轻敌(《说林上》)、求救(同前)、驰骤(《外储说右下》)、叱咤(同前)、鞭笞(同前)、雪耻(同前)、死伤(《八说》)、背叛(同前)、应变(《问辩》)、布施(《显学》)、治理(《制分》)、安身(《饰邪》)、相亲(《初见秦》)、相信(同前)、详察(《存韩》)、明察(《孤愤》)、专权(同前)、专制(《亡征》)、雕琢(《主道》)、隐居(《有度》)、斟酌(《扬权》)、言谈(《八奸》)、谈论(《说难》)、贪污(《奸劫弑臣》)、枉法(同前)、守法(同前)、犯法(《解老》)、供养(《亡征》)、畜养(《难二》)、恩爱(《六反》)、沉溺(《说疑》)、观赏(《外储说左下》)、游戏(《难三》)、编著(同前)、参观(《备内》)、近视(同前)、长生(《解老》)、无私(《备内》)、逞能(《说林下》)、立功(《喻老》)、成功(《解老》)、差误(《制分》)、费神(《解老》)、饿死(《外储说右上》)。

5 有关指性质、状态的

5.1 见于《周书》、《周颂》和《大雅》的有：

32

明明(《大雅·大明》)、高高(《周颂·敬之》)、康宁(《周书·多士》)、艰难(《周书·无逸》)、宽绰(同前)、光明(《周颂·敬之》)、清明(《大雅·大明》)、勤劳(《周书·无逸》)、伤心(《周书·酒诰》)、敬恭(《大雅·云汉》)、震惊(《大雅·常武》)。

5.2　见于《小雅》的有：

浓浓(《蓼萧》)、滔滔(《四月》)、逍遥(《白驹》)、忧伤(《正月》)、伤悲(《四牡》)、永久(《六月》)。

5.3　见于《商颂》《国风》的有：

迟迟(《商颂·长发》)、参差(《周南·关雎》)、耿耿(《邶风·柏舟》)、踊跃(《邶风·击鼓》)、劳苦(《邶风·凯风》)、硕大(《唐风·椒聊》)、无礼(《鄘风·相鼠》)。

5.4　见于《论语》的有：

彬彬(《雍也》)、空空(《子罕》)、巍巍(《泰伯》)、俨然(《尧曰》)、困穷(同前)、果敢(《阳货》)、耻辱(《学而》)。

5.5　见于《韩非子》的有：

强大(《亡征》)、高大(《难一》)、闳大(《难言》)、弘大(《扬权》)、博大(《爱臣》)、广博(《难言》)、壮丽(《解老》)、洁白(《饰邪》)、赤红(《内储说下》)、清洁(《外储说左下》)、空虚(《初见秦》)、亲近(《难言》)、亲爱(《八奸》)、欣然(《解老》)、得意(《饰邪》)、威严(《六反》)、高傲(《八说》)、恐惧(《五蠹》)、忧惧(《亡征》)、心急(同前)、狐疑(《初见秦》)、懈怠(《八奸》)、迷惑(《说林上》)、平安(《解老》)、痛苦(同前)、侥幸(《守道》)、绝望(《难一》)、专心(《忠孝》)、虚心(《有度》)、寻常(《扬权》)、危险(《有度》)、劲直(《孤愤》)、强毅(同前)、怯弱(《说难》)、卑贱(同前)、富强(《和氏》)、富贵(《奸劫弑臣》)、正直(同前)、清廉(同前)、聪明(同前)、贫困(同前)、浅薄

《亡征》)、周密（同前）、流行（《八姦》）、长久（《解老》)、坚固（同前)、公平（《守道》)、纯朴（《大体》)、宽厚（《外储说左下》)、慈爱（同前)、尊贵（《难一》)、贫穷（《难二》)、贫贱（《诡使》)、节俭（《说疑》)、惊骇（《说林下》)、忿怒（《大体》)、微妙（《五蠹》)、太平（《忠孝》)、伪诈（《六反》)。

对以上词语，我们作以下分析说明：

第一，上列词语共计 615 个，其中最多的是指人、指事物、指时地的名词语，共 386 个，占全部词语的 62.76%；其次是指动作、行为或变化的动词语，共 139 个，占 22.6%；再次是指人和事物的性质、状态的形容词语，共 90 个，占 14.64%。从结构上看，绝大多数是运用语法手段词序的特点构成的，共 586 个，其中居首位的是并列式，共 307 个，占 52.4%；其次是偏正式，共 245 个，占41.8%；支配式 28 个，占 4.8%；补充式、表述式一共才 6 个，占1%。从意念上看，表示具体意义的占多数，但表示抽象意义的也随着时代的推移逐渐增多。如 2.1 至 2.3 中的抽象词语"纲纪"、"吉凶"、"武功"等共 19 个，占该三项词语总数的 26.3%，而 2.4和 2.5 中抽象词语"智谋"、"觉悟"、"道德"、"法制"、"中庸"等共69 个，占该两项词语总数的比例则提高到 51.1%。从以上数量分析，我们便可以看出先秦词语双音化的大致发展趋向：(1)由名词而动词、形容词；(2)从并列、偏正结构到其他结构；(3)从表示具体意义到表示抽象意义。

第二，这些双音词语仅仅是上述几部著作双音词语的一部分，因为开头我们讲了两个限制条件：一是只选在后世汉语中已经成词、经常应用的；二是凡在前面著作中已经列出的，后面就略去。这是着重从词语的结构形式讲的，至于词语的含义则有不少不但

古代和现代不同,而且古代前后时期也有区别。这有三种情况:

（1）现代和古代不同的。如前述"艺人"一词,出自《尚书·周书·立政》"艺人表臣"一句中,孔安国注为"以道艺为表干之臣",孔颖达亦解为"身有道艺、为民之表的桢干之臣",说明原是一官名,在现代汉语中则变成文艺演员的代称。又如"爪牙",选自《小雅·祈父》的"祈父,予王之爪牙",朱熹注:爪牙,鸟兽所用以为威者也。引申为卫队勇士,本是个褒义词,所以祈父（司马）的士兵才自称"我本是国王的爪牙"。这一含义一直沿用到中古唐宋时期,如《资治通鉴·魏黄初三年》中就有"此诸将或任腹心,或堪爪牙,或是功臣"的说法。而在现代则纯粹变成"狗腿子"一类贬义词了。再如《韩非子·忠孝》中的"烈士"一词,原指所谓标榜仁义而轻生绝禄的人,是韩非的批判对象,同我们现在专指为革命而牺牲了的人有区别。

（2）现代和上古前期不同和后期大体相同的。如《尚书·周书·酒诰》中"百姓"一词,孔安国解为"百官族姓",指贵族,因为当时只有贵族才能被赐姓。战国以后,随着"士"这一阶层的平民化,"百姓"方用为平民的通称,和现在"老百姓"的含义大体相似。

（3）现代和上古早期相同而和晚期不同的。如《韩非子·奸劫弒臣》中"布衣"一词,原指用葛、麻一类布料做的衣服,后来因为没有官职的只配穿"布衣",于是"布衣"便成为无官庶民的代称。而今天这层意思至少在口语中已经消失了,"布衣"经过否定之否定仍然专代表布料衣服的意思。

所以,上列词语尽管以后变成了双音词,它们同这些双音词之间确实存在着"血缘"关系、"源流"关系,但是由于词义方面的千变万化,绝不能在古今两者之间简单地画等号。

第三,上列词语,既包括词,也包括词组,这两者也不能画等号。那么,为什么把它们列在一起呢?这是因为它们同样都是汉语按照自己的发展规律、逐步走上复音化道路的结果。双音节化是汉语发展的主要节奏倾向。现代汉语复音词绝大部分是双音词。不少语言学家都指出过现代汉语中把单音节补充为双音节、把多音节缩减为双音节的现象。现代汉语是如此,古代汉语也在某种程度上存在这种发展倾向。上面列出的词语虽然只是当时双音词语的一部分,却已说明这种双音化倾向早在先秦两周时期就已经开始了,特别是进入战国以后更加快了双音化的步伐。

汉语走上复音化道路的原因是什么?总的说是语言内部矛盾——交际任务同交际手段之间的矛盾推动的结果。具体可从以下两方面来分析:

(1)从"消极"方面说,是为了更准确、周密地表达思想,进行交际。所谓"消极",是有点不得已而为之的意思。这是因为,早期汉语词的结构是单音节的,单音词的产生除了靠词义的演化、转移,可能主要依靠单音节内部的曲折变化,即采用改变一个音节内部声、韵、调某要素的方法滋生新词,这种主要诉诸语音特点的构词方法,我们叫它语音造词。在当时生产力极为低下的情况下,由于人们的生活领域和认识领域还比较狭隘,词汇还不很丰富,因此,主要用这种语音造词的方法产生新词,是基本能够满足交际需要的。然而,随着社会的发展,汉族社会由青铜器时代进到铁器时代,由奴隶制发展到封建制,被人们所认识的客观事物日益纷繁,在此过程中人们的思维能力也通过实践不断提高,这就要求用新的词语把人们认识的成果、抽象思维的成果反映出来,以便更好地承担交际任务。这样,单音节这种词的物质结构(交际手段)就不再能有效地承担新的交际任务了。因为如果仍然采取单音词的形式,就不可避免地要导致两种结果:或是大量地增加新的音节,使音系进一步复杂化(事实上音节不能无限制地增加),或者增加大量同音词。很显然,这两种结果都是不利于交际的。于是,单音节的形式开始被突破了,从而转向利用语法特点——词序和虚词——把单音节有规律地搭配起来而构成双音词和双音词组(也包括一小部分三音节词和四字成语)。这种诉诸语法特点的产生新词的方法,我们叫它语法造词。汉语发展的历史表明:词汇,这一对于社会发展最敏感、几乎处于不断变动中的语言组织的基本单位,往往成为语言发展中的关键因素。事实上,正由于汉语词汇突破单音节,走向双音化,因而对语法和语音都有重大影响。比如,表现在语音上就是语音系统的简化。因为,当语音造词逐渐被语法造词所取代、音节内部的形态功能逐渐被词序和虚词所取代的时候,为适应语音造词而存在的繁杂音系就成为多余的了。有一种流行的说法:汉语走向复音化的主要原因是语音系统的简化。我们认为,这是因果倒置了。应当说,正是词语的复音化主要是双音节化在先才导致了语音系统的简化。实际上,汉语词语的双音化不但避免了音系繁杂、同音词过多等弊病,而且能够更准确、周密地反映客观,交流思想。就从前列词语看,表"大"义的就有"硕大"、"强大"、"闳大"、"弘大"、"高大"、"博大"等,表"征战"义的就有"征伐"、"攻伐"、"蚕食"、"杀戮"、"战斗"、"侵欺"、"战胜"、"攻击"、"相杀"、"攻取"、"争夺"等,这些双音词语的产生显然进一步增强了汉语的交际职能。

　　(2)从"积极"方面说,是为了更形象、生动地反映客观,进行交际。一种语言的结构特点,通常和使用该语言民族的习俗爱好、心理素质有密切关系。比如说,汉族人民自古以来形成这样一种审美观点,就是讲究对称,这几乎表现在美术、音乐、雕刻、建筑等各个方面。从景山之巅鸟瞰整个故宫的壮丽建筑,中轴分明,东西相称,高低均衡,确实能给人以强烈的对称美感。这一心理素质和审美观点反映到语言上,就是讲究成双成对的语言片断和节奏,单音节要变成双音节,三音节要变成四音节。如说"菏泽"、"成武"两个县名可以不加"县"字,说"单县"、"曹县"就不能只说"单"、"曹"。"绸、缎、布"和"桌、椅、凳",明明都是三样东西,却要说成四音节的"绸缎布匹"、"桌椅板凳"。这在美学上还只是属于"数量大小的定性"①,至于涉及音节内部的声调等因素,那就是在诗文中讲究格律和节奏,更属于语言美学的范畴。汉语的这一特点,前人早就注意到了,刘勰在《文心雕龙》中论及"丽辞",就说过"高下相须,自然成对"的话;近人马建忠在《马氏文通》中也指出:"古籍中,诸名往往取双字同义者,或两字对待者,较单辞只字,其辞气稍觉浑厚。"郭绍虞先生在近年出版的《汉语语法修辞新探》中更详尽论证了汉语音乐性同汉语双音化的关系②。说话行文,讲究对偶,说起来上口,听起来悦耳,看起来整齐,确实增强了语言的表达力。请看《韩非子·六反》中一段话:

　　故明主之治国也,适其时事,以致财物,论其税赋,以均贫富,厚其爵禄,以尽贤能,重其刑罚,以禁奸邪,使民以力得富,以事致贵,以过受罪,以功致赏,而不念慈惠之赐,此帝王之政也。

---

① 参看黑格尔《美学》第174页,商务印书馆,1979年版。
② 参看郭绍虞《汉语语法修辞新探》第241页,商务印书馆,1979年版。

短短七十个字,包括了两组八个对偶句,读起来的确琅琅动听,铿锵有力。由于对偶的要求,就会导致一种可能:本来用单音词的地方,因连锁反应而改用双音词语。这就在一定程度上促进了双音节词的产生和应用。像上面引的短短一小段话中,就出现了十六个双音词语。大家知道,上古词汇中还有一种颇为特殊的双音词,就是所谓偏义复词,本来是由两个单音的近义词或反义词组成的,其中一个词素的意义却成了这个复词的"全权代表",另一个词素只作"陪衬"。陪衬什么?很可能就是为了对称而陪衬一个音节。总之,上古汉语的双音化,除了更准确、周密地表达思想外,还有修辞上的原因,就是为了更形象、生动地进行交际。

显然,双音节化所形成的既有双音词,也有双音词组,而且其中不少是先经过词组阶段,然后逐渐凝固成词。研究双音词的产生绝不可忽视双音词组,因此,我们把两者并行列出;然而我们研究的主要对象毕竟是双音词,因此,又必须把两者区别开。

二　怎样区分先秦汉语的
双音词和双音词组

怎样区分先秦汉语的双音词和双音词组呢?换句话说,一个双音节组合,怎样认定它是词而不是词组?这是个"老大难"问题。20世纪50年代初,王力先生曾在《词和仂语的界限》一文中说:"必须承认,词和仂语(相当于我们说的词组——笔者)之间没有绝对的界限。"①为此甚至考虑过取消仂语这个名称。后来语言学界

---

① 　见王力《龙虫并雕斋文集》第561页,中华书局,1980年版。

还专就这一问题开展过讨论,但也始终没有取得一致意见。这还都是说的现代汉语,至于古代汉语,尤其是先秦汉语则更增加了两层困难:一是,我们研究上古汉语只能依靠有限的古代文献,这些文献也只能在一定程度上反映当时的语言面貌,因此引证词语用法的例句是有限制的,不像现代汉语那样可以比较容易地使用"扩展"、"变换"之类的方法;二是,上古口语中区别词和词组也许像现代汉语能借助于语音变化的帮助,如现代一些词可用轻声来认定,而上古口语的这类现象已不得而知了。考虑到这些困难条件,我们在区别词和词组的时候,可否注意以下几点:第一,确定标准要从汉语的特点出发。汉语的特点是什么? 大家知道,汉语属于孤立语的类型,因此它具有孤立语的一般特征,诸如缺乏形态变化,主要语法形式是虚词和词序等。作为汉语,特别是上古汉语,又具有自己的特征,诸如词的结构可区别为单、双音节,单音节词在上古占明显优势;虚词的应用具有较大的灵活性,词序的作用较一般孤立语更为重要;把语素构成词,词构成词组,词、词组构成句子,其规则大体一致,因而语法系统更为简明等。这些就决定了汉语是一种更加注重逻辑事理、概念含义的语言。所以,我们在确定词的标准时,既要重视语法结构,也不能忽略词义的重要性。第二,规定标准要从多方面着眼。吕叔湘先生说得对:"由于汉语缺少发达的形态,因而在做出一个决定的时候往往难于根据单一标准,而是常常要综合几方面的标准。"①具体到认定一个双音词,就要从语法形式、词汇意义、修辞手法以至使用频率等多方面进行考虑。第三,运用标准要注意一致性。因为各标准之间的关系,尽管不是

---

① 见吕叔湘《汉语语法分析问题》第 12 页,商务印书馆,1979 年版。

平起平坐,而是有主有从,但它们却是彼此参证、相互补充的,因此运用标准要保持前后一致,不能自相矛盾。

根据以上原则,我们认为区别先秦双音词和双音词组,可从以下四方面入手:

1　从语法结构上区别

从语法结构上看,两个音节结合紧密,不能拆开或随意扩展的是词。这可具体为下列各点:

1.1　包含一个语素的双音组合,自然都不能拆开,因此可比较容易地认定为双音词。例如:

　　(1) 令仪令色,小心翼翼(《诗经·大雅·烝民》)

　　(2) 诞实匍匐,克岐克嶷。(《诗经·大雅·生民》)

　　(3) 退食自公,委蛇委蛇。(《诗经·召南·羔羊》)

但是,对于两个不同音节组成的双音结构到底是一个语素还是两个语素,有时也会发生问题。如对"凤凰"就有不同解释。我们认为,这类词当中,有的原来可能是由两个各有独立意义的语素合成的,只是因为年代久远对它的本来"面目"识别不清了,"凤凰"可能就属此类。然而就大多数来说,两个音节拆开之后就毫无意义,应当说是不难识别的。这是由于它们的结构主要诉诸语音而不拘泥于字形,所以就给我们提供了两个识别标志:一看它们是否具有音节重叠或部分重叠的情况,这类词大都是重叠词或双声叠韵词。如上例中"翼翼"是重叠;"匍匐"属"双声","委蛇"属"叠韵",都是部分重叠。二看它们是否具有多种写法,这类词不少具有不止一种书写形式。如上例中"匍匐"又作"蒲服"、"扶服"、"蒲伏","委蛇"又作"逶迤"、"委佗"、"委移"、"逶移"等。

1.2 包含两个语素的双音组合,在中间或前后加上别的词语(主要是虚词),意义和功能基本不变的,一般可认定为词组,反之是词。

比如,在并列名词组合中间可加上"与"、"及",在并列动词、形容词组合中间可加上"且"、"而",在偏正名词组合中间可加上"之",在动宾或动补组合中间可加上"其"、"於"等。请看下列例句:

(1) 士与女,方秉蕳兮。(《诗经•郑风•溱洧》)

(2) 客曰:人有鬻矛与楯者,……(《韩非子•难势》)

(3) 引而申之,触类而长之。(《周易•系辞上》)

(4) 战而胜则国安而身定,……(《韩非子•难一》)

(5) 公子鲍美而艳。(《左传•文公十六年》)

(6) 嘒嘒管声,既和且平。(《诗经•商颂•那》)

(7) 牛之性犹人之性与?(《孟子•告子上》)

(8) 我知天下之中央,燕之北,越之南是也。(《庄子•天下》)

(9) 志壹则动气,气壹则动志也;今夫蹶者趋者,是气也,而反动其心。(《孟子•公孙丑上》)

(10) 子曰:"志於道,据於德,依於仁,游於艺。"(《论语•述而》)

(11) 得事理则必成功,尽天年则全而寿,必成功则富与贵,全寿富贵之谓福。而福本于有祸,故曰:"祸兮福之所倚。"以成其功也。(《韩非子•解老》)

以上例句证实"士女"、"矛楯"、"引申"、"战胜"、"美艳"、"和平"、"人性"、"燕北"、"越南"、"动心"、"游艺"、"全寿"、"富贵"、"祸

42

福"、"成功"等双音组合至少在所引篇中是词组而不是词。这些是属于有例可证的,其实即使没有例句,只要在双音组合的两个音节中间或前后加上前列虚词或别的成分,而意义、功能基本不变者,即可认定为词组,反之则可能是词。例如:

子夏曰:"贤贤易色:事父母,能竭其力;事君,能致其身;与朋友交,言而有信。虽曰未学,吾必谓之学矣。"(《论语·学而》)

若把句中"父母"改为"父与母",意思、功能均可保持不变;但若把"朋友"改为"朋与友"就说不通了。因为"朋"、"友"在更早的年代虽曾有过"同师曰朋"、"同志曰友"的区别,但在《论语》时代朋、友连用时泛指一般交好的人,却不再有那样的区分了。由此可认定"父母"是词组,"朋友"是词。

再如,《孟子》中有"先生"、"先知"、"先觉"三个双音组合,其后加上虚词"者",就会构成两个不同的"者"字结构:"先生者"在本书中都不能解为"先出生的人","者"是个表停顿或提示作用的语气助词;"先知者"、"先觉者"则指"先通晓的人"、"先省悟的人","者"是个表指代作用的结构助词。由此可知,在《孟子》中,"先知"、"先觉"仍是形动结构的词组,"先生"则已从形动词组变成双音词了。

1.3　一个双音组合若能够在同一个语言环境中拆开单用,则可认定其为词组而不是词。

在通常情况下,从组成双音组合的两个语素能否单用,并不能判定这个组合是词还是词组。但在同一个语言环境中,这个组合能够拆开单用,则可大体证明其为词组。我们从《韩非子》举出如下例证:

(1) 鲍叔牙为人,刚愎而上悍。刚则犯民以暴,愎则不得民心,悍则下不为用,其心不惧。(《十过》)

(2) 故定理有存亡,有死生,有盛衰。夫物之一存一亡,乍死乍生,初盛而后衰者,不可谓常。(《解老》)

(3) 聪明睿智天也,动静思虑人也。人也者,乘於天明以视,寄以天聪以听,托以天智以思虑。(同上)

以上是双音组合在前,拆开单用在后的。

(4) 古者苍颉之作书也,自环者谓之私,背私谓之公,公私之相背也,乃苍颉固已知之矣。(《五蠹》)

(5) 君以计畜臣,臣以计事君,君臣之交计也。(《饰邪》)

(6) 用近贤之谋,而外结万乘之交于千里。飘风一旦起,则贲育不及救,而外交不及至,祸莫大于此。(《用人》)

以上为双音组合在后,拆开单用在前的。

上列各例中的"刚愎"、"存亡"、"死生"、"盛衰"、"聪明"、"公私"、"君臣"、"外交"均因在上下文中能够拆开单用,从而证明它们的词组性质。对于同形的双音词和双音词组,用此方法可以比较容易地加以鉴别。例如:

(7) 好财货,私妻子,不顾父母之养,三不孝也。……夫章子,岂不欲有夫妻子母之属哉? 为得罪于父,不得近,出妻屏子,终身不养焉。(《孟子·离娄下》)

(8) 为人臣者怀仁义以事其君,为人子者怀仁义以事其父,为人弟者怀仁义以事其兄,是君臣、父子、兄弟去利,怀仁义以相接也,然而不王者,未之有也。(《孟子·告子下》)

上两例中"妻子"是指妻,还是指"妻"与"子"?"兄弟"是指"弟"还是指"兄"与"弟"? 从上下文"妻子"、"兄弟"可以拆开单用就能一目了然。

2 从词汇意义上区别①

辩证唯物主义认为,语言的结构同它所要表达的意义是对立统一的关系。当我们从结构上分析一个双音组合能不能拆开、扩展,归根结底是以逻辑事理为基础、受词语意义所制约的。从认识论上看,一个实词的某个意义就是某个客观现象在人们头脑中从感性上升到理性所形成的概念②。在不同语言环境中,每个词可以代表不同的概念;但在一定的具体的语言环境中,每个词则只能代表一个概念。因此,我们从意义上区别词和词组,就是看在一定语言环境中的双音组合是共同代表一个概念,还是每个音节各代表一个概念。共同代表一个概念,说明这个组合是浑成一体而不能拆开的;每个音节各代表一个概念,说明这个组合是松散的、可以拆开的。换言之,凡结构上结合紧密、意义上共同代表一个概念的是词,结构上结合松散、意义上表示两个概念的则是词组。可具体分为以下各点:

2.1 只包含一个语素的双音组合,在任何语言环境中,也不管采取什么书写形式,都是两个音节共同代表一个概念,因此可以比较容易地认定为双音词。这同上面1.1所讲结构上不能拆开、因而能够比较容易地认定为双音词是完全一致的,例不赘举。

2.2 包含两个语素的双音组合,在一定语言环境中,其中一

---

① 马真在《先秦复音词初探》(载《北京大学学报》1980年第5期)中谈到划定词的标准就是着重从意义方面考虑的,可供参阅。

② 这里所说的概念,虽然已属于理性的东西,但它并不是指科学概念,而是指人们在日常交际中约定俗成的概念。参看沙夫《语义学引论》第393页,商务印书馆,1979年版。

个语素代表一个概念,另一个语素是个并不代表明确概念的附加成分,或者原来代表概念,合成后已失去代表概念的资格,则说明这个双音组合只代表一个概念,因而是词而不是词组。

2.2.1 一个语素是附加成分

请看《诗经》的下列例句:

(1)隰桑有阿,其叶有沃。(《小雅·隰桑》)

(2)静女其姝,俟我於城隅。(《邶风·静女》)

(3)王赫斯怒,爰整其旅。(《大雅·皇矣》)

(4)溱与洧,浏其清矣。(《郑风·溱洧》)

(5)终风且霾,惠然肯来。(《邶风·终风》)

"有阿"、"有沃"、"其姝"为附加在前的,"赫斯"、"浏其"、"惠然"为附加在后的。合成后附加成分无义,都变成了双音词。有人指出,《诗经》中的单音节状态词加上前缀"有"、"其"和后缀"其"、"斯"在语法功能上也发生了变化:不加时可作谓语、状语;加上前缀只作谓语,不作状语;加上后缀只作状语,不作谓语①。由此可知,"有阿"、"有沃"、"其姝"、"浏其"、"赫斯"等不但从意义上,而且从结构上都能证明其为双音词无疑。

2.2.2 其中一个语素合成后不再代表概念

以"国家"为例。"国",《说文》:邦也。"家",《说文》:居也,从宀,豭省声。段玉裁注"家"本义为猪圈,后方演为"室家"之"家"。在周代,诸侯封地叫"国",大夫封地叫"家";应该说"邦"、"国"基本同义,而"大夫"、"家"则又是"室家"之"家"的引申义。大约到战国时期,"国"、"家"开始连用,并逐渐发展成为一个双音。从《左

---

① 见杨建国《先秦汉语的状态形容词》,载《中国语文》1979 年第 6 期第 426 页。

传》、《孟子》、《韩非子》等书看，"国家"这个双音组合，既用作词组，又用作词，其区别就在于用作词组时，"国"、"家"各代表一个概念，从结构上通常可照上列1.3的方法鉴别；用作词时，"国家"只代表"邦也"这个概念，"家"的概念则基本消失了。请对比下列两组例句：

第一组，用作词组的：

（1）侨（指郑侨，即子产自称）闻君子长国家者，非无贿之患，而无令名之难。夫诸侯之贿，聚于公室，则诸侯贰。若吾子赖之，则晋国贰。诸侯贰则晋国坏，晋国贰则子（指晋国大夫范宣子）之家坏，何没没也！将焉用贿？（《左传·襄公二十四年》）

（2）人有恒言，皆曰天下、国家。天下之本在国，国之本在家，家之本在身。（《孟子·离娄上》）

（3）万乘之君无备，必有千乘之家在其侧，以徙其威而倾其国。是以奸臣蕃息，主道衰亡。是故诸侯之博大，天子之害也；群臣之太富，君主之败也；将相之管①主而隆国家，此君人者所外也。（《韩非子·爱臣》）

以上"国家"在同一语言环境中皆可拆开单用，这是因为它优各代表一个概念；由此证明"国家"在此三处用作词组。

第二组，用作词的：

（1）文公即世，穆为不吊，蔑死我君，寡我襄公，迭我殽地，奸绝我好，伐我保城，殄灭我费滑，散离我兄弟，挠乱我同

---

① 孙诒让指出此处"管"，当作"营"，形近而误。但又说下面"国家"中的"国"为衍字，却值得商榷。《荀子·致士》云："君者国之隆也，父者家之隆也，隆一而治，隆二而乱，自古及今未有二隆争重而能长久者。"韩非子此处正是按照他老师的说法，指出权臣将相借二隆以营惑其主，长此以往，国将不国。意思完全讲得通。

盟,倾覆我国家。(《左传·成公十三年》)

(2)士之失位,犹诸侯之失国家也。(《孟子·滕文公下》)

(3)小人少而君子多,故社稷常立,国家久安。(《韩非子·安危》)

(4)襄子曰:晋阳之事寡人国家危,社稷殆矣。(《韩非子·难一》)

此四例中"国家"均指与"社稷"对举的诸侯之国,即指整个邦国,"家"在此只起个陪衬音节的作用,因此可认定为偏义复词。据统计,《韩非子》中"国家"共出现十一次,除前面引出的一次国、家各代表一个概念是词组外,其余十次均指整个国家,这说明"国家"这一偏义复词在战国后期已取得稳定的地位。

此外,像《诗经·豳风·鸱鸮》"绸缪牖户"中的"牖户"只存"牖"义,《墨子·非攻》"入人园圃"中的"园圃"只存"园"义,《孟子·公孙丑上》"若挞之于市朝"中的"市朝"只存"市"义,《战国策·魏策》"休祲降于天"的"休祲"只存"祲"义等等,都属于偏义复词之列。

2.3 双音组合的两个语素,原来各代表一个概念,合成后共同代表一个新的概念,则这一双音组合是词而不是词组。

这类词常取两个语素合成后的比喻意义而形成。比如"蟊贼":

去其螟螣,及其蟊贼,无害我田稚。(《诗经·小雅·大田》)

毛传:"食心曰螟,食叶曰螣,食根曰蟊,食节曰贼。"郑笺:"此虫者,恒害我田中之稚禾。"朱熹传:"皆害苗之虫也。"说明此处"蟊贼"尚指两种害虫。因人们常把这两种害虫比喻为危害国家和人民的人或事,后来就逐渐由两个代表不同概念的单音词合成为共同代表一个新概念的双音词。如:

帅我蟊贼，以来荡摇我边疆。(《左传·成公十三年》)

又如用"社(土地神)稷"(原为"五谷之长"，引申为五谷神)喻"国家"，"陛(《说文》：升高阶也)下"喻"帝王"，"东宫"喻"太子"，"布衣"喻"平民"，"爪牙"喻"卫士"，"腹心"喻"亲信"，"砥砺"喻"磨炼"，"腾涌"喻"涨价"等等。有的只在取其比喻义时是词，在通常情况下仍为词组，"东宫"即属此类。另如"巨室"，请对比《孟子》中的两个例句：

为政不难，不得罪于巨室。(《离娄上》)

为巨室，则必使工师求大木。(《梁惠王下》)

赵岐注前一句的"巨室"为"大家也"，指世族大家；注后一句的"巨室"为"大宫也"，则指大的房屋。前者取比喻义，代表"世家"一个概念，应是词；后者是普通义，代表"大的"和"房屋"两个概念，仍是词组。

原来两个语素表示一种动作、行为或性质、状态的意义时是词组，转向表示一种名物的意义时则可能变成词。如"执事"原指执掌事物这一行为，是一个动宾结构的词组；但在《左传·成公三年》"虽遇执事，其弗敢违"一句中，"执事"系尊称国王的客套语，改指人，应是代表一个新概念的名词。其他像"先生"、"后生"、"将军"、"牵牛"、"学问"、"故旧"、"贤良"等均属此类。

2.4　双音组合的两个语素，原来代表的概念是相近或相同的，合成后共同表示一个意义相关而又增强了交际职能的新概念，则这个双音组合可认定为词而不是词组。

2.4.1　相近概念合成的

比如"道理"：道，《说文》解为"所行道也"。本义是路的意思，后引申为途径、方法、常规。"理"，《说文》："治玉也。"朱骏声训为

"顺玉之文而剖析之"。意思是顺玉之纹理而治之,引申为治理、条理。合在一起表示事物的内在规律这个更抽象的概念①。在《韩非子》中这一词语已多次运用,有时结合不那么紧密,尚可在同一语言环境中拆开单用,多数情况下则应视为表示一个概念的双音词。如:

夫缘道理以从事者无不成。(《解老》)

今众人之所以欲成功而反为败者,生于不知道理而不肯问知而听能。(同上)

又如"法度":"法",原指"刑法","度"本为量长短的标准,引申为"法制"(《说文》:度,法制也),合成后泛指一切法律制度。"师旅":古代军之五百人为"旅",两千五百人为"师",合成后泛指军队。"婚姻":原"婚"指女家,"姻"指男家,合成后泛指婚事。"沐浴":濯发为"沐",洗身为"浴",合成后泛指洗澡。"稼穑":禾之秀实为"稼",谷可收曰"穑",合成后泛指种庄稼。"衣裳":原在上为"衣",在下为"裳",合成后泛指衣服,等等。以上这些都是两个相近的概念,合成一个更加概括、抽象的概念。还有的是用一个专指的概念加一个通指的概念合成的,这样合成的双音词往往能够更加精确、细密地表达各种意义相近的概念。例如《尔雅·释诂》所载:"陨、下、降、坠、零,落也。"其中石落曰"陨",叶落曰"下",上落曰"降",毁落曰"坠",草落曰"零",都是专指,"落"则是通指,由它们共同组成的"陨落"、"下落"、"降落"、"坠落"、"零落"就从不同角度表达了"落"的意义,形成一组交际能力更强的近义双音词。

2.4.2 相同概念合成的

---

① 参看王力《汉语史稿》第 573 页,中华书局,1980 年版。

首先,单音词的重叠,无疑是属于两个相同概念合成,如果能形成一个新概念,则应看做是双音词。

比如单音名词重叠后能表示"每……"的意思:

(1) 其所以放其良心者,亦犹斧斤之于木也,旦旦而伐之,可以为美乎?(《孟子·告子上》)

(2) 人人亲其亲,长其长,而天下太平。(《孟子·离娄上》)

(3) 君子平其政,行辟人可也,焉得人人而济之?(《孟子·离娄下》)

"旦旦",焦循《正义》解为"犹云朝朝,亦日日也",是每日的意思;"人人"则是每人的意思。很显然,名词"旦"和"人"在重叠后已表示一个新的概念,应是双音词。

再如,单音形容词重叠后,能增强形容词的立体感,带有人们的主观感情色彩,应当说它所表示的概念已同单音词的概念不同了。

试比较:

(1) 裳裳者华,或黄或白。(《诗经·小雅·裳裳者华》)

(2) 彼都人士,狐裘黄黄。(《诗经·小雅·都人士》)

(3) 洪水滔天。(《尚书·益稷》)

(4) 滔滔江汉,南国之纪。(《诗经·小雅·四月》)

单音词"黄",只形容裳棣花的一种颜色;重叠后的"黄黄",则形容狐皮袍子黄灿灿的,耀眼夺目,惹人喜爱。这就不仅表示物的一种颜色,而且表人的感情色彩。同样,单音词"滔"只形容洪水之大,重叠后的"滔滔"则形容水势弥漫,浪涛滚滚,不但表水的静态,而且表水的动态,也带上了人的主观感觉。有人甚至说单音形容词重叠后带有若干动词的性质,不无一定道理。这都说明它们重叠后,绝不是单音词的简单重复,而是变成代表新概念的双音词了。

其次,受单音词复合化规律的支配,还有些表示相同(或基本相同)概念的单音词在合成双音词后表面上似乎没增加多少意义,然而正是由于增加了一个音节,就在实际上大大增强了交际职能,音节的量变带来了双音组合的质变,一批由同义单音词并列组成的双音词甚至并不经过词组的阶段就径直在交际中出现了。请看《韩非子》中的几例:

(1)夫韩尝一背秦而国迫地侵,兵弱至今;所以然者,听奸臣之浮说,不权事实,故虽杀戮奸臣不能使韩复强。(《存韩》)

(2)臣窃愿陛下之幸熟图之。夫攻伐而使从者间焉,不可悔也。(同上)

(3)上不事马于战斗逐北,而民不以马远淫通物。(《解老》)

《说文》:杀,戮也;戮,杀也。攻,击也;伐,击也。战,斗也。可知"杀戮"、"攻伐"、"战斗"都是由两个同义词表示一个概念而合成的双音词。在《说文》中我们还可以找到不少互训的词例。如:恐,惧也;惧,恐也。汜,滥也;滥,汜也。听,聆也;聆,听也。排,挤也;挤,排也。携,提也;提,携也。歌,咏也;咏,歌也。舟,船也;船,舟也。酝,酿也;酿,酝也。饥,饿也;饿,饥也。意,志也;志,意也。更,改也;改,更也。美,甘也;甘,美也。缠,绕也;绕,缠也。结,缔也;缔,结也。呻,吟也;吟,呻也。逃,亡也;亡,逃也。声,音也;音,声也。谨,慎也;慎,谨也。讹,误也;误,讹也。讽,诵也;诵,讽

52

也。芜，秽也；秽，芜也。追，逐也；逐，追也。等等。至于单向义训或递训的就更多，如：荒，芜也。周，密也。迷，惑也。疑，惑也。讯，问也。谑，戏也。诈，欺也。诉，告也。共，同也。奉，承也。卑，贱也。整，齐也。号，呼也。积，聚也。粗，疏也。完，全也。害，伤也。疲，劳也。保，养也。借，假也。偿，还也。俗，习也。众，多也。聚，会也。修，饰也。雕，琢也。光，明也。惶，恐也。怜，哀也。注，灌也。把，握也。接，交也。婪，贪也。继，续也。道，路也。捼，推也。抛，弃也。紊，乱也。打，击也。撼，摇也。纤，细也。妩，媚也。悟，觉也。愤，懑也。绳，索也。坟，墓也。劬，劳也。辱，耻也。寄，托也；寓，寄也。反，覆也；覆，嬰也；嬰，反复也。谈，语也；语，论也；论，议也；议，语也，等等。以上这些单音词溯其本源，各有来历，所表示的概念也会存有若干差别，如"雕"、"琢"，原有"金曰雕，玉曰琢"的区别，据此我们也可以把类似"雕琢"的双音组合列入上面2.4.1这一类。但是，发展到上古时代的晚期，一些近义词在代表概念方面的差别逐渐缩小了，有的甚至消失了。尽管其中一些单音词，因为来源不同，文白各异，方俗有别，所以在某种程度上还保持着自己的特殊身份和含义，存在着"析言则异，浑言则同"、"对文则别，散文则通"的现象，但在表示基本概念上却越来越趋于一致，因而在许慎作《说文》时才有可能用来互训或递训。那么，这些表示相同（或基本相同）概念的单音词，当它们在单音词复合化规律的支配下，一旦在语言中并列出现时，无疑共同代表一个概念，在结构上也自然形成一个整体。事实上，按照上面1.2所讲标准，我们很难在并列名词结构如"舟船"、"声音"、"坟墓"之间加上虚词"及"、"与"，也不好在并列动词、形容词结构如"杀戮"、"战斗"、"光明"、"恐惧"之间加上虚词"且"、"而"。所以,是否可以说,这类双音词出现的时候,往往不像"国家"、"道理"、"战胜"等需要一个开始结合不紧、能拆开单用、以后逐渐凝固成词的过程。当然,这类双音词当中有些词的字序确实也有个稳定过程,但字序是 AB,还是 BA,往往并不影响它们共同代表同一个概念,换句话说,不影响它们同时作为双音词而存在。试看《韩非子》中的一对词例:

> 宋荣子之议,设不斗争,取不随仇,不羞圄圄,见侮不辱,世主以为宽而礼之。(《显学》)

> 处乡不节,憎爱无度,则争斗之爪角害之。(《解老》)

"处乡不节,憎爱无度",是讲"争斗",其反面则是"取不随仇,不羞圄圄,见侮不辱"的不抵抗主义,也就是不"斗争"。可见,"争斗"、"斗争"在开始时虽然字序不同,却代表同一概念,应是同一个双音词,这一点是同现代汉语迥然有别的。

3 从修辞特点上区别

如前所述,汉语单音词复合化的原因之一是在修辞上讲究形式美,其重要手段就是对举。利用这个特点,也可以在某种程度上帮助我们区别什么是词,什么是词组。

比如,在同一语言环境中,凡处于相同句式的相同位置上的不同双音组合,其中一个(或几个)已确认为词,则其他双音组合可首先考虑是词而不是词组。

请看《论语》中的一些例句:

(1)君子周而不比,小人比而不周。(《为政》)

(2)君子坦荡荡,小人常戚戚。(《述而》)

(3)君子和而不同,小人同而不和。(《子路》)

（4）君子易事而难说也，……小人难事而易说也。（同上）

以上四例中"君子"、"小人"分别处于相同句式的主语位置上，"君子"从上面2.2.1的方法可比较容易地认定为词，则"小人"就不会是"小的人"的意思，而是指品德卑劣的人，应是双音词。这自然是个比较简单的例子，至于某些意思不好理解的双音组合，参照对举，加以分析，也有助于确定它是不是词。例如：

诸侯耕助，以供粢盛；夫人蚕缫，以为衣服。牺牲不成，粢盛不洁，衣服不备，不敢以祭。（《孟子·滕文公下》）

例中"粢盛"，作宾语时和"衣服"对举，作主语时和"牺牲"、"衣服"对举。"衣服"、"牺牲"都是同义复合的双音词；这就引导我们推测"粢盛"是否也是双音词。实际上，"粢"《尔雅·释草》解为"稷"，郭璞注：今江东人呼粟为粢。"盛"，《说文》：黍稷在器中以祀者也。又据《尚书·泰誓》"牺牲粢盛"一句，孔安国传为"黍稷曰粢"，"在器曰盛"；《孟子·滕文公下》"粢盛不洁"，赵岐注："粢，稷；盛，稻也。"可知"粢盛"确实和"牺牲"、"衣服"一样是一个同义复合的双音词。

同样，处于相同句式、相同位置上的双音组合，如果已知某一个（或几个）是词组，其余则可首先考虑是词组而不是词。

例如，屈原《天问》："冥昭瞢暗，谁能极之？""冥"指"幽暗"，"昭"指"明亮"，那么"冥昭"连用是词还是词组？有的书上说此处应单指"冥"，不应当解释为"幽暗"和"明亮"两方面的意思，否则就与下文"明明暗暗，惟时何为"关于"白天"和"黑夜"的时序相混了，因此认为"冥昭"是一个偏义复词。我们认为，这样解释是值得商榷的。且把这一句的上下文引出：

上下未形,何由考之? 冥昭瞢暗,谁能极之? 冯翼惟像,何以识之? 明明暗暗,惟时何为?

这里诗人发出四问,其实讲了互相承接的两层意思:第一问,讲的是天地空间;第二问,讲的是昼夜时序;第三问又回过来讲空间,第四问又回过来讲时序。从语言形式上看,一二两问句式相同,采用了对偶手法,其中"冥昭"就同"上下"对仗。"上下"指天与地,是个词组;那么,冥昭指黑与白,即夜与昼,也应是词组。从意思上看,正因为"天地未形",因而宇宙间回旋、浮动着大气,才进一步追问"何以识之?"。正因为"冥昭瞢暗"(瞢暗,是不清不楚的意思),出现昼夜相代,日月相推,才进一步追问"惟时何为?"。这样解释,不仅上下文不相混,而且还能看出屈原写诗,行文交错,逻辑严密,技巧高超。由此也可说明运用修辞特点确实有助于我们正确区别词和词组。

4 从出现频率上区别

在谈到如何区别上古汉语的词和仂语时,赵元任先生指出,也许见次率是应当考虑的因素之一。的确,在实际口语中,词的出现频率一般要高于词组。因此,在坚持上述标准的同时,也可以把词语的出现频率作一个重要的参考项。

统计表明,一些见次率很高的双音组合大致可确定为双音词。如"君子"出现在《诗经》中181次(其中《大雅》28次,《小雅》100次,《国风》和《颂》53次),《论语》中107次,《孟子》中82次。"天子"出现在《诗经》中21次,《孟子》中35次。"大夫"出现在《诗经》中7次,《论语》中11次,《孟子》中30次。单以《论》、《孟》统计,"天下"出现在《论语》中23次,《孟子》中172次。"夫子"出现在

《论语》中 39 次,《孟子》中 34 次。"小人"出现在《论语》中 24 次,《孟子》中 16 次。"圣人"出现在《论语》中 4 次,《孟子》中 29 次。"百姓"出现在《论语》中 5 次,《孟子》中 19 次。"诸侯"出现在《论语》中 5 次,《孟子》中 59 次。

从对《孟子》中一些词语的统计来看,见次率在三次以上的,一般也不难判定为双音词。如出现十次的"先王"、"土地";九次的"今日"、"匹夫"、"四海";八次的"先生";七次的"上士"、"中土"、"下士"、"子弟"、"良人"、"有司"、"五霸";六次的"世子"、"右师"、"野人"、"丈夫"、"人伦"、"社稷"、"国家"、"前日"、"五谷";五次的"庶民"、"农夫"、"三军"、"乡原"、"赤子"、"羊枣"、"杯棬"、"眸子"、"宫室"、"仓廪"、"四方"等;四次的"生民"、"百官"、"国君"、"左右"(指人)、"弟子"、"妻子"、"匹妇"、"叔父"、"四体"、"衣服"、"粢盛"、"洪水"、"洚水"、"经界"等;三次的"矢人"、"校人"、"侍人"、"人人"、"百工"、"孺子"、"王子"、"上帝"、"夏后"、"士师"、"寇仇"、"乡党"、"亲戚"、"朋友"、"三代"、"牺牲"、"府库"、"疾病"、"人性"、"大事"、"乔木"、"明年"、"反复"、"离散"、"稽首"、"述职"、"平治"、"戕贼"、"孳孳"、"昭昭"、"浩然"等。

还有更多的双音组合,按照前三条标准应为双音词,但出现次数只有一两次。这一方面同被统计文献的文体、内容有关,另一方面也同这类双音词产生的形式有关。如前所述,由表达相同(或基本相同)概念的同义单音词合成的双音词,通常不经过一个逐步凝固的词组阶段,因此它们尽管只出现一两次,却已取得双音词的资格。所以,在见次率低的双音词中,这类同义复合词占着相当大的比例。如:"俊杰"、"商贾"、"媒妁"、"学校"、"斧斤"、"声音"、"丘陵"、"械器"、"沟壑"、"少艾"、"长上"、"道路"、"舍馆"、"杀伐"、"曾益"、"泛滥"、"兴起"、"欢乐"、"言语"、"扶持"、"教诲"、"智慧"、"经营"、"颠覆"等。

以上,我们初步归纳出区别词和词组的四条标准。这四条标准中,结构标准无疑是最可靠的,然而受古代文献的限制,使用起来会存在一些困难。从汉语的特点出发,意义标准显然不能忽视;如果单为区别出"词汇的词",这应当说是最为简明易行的方法。至于对举和频率则只能作个参考。因为古人在修辞上讲究对偶,并不像后来格律诗那样严格,出现在同样句式同样位置上的双音组合是词还是词组并不见得是一致的,因此这种方法只能提供一些有用的线索,千万不能滥用。同样,见次率也不能作为唯一依据,因为有些词组在一些著作中出现次数也可能很多,如"父母"在《诗经》中出现 23 次,在《孟子》中出现 39 次,我们绝不能因此就说它是词。就语法结构和词汇意义而言,两者有时也是有矛盾的。这是因为它们强调的重点不同,正如吕叔湘先生指出的:"语法原则强调的是这个组合不容易拆开,它的组成部分不能随意扩展。词汇原则强调的是这个组合不太长,有比较统一的意义。"[1]但总的说来,意义的专门化和结构形式之间有一定程度的联系[2],一般说双音组合凡意义上代表一个概念,结构上都不易拆开或随意扩张;反过来结构上结合紧密,意义上则比较统一,具有专指性,因此这两个标准相辅相成,相互参证,彼此补充,在多数情况下是能够解决问题的。需要指出的是,由于上古词组向词演变并非齐头并进,对一些正处于凝固过程中的双音组合,可能用上述标准都不那

---

① 吕叔湘《汉语语法分析问题》第 30 页,商务印书馆,1979 年版。
② 参看赵元任《汉语口语语法》,商务印书馆,1979 年版。

么灵,正如王力先生指出的,有些词和仂语之间没有绝对界限,那么我们就不必硬性区别,而应从实际出发管它们叫"短语词"。

三　先秦双音词的结构方式
及其发展阶段

在区别双音词和双音词组的过程中,我们已经看到先秦汉语的双音词具有多种结构形式:有运用语音特点构成的单纯双音词,也有运用语法特点构成的合成双音词,这两大类中又可细分成若干种。那么,这些不同的结构形式在词汇史上是同时出现的呢,还是有个先后发展过程? 根据我们初步考察,应当说不同结构形式的双音词是不同历史阶段的产物,就复音词的结构形式说,在整个汉语史上大体经历了五个阶段[①],其中三个阶段在先秦,而且都属于双音词的结构形式,这就是:1.语音造词阶段;2.语音造词向语法造词转变的过渡阶段;3.语法造词阶段[②]。下面分别加以讨论:

1　语音造词阶段,即由同音或近音的单音节构成单纯双音词[③]

前面已经提到,早期汉语单音词的产生,除了词义的演化引申外,可能主要依靠音节内部的屈折变化。上古双音词的产生仍然

---

①　参看拙作《汉语发展规律初探》,载《东岳论丛》1980 年第 1 期。

②　严格说应叫语法造词的初期阶段,因为其后两个阶段亦属语法造词,只是由于存在不同的结构形式,或虽结构形式相同但能产量不同,因而才分为不同阶段。

③　也有极少数是由非同音、近音音节构成的,如"栝楼"、"科斗"等,多动植物名,其性质接近专词,故此处略去。

沿用了这种主要诉诸语音的造词方法,即利用同音或近音音节的自然延长、重复而构成单纯双音词。可区别为完全重叠词和部分重叠词两类:

1.1　完全重叠词

这类词在《诗经》中出现较多。关于《诗经》的重叠形式,一些语言学者曾作过专门统计和研究。王显同志在《〈诗经〉中跟重言作用相当的'有字式'、'其字式'、'斯字式'和'思字式'》一文中指出全书共出现 678 次,但未单独计算个数;马真同志在《先秦复音词初探》中指出共有 346 个,但又未说明次数;周法高归纳王显、杜其容的统计,认为共出现 359 个,680 次左右;我们统计则为 360 个,689 次。在这 360 个重叠组合中,除"滔滔"、"高高"、"明明"、"青青"、"旦旦"、"处处"等一小部分是由单音词的重叠而构成的重叠式合成词外,大部分是单纯重叠词。其中又大都属于状态形容词。例如:

(1) 桃之夭夭,灼灼其华。(《周南·桃夭》)

(2) 菁菁者莪,在彼中阿。(《小雅·菁菁者莪》)

(3) 临冲闲闲,崇墉言言①。(《大雅·皇矣》)

也有的是象声词,例如:

(4) 坎坎伐檀兮,置之河之干兮。(《魏风·伐檀》)

(5) 交交黄鸟,止于棘。(《秦风·黄鸟》)

1.2　部分重叠词

又区分为声纽重叠即双声、韵部重叠即叠韵和双声兼叠韵三种。从词类看,形容词居多,也有不少名词和动词。

---

① 　此处"言言"形容崇国城的高大,是单纯状态形容词,不是动词"言"的重叠。

1.2.1 双声

(一)形容词

(1) 参差荇菜,左右流之。(《周南·关雎》)

(2) 燕婉之求,籧篨不鲜。(《邶风·新台》)

(3) 黾勉同心,不宜有怒。(《邶风·谷风》)

(4) 蔽芾甘棠,勿翦勿伐。(《召南·甘棠》)

(二)动词

(1) 爱而不见,搔首踟蹰。(《邶风·静女》)

(2) 邂逅相遇,适我愿兮。(《郑风·野有蔓草》)

(3) 凡民有丧,匍匐救之。(《邶风·谷风》)

(4) 予手拮据。(《豳风·鸱鸮》)

(三)名词

(1) 蟋蟀在堂,岁聿在莫。(《唐风·蟋蟀》)

(2) 领如蝤蛴。(《卫风·硕人》)

(3) 鸳鸯于飞,毕之罗之。(《小雅·鸳鸯》)

(4) 蒹葭苍苍,白露为霜。(《秦风·蒹葭》)

1.2.2 叠韵

(一)形容词

(1) 舒天绍兮,劳心惨兮。(《陈风·月出》)

(2) 岂弟君子,来游来歌,以矢其音。(《大雅·卷阿》)

(3) 尔公尔侯,逸豫无期。(《小雅·白驹》)

(4) 陟彼崔嵬,我马虺隤。(《周南·卷耳》)

(二)动词

(1) 绸缪束薪,三星在天。(《唐风·绸缪》)

(2) 子仲之子,婆娑其下。(《陈风·东门之枌》)

(3) 衡门之下,可以栖迟。(《陈风·衡门》)

(4) 退食自公,委蛇委蛇。(《召南·羔羊》)

(三) 名词

(1) 赠之以勺药。(《郑风·溱洧》)

(2) 蜉蝣之羽,衣裳楚楚。(《曹风·蜉蝣》)

(3) 螟蛉有子,蜾蠃负之。(《小雅·小宛》)

(4) 陟彼崔嵬,我马虺隤。(《周南·卷耳》)

1.2.3　双声兼叠韵,但并不同音

(1) 二之日栗烈。(《豳风·七月》)"栗烈"为形容词。

(2) 悠哉悠哉,辗转反侧。(《周南·关雎》)"辗转"为动词。

(3) 伊威在室,蟏蛸在户。(《豳风·东山》)"伊威"、"蟏蛸"为名词。

对以上重叠和部分重叠形式的单纯双音词需要指出两点:

第一,部分重叠词因为它们是古代有声语言的生动记录,只取其音,不拘字形,所以书写形式往往不止一个。前已指出,不再赘述。

第二,重叠词的意义常因文而异,具有多变性。这表现在两方面:一方面,同一个意义可用多种重叠词来表达。例如表示植物茂盛、茂密的意义就因具体植物的不同而用不同的重叠词:

(1)"维叶莫莫"(《周南·葛覃》)表葛叶盛貌。

(2)"其叶蓁蓁"(《周南·桃夭》)表桃叶盛貌。

(3)"其叶湑湑"(《唐风·杕杜》)表杜(赤棠)叶盛貌。

(4)"其叶蓬蓬"(《小雅·采菽》)表柞叶盛貌。

(5)"黍稷薿薿"(《小雅·甫田》)指黍稷茂盛。

（6）"厌厌其苗"（《周颂·载芟》）指苗茂盛。

（7）"蒹葭苍苍"（《秦风·蒹葭》）指一种芦苇茂盛。

（8）"瓜瓞唪唪"（《大雅·生民》）指果实盛貌。

另一方面，同一个重叠词又可表示多种意义，如"嚣嚣"，在"选徒嚣嚣"（《小雅·车攻》）中表喧嚣声；在"听我嚣嚣"（《大雅·板》）中表骄横貌；在"谗谗嚣嚣"（《小雅·十月之交》）中表众口谗毁，等等。

2 语音造词向语法造词的过渡阶段，即由同义或近义的单音词组成重叠合成词或部分重叠合成词

因为这类词既沿用语音造词中的重叠或部分重叠的形式，又类似语法造词中同义联合的结构，所以可以看做是由语音造词向语法造词的过渡形式。也分为重叠和部分重叠两类：

2.1 重叠合成词

单音词重叠后产生一个新的意义，即构成不同于原单音词的重叠合成词。例如：

（1）无曰高高在上，陟降厥士，日监在兹。（《诗经·周颂·敬之》）

（2）视尔梦梦，我心惨惨。（《诗经·大雅·抑》）

（3）瞻彼淇奥，绿竹青青。（《诗经·卫风·淇奥》）

2.2 部分重叠合成词

由意义相近、声纽或韵部相通的单音词联合构成。又可区分为双声、叠韵和双声兼叠韵三类：

2.2.1 双声近义合成词

这类词也有名词、动词和形容词三种：

（一）名词

（1）勉勉我王，纲纪四方。（《诗经·大雅·棫朴》）

郑笺："以罔罟喻为政，张之为纲，理之为纪。"可知纲、纪义近。纲，上古为见母阳部；纪，为见母之部，可知纲、纪双声。

（2）靡有旅力，以念穹苍。（《诗经·大雅·桑柔》）

朱传：旅，与膂同。《广雅》：膂，力也。旅，来母鱼部；力，来母职部，声母相同。

（3）有靦面目，视人罔极。（《诗经·小雅·何人斯》）

面、目近义不言自喻。面，明母元部；目，明母觉部，是为双声。

其他如亲戚、鳏寡、学校、土地、布帛、国家、经界、规矩、豪杰等双音词均可能由此种方式组成。

（二）动词

（1）击鼓其镗，踊跃用兵。（《诗经·邶风·击鼓》）

朱传："踊跃，坐作击刺之状也。"《说文》："踊，跳也。""跃，迅也。"《广雅·释诂》：踊、跃，"上也"。又踊、跃，"跳也"。踊，喻母东部；跃，喻母药部，声母相同。

（2）追琢其章，金玉其相。（《诗经·大雅·棫朴》）

毛传："追，雕也，金曰雕，玉曰琢。"郑笺："追亦治玉也。……追琢玉使成文章。"追，端母微部；琢，端母侯部，声母相同。

（3）岂不怀归，畏此反覆。（《诗经·小雅·小明》）

朱传："反覆，倾侧无常之意也。"反，帮母元部；覆，滂母觉部，声母相近。

（4）被之祁祁，薄言还归。（《诗经·召南·采蘩》）

《广雅·释诂》：还，"归也"。还，匣母元部；归，见母微部，声母相近。

其他像颠倒、洒扫、零落、蕴结、说怿、咨诹、残贼、敦琢、戏谑、死丧、监观、孝享、似续、率从、怀顾、偃仰、招致、披拂、拳曲、驰骤、修饰、言语、耕稼、号泣、尝试等均可能由此种方式构成。

（三）形容词

（1）来归自镐，我行永久。（《诗经·小雅·六月》）

《说文》："永，水长也。"后引申为时间长，与"久"近义。永为匣母阳部，久为见母之部，声母都是舌根音。

（2）靖共尔位，正直是与。（《诗经·小雅·小明》）

《说文》："直，正见也。"《广雅·释诂》："直，正也。"正，端母耕部；直，定母职部，声母相近。

（3）维桑与梓，必恭敬止。（《诗经·小雅·小弁》）

是以君子恭敬撙节退让以明礼。（《礼记·曲礼上》）

据孔疏："在貌为恭，在心为敬"，"貌多心少为恭，心多貌少为敬"。恭，见母东部；敬，见母耕部，声母相同。

其他如圣善、淑慎、空虚、光辉、茁壮、闲暇、充实、枯槁、果敢、纯粹等均可能由此种方式构成。

2.2.2　叠韵近义合成词

这类词也有名词、动词、形容词三类：

（一）名词

（1）乃如之人也，怀婚姻也。（《诗经·鄘风·蝃蝀》）

婚，原指妇家，疑母文部；姻，原指婿家，影母真部，韵部相近。

（2）与朋友交，言而有信。（《论语·学而》）

朋，原指"同门"，滂母蒸部；友，原指"同志"，匣母之部，韵部相近。

其他如人民、蟊贼、祉福、芄兰、来牟、疆土、圭璧、寇仇、谷禄等均可能由此种方式构成。

（二）动词

（1）笃生武王，保右命尔，燮伐大商。（《诗经·大雅·大明》）

据孔疏，保为安保义，右为佑助义。保，帮母幽部；右，匣母之部，韵部相近。

（2）大夫跋涉，我心则忧。（《诗经·鄘风·载驰》）

毛传：草行曰跋，水行曰涉。跋，滂母月部；涉，禅母叶部，韵部比较接近。

其他如漂摇、戏豫、肆伐、杀伐、教诲、泛滥、系累、绸缪、束缚、攀援等均可能由此种方式构成。

（三）形容词

（1）日就月将，学有缉熙于光明。（《诗经·周颂·敬之》）

郑笺："光，明也。"光，见母阳部；明，明母阳部，韵部相同。

（2）嘅其叹矣，遇人之艰难矣。（《诗经·王风·中谷有蓷》）

毛传：艰亦难也。朱传：艰难，穷厄也。艰，见母文部；难，泥母元部，韵部相近。

其他如岂弟、清扬、清明、蕃衍、黯暗、佻巧等均可能由此种方式构成。

2.2.3　双声兼叠韵近义合成词

这类词也有名、形、动三类：

（1）邦分崩离析而不能守也，而谋动干戈于邦内。（《论语·季氏》）

干，原为一种武器（盾），见母元部；戈，亦原为一种武器（戟），见母歌部,为近义同声近韵名词。

（2）经营四方,告于成王。(《诗经·大雅·江汉》)

经见母,营喻母,都是耕部。孔疏:经理之为经,营表之为营,义亦相近。此为动词。

（3）燕笑语兮,是以有誉处兮。(《诗经·小雅·蓼萧》)

朱传:"誉,善声也;处,安乐也。"誉为喻四母鱼部,处为穿三母鱼部,声近韵同。此为形容词。

其他如饥馑、友纪(以上名词)、奋飞、复背、曲局、叫号、启处、子遗、燕誉、竭蹶(以上动词)、几希、馀裕(以上形容词)等均可能由此种方式构成。

3　语法造词阶段,即运用汉语的主要语法手段——虚词和词序两种方式构成的双音合成词

3.1　运用虚词方式构成的

用虚词成分附加于单音实词前后构成的双音词,可分为两类:

3.1.1　前附

可构成名词、动词和形容词:

（一）名词

名词前附虚词成分有"有"、"於"、"子"等,它们多数构成国名、族名、地名、人名等专有名词。例如:

（1）有殷受天命,惟有历年。(《尚书·召诰》)

（2）何忧乎欢兜,何迁乎有苗。(《尚书·皋陶谟》)

（3）豺虎不食,投畀有北。(《诗经·小雅·巷伯》)

（4）望瑶台之偃蹇兮,见有娀之佚女。(《楚辞·离骚》)

（5）於越入吴。(《春秋·定公五年》)

杜注:於,发声也。孔疏:越是南夷,夷言有此发声,史官或正其名,或从其俗。

　　(6)昔者窃闻之:子夏、子游、子张皆有圣人之一体,冉牛、闵子、颜渊则具体而微,敢问所安。(《孟子·公孙丑上》)

　　上例中的虚词成分除"於"孔颖达解为夷语外,"有"、"子"都应是由实词虚化来的。"有"最初表族名、国名时也许是"有无"之"有"(如"有殷"、"有苗"),后来变成构词成分才失去了实词意义(如"有北")。"子"的实词意义是对上层男子的尊称,古人以它命名取字大约同这个实词意义有关。

　　(二)形容词

　　形容词前附虚词成分有"斯"、"思"、"有"、"其"等,它们主要同单音形容词(也同部分动词、名词)构成状态形容词。例如:

　　(1)无俾城坏,无独斯畏。(《诗经·大雅·板》)

　　(2)服其命服,朱芾斯皇。(《诗经·小雅·采芑》)

　　(3)永言保之,思皇多祜。(《诗经·周颂·载见》)

　　(4)柞棫斯拔,松柏斯兑。(《诗经·大雅·皇矣》)

　　(5)既见君子,乐且有仪。(《诗经·小雅·菁菁者莪》)

　　(6)宛其死矣,他人是愉。(《诗经·唐风·山有枢》)

　　王显先生在上引文章中指出,"有"、"其"、"斯"、"思"和单音形容词结合后相当于那个单音形容词的重叠,如"斯皇"相当于"皇皇"。从意义上讲,这无疑是正确的;从构词方式看,重叠词属于语音造词和语法造词的过渡形式,而"斯"字式等则属于语法造词的范畴,这应当说是汉语构词法上的一个发展。

　　(三)动词

　　构成动词的前附虚词成分有"遹"、"越"、"聿"、"爰"、"曰"、

"言"、"于"等。例如:

(1) 遹求厥宁,遹观厥成。(《诗经·大雅·文王》)

(2) 殷遂丧,越至於今。(《尚书·微子》)

(3) 昭示上帝,聿怀多福。(《诗经·大雅·大明》)

(4) 爰居爰处,爰笑爰语。(《诗经·小雅·斯干》)

(5) 我东曰归,我心西悲。(《诗经·豳风·东山》)

(6) 言旋言归,复我邦族。(《诗经·小雅·黄鸟》)

(7) 之子于归,宜其室家。(《诗经·周南·桃夭》)

对上述虚词成分是否都是词头,还存在不同看法。我们倾向于都是词头,理由是它们具备两个共同特点:第一,它们在语音上比较接近。王力先生指出:"'爰'、'曰'是双声,而且是寒、月对转;'爰'、'言'是叠韵,而且同属喉音。"又指出"聿"、"遹"同音,属余母或云母,如果是云母,则同"爰"、"曰"声韵都比较接近①。王力先生没有把"越"、"于"列为动词的前附成分,其实"越"、"于"不但在功用上同前几个虚词成分相类似,而且在语音上"越"、"曰"同音,"于"同"爰"、"曰"、"聿"是双声,同"爰"是阴阳对转,同"曰"是阴入对转。第二,它们或多或少保留若干动词意义,如"于",郑笺有时解作"往","言"有人解作"以"(毛传作"我"),"爰"有人认为相当于"在"或"于是"②。联系第一个特点我们有理由怀疑它们最初是由同一个动词虚化而成为动词词头的。

3.1.2　后附

主要构成形容词,少数构成名词:

---

① 参看王力《汉语史稿》第 299、300 页,中华书局,1980 年版。
② 见何乐士等《文言虚词浅释》第 390、391 页,北京出版社,1979 年版。

（一）形容词

形容词后附虚词成分有"斯"、"其"、"彼"、"焉"、"尔"、"而"、"若"、"如"、"然"等。这些虚词成分主要同单音形容词、也同一小部分单音动词和名词构成状态形容词。例如：

(1) 王赫斯怒，爰整其旅。（《诗经·大雅·皇矣》）

(2) 嘤其鸣矣，求其友声。（《诗经·小雅·伐木》）

(3) 士与女，殷其盈矣。（《诗经·郑风·溱洧》）

(4) 鴥彼晨风，郁彼北林。（《诗经·秦风·晨风》）

(5) 事大敌坚，则涣焉离耳。（《荀子·议兵》）

(6) 子路率尔而对。（《论语·先进》）

(7) 未几见兮，突而弁兮。（《诗经·齐风·甫田》）

(8) 桑之未落，其叶沃若。（《诗经·卫风·氓》）

(9) 乐其可知也：始作，翕如也；从之，纯如也，皦如也，绎如也；以成。（《论语·八佾》）

(10) 天油然作云，沛然下雨，则苗勃然兴之矣。（《孟子·梁惠王上》）

上述虚词成分也有两点值得我们注意：第一，诚如王力先生指出"如"、"若"、"然"、"尔"、"而"在语音上是相近的[1]；同时我们还可指出"斯"和"尔"同为支部，"其"为之部，"彼"为歌部，"焉"为元部，在上古都比较接近，这就令人想到它们原来是否有共同的语音来源。第二，这些虚词成分在上古几乎同时都可充当指代性的词："若"、"尔"、"而"可作第二人称代词；"如"，撇开字形应当看做早在甲骨刻辞时代就已经出现的第二人称代词"女"（后来书写为

---

① 参看王力《汉语史稿》第315页，中华书局，1980年版。

70

"汝")；"其"原为特指代词，后又兼作第三人称代词；"然"和"斯"是近指代词；"彼"是远指代词，后又作第三人称代词；"焉"是疑问代词。联系到前一个特点，我们同样有理由怀疑它们最初是由同一个指代性的实词虚化而成为形容词词尾的。

（二）名词

在先秦，典型的名词词尾似乎尚未出现，"子"和"者"在后世是名词词尾，在先秦至多只能说处在词尾的萌芽状态。如：

（1）寡君之使婢子侍执巾栉，以固子也。（《左传·僖公二十二年》）

（2）如我死则必大为我棺，使吾二婢子夹我。（《礼记·檀弓下》）

（3）胸中正则眸子瞭焉。（《孟子·离娄上》）

（4）妻子因毁新令如故袴。（《韩非子·外储说左上》）

（5）为长者折枝。（《孟子·梁惠王上》）

（6）人主顾渐其法令，而尊学者之智行，此世之所以多文学也。（《韩非子·问辩》）

（7）於卒也，摽使者出诸大门之外，北面稽首再拜而不受。（《孟子·万章下》）

"子"的虚化过程，下面讨论到"子"作为能产词根如何滋生新词时还要谈及。"者"一般置于动词或形容词后，构成"者"字结构，应是词组而不是词，如上例中"使者"前可加一"出"字，变为"出使者"；"学者"前可加一"修"字，变为"修学者"，现代汉语的"使者"、"学者"则不能这样加，然而现代汉语中以"者"为词尾的复音词确是从"者"字结构逐渐演化来的，所以上例中的"者"应看做是现代汉语词尾"者"的源头。

3.2 运用词序方式构成的

在先秦运用词序方式构成的双音词主要是联合式和偏正式两种结构形式的词,另外有少数支配式、个别表述式,补充式则尚处在萌芽状态。

3.2.1 联合式

联合式双音词基本上是三种形式,即名词和名词联合构成名词,形容词和形容词联合构成形容词,动词和动词联合构成动词。

(一)名名联合构成名词。例如:

(1)西人之子,粲粲衣服。(《诗经·小雅·大东》)

(2)甲兵之事,未之闻也。(《左传·哀公十一年》)

(3)且予纵不得大葬,予死于道路乎!(《论语·子罕》)

(4)诸侯不仁,不保社稷。(《孟子·离娄上》)

(5)三月之殡,何也?曰:大之也,重之也,所致隆也,所致亲也,将举错之,迁徙之,离宫室而归丘陵也,先王恐其不文也,是以縓其期,足之日也。(《荀子·礼论》)

(6)操法术之教,行重罚严诛,则可以致霸王之功。(《韩非子·姦劫弑臣》)

(二)动动联合构成动词。例如:

(1)天下有道,则礼乐征伐自天子出。(《论语·季氏》)

(2)死徙无出乡,乡田同井,出入相友,守望相助,疾病相扶持,则百姓亲睦。(《孟子·滕文公上》)

(3)子之君将行仁政,选择而使子,子必勉之。(同上)

(4)讴歌者不讴歌益而讴歌启,曰:"吾君之子也。"(《孟子·万章上》)

(5)天下无道,攻击不休。(《韩非子·喻老》)

（三）形形联合构成形容词。例如：

（1）为宫室之美，妻妾之奉，所识穷乏者得我与？（《孟子·告子上》）

（2）奉炽炉，炭火尽赤红，而炙熟而发不烧，臣之罪三也。（《韩非子·内储说下》）

（3）州部之吏，操官兵，推公法而求索奸人，然后恐惧，变其节，易其行矣。（《韩非子·五蠹》）

（4）故至安之世，法如朝露，纯朴不散。（《韩非子·大体》）

除以上三种基本方式外，还有：

（一）形形联合构成名词。例如：

（1）故旧不遗，则民不偷。（《论语·泰伯》）

（2）请成相，世之殃，愚暗愚暗堕贤良。（《荀子·成相》）

（二）动动联合构成名词。例如：

（1）今王发施仁政，使天下仕者皆欲立于王之朝，耕者皆欲耕于王之野，商贾皆欲藏于王之市，行旅皆欲出于王之涂，天下之欲疾其君者皆欲赴诉于王。（《孟子·梁惠王上》）

（2）不闻先王之遗言，不知学问之大也。（《荀子·劝学》）

（三）数数联合构成形容词或动词。例如：

（1）嘒彼小星，三五在东。（《诗经·召南·小星》）

朱传："三五，言其稀。"为形容词。王引之《经义述闻》则解"三五"为两星名（三为参宿，五为昴宿），就变成名词词组了。

（2）七年之中，一与一夺，二三孰甚焉？（《左传·成公八年》）

"二三"指摇摆不定，应看做是动词。

在联合式双音词的结构形式中,有两点值得注意:

第一,从多数联合式双音词看,合成前的两个单音词和合成后的双音词三者属于同一个词类;少数双音词合成前的单音词所属词类同合成后的双音词所属词类不同,而这些双音词的身份一般比较容易确定。由此可知合成前后词类的转换,常是区别双音词和词组的标志之一。

第二,有些联合式双音词的两个词素排列顺序(姑且叫字序)可以相互倒置。按词类分别举例如下:

(一)名词

(1)民人①(《诗经·大雅·瞻卬》);人民(《诗经·大雅·抑》)。

(2)朋友(《诗经·大雅·既醉》);友朋(《左传·庄公二十二年》)。

(3)弟子(《孟子·公孙丑上》);子弟(《孟子·梁惠王下》)。

(4)室家(《论语·子张》);家室(《诗经·周南·桃夭》)。

(5)粟米(《孟子·尽心上》);米粟(《孟子·公孙丑下》)。

(6)粮食(《左传·襄公八年》);食粮(《墨子·鲁问》)。

(7)衣裳(《诗经·齐风·东方未明》);裳衣(同前)。

(8)甲兵(《韩非子·初见秦》);兵甲(同上)。

(9)虎兕(《论语·季氏》);兕虎(《老子》)。

(10)物类(《荀子·劝学》);类物(《国语·楚语》)。

(11)爵禄(《孟子·万章下》);禄爵(《孟子·公孙丑下》)。

---

① "民人"属于过渡结构方式的叠韵近义联合词,因其结构方式更接近联合式,同样存在字序互相倒置的现象,所以我们把这类词也一并举出。

74

（12）图书（《韩非子·大体》）；书图（《韩非子·用人》）。

（13）学问（《荀子·劝学》）；问学（《荀子·效儒》）。

（14）姓名（《吕氏春秋·顺民》）；名姓（《谷梁传·襄公二十九年》）。

（15）名声（《庄子·天道》）；声名（《庄子·天运》）。

（16）权利（《荀子·劝学》）；利权（《左传·襄公二十三年》）。

（17）权威（《吕氏春秋·审分览》）、威权（《国语·晋语》）等。

（二）动词

（1）还归（《诗经·小雅·出车》）；归还（《战国策·秦策》）。

（2）计算（《韩非子·六反》）；算计（《楚辞·九章》）。

（3）会计（《孟子·万章下》）；计会（《韩非子·解老》）。

（4）离别（《楚辞·离骚》）；别离（《楚辞·九歌》）。

（5）服从（《礼记·内则》）；从服（《荀子·非十二子》）。

（6）介绍（《礼记·聘义》）；绍介（《战国策·赵策》）。

（7）斗争（《庄子·外物》）；争斗（《韩非子·解老》）。

（8）讴歌（《孟子·万章上》）；歌讴（《荀子·儒效》）等。

（三）形容词

（1）美好（《庄子·盗跖》）；好美（《战国策·中山策》）。

（2）整齐（《商君书·赏刑》）；齐整（《荀子·不苟》）。

（3）长久（《左传·昭公二十五年》）；久长（《国语·楚语》）。

（4）穷困（《庄子·则阳》）；困穷（《周易·系辞下》）。

（5）威严（《礼记·祭义》）；严威（《国语·楚语下》）。

（6）悲哀（《庄子·渔父》）；哀悲（《老子》）。

(7) 危险(《韩非子·有度》);险危(《韩非子·用人》)等①。

同义或近义联合式双音词其所以会出现字序可以互相颠倒的现象,可能因为这类双音词的产生一般不需要经过一个词组凝固的阶段,可以径直在交际中应用,字序的前后最初并不影响交际效果,换句话说不怎么影响它们作为双音词而存在。也正因为如此,这种同词异序现象不但先秦存在,而且从古至今都存在。至于最后为什么稳定为一种字序而放弃另一种字序,原因则是多方面的:有的可能取决于两个单音词的词义,如姓在前,名在后,遂固定为"姓名";先有爵,后有禄,遂固定为"爵禄";先从简,后能易,遂固定为"简易";等等。有的可能取决于两个单音词是专指还是通指,一般专指在前,通指在后,如粟米、讴歌、归还等即属此类。有人指出可能同两个单音词的声调有关,即字序先后往往同平上去入的顺序相一致②。有人还指出同方言或语言习惯有关③。但不论出自哪种原因,都是约定俗成而不是强行规定的。

3.2.2 偏正式

先秦偏正式双音词主要是由名词和名词、形容词和名词、数词和名词三种结构方式构成的名词,其他方式构成的名词或不拘什么方式构成的其他词类的词则居少数。

(一)用名词修饰、限制名词构成名词。例如:

(1) 邦君之妻,君称之曰夫人。(《论语·季氏》)

(2) 公输盘为楚造云梯之械成,将以攻宋。(《墨子·公

---

① 有些词例摘自郑奠先生写的《古汉语中字序对换的双音词》,见《中国语文》1964 年第 6 期。

② 参看陈爱文、于平《并列式双音词的字序》,载《中国语文》1979 年第 2 期。

③ 参看曹先擢《并列式同素异序同义词》,载《中国语文》1979 年第 6 期。

输》）

(3) 曾晳嗜羊枣。（《孟子·尽心下》）

(4) 凡奸臣皆欲顺人主之心以取亲幸之势者也。（《韩非子·奸劫弑臣》）

（二）用形容词修饰名词构成名词。例如：

(1) 大夫跋涉，我心则忧。（《诗经·鄘风·载驰》）

(2) 斐豹，隶也，著于丹书。（《左传·襄公二十三年》）

(3) 子曰：君子上达，小人下达。（《论语·宪问》）

(4) 以巨子为圣人，皆愿为之尸，冀得为其后世，至今不决。（《庄子·天下》）

（三）用数词限制、修饰名词构成名词。例如：

(1) 邦畿千里，维民所止，肇域彼四海。（《诗经·商颂·玄鸟》）

(2) 百姓足，君孰与不足？（《论语·颜渊》）

(3) 五谷熟而民人育。（《孟子·滕文公上》）

(4) 闻诛一夫纣矣，未闻弑君也。（《孟子·梁惠王下》）

除以上三种常见结构方式构成名词外，还有以下几种结构方式用以构成名词、动词和代词：

（一）用动词修饰名词构成名词。例如：

(1) 闻乞人歌于门下而悲之。（《吕氏春秋·精通》）

(2) 陪臣执国命，三世希不失矣。（《论语·季氏》）

(3) 圣王不作，诸侯放恣，处士横议，杨朱墨翟之言盈天下。（《孟子·滕文公下》）

（二）用动词修饰动词构成名词。例如：

孟子为卿于齐，出吊于滕，王使盖大夫王驩为辅行。（《孟

子·公孙丑下》)

（三）用形容词修饰动词构成名词。例如：

有事，弟子服其劳；有酒食，先生馔，曾是以为孝乎？（《论语·为政》）

（四）用数词限制动词构成名词。例如：

或曰：管仲俭乎？曰：管氏有三归①，官事不摄，焉得俭？（《论语·八佾》）

（五）用名词修饰动词构成动词。例如：

（1）子曰：为命，裨谌草创之……。（《论语·宪问》）

（2）吴起收泣于岸门，痛西河之为秦，卒枝解于楚。（《韩非子·难言》）

（六）用形容词修饰动词构成动词。例如：

子之燕居，申申如也，夭夭如也。（《论语·述而》）

（七）用形容词修饰名词构成形容词。例如：

小心翼翼。（《诗经·大雅·大明》）

（八）用代词限制名词构成代词。例如：

或问乎曾西曰："吾子与子路孰贤？"（《孟子·公孙丑上》）

在偏正式双音词中，有一种特别值得注意的现象，就是有一些代表最常用概念的单音词（均属基本词汇），往往成为构词能力很强的词根。试举出以下五个：

（一）"人"

㈠〔名词+"人"〕：

（1）价人（《诗经·大雅·板》，郑笺：价，甲也，被甲之人，谓

---

① "三归"作市租解，见杨伯峻《论语译注》第31页，中华书局，1980年版。

卿士掌军事者。)

(2) 众人(《诗经·周颂·臣工》,朱注:甸徒也。指农业劳动者。)

(3) 倌人(《诗经·鄘风·定之方中》,朱传:主驾者也。)

(4) 舆人(《左传·昭公四年》,指职位低下的吏卒。)

(5) 圬人(《左传·襄公三十一年》,指泥瓦工。)

(6) 野人(《左传·僖公二十三年》)

(7) 王人(《左传·僖公八年》,王使者。)

(8) 馆人(《左传·昭公元年》,管理馆舍的小吏。)

(9) 山人(《左传·昭公四年》,掌山林之官。)

(10) 伶人(《国语·周语下》,乐人。)

(11) 舌人(《国语·周语中》,韦昭注:能达异方之志,象胥之官。即翻译官。)

(12) 夫人(《论语·学而》)

(13) 丈人(《论语·微子》,对老人的尊称。)

(14) 玉人(《孟子·梁惠王下》,玉工。)

(15) 天人(《庄子·天下》,道家特指顺乎自然之道的人。)

(16) 神人(《庄子·逍遥游》)

(17) 津人(《庄子·达生》,船工。)

(18) 刑人(《战国策·赵策一》,指受过肉刑的下层人。)

(19) 党人(《楚辞·离骚》)

(20) 门人(《荀子·仲尼》)

(21) 内人(《周礼·天官》,指宫人。)

(22) 羽人(《周礼·地官》,官名。)

(23) 隶人(《仪礼·既夕礼》,郑玄注:罪人,今之徒役作者也。)

(24) 庶人(《荀子·王制》)

(25) 孺人(《礼记·曲礼下》)

(26) 室人(《礼记·昏仪》,郑注:室人谓女妐、女叔诸妇也。指夫家平辈女子。)

㈡〔形容词+"人"〕:

(1) 私人(《诗经·大雅·崧高》,指周代公卿、大夫家臣。)

(2) 哲人(《诗经·小雅·鸿雁》,智慧高超的人。)

(3) 大人(《诗经·小雅·斯干》,卜官。)

(4) 先人(《诗经·小雅·小宛》,毛传:文武也。指祖先。)

(5) 硕人(《诗经·卫风·考槃》,盛德之人。)

(6) 美人(《释名·释天》,虹名。)

(7) 小人(《论语·颜渊》)

(8) 佞人(《论语·卫灵公》)

(9) 成人(《论语·宪问》,完人。)

(10) 寡人(《孟子·梁惠王上》)

(11) 良人(《孟子·离娄下》,丈夫。)

(12) 至人(《庄子·天下》,指思想道德高超的人。)

(13) 真人(《庄子·天下》)

(14) 畸人(《庄子·大宗师》,不合世俗的人。)

(15) 圣人(《荀子·性恶》)

(16) 庸人(《荀子·正论》)

(17) 重人(《韩非子·孤愤》,指权臣。)

(18) 细人(《韩非子·说难》,地位低微者。)

(19) 故人(《礼记·檀弓下》)

(20) 贵人(《吕氏春秋·重己》)

　㈢〔动词+"人"〕：

　　(1) 亡人(《左传·僖公二十三年》,亡命者。)

　　(2) 嬖人(《左传·隐公三年》,受宠的人。)

　　(3) 达人(《左传·昭公七年》,通达事理的人。)

　　(4) 流人(《庄子·徐无鬼》,有罪被流放者。)

　　(5) 没人(《庄子·达生》,潜水者。)

　　(6) 牧人(《周礼·地官》,官名。)

(二)"夫"

　㈠〔名词+"夫"〕：

　　(1) 褐夫(《孟子·公孙丑上》,贫苦者。)

　　(2) 仆夫(《诗经·小雅·出车》,驾车马的人。)

　　(3) 丈夫(《谷梁传·文公十二年》)

　　(4) 膳夫(《周礼·天官》,官名。)

　㈡〔形容词+"夫"〕：

　　(1) 独夫(《尚书·泰誓》,暴君。)

　　(2) 大夫(《诗经·鲁颂·閟宫》)

　　(3) 狂夫(《诗经·齐风·东方未明》)

　　(4) 匹夫(《左传·桓公十年》)

　　(5) 老夫(《左传·隐公四年》)

　　(6) 旷夫(《孟子·梁惠王下》)

　㈢〔动词+"夫"〕：

　　(1) 谋夫(《诗经·小雅·小旻》,出谋划策者。)

　　(2) 征夫(《诗经·小雅·皇皇者华》,使者。)

　　(3) 贩夫(《周礼·地官》,小商人。)

81

(4) 作夫(《商君书·徕民》,劳动者。)

(5) 渔夫(《庄子·秋水》)

(6) 穑夫(《尚书·大诰》,农夫。)

(7) 猎夫(《庄子·秋水》)

四 〔数词+"夫"〕:

一夫(《孟子·梁惠王下》)

(三)"民"

一 〔名词+"民"〕:

(1) 士民(《谷梁传·成公元年》)

(2) 国民(《左传·昭公十三年》)

(3) 丘民(《孟子·尽心下》)

(4) 庶民(《诗经·大雅·灵台》)

二 〔形容词+"民"〕:

(1) 先民(《诗经·大雅·板》)

(2) 鲜民(《诗经·小雅·蓼莪》,犹孤子。)

(3) 闲民(《周礼·天官》)

三 〔动词+"民"〕:

(1) 遗民(《左传·闵公二年》)

(2) 逸民(《论语·微子》)

(3) 游民(《礼记·王制》)

(四)"士"

一 〔名词+"士"〕:

(1) 儒士(《庄子·田子方》)

(2) 方士(《周礼·秋官》,官名。)

(3) 乡士(同上)

㈡〔形容词＋"士"〕：

(1) 上士、中士、下士(《孟子·万章下》)

(2) 锐士(《荀子·议兵》)

(3) 俊士(《荀子·大略》)

(4) 贞士(《韩非子·和氏》)

(5) 秀士(《礼记·王制》)

㈢〔动词＋"士"〕：

(1) 处士(《荀子·非十二子》，有才德隐居不仕者。)

(2) 通士(《荀子·不苟》，通达事理者。)

(3) 居士(《礼记·玉藻》，犹处士。)

(4) 造士(《礼记·王制》，学业有成就者。)

(五)"子"

㈠"子"作"孩子"解的：

(1) 赤子(《尚书·康诰》，婴儿。)

(2) 鞠子(《尚书·康诰》，稚子。)

(3) 王子(《尚书·微子》)

(4) 小子(《尚书·大诰》，商周天子诸侯的谦称。又《大雅·板》，年少者。)

(5) 稚子(《尚书·舜典》，又叫胄子，指贵族子弟。)

(6) 男子(《诗经·小雅·斯干》，男小孩。)

(7) 女子(《诗经·小雅·斯干》，女小孩。)

(8) 公子(《诗经·周南·麟之趾》)

(9) 天子(《诗经·小雅·采菽》)

(10) 元子(《诗经·鲁颂·闷宫》，天子诸侯嫡长子。)

(11) 馀子(《左传·宣公二年》，嫡长子以外的儿子。)

（12）树子（《谷梁传·僖公九年》，诸侯已立为世子的嫡长子。）

（13）处子（《孟子·告子下》，处女。）

（14）孽子（《孟子·尽心上》，妾媵所生子。）

（15）弟子（《庄子·天下》）

（16）竖子（《庄子·山木》，童仆。）

（17）国子（《周礼·地官》，贵族子弟。）

（18）孺子（《战国策·齐策》，高诱注：幼艾美女也。）

（19）偄子（《荀子·非相》，轻薄巧慧之子。）

（20）嫡子（《仪礼·丧服》）

（21）冢子（《礼仪·内则》，嫡长子。）

（22）支子（《礼记·曲礼下》，妻之次子及妾子。）

（23）嗣子（《礼记·曲礼下》，诸侯居丧时自称。）

㈡ "子"用作对人的尊称：

（1）君子（《诗经·大雅·卷阿》）

（2）吾子（《左传·僖公三十三年》）

（3）才子（《左传·文公十八年》）

（4）内子（《左传·僖公二十四年》，指卿大夫嫡妻。）

（5）夫子（《论语·季氏》，对"大夫"以上官的尊称，又指对一般男子的尊称，见《孟子·滕文公下》。）

（6）先子（《孟子·公孙丑上》，指去世的父亲。）

（7）巨子（《庄子·天下》，对墨家领袖的尊称。）

㈢ "子"指某种职业的人：

（1）舟子（《诗经·邶风·匏有苦叶》，毛传：舟子，舟人，主济渡者。）

84

（2）门子（《韩非子·亡征》，食客。）

㈣ "子"近似表人的名词词尾：

（1）女子（《孟子·滕文公下》）

（2）妻子（《孟子·万章上》）

（3）婢子（《礼记·檀弓下》）

以上四种用法，可能反映了"子"的历史演变过程。"子"，甲骨文原作 𢀖，金文作 𢀖，象头部相对较大、两手上下摆动的婴儿形，本义当是小孩的意思，男女均可称"子"，后来引申为对人的尊称，特别是对男子的尊称。开始可能首先用于尊称贵族。有人指出一种有趣的语言现象，就是把"孩子"引申为贵族的尊称不独汉语如此，在美洲古马耶人称贵族为"阿里默汗"，本义是"父亲的儿子"。在欧洲古罗马人称贵族为 patricus，本义为"父亲的后代"。在中国大约从商代就把"子"用于男性贵族的尊称①。到周代就进一步引申为一般男性知识分子的尊称。《春秋·宣公十年》："秋天王使王季子来聘。"《谷梁传》："其曰王季，王子也。其曰子，尊之也。"这还是指贵族。至于"夫子"在《孟子》中的一些用法则是对一般男性知识分子的尊称。由此进一步用于称呼某些职业的人也就比较自然了。大约到战国时期，才由对男子的敬称词虚化为表人的名词词尾②。

3.2.3　其他结构方式

---

①　参看《古文字研究》第 323 页，中华书局，1979 年版。但从"内子"称卿大夫嫡妻看，似乎反映出最早泛称贵族，并不分男女。

②　"子"作表物的名词词尾，可能产生更晚。其过程也许是：由人的"孩子"引申为幼兽鸟卵，由鸟卵引申为圆形小物，再引申为"小称"。王力先生说："小称就是它的词尾化的基础。"见《汉语史稿》第 226 页，中华书局，1980 年版。

运用词序方式构成的双音词,除以联合式、偏正式为主外,尚有:

(一)支配式:

(1)睆彼牵牛,不以服箱。东有启明,西有长庚。(《诗经·小雅·大东》)

(2)虽遇执事,其弗敢违。(《左传·成公三年》)

(3)鲁欲使慎子为将军。(《孟子·告子下》)

(4)(子思)北面稽首再拜而不受。(《孟子·万章下》)

(5)故先王立司南以端朝夕。(《韩非子·有度》)

(二)表述式:

表述式双音词在先秦刚刚出现,数量极少。如:

虫有就者,一身两口,争相龁也。遂相杀,因自杀。(《韩非子·说林下》)

(三)补充式:

典型的补充式双音词在先秦尚未出现,只有少数动补结构可看做这种构词方式的萌芽:

(1)齐尝大饥,道旁饿死者不可胜数也。(《韩非子·外储说右上》)

(2)走出门者何白马也?(《韩非子·内储说上》)

(3)故临兵而慈于士吏则战胜敌,慈于器械则城坚固。(《韩非子·解老》)

上例中的动补结构有时可以拆开,因此还不是双音词,至多只能叫做短语词。如"战胜"可作"战而胜"、"战而不胜"(《难一》)、"战则胜"(《解老》),由此可确定其非词性质。

四　结　论

以上我们着重讨论了先秦汉语双音词的产生条件、确认标准以及不同发展阶段的结构方式等问题。下面结合对《论语》、《孟子》词汇的统计,单就双音词自身的发展状况简要小结如次:

1　先秦汉语出现了明显的双音化倾向,双音词在当时词汇中已占有一定数量。请参看下表:

书名＼项目 词数	总字数	总词数	单音词					复音词					
			虚词	实兼虚	实词	合计	单音词占总词数百分比	虚词	专词	多音词	一般双音词	合计	复音词占总词数百分比
《论语》	15883	1504	47	41	1038	1126	74.9%	30	165	3	180	378	25.1%
《孟子》	35402	2240	60	43	1486	1589	71%	35	280	8	333	651	29%

专词,指人名、地名、国名、族名等,绝大多数是双音词。这类双音词早在甲骨文中就已出现了。很明显,人名、地名等多用复音,能够易于记忆,便于区别,有利于交际。是否可以说,汉语双音化正是从这类专词开始的。虚词,本属语法范畴,但因汉语中很多虚词是从实词虚化来的,有的甚至虚实间半,难以截然区分,因此我们仍按惯例把虚词也一并统计在内。多音词,实际是“大丈夫”、“上大夫”等六个三音词,其数量之少,正说明双音节化是汉语词汇发展的主要节奏倾向。如果加上专词、虚词、多音词三项,先秦复音词占总词数的比例,《论语》达到 25.1%,《孟子》达到 29%。单以一般双音词计,《论语》180 个,占总词数的 12%,《孟子》333 个,占总词数的 14.9%。

2　先秦双音词的结构方式经历了语音造词——语音造词向语法造词的过渡——语法造词三个阶段。但因语言的发展具有渐变性和继承性,新的构词方式的产生并不意味着旧的构词方式的消亡,恰恰相反,新旧方式往往会长期并存,所以划分阶段不能"一刀切";加上受上古语言材料的限制,我们实际上只能看出一个大略的发展趋向。如下表所示:

一、语音造词阶段	二、过渡阶段	三、语法造词阶段
1.1 重叠单纯双音词。如:夭夭、坎坎。	2.1 重叠合成词。如:高高、青青。	3.1 运用虚词方式构成的:
1.2 部分重叠单纯双音词。	2.2 部分重叠合成词。	3.1.1 前附。如:有苗、斯皇、于归。
1.2.1 双声单纯双音词。如:参差(形)、踟蹰(动)、鸳鸯(名)。	2.2.1 双声近义合成词。如:旅力(名)、踊跃(动)、恭敬(形)。	3.1.2 后附。如:赫斯、率尔、油然、婢子。
1.2.2 叠韵单纯双音词。如:夭绍(形)、委蛇(动)、螟蛉(名)。	2.2.2 叠韵近义合成词。如:婚姻(名)、跋涉(动)、艰难(形)。	3.2 运用词序方式构成的:
		3.2.1 联合式。如:道路、讴歌、赤红、贤良、学问、二三。
1.2.3 双声兼叠韵单纯双音词。如:栗烈(形)、辗转(动)、蠨蛸(名)。	2.2.3 双声叠韵近义合成词。如:干戈(名)、经营(动)、馀裕(形)。	3.2.2 偏正式。如:夫人、丹书、四海、先生、枝解、燕居。
		3.2.3 支配式。如:牵牛、执事。
		3.2.4 表述式。如:自杀。

3　上述三阶段各种构词方式的构词能力是不平衡的。在先秦,尤其进入春秋战国时期以后,语法造词中运用词序方式构成的双音词已占了明显的优势。请参看下表:

书名＼项目＼词数	总（一般双音）词数	语音造词				过渡词				语法造词				
		重叠单纯词	部分重叠及其他单纯词	合计	语音造词占总词数百分比	重叠合成词	部分重叠合成词	合计	过渡词占总词数百分比	运用虚词方式造词	运用词序方式造词	合计	语法造词占总词数百分比	运用词序方式造词占总词数百分比
《论语》	180	23	1	24	13.3%	6	12	18	10%	20	118	138	76.7%	65.6%
《孟子》	333	32	12	44	13.2%	9	31	40	12%	23	226	249	74.8%	67.9%

4　在词序造词中产生最早、"产量"最高的是联合式和偏正式。偏正式主要构成名词,联合式则可构成名词、动词和形容词。但偏正式构成名词的方式较多,联合式构成每类词的方式则比较单纯,多数是同类联合。然而进入战国时期以后,联合式双音词的增长速度却比偏正式显著加快了。请参看下表:

书名＼项目＼词数	总（一般双音）词数	联合式							偏正式											
		名词				动词	形容词	合计	占总词数百分比	名词								动词	代词	合计	占总词数百分比
		名·名	形·形	动·动	小计	动·动	形·形			名·名	形·名	数·名	动·名	动·形	形·动	数·动	小计	名·动、动·名	代·名		
《论语》	180	29	2	0	31	12	5	48	26.7%	35	17	5	7	0	0	1	65	2	0	67	37.2%
《孟子》	333	44	5	1	50	41	24	115	34.5%	52	34	4	7	1	1	0	99	0	1	100	30%

5　先秦双音词的产生和发展,是汉语词汇复音化的开端,在汉语词汇史上占有重要地位。因为:第一,先秦出现的大量双音词组有不少到后世凝固成词。我们在第一部分只作为例子列出限于后世汉语口语中经常运用的一小部分词语,另有相当多的典故、惯

用语等在后世书面语言中变成了复音词。第二，先秦双音词大都为后世直接继承下来，有不少直到现代仍具有很强的生命力。当然从意义方面看，很多词的词义循着从个别到一般、从具体到抽象、从褒义（包括中性）到贬义、从实词到虚词的规律，发生了历史的演变。第三，各种构词方式初具规模，为后世产生多种复音词奠定了基础。且不说能产型的构词方式如联合式、偏正式，到后世直到今天依然继续保持着"高产量"；就是处于初始阶段乃至萌芽状态的构词方式如支配式、表述式、补充式以及词尾"子"等，能在先秦同时涌现，也预示着汉语复音词将获得进一步的发展。

《诗经》中的复音"过渡词"①

《诗经》中有不少双音词是由音近义通的单音节词联合构成的。从结构方式上看,这类词既沿用了语音造词中重叠和部分重叠的形式,又类似语法造词中的同义联合结构,因此可看做是由语音造词向语法造词的过渡,姑名之为"过渡词"。分类举例如次:

一　部分重叠式"过渡词"

1　双声近义

1.1　动词

〔追琢〕

　　追琢其章,金玉其相。(《大雅·棫朴》)

毛传:"追,彫也,金曰彫,玉曰琢。"

郑笺:"追亦治玉也。……追琢玉使成文章。"追和琢在上古同为端母。

〔踊跃〕

　　击鼓其镗,踊跃用兵。(《邶风·击鼓》)

《说文》:"踊,跳也。""跃,迅也。"《广雅·释诂》释踊跃为"上

———————————

①　此文曾刊于《语文研究》1982 年第 1 期。

也"，"跳也"。可知踊、跃义近。踊和跃同为喻四母。

〔戏谑〕

善戏谑兮，不为虐兮！（《卫风·淇奥》）

《说文》："谑，戏也。"戏、谑同为晓母。

〔反复〕

岂不怀归，畏此反复。（《小雅·小明》）

《说文》："反，复也。"反为帮母，复为滂母，声母相近应属宽式双声。

〔还归〕

被之祁祁，薄言还归。（《召南·采蘩》）

《广雅·释诂》："还，归也。"还为匣母，归为见母，发音部位相同。

〔洒扫〕

夙兴夜寐，洒扫廷内。（《大雅·抑》）

洒、扫从意义上都是粪除污秽之意，从语音上都是心母。

〔颠倒〕

东方未明，颠倒衣裳。（《齐风·东方未明》）

颠、倒从意义上相近，从语音上都是端母。

〔纲纪〕

勉勉我王，纲纪四方。（《大雅·棫朴》）

郑笺："以罔罟喻为政，张之为纲，理之为纪。"纲本义为网的总绳，纪本义是丝的头绪，后比喻政治都引申为法度的意思，变成近义词。纲、纪都是见母。

1.2 名词

〔旅力〕

靡有旅力,以念穹苍。(《大雅·桑柔》)

朱传:"旅,与膂同。"《广韵》:"膂,力也。"旅、力都是来母。

〔面目〕

有靦面目,视人罔极。(《小雅·何人斯》)

面、目从意义上看相类,从语音上看都是明母。

〔姻亚〕

琐琐姻亚,则无膴仕。(《小雅·节南山》)

朱传:"婿之父母曰姻,两婿相谓曰亚。"都指姻亲关系。姻、亚都是影母。

〔鳏寡〕

爰及矜人,哀此鳏寡。(《小雅·鸿雁》)

朱传:"老而无妻曰鳏,老而无夫曰寡。"鳏、寡都是见母。

〔土田〕

告于文人,锡山土田。(《大雅·江汉》)

《尔雅·释言》:"土,田也。"土为透母,田为定母,都是舌尖音。

1.3 形容词

〔永久〕

来归之镐,我行永久。(《小雅·六月》)

《说文》:"永,水长也。"后引申为"长"义,与"久"同。永为匣母,久为见母,都是舌根音。

〔正直〕

靖共尔位,好是正直。(《小雅·小明》)

《说文》:"直,正见也。"后直引申为正。正为知母,系舌面音;直为定母,系舌尖音,旧均称舌音,声母相近。

〔恭敬〕

维桑与梓,必恭敬止。(《小雅·小弁》)

《礼记·曲礼》孔疏:"在貌为恭,在心为敬","貌多心少为恭,心多貌少为敬"。恭、敬都是见母。

〔圣善〕

母氏圣善,我无令人。(《邶风·凯风》)

圣、善,明智、善良,都指品德美好的意思。圣为审母,善为禅母,都是舌面音。

2 叠韵近义

2.1 动词

〔漂摇〕

予室翘翘,风雨所漂摇。(《豳风·鸱鸮》)

漂、摇从意义上相近,语音上都是宵部。

〔戏豫〕

敬天之怒,无敢戏豫。(《大雅·板》)

毛传:"戏豫,逸豫也。"《尔雅·释诂》:豫,"乐也"。戏、豫都是鱼部。

〔跋涉〕

大夫跋涉,我心则忧。(《鄘风·载驰》)

毛传:"草行曰跋,水行曰涉。"跋为月部,涉为叶部,韵部接近。

〔保右〕

笃生武王,保右命尔,燮伐大商。(《大雅·大明》)

据孔疏:保为"保安",右为"佑助",意义接近。保为幽部,右为之部,韵部相邻。

2.2 名词

〔人民〕

质尔人民,谨尔候度,用戒不虞。(《大雅·抑》)

人、民意义上相近,语音上同属真部。

〔朋友〕

朋友已谮,不胥以谷。(《大雅·桑柔》)

同门曰朋,同志曰友,意义相通,朋为蒸部,友为之部,属阴阳
对转。

〔婚姻〕

乃如之人也,怀婚姻也。(《鄘风·蝃蝀》)

婚指妻家,姻指婿家,意义相通,婚为文部,姻为真部,韵部相
邻。

〔疆土〕

式辟四方,彻我疆土。(《大雅·江汉》)

《说文》:疆,"界也"。界,"竟也"。土指领土,与疆义通。疆为
阳部,土为鱼部,属阴阳对转。

〔蟊贼〕

天降罪罟,蟊贼内讧,昏椓靡共。(《大雅·召旻》)

食根曰蟊,食节曰贼,原指两种害虫,后合成双音词用来喻坏
人。蟊为幽部,贼为职部,韵部相近。

〔祉福〕

烈文辟公,锡兹祉福。(《周颂·烈文》)

《说文》:"祉,福也。"祉为之部,福为职部,可对转。

2.3　形容词

〔光明〕

日就月将,学有缉熙于光明。(《周颂·敬之》)

郑笺:"光,明也。"光、明同属阳部。

〔艰难〕

> 嘅其叹矣,遇人之艰难矣。(《王风·中谷有蓷》)

毛传:"艰亦难也。"艰为文部,难为元部,韵部相邻。

〔蕃衍〕

> 椒聊之实,蕃衍盈升。(《唐风·椒聊》)

蕃,《说文》:"草茂也。"衍,《说文》:"水朝宗于海貌也。"段注:"洐字水在旁,衍字水在中,在中者盛也。"后蕃衍合在一起表茂盛,语音上同属元部。

〔劬劳〕

> 哀哀父母,生我劬劳。(《小雅·蓼莪》)

《说文》徐铉新附:"劬,劳也。"二者都有劳苦的意思,劬的意义重些。劬为侯部,劳为宵部,韵部相邻。

〔清明〕

> 肆伐大商,会朝清明。(《大雅·大明》)

《说文》:"清,朖(朗本字)也,澂水之貌。"段注:"朖者明也。澂而后明,故曰澂水之貌。"清为耕部,明为阳部,韵部相邻。

3　双声叠韵近义

3.1　动词

〔经营〕

> 经营四方,告于成王。(《大雅·江汉》)

据孔疏,"经理之"为经,"营表之"为营,意义相类。经为见母耕部,营为喻母耕部,见母和喻母发音部位接近。

〔曲局〕

予发曲局,薄言归沐。(《小雅·采绿》)

朱传:"局,卷也。"和曲在弯曲的意义上是同义词。曲,溪母屋部;局,群母屋部,韵部相同,溪母和群母发音部位相近。

〔叫号〕

或不知叫号,或惨惨劬劳。(《小雅·北山》)

"号"是大声喊叫的意思,与"叫"同义。叫,见母幽部;号,匣母宵部。见、匣同为舌根音,幽、宵韵部相邻。

〔游敖〕

鲁道有荡,齐子游敖。(《齐风·载驱》)

《说文》:敖,"游也"。游,喻母幽部;敖,疑母宵部。喻、疑发音部位相近;幽、宵韵部相邻。

3.2　名词

〔饑馑〕

降丧饑馑,斩伐四国。(《小雅·雨无正》)

毛传:"谷不熟曰饑,蔬不熟曰馑。"饑,见母微部;馑,群母文部。见、群同为舌根音,微、文属阴阳对转。

3.3　形容词

〔誉处〕

燕笑语兮,是以有誉处兮。(《小雅·蓼萧》)

朱注:"誉,善声也;处,安乐也。"又说"誉处犹言燕誉,皆安也。"誉,喻四母鱼部;处,穿三母鱼部。喻四、穿三旧均称舌音,有相近处。

以上是部分重叠式"过渡词"的词例。这类双音词在《诗经》中共有 131 个,其中双声近义 54 个,叠韵近义 52 个,双声叠韵近义 25 个。从词类区分:动词 69 个,名词 40 个,形容词 22 个。

二 重叠式"过渡词"

《诗经》中重叠式双音组合较多,共有 360[①](出现 678 次)个,其中绝大多数是不能拆开的单纯双音词,重叠合成词即我们说的"过渡词"只有 64 个,包括 56 个形容词,5 个动词,3 个名词。各举例如下:

1 形容词

彼都人士,狐裘黄黄。(《小雅·都人士》)

怎样证明"黄黄"是重叠合成词呢?(1)"黄"在《诗经》中可以单说,也用来形容衣裳,如"绿衣黄裳"(《邶风·绿衣》)。曹先擢同志在《〈诗经〉叠字》[②]中指出:"我们认为,在研究诗经叠字与单字在意义上派生关系问题时,比较稳妥的办法是以本书证本书,即对诗经中叠字与单字的使用情况进行考察,凡叠字的单字在诗经中能独立运用,而叠字的意义与单字的意义或相同,或基本相同,或相关,那么就认为这个叠字与单字有派生关系。"这个意见除"相关"一语所指稍宽,有时不易掌握外,总的是能够成立的。(2)单音词"黄",只形容衣裳的一种颜色;重叠后的"黄黄"则形容狐皮袍子黄灿灿的,耀眼夺目,惹人喜爱,不仅表物的颜色,而且表人的感情色彩,应当说它所代表的概念已经同单音词不同了。所以,这里的"黄黄"既不是单纯双音词,也不等同于单音词。其他像"清清"、

---

① 这是按字形统计的,不排除同音假借。
② 见《语言学论丛》第六辑第 24 页,商务印书馆,1980 年版。

"皎皎"、"明明"、"昭昭"、"皇皇"、"高高"、"幽幽"、"绰绰"、"滔滔"、"忡忡"、"怛怛"、"蹙蹙"、"哀哀"、"惨惨"、"浮浮"、"跃跃"等都是重叠合成形容词。

2 动词

于时处处，……于时言言，于时语语。(《大雅·公刘》)

丁声树先生认为，"处处"、"语语"等相当于《小雅·斯干》的"爰居爰处，爰笑爰语"[1]，说明都是不及物动词的重叠。此外《周颂·有客》中的"宿宿"、"信信"也是重叠动词。

3 名词

子子孙孙，勿替引之。(《小雅·楚茨》)

燕燕于飞，差池其羽。(《邶风·燕燕》)

"子"、"孙"、"燕"三个单音名词重叠后，都能表示新的含义："子子"、"孙孙"表众多，"燕燕"表小称，应当说都变成新的合成词。

《诗经》中既有语音造词，又有语法造词，还有两者之间的"过渡词"。那么，这三种造词方式的出现是共时的，还是历时的？换句话说，这三种造词方式是同时产生的，还是有个历史演变的过程？说它们同一个时期存在，这自然无须论证，因为事实上它们不但同时出现在上古，出现在上古的同一部书《诗经》中，而且在现代汉语中用上述三种方式构成的词也都同时存在。但是，要说它们在同一个时间产生，无论从理论上还是实践上都难于讲通。大家

---

① 见丁声树《诗卷耳苤苢采采说》，载《北京大学四十周年纪念论文集》1940 年乙编上。

知道,语言是发展的,造词方式作为语言的重要组成部分(它同语音、词汇、语法乃至修辞都有关系),不可能一下子从天上掉下来,而没有一个历史发展的过程。从汉语史上看,尽管年代久远,且受语言材料的限制,要证实它们是历时的而不是共时的仍然有迹可寻。这里关键是先要解决语音造词和语法造词两大基本造词方式产生的先后问题,这个问题解决了,"过渡词"的身份也就容易认定了。当然,全面论证这个命题,不是这篇短文所能做到的,我们只能提出一些初步的看法以作为探讨这一问题的线索。

(1)"汉语构词法的发展是循着单音词到复音词的道路前进的"①。这已为汉语史实所证明,也为大家所公认。由此,我们不难断定:单音词的产生先于复音词。单音词的产生,除了词义的引申、演化而外,主要依靠音节内部的屈折变化,即音变造词。这也是为不少语言学者所证实了的。而音变造词则是语音造词的早期形式。因为很显然单音词通过音变滋生只能在一个音节内进行,而不可能诉诸任何语法造词的方式。这应是语音造词先于语法造词的显而易见的证据。

(2)单音节的重叠和部分重叠是语音造词的另一种形式。

用这种形式造成的单纯双音词则是复音词的初级形态。因为,第一,这种形式比较简易,是汉语复音化的合乎逻辑的发展途径,正如有的同志指出的:"既然可以在一个音节中改变声韵调来构成新词,那么当然也可以取某个音节加以重叠来构成新词","既然可以采取音节重叠的方式来造词,自然也可以采取在音节重叠的基础上改变其中一个音节的声母或韵母的方式(即部分重叠)来

---

① 王力《汉语史稿》(中册)第 342 页,中华书局,1980 年版。

造词"①。第二,据统计,用重叠或部分重叠形式构成的单纯双音词时代越早,出现的比例越高。如《诗经》中共有复音词726个,其中单纯双音词就有394个之多(包括重叠单纯双音词296个,部分重叠单纯双音词74个,其他单纯双音词24个②)。单纯双音词占复音词总数的54.3%。《论语》共有复音词183个,其中单纯双音词有24个,只占13.1%。《孟子》共有复音词336个,其中单纯双音词有44个,也只占13.1%。考虑到《论语》、《孟子》均非诗歌,同《诗经》似乎不便作比较,我们又调查了56首近万字的汉魏乐府民歌,共统计出复音词405个,其中单纯双音词也只有63个,占15.6%。《诗经》约有三万多字,就是按每万字出现131个单纯双音词作比较,也比乐府民歌高出一倍以上。由此,可以证明单纯双音词是汉语词汇复音化的最早产物,而构成单纯双音词的语音造词方式则显然先于语法造词方式而存在。

（3）语法造词中各个具体形式的产生,也有先后不同。比如在先秦时期,语法造词中的运用虚词方式造词和运用词序方式造词虽然都已出现了,但虚词造词中的名词词头"阿"尚未产生,名词词尾"子"也才粗具雏形;词序造词中主要是联合式、偏正式两种形式,支配式数量很少,典型的表述式、补充式尚未出现,或者说刚处在萌芽状态。到了中古时期语法造词才逐渐发展完备。至于构成三音词或多音词的综合式则是近代的新发展了。由此,也可反证出语法造词确乎是比语音造词晚出的造词方式。

---

① 马真《先秦复音词初探》,载《北京大学学报》(哲学社会科学版)1981年第1期。

② 指"昆吾"、"混夷"、"徂来"、"终南"、"歇骄"、"戚施"等既非重叠也非双声叠韵的词,其中多为专词,因年代久远已无法辨认其得名原因,均列入单纯双音词。

(4) 造词方式的出现既然有先后,怎么解释在同一部《诗经》中三种方式都存在呢? 这是因为语言的发展具有渐变性和继承性两个特点的缘故。唯其具有渐变性,才使不同语言现象之间的界限、同一语言现象不同发展阶段的界限不易截然划清,因而常常出现一些过渡状态,比如双音词和双音词组就很难划定绝对的界限,总有些双音组合既像词又像词组,吕叔湘先生管它们叫"短语词"①,正是对这种过渡状态的恰切的表述。由此可知,在语音造词和语法造词之间出现兼有两者特征的过渡词也就不奇怪了。唯其具有继承性,才使新旧语言现象常常不是"你死我活",而是"和平共处"。具体到造词法来说,一种新的造词方式的产生,并不意味着旧的造词方式的消亡,恰恰相反,它们通常是新旧继承、长期并存的。事实上,现代汉语的各种造词方式古代几乎都已经产生了。当我们进行平面观察时,就容易得出这种造词方式是共时而不是历时的印象。

(5) 基于以上理由,我们可以把汉语造词方式的发展列为下表:

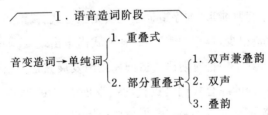

---

① 见吕叔湘《汉语语法分析问题》第25页,商务印书馆,1979年版。

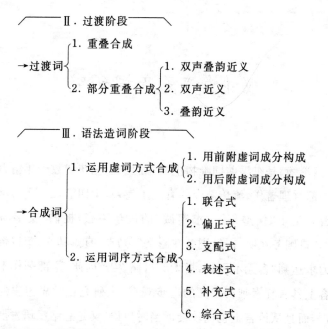

Ⅱ．过渡阶段

→过渡词
  1. 重叠合成
  2. 部分重叠合成
    1. 双声叠韵近义
    2. 双声近义
    3. 叠韵近义

Ⅲ．语法造词阶段

→合成词
  1. 运用虚词方式合成
    1. 用前附虚词成分构成
    2. 用后附虚词成分构成
  2. 运用词序方式合成
    1. 联合式
    2. 偏正式
    3. 支配式
    4. 表述式
    5. 补充式
    6. 综合式

前面我们列举的《诗经》中重叠和部分重叠合成词,就是"过渡词"的一部分。

《论衡》复音词研究

　　《论衡》是东汉前期唯物主义思想家王充花费数十年精力写成的一部哲理著作,流传至今的有三十卷,八十四篇,二十一万余字。作者立足于"疾虚妄"、"求实诚"的进步主张,提倡"文字与言同趋","口则务在明言,笔则务在露文",乃至"直露其文,集以俗言",以力求达到"言无不可晓,指无不可睹"①。因此,这部著作不仅从内容上具有朴素唯物主义的进步观点,是研究哲学思想史的重要依据,而且从语言上也比较接近当时口语,又是总结汉语发展史的珍贵材料。为了探索上古末期汉语词汇发展的状况,我们对《论衡》中各种结构形式的复音词作了初步调查,其数量分布见下表。

　　从表中可以看到,《论衡》运用了大量的复音词,其构词方式也日臻完备。这个事实表明,在中国历史上占有重要位置的汉代对汉语词汇的发展产生了很大影响。汉语单音词怎样向复音词过渡?为什么说复音化是汉语词汇发展的内部规律?这一规律在汉代的具体表现是什么?为了研究、探讨这些问题,有必要把《论衡》当做一只"麻雀",对它的各种形式的复音词,尤其是数量很多的联合式、偏正式复音词进行较细的"解剖",以图管见汉语词汇发展之一斑。

---

　　① 参看《论衡》的《对作》、《自纪》等篇。

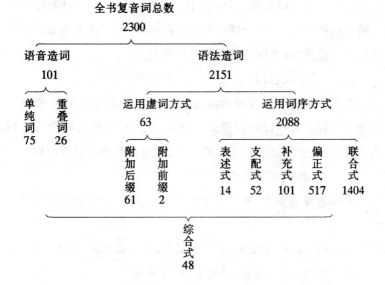

下面,拟分六个题目加以讨论。

一 联合式复音词之一:从语义、词性、字序看构成

《论衡》中联合式复音词数量居各类复音词之冠,共计 1404 个,占全书总复音词数的 61.04%,占语法造词数的 65.27%,占运用词序方式造词数的 67.24%。其构成特点和发展状况,我们从语义、词性、字序三方面予以描写、分析。

1 从语义看构成

从构成联合式复音词的两个语素所贡献的意义分量看,可区别为两类:一是意义分量基本相当的平等联合词,二是意义分量有所区别的不平等联合词。所谓"不平等"系相对而言,因为它不同于偏正结构,仍具备联合结构的基本特征,只不过两个语素的意义之间相互作用、彼此制约的程度有所差异罢了。

1.1 平等联合词

平等联合词又可区别为相同意义联合、相类意义联合、相反意义联合三种。其中以相同意义联合为大宗,相类意义联合已有相当数量,相反意义联合虽为少数,但已较先秦时期有显著增加。

1.1.1 相同意义联合

指构成复音词的两个语素在某个义位上是相同或相近的。如:

(1) 天地为图书,仓颉作文字,业与天地同,指与鬼神合,何非何恶,而致雨粟、神哭之怪?(感虚)

(2) 歌曲弥妙,和者弥寡;行操益清,交者益鲜。(讲瑞)

(3)《尚书》、《春秋》事较易,略正题目粗粗之说,以照篇中微妙之文。(正说)

(4) 桥梁之设也,足不能越沟也;车马之用也,走不能追远也。(程材)

(5) 上书陈便宜,奏记荐吏士,一则为身,二则为人,繁文丽辞,无为上者。(佚文)

以上为名词。

(6) 无善心者,黑白不分,善恶同伦,政治错乱,法度失平。(定贤)

(7) 聪慧捷疾者,随时变化,学知吏事,则蹂文吏之后,未得良善之名。(程材)

(8) 天下并闻,吏民欢喜,咸知汉德丰雍,瑞应出也。(验

符)

（9）如有灾异，不名曰谴告，何则？时人愚蠢，不知相绳责矣。（自然）

（10）贫无供养，志不娱快。（自纪）

以上为形容词。

（11）或操竹杖，皆谓不动，莫谓手空无把持。（艺增）

（12）如非君臣，阴阳之气偶时运也，击鼓攻社，而何救止？（顺鼓）

（13）阳遂取火于天，五月丙午日中之时，消炼五石铸以为器。（率性）

（14）或奸盗大辟而不知，或罚赎小罪而发觉。（幸偶）

（15）刘子政玩弄《左氏》，童仆妻子皆呻吟之。（案书）

以上为动词。

对于相同意义联合词，需要注意两点：

首先，要辩证地看，注意从大同中辨析小异。

世界上没有绝对相同的事物，看待千变万化的词义更不能绝对化。所谓相同意义联合，主要指构成复音词两个语素的基本意义（基本义素的总和）是相同的，至于附属意义（附属义素的总和），诸如应用范围、意义轻重、行为情态、事物表象、感情色彩、方俗习惯等方面则存在细微的差别。分别举例如下：

应用范围不同，指两个语素的意义原来涉及的主体和对象有区别，表现在句法上是结合关系（有人叫做句法场）不同。如〔坚刚〕（儒增），二者在"坚硬"这一基本意义上是相同的，但二者所涉及的主体，即附属意义不同："坚"原指土硬，"刚"原指刀硬。又如〔沐浴〕（谴告），《说文》："沐，濯发也。""浴，洒身也。"其基本意义也

是相同的,都是用水洗涤的意思,但其附属意义,即洗的对象不同:
一是"发",一是"身"。

意义轻重不同,指表示行为、动作、变化和状态的意义的轻重
程度有差别。如〔依倚〕(佚文),同是倚傍的意思,"依"是"靠近"的
轻义,"倚"是"靠上"的重义。〔恐惧〕(道虚),同是害怕的意思,
"恐"是一般怕,"惧"是很怕。

行为情态不同,是指行为的方式、状态有细微差别。如〔提挈
(携)〕(是应),同是携带的意思,"携则相并,提则有高下"(《说文》
段注)。〔计画〕(定贤),同是思虑打算的意思,"计"重在内心盘算,
"画"重在与人谋划。

事物表象不同,指事物因形状、大小、位置、质地不同而显示的
外部表象有所区别。如〔丘墓〕(死伪),都作坟墓讲,但高者为丘,
平者为墓。〔模范〕(物势),都是铸模,但"木为模,竹为范"(《说文》
段注)。

感情色彩不同,指人们对行为、事物因持然否、爱憎不同态度
而表现出的褒贬色彩。如〔逢遭〕(累害),同有"遇上"的意思,"逢"
多用于吉祥的事,"遭"多用于凶险的事。〔蹈履〕(雷虚)都是"走在
上面"的意思,"履"常用在一般情况下,"蹈"则常用在危险的情况
下。

方俗习惯不同,指因"四方谈异"①所带来的词义差别。如〔晓
知〕(解除),《方言》卷一:"党、晓、哲,知也。楚谓之党或曰晓。"可
知同是"知道"的意思,"晓"是楚方言,"知"是通语。〔父翁〕(无
形),《方言》卷六:"凡尊老……周晋秦陇谓之公,或谓之翁,南楚谓

---

① 见《论衡·自纪》。

108

之父,或谓之父老。"可知"父"、"翁"原为南北不同的方言同义词。

〔年岁〕(治期),《尔雅·释天》:"夏曰岁,商曰祀,周曰年,唐虞曰载。"说的是时代不同,称谓各异,实际反映了不同部族方言习惯用语的区别。

通过辨析上述几方面附属意义的差异,有助于我们了解《论衡》中相同意义联合词内部构成的特点:这类复音词多是由基本意义相同、附属意义有别的单音同义词构成的。应当说,经过先秦、两汉逐渐丰富起来的单音同义词的类聚体,是这类复音词在《论衡》中大量出现的语义基础。

其次,要历史地看,注意从应用中把握发展。

词义在不断的演变中。对相同意义联合词必须放在一定历史时代里来考察。这里有两种情形:一是构成复音词的两个语素,原来是异义的,到《论衡》时代变成同义了;二是两个语素原来是一对同义词,即基本意义相同,附属意义有差别,而到《论衡》时代一些原来语义有微小差别的同义词逐渐演变成等义词了。分别举例说明:

先看,由异义词变成同义词的。如:

〔殿堂〕

（1）均之土也,或基殿堂,或涂轩户。（幸偶）

（2）善器必用贵人,恶器必施贱者,尊鼎不在陪厕之侧,匏瓟不在殿堂之上,明矣。（骨相）

（3）伍被之属,充满殿堂。（道虚）

"殿堂"是《论衡》常用的一个同义复合词,但在先秦"殿"通常作"殿后"讲,和"堂"是异义词。《庄子》杂篇有"殿门"、"殿下"字样,但杂篇很可能是后人续作,不足为凭。许慎在《说文》中以"殿"

释"堂"，段玉裁认为是"以今释古"，"古曰堂，汉以后曰殿"（《说文》段注），指出到两汉时期，"殿"和"堂"就变成同义词了①。

〔偷盗〕、〔盗窃〕

（1）夫佞与贤者同材，佞以情自败；偷盗与田、商同知，偷盗以欲自劾也。（答佞）

（2）有鸡犬之畜，为人所盗窃，虽怯无势之人，莫不忿怒。（论死）

在先秦，"偷"的常用义是"苟且"的意思，不作偷窃讲，和"盗"是异义词。而"盗"和"窃"的原始意义也有区别："盗"通常用作"偷东西的人"，"窃"通常用作"偷东西"②。而在《论衡》中"偷"、"盗"、"窃"则由异义词变成了同义词。

〔江河〕

（1）坏成丘山，污为江河矣。（累害）

（2）江河之流，有回复之处。（书虚）

"江"原专指长江，"河"原专指黄河，二者不是同义词，而在《论衡》时代"江"扩大为南方大川通称，"河"扩大为北方大川通称③，两者基本意义趋向一致，只是附属意义即地方色彩有所不同，因此可以构成相同意义联合词"江河"。

再看，由同义词变成等义词的。如：

〔饥饿〕

---

① 《论衡》中另有"宫殿"一词，"宫"本为一般居室，后专指帝王所居；"殿"可能由"殿后"引申为"殿基"，再引申为大屋，最后也特用于帝王所居。"宫"、"殿"也就由异义变成同义。

② 参看王力《汉语史稿》第 577 页，中华书局，1980 年版。

③ 参看王力《说江河》，载《中学语文教学》1982 年第 7 期。本书例证见《论衡·书虚》。

(1) 春秋之时,战国饥饿,易子而食,析骸而炊,口饥不食,不暇顾恩义也。(问孔)

(2) 动于林泽之中,遭虎搏噬之时,禀性狂勃,贪叨饥饿,触自来之人,安能不食?(遭虎)

在先秦,"饥"为一般肚饿,"饿"则为严重肚饿,《韩非子·饰邪》中引用了"家有常业,虽饥不饿;国有常法,虽危不亡"的谚语,可见在当时口语中饥、饿确有轻重程度的区别。但在《论衡》时代,这种区别就开始消失了。证据之一是实际运用中"饥"和"饿"可以互相代替。请比较下列例句中"饥人"和"饿人"、"饥死"和"饿死"的用法:

(1) 若夫琅邪儿子明,岁败之时,兄为饥人所食,自缚叩头,代兄为食,饿人美其义,两舍不食。(齐世)

(2) 伯夷委国饥死,不嫌贪刀钩。(书虚)

(3) 太公受封,伯夷饿死。(逢遇)

证据之二是在当时同其后时代不远的字书中"饥"、"饿"已可互训。如《尔雅》、《说文》:"饥,饿也。"《广雅》:"饿,饥也。"这都说明在汉代二者已无词义上的轻重不同。

〔疾病〕

(1) 然则天地之有水旱,犹人之有疾病也。(感虚)

(2) 血脉不调,人生疾病。(谴告)

在先秦一般病叫疾,重病叫病,语义的这一程度差别在《论衡》中也开始消失。比方行文中为同义避复,"疾"、"病"常可对举出现,如"服百病之方,治百人之疾"(别通);"笃剧之病","性命之疾"(率性)。又有"疾甚"(命禄)和"甚病"(骨相)两个同义短语的出现,都说明"疾"、"病"不再分指轻重。

111

〔下降〕、〔陨零〕

(1) 神物下降，风雨暴至。（感虚）

(2) 冬月隆寒，霜雪賈（陨）零，万物皆枯，儒者敢谓荑英达冬独不死乎？（是应）

先秦"下"、"降"、"陨"、"零"同是"落"的意思，但石落曰陨，叶落曰下，草落曰零，高落曰降，应用范围有相对的区别。而在《论衡》中则变得能够通用。如《感虚》："一仰天叹，天为陨霜，何天之易感，霜之易降也？夫哀与乐同，喜与怒均。衍兴怨痛，使天下霜，使衍蒙非望之赏，仰天而笑，能以冬时使天热乎？"同一段话中表述霜落就用了"陨"、"降"、"下"三字。由此可知"下"和"降"、"陨"和"零"构成同义联合词也就不奇怪了。

〔逢遭〕、〔遭逢〕

(1) 凡人仕宦有稽留不进，行节有毁伤不全，罪过有累积不除，声名有暗昧不明，才非下，行非悖，又知非昏，策非昧也，逢遭外祸，累害之也。（累害）

(2) 尧、高祖之母适欲怀妊，遭逢雷龙载云雨而行，人见其形，遂谓之然。（奇怪）

前已指出，最初"逢"与"遭"的意义在感情色彩上有区别："逢"多用于吉祥的事，"遭"多用于凶恶的事。这一细微差别在《论衡》中仍有表现，如"遭"的经常用法有"遭恶疾"（命义）、"遭凶恶"（同上）、"遭兵"（幸偶）、"遭累害"（命禄）、"遭洪水"（明雩）、"遭大旱"（同上）等；"逢"的经常用法有"逢吉"（卜筮）、"逢福"（辨祟）等，甚至还有"逢吉遭凶"（卜筮）这样对照出现、更能看出其用法不同的例证。但是，我们也可以找到少数相反的例证，如"遭欲为治之君"（逢遇）、"遭善而为"（讲瑞）、"遭见圣物"（指瑞）、"遭当盛之禄"、

112

"伐薪逢虎"(命禄)等,也有对举出现、表明其能够彼此替代的,如《祸虚》:"太公穷贱遭周文王而得封;宁戚隐厄逢齐桓公而见官。"由此可见"逢"、"遭"感情色彩的区别正在日益消失中。

以上说明,对于相同意义联合词,我们必须从实际运用中把握它们在语义上的发展演变:有的从异义发展为同义,有的则从同义发展为等义。这是相同意义联合词产生和构成的特点之一。

1.1.2　相类意义联合

指构成复音词的两个语素虽然具有不同的义位,但却有部分义素重合,因而带有同类性质。这种由部分意义相类的单音词联合构成的复音词,在《论衡》中出现不少。如:

(1) 春秋之时,败绩之军,死者蔽草,尸且万数。（命义）

(2) 案夏日长之时,日出东北,而月出东南。（说日）

(3) 养力者,养气力之士,以明能用兵。（非韩）

(4) 人之筋骨,非木非石,不能不解。（儒增）

(5) 况极笔墨之力,定善恶之实,言行毕载,文以千数,传流于世,成为丹青,故可尊也。（佚文）

(6) 虞舜大圣,隐藏骨肉之过,宜愈之骞。（知实）

(7) 对曰:"臣闻君子有三色:欢然喜乐者,钟鼓之色;愁然清静者,衰绖之色;怫然充满手足者,兵革之色。"（知实）

以上为名词。

(8) 迁转之人,或至公卿,命禄尊贵,位望高大。（初禀）

(9) 今失实之事多,华虚之语众。（自纪）

(10) 衰乱无道,莫过桀纣。（儒增）

以上为形容词。

(11) 伯益作井,致有变动,始为耕耘者,何故无变?（感

113

虚）

（12）造论之人，颂上恢国，国业传在千载，主德参贰日
月，非适诸子书传所能并也。（佚文）

以上为动词。

这类复音词中名词居多，形容词、动词较少。从语义上看它们
有两个特点：

一是概括性。

构成这类复音词的两个语素，原来义位不同，各代表一个概
念；合成后则融合为一个义位，代表一个更加概括的概念。如〔岁
月〕（无形），本来分别指年和月，合成后则统指时间；〔夷狄〕（艺
增），本来分别指我国东部和北部的少数民族，合成后则变成当时
汉统治者对各少数民族的蔑称；〔子孙〕（案书），原来分指两辈人，
合成后则统指后代；〔卿相〕（非韩）原为两种高级官位，合成后泛指
高级官吏；〔亿万〕（骨相），本为两个大数，合成后代表数量多；〔参
贰〕（佚文），原来一是并列为贰的贰，一是鼎立为叁的叁，合成后变
成并立的意思；〔耕耨〕（感虚），原来一为犁田，一为锄草，合成后泛
指耕作；等等。

二是形象性。

这类复音词中有不少常取两语素合成后的比喻义或代替义所
构成，因而带有形象修辞的特点。如〔骨肉〕（骨相），用骨肉关系作
比喻，表示"亲人"这个新义；〔股肱〕（恢国），用大腿（股）和臂膀
（肱）作比喻，表示"辅臣"这个新义；〔桢干〕（语增），桢和干本是古
代建筑土墙的两种木柱，立在两头叫桢，立在两旁叫干，合成后引
申为"骨干"的意思；〔钟鼓〕（知实），本来是两种乐器，合成后表示
婚庆喜事；〔竹帛〕（书虚），竹简和帛织品古代都用于书写，合成后

就代表"书籍",〔缧绁〕(问孔),用两种绑犯人的绳子来代表"监狱";〔甲子〕(语增),因古代用干支记日,就用各自首字代表"日子";〔兵革〕(齐世),兵为兵器,革为甲胄,合成后代表"战争";〔丹青〕(佚文),原为两种耐用颜料,合成后代表不朽的文章;等等。

1.1.3 相反意义联合

指用两个相反相成义位合成的复音词。这类词在先秦已经产生,但数量较少,在《论衡》中则有明显增加。从词性看先秦多为名词,而此时名词、形容词、动词均有一定数量。如:

(1) 居右食嘉,见将倾邪,岂能举记陈言得失乎?(量知)

(2) 众将拾金,何独掇书,坐知秦之形势,是以能图利害。(效力)

(3) 陆贾《新语》,每奏一篇,高祖左右称曰万岁。(佚文)

(4) 遭风逢气,身生寒温;变操易行,寒温未除。(寒温)
此处"寒温"指一种冷热疾病,系名词。

(5) 使次公命贱,不得姁人为偶,不宜为夫妇之时,则有二夫、赵王之祸。(骨相)

(6) 今从东海上察日,及从流沙之地视日,小大同也;相去万里,小大不变。(谈天)

(7) 古礼三百,威仪三千,刑亦正刑三百,科条三千,出于礼,入于刑,礼之所去,刑之所取,故其多少同一数也。(谢短)

(8) 非天禀施有左右也,人物受性有厚薄也。(幸偶)
此处"左右"是"偏向"义,系动词。

(9) 武王崩,周公居摄七年,复政退老,出入百岁矣。邵公,周公之兄也,至康王之时,尚为太保,出入百岁有余矣。(气寿)

"出入"犹言接近,系动词。

(10)虙子贱、漆雕开、公孙尼子之徒,亦论情性,与世子
(指世硕——作者注)相出入,皆言性有善有恶。(本性)
· ·

此处"出入",亦可解为"接近",系动词。

《论衡》中出现许多用单音反义词构成的词组,这是相反意义
联合词产生的基础。当构成常用词组的两个单音词的意义一旦融
合为一个新的意义时,词组就凝固而为词。

以上是平等联合式复音词。

1.2　不平等联合词

在《论衡》的联合式复音词中,我们看到除上述平等联合词外,
还有不平等联合词。这是指构成复音词的两个同义语素,其中一
个语素的意义比较狭窄、具体,另一个语素的意义比较概括、抽象,
则比较狭窄、具体的语素的意义对合成后的双音词的意义具有明
显的影响,从而令人感到两个语素贡献的意义有大小区别,即带有
不平等性,我们把这类复音词叫做不平等联合词。如"啄"与"食",
同是吃的意思,但"啄"专指鸟吃,意义比"食"狭窄、具体一些,二者
合成"啄食"后,仍应用于鸟禽类,说明前一个语素"啄"对后一个语
素"食"有较强的制约力。又如"器"与"皿",《说文》:"器,皿也。"段
注:"皿部曰:皿,饭食之用器。然则皿专谓食器,器乃凡皿统称。
器下云皿也者,散文则不别也。"指出二者意义既有"不别"的一面,
又有不同的一面:皿为专指,即意义比较狭窄、具体;器为统称,即
意义比较概括、抽象。合成"器皿"后仍多用于食具,说明后一个语
素"皿"对前一个语素"器"有更强的制约力。类似"啄食"的,我们
又叫它前制后不平等联合词;类似"器皿"的,我们又叫它后制前不
平等联合词。分别举例如下:

1.2.1　前制后不平等联合词。如：

(1) 稻谷千钟，糠皮太半。(自纪)

(2) 文王所以为粪土，而恶来所以为金玉也，非纣憎圣而好恶也，心知惑蔽。(累害)

(3) 能驰走之物，生有蹄足之形。(道虚)

以上为名词。

(4) 天地用心，犹人用意也，人食不饱足，则怨主人，不报以德矣。(祀义)

(5) 天至高大，人至卑小。(变动)

(6) 河发昆仑，江起岷山，水力盛多。(效力)

以上为形容词。

(7) 今人死，手臂朽败，不能复持刃，爪牙隳落，不能复啮噬。(论死)

(8) 奉天而行，其诛杀也，宜法象上天。(雷虚)

(9) 驰走不能飞升。(道虚)

以上为动词。

1.2.2　后制前不平等联合词。如：

(1) 项羽重瞳，自知虞舜苗裔也。(奇怪)

(2) 燃炭生火，必调和炉灶，故为之也。(物势)

(3) 有实核于内，有皮壳于外。(超奇)

以上为名词。

(4) 性情清廉，不贪富贵。(非韩)

(5) 起于微贱，无所因阶者难。(恢国)

(6) 孟子相贤，以眸子明瞭者。(自纪)

以上为形容词。

117

（7）既能飞翔，安能至于三日？（儒增）

（8）思虑远者，必傍义依仁，乱于大贤。（答佞）

（9）世俗信祸祟，以为人之疾病死亡，及更患被罪，戮辱欢笑，皆有所犯。（辨祟）

此处"欢笑"作嘲谑讲，系受"笑"的影响，"笑"原有嘲谑义，《诗经·邶风·终风》："终风且暴，顾我则笑。"毛传："侮之也。"又《尔雅·释诂》："谑浪笑敖，戏谑也。"

以上为动词。

关于不平等联合词的语义构成，有两点值得注意：

第一，这类复音词大都是由基本词汇中的单音词同一般词汇中的单音词联合构成的。汉语词汇发展到两汉时期，属基本词汇的单音词通常已有不止一项义位，如"微"当时属基本词，至少有四个义位：a.隐匿；b.奥妙；c.卑下；d.衰弱。基本词的每个义位都有可能同一般词的相同或相近义位构成不平等联合词，例如"微"在《论衡》中就构成"隐微"（自纪）、"精微"（奇怪）、"衰微"（恢国）三个前制后不平等联合词和"微妙"（骨相）、"微弱"（论死）、"微贱"（恢国）三个后制前不平等联合词。类似的另如"小"可构成"幼小"（本性）、"卑小"（变动）、"浅小"（自纪）等；"清"可构成"清廉"（非韩）、"清洁"（率性）、"清静"（知实）、"清正"（累害）等；"深"可构成"深切"（问孔）、"深广"（宣汉）、"深沉"（自纪）、"深迂"（同上）等；"明"可构成"明洁"（自纪）、"明瞭"（同上）、"明著"（吉验）、"精明"（是应）等；"灭"可构成"湮灭"（书虚）、"消灭"（解除）、"破灭"（幸偶）、"殁灭"（对作）、"灭绝"（知实）、"灭遗"（自纪）等；"行"可构成"推行"（答佞）、"施行"（同上）、"运行"（说日）、"转行"（同上）等；"动"可构成"鼓动"（是应）、"骚动"（定贤）、"摇动"（状留）、"蠕动"（齐

118

世)等。

第二,从语义的深层分析,可看出这类复音词两个义位的具体构成是不相同的,通常其中一个义位(基本词的义位)往往能够囊括另一个义位(一般词的义位),这是它们语义不平等的根源。例如"皮",在先秦专指兽皮,到汉代也可指人(《雷虚》就有"人皮"一语)及其他生物,成为一个意义比原来更概括、抽象的基本词,它既可以同"糠"构成前制后不平等联合词"糠皮",又可以同"肤"构成后制前不平等联合词"皮肤"①。其义位构成大致如下:

皮 = 属于人或其他生物 + 附在人体或其他生物表面 + 呈平面形或圆壳形 + 一层薄的组织。

糠 = 属于谷、稻、麦等作物 + 附在子实表面 + 呈圆壳形 + 一层薄的组织。

肤 = 属于人 + 附在人体表面 + 呈平面形 + 一层薄的组织。

"糠"和"肤"的义素显然都包括在"皮"的义位之中,但合成复音词后,"糠皮"的义素中不再包括属于人的那些义素,而同"糠"的义素融合起来;同样"皮肤"的义素中也不再包括农作物的那些义素,而同"肤"的义素合二为一。

从《论衡》联合式复音词的语义构成,我们可以看出汉语联合式双音词两个语素语义的关系是辩证统一的关系:它们之间有彼此融合的一面,这就是说复音词的词义绝不是两个单音语素意义的简单相加;另一方面又有相互制约的一面,即把双方的意义制约在一定的义位上。这是因为语言的发展,既要求词义的丰富性、多

---

① 有的同志认为"皮肤"应属相同意义的平等联合词,但从发展观点看,"皮"既已进入基本词汇,"皮"与"肤"的语义就应当视为不平等的。

样性,又要求表达的单一性、明确性。表现在单音词上这两者的矛盾就不好解决。很显然一个单音词同时具有几个义位,在人们交际中就容易引起歧义。为解决这一矛盾,在单音词义不断发展、丰富的基础上,使语义表达更为单纯、明确的联合式复音词就应运而生。由此可知,《论衡》中联合式复音词的大量出现,是同上古汉语词汇意义的发展、演变有直接关系的。

2 从词性看构成

《论衡》中的复音词从词性构成方面看,同先秦有着相同的规律,即某词性的复音词是由同词性的单音词联合构成的。具体为:名词与名词联合构成名词,形容词同形容词联合构成形容词,动词与动词联合构成动词,数词与数词联合构成数词,当然,也有例外现象。分别举例如次:

2.1 名+名→名

(1) 操行有常贤,仕宦无常遇。(逢遇)

(2) 旌旗垂旒,旒缀于杆。(变动)

(3) 年岁水旱,五谷不成。(治期)

(4) 人之释沟渠也,知其必溺身,不塞沟渠而缮船楫者,知水之性不可阏,其势必溺人也。(非韩)

(5) 唐虞时,夔为大夫,性知音乐,调声悲善。(书虚)

(6) 烹辄死之人,三日三夜颜色不变,痴愚之人,尚知怪之。(道虚)

(7) 今人之将死,身体清凉。(论死)

(8) 此职业外相程相量也,其内各有所以为短,未实谢也。(谢短)

120

（9）贵至封侯，贱至奴仆。（自纪）

（10）纣为孩子①之时，微子睹其不善之性。（本性）

2.2 形+形→形

（1）不任典城之吏，察参伍之正，不明度量，待尽聪明，劳知虑而以知奸，不亦无术乎？（非韩）

（2）昼日光明，人卧亦觉，力亦复足。（偶会）

（3）秋冬之气，寒而干燥，虫未曾生。（商虫）

（4）术用乖错，首尾相违，故以为非。（薄葬）

（5）百姓平安，是国昌也。（治期）

（6）故夫宓牺之前，人民至质朴。（齐世）

（7）如非凤凰，体色、附从何为均等？（讲瑞）

（8）世称子路无恒之庸人，未入孔门时，戴鸡佩豚，勇猛无礼。（率性）

（9）江河之水，驰涌滑漏，席地长远，无枯竭之流，本源盛矣。（效力）

（10）鸟轻便于人，趋远，人不如鸟。（状留）

2.3 动+动→动

（1）夫物未死，精神依倚形体，故能变化，与人交通。（四讳）

（2）如势欲杀人，当驱逐之时，避人隐匿，驱逐之止，则复还立故处。（解除）

（3）衣服无精神，人死与形体俱朽，何以得贯穿乎？（论

---

① "子"在《论衡》中虽然已经能充当后附虚词成分，但此处"子"系子女的"子"，"孩子"应是〔名+名〕构成的同义联合词。

死)

(4) 不周为共工所折,当此之时,天毁坏也。(谈天)

(5) 形轻飞腾,若鸿鹄之状。(龙虚)

(6) 孔子既不能如心揣度,以决然否,心怪不信,又不能达视遥见,以审其实。(知实)

(7) 淮南王刘安召术士伍被、左吴之辈,充满宫殿①,作道术之书,论天下之事。(谈天)

(8) 汲井决陂,灌溉园田,物亦生长。(自然)

(9) 辅倾宁危,非著作之人所能为也。(书解)

(10) 以朝庭选举皆归善为贤乎?(定贤)

2.4 数 + 数→数

(1) 当邓通之幸文帝也,贵在公卿之上,赏赐亿万,与上齐体。(骨相)

(2) 偶人千万,不名为人者,何也?(自然)

此处"千万"及"亿万"均言其数量之多,非确数。

也有少数复音词的词性同单音词不一致,如:

a. 形 + 形→名

(1) 尊长,主也;卑幼,助也。(四讳)

(2) 夫西方,长老之地,尊者之位也。(同上)

(3) 废退旧居,旧故叛去。(自纪)

(4) 上书奏记,陈列便宜,皆欲辅政。(对作)

b. 动 + 动→名

---

① 《广雅》:"充,满也。"又"满,充也。""充"、"满"是同义动词。同后世补充式"充满"不同。

(1) 居右食嘉,见将倾邪,岂能举记陈言得失乎?(量知)

(2) 察其发动,邪正可名。(答佞)

(3) 人之学问、知能成就,犹骨象玉石切磋琢磨也。(量知)

c. 动＋动→形

　　频肌明洁,五色分别。(自纪)

d. 名＋名→动

　　无君子小人,并为鱼肉。(祸虚)

e. 数＋数→动

　　鸿知所言,参贰经传。(案书)

f. 数＋数→副

　　管蔡篡畔,周公告教之,至于再三。(谴告)

同先秦比较,《论衡》中的双音词的词性构成,有两点值得注意:

第一,先秦主要是名名联合构成名词、动动联合构成动词两类,形形联合构成形容词数量较少;《论衡》中三类数量则以动动联合构成动词为最多,约有591个,占联合式复音词总词数的42.1%,其余两类数量相当,名词377个,占26.8%,形容词373个,占26.6%,形容词所占比例比先秦显著增加了。

第二,合成前单音词词性同合成后复音词词性不同的结构方式,先秦只有形形联合构成名词、动动联合构成名词等少数方式,在《论衡》中这种方式构成的词虽仍居少数,但构成方式却增加到六种之多。这表明汉语构词方式有了更大的灵活性。

3　从字序看构成

《论衡》中的联合式复音词同先秦一样也存在着同语素、异字序现象,可区别为两类:一是字序 AB 和字序 BA 在《论衡》中同时应用的;二是同现代汉语 AB 比较,在《论衡》中只有 BA 的。

3.1　AB 和 BA 同时运用的

按词性又分为名词、动词、形容词三种,分别举例如次:

3.1.1　名词

〔名声、声名〕

(1) 假令甲有高行奇知,名声显闻,将恐人君召问,扶而胜己,欲故废不言,常腾誉之。(答佞)

(2) 罪过有累积不除,声名有暗昧不明。(累害)

〔事实、实事〕

(1) 由此言之,书亦为本,经亦为末,末失事实,本得道质。(书解)

(2) 说灾变之家曰:"人在天地之间,犹鱼在水中矣。其能以行动天地,犹鱼鼓而振水也。鱼动而水荡,人行而气变。"此非实事也。(变虚)

〔祸殃、殃祸〕

(1) 以命当贫贱,遇当衰之禄,则祸殃乃至,常苦不乐。(命义)

(2) 五月举子,其父不死,则知见两头蛇,无殃祸也。

〔事物、物事〕

(1) 天地事物,人所重敬,皆力劣知极,须仰以给足者也。(程材)

(2) 道家论自然,不知引物事,以验其言行,故自然之说未见信也。(自然)

〔境土、土境〕

（1）使魏无干木，秦兵入境，境土危亡。（非韩）

（2）论符瑞则汉盛于周，度土境则周狭于汉，汉何以不如周？（宣汉）

〔街巷、巷街〕

（1）州、郡列居，县、邑杂处，与街巷民家何以异？（诘术）

（2）入市门曲折，亦有巷街。（同上）

〔圣贤、贤圣〕

（1）圣贤务高，至言难行也。（逢遇）

（2）众人阔略，寡所意识，见贤圣之名物，则谓之神。（实知）

〔根本、本根〕

（1）考实根本，论其文义，与彼贤者作书，无以异也。（正说）

（2）说《论语》者，但知以剥解之问，以纤微之难，不知存问本根篇数章目。（正说）

〔知（智）能、能知（智）〕

（1）闻圣人人之奇者，身有奇骨，知能博达，则谓之圣矣。（讲瑞）

（2）见智能之士，官位不至，怪而訾之曰："是必毁于行操。"（命禄）

（3）案东番邹伯奇，临淮袁太伯、袁文术，会稽吴君高、周长生之辈，位虽不及公卿，诚能知之囊橐，文雅之英雄也。（案书）

〔壳皮、皮壳〕

（1）夫蝉之去复育，龟之解甲，蛇之脱皮，鹿之堕角，壳皮

125

之物解壳皮,持骨肉去,可谓尸解矣。(道虚)

(2) 文墨辞说,士之荣叶,皮壳也。(超奇)

〔操行、行操〕

(1) 凡人操行,不能慎择友。(累害)

(2)《程材》所论,论材能行操,未言学知之殊奇也。(量知)

3.1.2 形容词

〔巨大、大巨〕

(1) 海不通于百川,安得巨大之名?(别通)

(2) 夫煤一炬火,爨一镬水,终日不能热也;持一尺冰,置庖厨中,终夜不能寒也。何则?微小之感,不能动大巨也。今邹衍之叹,不过如一炬、尺冰,而皇天巨大,不徒镬水、庖厨之丑类也。(感虚)

〔众多、多众〕

(1) 以圣人之才,犹不幸偶,庸人之中,被不幸偶,祸必众多矣。(幸偶)

(2) 人君之威固严人臣,营卫卒使固多众,两臣杀二君,二君之死,亦当报之,非有知之深计,憎恶之所为也。(死伪)

〔美丽、丽美〕

(1) 文王之文在孔子,孔子之文在仲舒,仲舒既死,岂在长生之徒与?何言之卓殊,文之美丽也!(超奇)

(2) 因丽美之说,说主人之威,人主心并不能责,知或不能觉。(答佞)

〔炽盛、盛炽〕

(1) 文章之人滋茂汉朝者,乃夫汉字炽盛之瑞也。(超

奇)

（2）前世龙见不双，芝生无二，甘露一降，而今八龙并出，十一芝累生，甘露流五县，德惠盛炽，故瑞繁夥也。（恢国）

〔清洁、洁清〕

（1）好道学仙者，绝谷不食，与人异食，欲为清洁也。（祭意）

（2）天之大恶，饮食人不洁清。（雷虚）

〔衰老、老衰〕

（1）鲜腥犹少壮，焦熟犹衰老也。（道虚）

（2）黑青不可复还，老衰安可复却。（同上）

〔完全、全完〕

（1）身完全者谓之洁。（累害）

（2）苟有全完之行，不宜为人所缺。（自纪）

〔隆盛、盛隆〕

（1）二世之恶，隆盛于纣，天下畔秦，宜多于殷。（语增）

（2）说《尚书》谓之有天下代号唐、虞、夏、殷、周者，功德之名，盛隆之意也。（正说）

〔谦卑、卑谦〕

（1）非失对欺师，礼让之言，宜谦卑也。（问孔）

（2）性有卑谦辞让，故制礼以适其宜。（本性）

〔强壮、壮强〕

（1）是故气不通者，强壮之人死，荣华之物枯。（别通）

（2）管仲有力，桓公能举之，可谓壮强矣。（效力）

〔强劲、劲强〕

（1）树檀以五月生叶，后彼春荣之木，其材强劲，车以为

轴。（状留）

(2) 人物在世,气力劲强,乃能乘凌。（说日）

〔平安、安平〕

(1) 居平安之时,为反逆之谋,此其所以功灭国绝,不得名为贤也。（定贤）

(2) 安平身无宜,则弓藏而犬烹。（同上）

3.1.3　动词

〔语言、言语〕

(1) 人死不为鬼,无知,不能语言,则不能害人矣。（论死）

(2) 人之所以能言语者,以有气力也。（同上）

〔言谈、谈言〕

(1) 人言谈有所作于卧人之旁,卧人不能知,犹对死人之棺为善恶之事,死人不能复知也。（论死）

(2) 如楚越之人促急捷疾,与人谈言,口唾射人,则人脈胀,肿而为创。（言毒）

〔求索、索求〕

(1) 信命者则可幽居俟时,不须劳精苦形求索之也,犹珠玉之在山泽,不求贵价于人,人自贵之。（命禄）

(2) 始皇大怒,索求张良。（纪妖）

〔忌讳、讳忌〕

(1) 忌讳之语四方不同。（四讳）

(2) 实说,讳忌产子、乳犬者,欲使人常自洁清,不欲使人被污辱也。（同上）

〔树立、立树〕

（1）城墙之土，平地之壤也，人加筑蹈之力，树立临池。（须颂）

（2）米在囊中，若粟在橐中，满盈坚强，立树可见。（论死）

〔触犯、犯触〕

（1）人行无所触犯，体无故痛。（言毒）

（2）故发病生祸，缝法入罪，至于死亡，殚家灭门，皆不重慎，犯触忌讳之所致也。（辨祟）

〔运转、转运〕

（1）今天运转，其北际不著地者，触碍，何以能行？（说日）

（2）然而日出上、日出下者，随天转运。（同上）

〔纪（记）载、载纪〕

（1）古之帝王建鸿德者，须鸿笔之臣褒颂纪载，鸿德乃彰，下世乃闻。（须颂）

（2）功著效明，载纪竹帛。（答佞）

〔战斗、斗战〕

（1）成人之操，益人之知，非徒战斗必胜之策也。（别通）

（2）剑伎之家，斗战必胜者，得曲城越女之学也。（同上）

〔荐举、举荐〕

（1）文章滂沛，不遭有力之将援引荐举，亦将弃遗于衡门之下。（效力）

（2）知能之大者，其犹十围以上木也，人力不能举荐，其犹薪者不能推行大木也。（同上）

〔称颂、颂称〕

(1) 唯班固之徒称颂国德,可谓誉得其实矣。(须颂)

(2) 夫以人主颂称之臣,臣子当襃君父,于义较矣。(同上)

〔燔烧、烧燔〕

(1) 传语曰:"秦始皇燔烧诗书,坑杀儒士。"(语增)

(2) 言烧燔诗书,坑杀儒士,实也;言其欲灭诗书,故坑杀其人,非其诚,又增之也。(同上)

〔变更、更变〕

(1) 今乃随寒从温,为寒为温,非谴告之意,欲令变更之宜。(谴告)

(2) 不更变气以悟人君,反增其气以渥其恶,则天无心意,苟随人君为误非也。(同上)

〔归附、附归〕

以人众所归附、宾客云合者为贤乎? 则夫人众所附归者,或亦广交多徒之人也,众爱而称之,则蚁附而归之矣。(定贤)

3.2 同现代汉语 AB 比较,《论衡》中只有 BA 的,也按词性分别举例:

3.2.1 名词

〔齿牙〕

至于相啖食者,自以齿牙顿利,筋力优劣,动作巧便,气势勇桀。(物势)

〔丘山〕

垤成丘山。(累害)

〔钱金〕

常余钱金衣食。(道虚)

〔位地〕

道重知大，位地难适也。（效力）

其他还有〔质性〕（感虚）、〔圣神〕（问孔）、〔害祸〕（论死）、〔宗祖〕（自纪）、〔彩色〕（自然）、〔效实〕（艺增）等。

3.2.2 形容词

〔燋枯〕

儒者传书言：尧之时，十日并出，万物燋枯。（感虚）

〔牢坚〕

如使成器，入灶更火，牢坚不可复变。（无形）

〔宜适〕

圣人举事，求其宜适也。（书虚）

〔重慎〕

君子重慎，自知无过，如日月之蚀。（雷虚）

其他还有〔良善〕（累害）、〔谲诡〕（书虚）、〔隘狭〕（书虚）、〔畏敬〕（福虚）、〔困穷〕（祸虚）、〔和温〕（寒温）、〔瞳矇〕（自然）、〔陋丑〕（齐世）、〔险危〕（难岁）、〔实诚〕（对作）、〔小弱〕（对作）、〔促急〕（言毒）、〔说喜〕（自纪）、〔敬恭〕（明雩）、〔达通〕（祸虚）等。

3.2.3 动词

〔退隐〕

子高退隐。（逢遇）

〔放流〕

伯奇放流。（累害）

〔复重〕

《诗经》旧时亦数千篇，孔子删去复重，正而存三百篇，犹二十九篇也。（正说）

〔产出〕

　　圣治公平,而乃沾下产出也。（讲瑞）

　　其他还有〔生出〕(讲瑞)、〔害伤〕(顺鼓)、〔争斗〕(感虚)、〔祷祈〕(感虚)、〔论议〕(道虚)、〔推类〕(别通)、〔伤损〕(遣告)、〔变改〕(变动)、〔灭息〕(商虫)、〔应答〕(卜筮)、〔证验〕(对作)、〔获虏〕(恢国)、〔告报〕(卜筮)、〔实核〕(超奇)等。

　　关于《论衡》中的同素异序现象,讨论、分析如下:

　　第一,据我们统计,全书共有异序词184个,其中动词最多,有88个,占47.8%,形容词次之,有55个,占29.9%,名词最少,有41个,占22.3%。在184个异序词中,AB、BA同时在本书应用的有124个,占67.4%,只用BA的60个,占32.6%。同在本书应用的,有的出现在同一篇中,如《诘术》的"巷街"、"街巷",《正说》的"根本"、"本根",《道虚》的"衰老"、"老衰",《定贤》的"平安"、"安平",《论死》的"言语"、"语言"等。有的甚至在同一句话中同时应用,如《明雩》:"咏而馈,咏歌馈祭也,歌咏而祭也。"

　　第二,同素异序词能在同一书甚至同一篇、同一句中出现,说明它们不管字序是AB,还是BA,在意义和用法上是相同的,应当看做是同一个词。这一点同先秦基本上是一致的。但我们也注意到已有少数词颠倒字序后,词性和意义发生了变化,如"食饮"(道虚)为动词,而"饮食"有时作动词,有时则变成名词,如《骨相》:"衣服、饮食与之齐同。""饮食"和"衣服"一样都是名词。"讳忌"(四讳)是动词,而"忌讳"有时也用作名词,如《辨祟》:"天下千狱,狱中万囚,其举事未必触忌讳也。"这同现代汉语中的情形有相同之处,如"伴同"、"歌颂"、"报警"、"报喜"、"议决"、"言语"是动词,而颠倒字序后"同伴"、"颂歌"、"警报"、"喜报"、"决议"、"语言"则变成名词。这是否可以表明,《论衡》中的同素异序现象已经开始出现同先秦汉语不同而同现代汉语相似的发展趋势。

第三,《论衡》中的异序词只有少数双方流传至今,如"名声"和"声名"、"离别"和"别离"、"语言"和"言语"、"运转"和"转运"等。但其中有的词义、词性发生了变化,如现代汉语中"语言"只作名词用,"转运"则是运输的一种方式,应是偏正结构。BA 类流传下来的更为罕见。总之,大部分异序词到现代汉语中都以 AB 字序固定下来了。

第四,《论衡》中有这么多同素异序词也在一定程度上说明联合式结构的产生尽管通常不需要一个词组阶段(这里主要指相同意义联合词,而同素异序词绝大多数都是相同意义联合),但语素的字序却有一个逐渐稳定的过程。

二 联合式复音词之二:在 现代汉语中的变化

《论衡》中的 1404 个联合式复音词,流传至今的(包括在书面语中仍在应用的)约有 1275 个,但其中有 711 个在词义、词性和词形方面发生了程度不同的变化。

1 词义发生变化

这又分为两种情况:一是古今基本意义有差异,二是意义的抽象程度有区别。

1.1 基本意义不同。如:

(1)〔朝庭(廷)〕 通常指封建帝王听政的地方,《论衡》中则指一般官府。如《量知》:"儒生、文吏,俱以长吏为主人也。儒生受长吏之禄,报长吏以道;文吏空胸,无仁义之学,居位食禄,终无以效,所谓尸位素餐者也。……无道艺之业,不晓政治,默坐朝庭,不能言事,与尸无异,故曰尸位。"王充这里批判的是文吏,文吏默坐的"朝廷",显然不是中央朝廷。又如《累害》:"不由我者,谓之何由? 由乡里与朝廷也。夫乡里有三累,朝廷有三害。累生于乡里,害发于朝廷,古今才洪行淑之人遇此多矣。""朝廷"同"乡里"对举,即相当于官方与民间对应。

(2)〔亲戚〕 现代汉语中指跟自己家庭有婚姻关系或血统关系的家庭或它的成员①。古代则不同,先秦通常指父母,如《礼记·曾子疾病》:"亲戚既没,虽欲孝谁为孝?"后引申扩大到家庭其他成员如兄弟姊妹,即指家庭成员,《论衡》中多是此用法,如《定贤》:"言行无非,治家亲戚有伦,治国则尊卑有序。"

(3)〔比例〕 现代为数学用语,或当"比重"讲;《论衡》中则代表一法律概念。"比"是以例相比况的意思。汉代凡法律上无正式规定,比况类似条文判案或处理其他事务,经皇帝批准具有法的效力,叫"比"或"比例"②。如《程材》:"法令比例,吏决断也。"

(4)〔精神〕 现代指人的活力或意识,《论衡》中则常指人的精魂、灵魂。如《论死》:"使死人精神去形体若蝉之去复育乎? 则夫为蝉者不能害为复育者。夫蝉不能害复育,死人之精神何能害生之人?"《死伪》:"黄熊,鲧之精神,晋侯不祀,故入寝门。"《道虚》:

---

① 参看中国社会科学院语言研究所词典编辑室编《现代汉语词典》,商务印书馆,1998 年版。

② 参看黄晖《论衡校释》第 543 页,商务印书馆,1935 年版。北大历史系《论衡注释》第 690 页,中华书局,1979 年版。

"如谓身死精神去乎？是与死无异，人亦仙人也。"

（5）〔便宜〕 现代为方便、合适的意思，另"便（pián）宜"又解作价钱低或不劳而获的好处等。《论衡》中则特指向皇帝陈述对国家、朝廷有利的建议或办法。如《超奇》："或陈得失，奏便宜，言应经传，文如星月。"《佚文》："上书陈便宜，奏记荐吏士。"

（6）〔便利〕 现代指方便、容易达到目的的意思。《论衡》中则有两个意思：一是指利益、好处，如《是应》："太平之时，无商人则可，如有，必求便利以为业。"二是特指大小便，如《订鬼》："夫物有形则能食，能食则便利。"刘盼遂案："便利谓拉屎撒尿也。《汉书·韦贤传》：'狂卧便利，妄笑语昏乱。'师古注：'便利，大小便也。'黄晖说为动作巧便，失之。①"刘说诠正确的。

（7）〔交通〕 现代主要指运输、邮电事业的总称，也用于一般往来、通达的意思。《论衡》中也有两义：一是"交往"的意思，与现代有相通处，如《四讳》："将举吉事，入山林，远行，度川泽者，皆不与之交通。"二是特指发生性关系，如《论死》："夫物未死，精神依倚形体，故能变化，与人交通。"

（8）〔解除〕 现代为去掉、消除的意思，系普通动词。《论衡》中则特指一种为消除灾祸、驱除鬼神的迷信活动。如《解除》："世信祭祀，谓祀必有福；又然解除，谓解除必去凶。"

1.2 意义的抽象程度不同

有不少复音词在《论衡》中表示个别或具体事物的意义，到现代汉语中则变为表示一般的或抽象的概念，即词义发生了从个别到一般、从具体到抽象的历史演变。如：

---

① 见刘盼遂《论衡集解》第451页，上海古籍出版社，1957年版。

（1）〔形象〕《论衡》中具体指形状、模样的意思。如《程材》："目未尝见，孔、墨问形象。"《乱龙》："夫图画，非母之实身也，因见形象，涕泣辄下，思亲气感，不待实然也"。《解除》："如鬼有形象，形象生人，生人怀恨，必将害人。如无形象，与烟云同，驱逐烟云，亦不能除。"现代则泛指能引起人的思想感情的形状或姿态。至于文学创作中的"形象"、"形象思维"的"形象"，则带有更为抽象的含义。

（2）〔曲折〕 现代汉语中指一般"弯曲"或抽象指复杂情况，在《论衡》中则通常具体指道路、河流弯曲。如《程材》："盖足未尝行，尧、禹问曲折。"《难岁》："且太岁之神审行乎？则宜有曲折，不宜直南北也。长吏出舍，行有曲折，如天神直道不曲折乎?"《须颂》："浮于淮、济，皆知曲折。"

（3）〔崇高〕 现代是最高尚的意思，多用于形容抽象的事物，如崇高的品质、崇高的理想等。在《论衡》中则是很高的意思，多用于形容具体事物，如《变虚》："今天之崇高，非直楼台，人体比于天，非若蝼蚁于人也。"

（4）〔腐朽〕《论衡》中多用来形容具体东西腐烂，如《论死》："如死，其形腐朽，虽虎兕勇悍，不能复化。"《谈天》："夫天本以山为柱，共工折之，代以鳌足，骨有腐朽，何能立之久?"现代则除木料等含纤维的物质组织仍用"腐朽"外，一般常用于思想、作风和社会制度等抽象意义。

（5）〔坚定〕《论衡》中通常用来形容个别的具体的事物的坚固，如《齐世》："上世和气纯渥，婚姻以时，人民禀善气而生，生又不伤，骨节坚定，故长大老寿，状貌美好。"现代则用于形容立场、主张、意志、气节等不动摇，如"意志坚定"、"立场坚定"等。

136

（6）〔变化〕《论衡》中多指一种动物变异、蜕化为另一种动物，意义比较具体。如《龙虚》："龙变体眐，人亦不能觉，变化藏匿者巧也。"《无形》："雨水暴下，虫蛇变化，化为鱼鳖。"现代汉语中则泛指一般事物在形态或性质上产生新的状态，如"药物变化"、"心理变化"等。

（7）〔佩服〕 现代是钦佩的意思，表示一种心理状态和感情，《论衡》中则指佩戴某种东西，意思比较具体。如《自纪》："有宝玉于是，俗人投之，卞和佩服。"

（8）〔消亡〕 现代多指一种抽象事物的消失、灭亡，如"国家消亡"。《论衡》中则多用于具体事物的消灭，如《顺鼓》："桑谷消亡，享国长久。"《论死》："夫卧，精气尚在，形体尚全，犹无所知，况死人精神消亡，形体朽败乎！"

2 词性发生变化

《论衡》还有些词因词义演变而导致词性发生变化。这有几种情况，最多的一种是在《论衡》中为动词，现代汉语中则变成名词。其他还有形容词转为名词，名词转为动词，动词转为形容词，形容词转为动词等。分别举例如下：

2.1 动→名

（1）〔因缘〕《论衡》中只用作动词，犹凭借义，如《恢国》："谷登岁丰，庸主因缘以建德政。"又："三郊五代之起，皆有因缘，力易为也。"现代汉语指"缘分"或佛教用语，都用作名词，不再作动词用。

（2）〔教授〕《论衡》中只用作动词，犹教诲、传授的意思，如《刺孟》："谓孔子之徒，孟子之辈，教授后生，觉悟顽愚乎？"《纪妖》：

"孔子好教授,犹师延之好鼓琴也。"《程材》:"列曹掾史,皆能教授。"现代则除用作动词外,经常用作名词。

(3)〔图画〕 现代只用作名词,在《论衡》中则经常用作动词,如《雷虚》:"以其形现,故图画升龙之形也。"《顺鼓》:"世俗图画女娲之象,为妇人之形,又其号曰'女'。"《论衡》也有用作名词的,如《乱龙》:"夫土龙犹甘泉之图画也,云雨见之,何为不动?"

(4)〔告示〕 现代只用作名词,《论衡》中则只用作动词。如《验符》:"诏会公卿,郡国上计吏民皆在,以芝告示天下。"

(5)〔合同〕 现代指两方或几方为确定各自权利、义务而订立的共同遵守的条文,只用作名词。《论衡》则只用作动词,是合并一致的意思。如《异虚》:"夫野兽而共一角,象天下合同为一也。"《初禀》:"推天然之性,与天合同。"

(6)〔觉悟〕 《论衡》中常用作不及物动词,如《艺增》:"令恍惑之人,观览采择,得以开心通意,晓解觉悟。"《别通》:"县邑之吏,召诸治下,将相问以政化,晓慧之吏,陈所闻见,将相觉悟,得以改政右文。"《对作》:"论者不追救,则迷乱不觉悟。"有时也可带宾语,如《刺孟》:"觉悟顽愚。"现代则通常用作名词,且是个带政治色彩的常用词;也可用作动词,但不能带宾语,如"他终于觉悟了"。

(7)〔交易〕 《论衡》中只用作动词,且可带宾语,犹"交换",如《量知》:"抱布易丝,交易有无,各得所愿。"现代则常用作名词,如"一笔交易"、"这交易划得来"。也可作动词用。

(8)〔负荷〕 《论衡》中只用作动词,且可带宾语,如《效力》:"羿、育,古之多力者,身能负荷千钧。"《状留》:"今贤儒怀古今之学,负荷礼义之重,内累于胸中之知,外劬于礼义之操,不敢妄进苟取,故有稽留之难。"现代则只作名词用,犹"负载"。

其他像〔教训〕(自然)、〔教导〕(率性)、〔经历〕(别通)、〔交通〕(论死)、〔贸易〕(量知)、〔叛逆〕(恢国)、〔譬喻〕(正说)、〔语言〕(论死)、〔意识〕(实知)、〔遭遇〕(气寿)、〔罪过〕(调时)、〔指示〕(骨相)、〔著作〕(书解)、〔包裹〕(四讳)、〔创伤〕(论死)、〔动作〕(福虚)等等,都有从动词转化为名词(有的仍作动词)的情形。

2.2 形→名

(1)〔智慧〕 《论衡》中用作形容词,犹聪明、聪慧,如《论死》:"人之所以聪明、知惠(慧)者,以含五常之气也。"《商虫》:"强大食细弱,知(智)慧反顿愚。"现代则可用作名词。

(2)〔失误〕 《论衡》中用作形容词,是"错误"、"不正确"的意思,如《非韩》:"使太公不赏出仕未有功之人,则其诛不仕未有罪之民,非也,而韩子是之,失误之言也。"现代则用作名词或动词。

2.3 名→动

(1)〔发动〕 《论衡》中用作名词,犹"动机",如《答佞》:"观其所权,贤佞可论;察其发动,邪正可名。"又:"谗与佞俱小人也,同道异材,俱以嫉妒为性,而施行发动之①异。"现代则只用作动词。

(2)〔奴役〕 《论衡》中作"奴仆"讲,系名词,如《变虚》:"人病且死,色见于面,人或谓之曰:'此必死之征也。虽然,可移于五邻,若移于奴役。'"现代则只用作动词。

(3)〔形容〕 《论衡》中用作名词,犹"形象",如《别通》:"置之空壁,形容具存,人不激劝者,不见言行也。"后引申为动词,犹"描摹、描述",现代汉语口语只此种用法。

2.4 动→形

---

① "之"犹"则"。

（1）〔简练〕 《论衡》中用作动词，犹"磨练"、"锻炼"，如《量知》："夫儒生之所以过文吏者，学问日多，简练其性，雕琢其材也。"又："其身简练，知虑光明，见是非审，尤可奇也。"现代只用作形容词，如"文笔简练"。

（2）〔充实〕 《论衡》中用作动词，如《气寿》："人之禀气，或充实而坚强。"《广雅》："充、实，塞也"，是相同意义联合式动词。现代除仍用作动词外，还常用作形容词，如"内容很充实"。

2.5　形→动

（1）〔分别〕 《论衡》中可用作形容词，犹"分明"，如《自纪》："颊肌明洁，五色分别。"又："夫文由语也，或浅露分别，或深迂优雅。"也可用作动词，如《程材》："宾客暂至，虽孔、墨之材，不能分别。"但现代只能用作动词，不再当形容词用。

（2）〔明瞭〕 《论衡》中只用作形容词，犹言"明亮"，如《自纪》："孟子相贤，以眸子明瞭者；察文，以义可晓。"现代仍可用作形容词，但常作动词用。

以上例证表明，《论衡》中流传至今的联合式双音词，有一部分词义乃至词性到今天已发生很大变化。但也有相反的情形，即词义、词性基本相同，但词形不同，这是由于在单音同义词类聚体中发生不同的组合而形成的。如：

（1）〔程量〕

"程"、"衡"、"量"原均为度量衡名称，后都引申为衡量的意思，现代汉语中"衡"和"量"组合为词，《论衡》中则是"程"和"量"组合为词。如《自然》："霈然而雨，物之茎叶根荄，莫不洽濡。程量澍泽，孰与汲井决陂哉？"

（2）〔抵犯〕

"抵"、"触"、"犯"为同义词，现代汉语为"触犯"，《论衡》中为"抵犯"，意义、用法相同。如《辨祟》："故世人无愚智、贤不肖、人君布衣，皆畏惧信向，不敢抵犯。"《论衡》中另有〔抵触〕（辨祟）、〔触犯〕（言毒）、〔犯触〕（辨祟）三词，前两者现代仍用，"犯触"则已不用。

（3）〔兼吞〕

"兼"、"并"、"吞"为同义词，现代汉语组合为"兼并"或"并吞"，《论衡》中除有"兼并"（实知）外，又用为"兼吞"。如《实知》："其后，秦王兼吞天下，号始皇。"

（4）〔象类〕、〔似类〕

"象"、"类"、"似"为同义词，现代汉语组合为"象似"、"类似"，《论衡》中除组合为"类似"（说日）外，还组合为"象类"、"似类"。如《商虫》："使加罚于虫所象类之吏，则虫灭息，不复见矣。"《率性》："硗而埆者性恶，深耕细锄，厚加粪壤，勉致人功，以助地力，其树稼与彼肥沃者相似类也。"

（5）〔约省〕

"约"、"省"、"节"、"俭"为同义词，现代汉语中组合为"节约"、"节俭"、"节省"、"俭省"等，《论衡》中除有"节俭"（对作）外，另组合为"约省"。如《非韩》："廉则约省无极，贪则奢泰不止。"

（6）〔固据〕

"固"、"据"、"凭"为同义词，都有凭借、依据的意思，现代汉语中组合为"凭据"，《论衡》中则组合为"固据"。如《订鬼》："是以实巫之辞，无所固据，其吉凶自从口出，若童之谣矣。"

（7）〔常庸〕

"平"、"常"、"庸"都有平常的意义，是一组同义词。现代汉语中组合为"平常"、"平庸"，《论衡》中除有"平常"外，还组合为"常庸"。如《率性》："未入孔子之门时，闾巷常庸无奇。"

(8)〔和安〕

"平"、"和"、"安"为同义词，现代汉语组合为"平安"、"和平"、"平和"，《论衡》中除有"平安"（治期）外，还组合为"和安"。如《道虚》："太平则天下和安，乃升太山而封禅焉。"

(9)〔众盛〕、〔多众〕

"众"、"多"、"盛"为同义词，现代汉语中组合为"众多"、"盛多"，《论衡》中除有此两词外，还组成为"众盛"、"多众"。如《自纪》："今无二书之美，文虽众盛，犹多谴毁。""多众"是"众多"的异序词，前已举例。

(10)〔明著〕、〔较著〕

"显"、"明"、"较"、"著"在明显的意义上是一组同义词，现代组合为"显著"、"显明"，《论衡》有"著明"一词（见《知实》），还有"明著"和"较著"两词，如《吉验》："盖天命当兴，圣王当出，前后气验，照察明著。"《物势》："含血之虫，以四兽为长，四兽含五行之气最较著。"

这类词例还可举出很多。这一现象说明，在单音词合成复音词的早期阶段，还不像后世那样稳定和规范，它反映了早期联合式复音词构成的特点。但是，也确有一大批联合式复音词无论词形、词性或基本意义都同现代汉语差不多。如〔书籍〕（齐世）、〔筋骨〕（儒增）、〔宫殿〕（谈天）、〔诗歌〕（订鬼）、〔罪恶〕（恢国）、〔补益〕（薄葬）、〔边缘〕（状留）、〔操行〕（逢遇）、〔才能〕（祸虚）、〔道德〕（辨祟）、〔风俗〕（率性）、〔法术〕（骨相）、〔法制〕（齐世）、〔官吏〕（遭虎）、〔精力〕（儒增）、〔事物〕（程材）、〔事实〕（书解）、〔文字〕（感虚）、〔音乐〕

〔书虚〕、〔英雄〕(案书)、〔制度〕(宣汉)(以上为名词);〔安静〕(感虚)、〔卑贱〕(逢遇)、〔惭愧〕(道虚)、〔错乱〕(定贤)、〔短小〕(齐世)、〔富饶〕(治期)、〔刚强〕(初禀)、〔光荣〕(状留)、〔干燥〕(商虫)、〔欢喜〕(验符)、〔洁白〕(累害)、〔寂寞〕(感类)、〔狂妄〕(艺增)、〔贫苦〕(自纪)、〔清白〕(非韩)、〔清高〕(定贤)、〔质朴〕(齐世)(以上为形容词);〔飞翔〕(儒增)、〔覆盖〕(道虚)、〔改悔〕(率性)、〔积累〕(命禄)、〔解释〕(对作)、〔分散〕(难岁)、〔旋转〕(说日)、〔考察〕(语增)、〔呕吐〕(四讳)、〔祈求〕(明雩)、〔灭亡〕(异虚)、〔骚动〕(定贤)、〔生存〕(书虚)、〔生长〕(道虚)、〔偷盗〕(答佞)、〔违反〕(问孔)、〔醒悟〕(佚文)、〔争论〕(薄葬)(以上为动词)等等。可以说这些词(只举出一小部分)的词形早在汉代或更早时期就稳定下来了。仅从这一事实,就可看出两汉时期的词汇,对丰富和发展现代汉语词汇起了多么重要的作用。

三　偏正式复音词:从语义、
词性看构成

《论衡》中的偏正式复音词,数量居第二位,共有 517 个,占全书总复音词数的 22.48%,占语法造词数的 24.04%,占运用词序方式造词数的 24.76%。我们分别从语义和词性两方面讨论这类复音词的构成特点。

1　从语义看构成

从语义看,这类词是由前一个语素(我们叫偏语素)的意义,制约后一个语素(我们叫正语素)的意义,从而产生一个新的概念所构成的。在先秦，这类词的正语素，主要涉及人或事物方面的意义，到《论衡》中则进一步发展到涉及动作、行为方面的意义。

1.1　正语素的意义是有关人或事物的

从偏语素意义制约（包括修饰和限制）正语素意义的复杂关系看，又可区分为许多种情况：

1.1.1　表身份职业

通常偏语素的意义比较广泛，正语素的意义同人有关且常为大类名。正语素常见的有"人"、"工"、"士"、"家"、"官"、"吏"等。

〔～人〕，如：

(1) 然而道人消烁五石，作五色之玉，比之真玉，光不殊别。(率性)

(2) 志士则恨义事未立，学士则恨问多不及，农夫则恨耕未畜谷，商人则恨货财未殖，仕者则恨官位未极，勇者则恨材未优。(死伪)

(3) 夫百草之类，皆有补益；遭医人采摘，成为良药。(幸偶)

(4) 邮人之过书，门者之传教也。(定贤)

(5) 诗人或时不知，至诚以为然；或时知而欲以喻事，故增而甚之。(艺增)

(6) 舟人污溪上流，人饮下流，舟人不雷死。(雷虚)

(7) 故夫能说一经者为儒生，博览古今者为通人，采摘传书以上书奏记者为文人，能精思著文、连结篇章者为鸿儒。(超奇)

(8) 祸变且至，身自有怪，非适(敌)人所能动也。(感虚)

〔～工〕，如：

（1）棠谿、鱼肠之属，龙泉、太阿之辈，其本铤，山中之恒铁也，冶工锻炼，成为铦利。（率性）

（2）使当今射工射禽兽于野，其欲得之，不余精力乎！（儒增）

（3）海日屠肆，六畜死者日数千头，不择吉凶，早死者未必屠工也。（讥日）

（4）韩太傅为诸生时，借相工五十钱。（骨相）

（5）画工好画上代之人，秦汉之士，功行谲奇，不肯图。（齐世）

〔～士〕，如：

（1）非博士官所职，天下有敢藏《诗》、《书》、百家语、诸刑书者，悉诣守尉集烧之。（语增）

（2）淮南王刘安召术士伍被、左吴之辈。（谈天）

（3）辨（辩）士则谈其久者，文人则著其远者。近有奇而辨不称，今有异而笔不记。（齐世）

（4）言烧燔诗书，坑杀儒士，实也。（语增）

（5）学士同门，高业之生，众共宗之。（别通）

〔～家〕，如：

（1）数家（指天文历算家——程注）度日之光，数日之质，刺径千里。（说日）

（2）道家相夸曰："真人食气。"（道虚）

（3）然而世尚厚葬，有奢泰之失者，儒家论不明，墨家议之非故也。（薄葬）

（4）如经失之，传家左丘明、公羊、谷梁何讳不言？（书虚）

(5) 篇家谁也？孔子也。（须颂）

〔～官〕、〔～吏〕,如:

(1) 县官之法,犹鬼神之制也。(讥日)

(2) 其子为亚夫买工官尚方甲盾五百被可以为葬者,取庸苦之,不与钱。(骨相)

(3) 身黑头赤,则谓武官;头黑身赤,则谓文官。(商虫)

(4) 夫以三府掾吏,丛积成才,不能成一篇。(佚文)

(5) 从农论田,田夫胜;从商讲,贾人贤;今从朝庭,谓之文吏(指掌管、谙熟法令、文书的官吏——程注,下同)。朝庭之人也,幼为干吏(指管理具体事务的官吏),以朝庭为田亩,以刀笔为耒耜,以文书为农业。(程材)

其他诸如〔啬夫〕(定贤)、〔农夫〕(别通)、〔木匠〕(量知)、〔土匠〕(量知)、〔酒徒〕(语增)、〔钳徒〕(祸虚)、〔刺客〕(书虚)、〔侍俾〕(吉验)、〔牧鉴〕(物势)、〔珠师〕(自纪)、〔素王〕(超奇)等等,均属此类。

1.1.2 表数量大小

偏语素为数词或量词,正语素则多属可计数量的事物。如

(1) 夫管仲为反坫,有三归,孔子讥之,以为不贤。(感类)

(2) 以尺书所载,世所共见;准况古今,不闻者必众多非一,皆有其实。(骨相)

尺书,即短书,汉代凡儒家经书写在二尺四寸竹简上,一般书籍则写在短于此数的竹简上,称为短书。

(3) 六畜长短,五谷大小,……无有异者,此形不异也。(齐世)

146

（4）五曹自有条品,薄书自有故事。(程材)

（5）为水旱者,阴阳之气也,满六合,难得尽祀,故修坛设位,敬恭祈求,效事社之义,复灾变之道也。(明雩)

这里"六畜"、"五谷"、"五曹"、"六合"原各有具体所指,后逐渐变为泛指一类事物:六畜指家畜,五谷指谷物,五曹指官府,六合指宇宙,成为一般复音词。

另有一些所谓"概数总称词",实际是习用词组。如:

（1）彼生当贵,秩至三公。(骨相)

（2）孔子之死,五帝三王之死也。(物势)

（3）五经六艺为文。(佚文)

（4）李斯创议,身伏五刑。(佚文)

（5）五常,五行之道也。(物势)

（6）诛其九族,一里且尽。(语增)

1.1.3 表状貌、质地

正语素多表示一些具体事物,偏语素则取其颜色、形状、质地等特征以修饰之。如:

（1）爵言其状,君贤曰:"此黄金也。"(验符)

（2）秦始皇下其议丞相府,丞相斯以为越言不可用,因此谓诸生之言惑乱黔首,乃令史官尽烧五经,有敢藏诗书百家语者刑,唯博士官乃得有之。(正说)

（3）察长城之造,秦民不多死。(诇时)

（4）夫百物之象犹雷樽(指饰有雷、云纹图案的酒器——程注)也。(儒增)

（5）人冀延年,欲比于铜器,宜有若炉炭之化,乃易形。(无形)

（6）世纬作豆酱恶闻雷，一人不食，欲使人急作，不欲积家逾至春也。（四讳）

1.1.4 表性质、用途

正语素所表示的意义较广泛，有具体事物，也有抽象事物；偏语素则取其性质或用途特征以修饰、限制之。如：

（1）季子使于上国，道过徐，徐君好其宝剑，未之即予。（书虚）

（2）苟谓禽兽乃应吏政，行山林中，麋鹿、野猪、牛、象、熊、罴、豺、狼、蚮、蝮皆复杀人。（遭虎）

（3）夫日之刚柔，月之奇耦，合于葬历。（讥日）

（4）金物色先为酒樽，后为盟盘。（验符）

此处"酒樽"，从意义上转换成词组可扩展为"盛酒用的樽"，同前列"雷樽"可转换成"以雷纹绘饰的樽"不同。

（5）案高祖伐秦，还破项羽，战场流血，暴尸万数。（语增）

（6）八岁出于书馆，书馆小僮百人以上，皆以过失袒谪，或以书丑得鞭。（自纪）

1.1.5 表方位、时间

偏语素均为方位、时间词。如：

（1）及状，使兵，数有功，单于及复以其父之民予昆莫，令长守西域。（吉验）

（2）东方，木也，其星，仓龙也。西方，金也，其星，白虎也。南方，火也，其星，朱鸟也。北方，水也，其星玄武也。（物势）

（3）魏昭王问于田诎曰："寡人在东宫之时，闻先生之议

148

曰:'为圣易。'有之乎?"田诎对曰:"臣之所学也。"(知实)

(4)故三监谗圣人,周公奔楚;后母毁孝子,伯奇放流。(累害)

(5)或曰:"舜、禹治水,不得宁处,故舜死于苍梧,禹死于会稽。勤苦有功,故天报之;远离中国,故天痛之。"(书虚)

(6)若士者悖然而笑曰:"嘻!子中州之民也,不宜远至此。"(道虚)

(7)徒能说经,不晓上古,然则儒生,所谓盲瞽者也。(谢短)

1.1.6 表类属关系

正语素表类,即逻辑上的上位概念,偏语素表属,即下位概念。如转换成词组,从意义上可扩展为"A这类B①"。如:

(1)而今王无凤鸟、河图,为未太平妄矣。(宣汉)

(2)土山无麋鹿,泻土无五谷。(书解)

(3)使入大麓之野,虎狼不搏,蝮蛇不噬。(吉验)

(4)鲸鱼死,彗星出。(乱龙)

(5)蝗虫,闽虻之类也,何知何见,能知卓公之化?(感虚)

(6)去龙可数十步,观状如驹马,小大凡六,出水遨戏陵上,盖二龙子也。(验符)

(7)召伯述职,周歌棠树。(须颂)

(8)雨,犹人之有精液也。(祀义)

(9)读经书不见汉美,后世怪之。(须颂)

---

① A代表偏语素,B代表正语素,下同。

有的正语素,所表示的意义比较广泛,则容易变成构词能力较强的词根。如:

(1) 道家或以服食药物,轻身益气,延年度世。(道虚)

(2) 社稷,报生谷物之功。(祀义)

(3) 改葬之恨,孰与掘墓盗财物也?(死伪)

(4) 人夺其衣物,保其尸骸。(同上)

(5) 凡生蕈者,欲以风吹食物也。(是应)

表类属的词在先秦曾有过类在前、属在后的结构形式,如"鸟乌"。《论衡》中还有个别残留,如《状留》:"树檀以五月生叶。""树檀"即"檀树",但总的看这种结构形式已经消失了。

1.1.7 表领属关系

偏语素 A 是正语素 B 的领属主体,转换成词组可扩展为"A 的 B"。如:

(1) 毋承屋檐而坐,恐瓦堕击人首也。(四讳)

(2) 有气大如鸡子,从天而下。(吉验)

(3) 是故酒之泊厚,同一曲糵。(率性)

(4) 烂若天文之照,顺若地理之晓。(自纪)

(5) 案骨节之法,察皮肤之理,以审人之性命,无不应者。(骨相)

(6) 僮谣之语当验,斗鸡之变适生。(偶会)

(7) 是故王法不废学校之官,不除狱理之吏,欲令凡众见礼义之教。(率性)

以上七种语义制约关系中,前四种侧重于修饰,后三种侧重于限制。

1.2 正语素的意义是有关动作、行为的

从偏正语素的语义关系看，又可区分为两类：一是表动作情态，二是表行为方式。

1.2.1 表动作情态

正语素表示一种动作，偏语素则点出动作的情态以修饰之。偏语素可用名词、动词、形容词充当，其中用名词修饰者，转换词组后可扩展为"像 A 那样 B"。如：

(1) 儒者说之，以为成王狐疑①于葬周公。（感类）

(2) 死人之议，狐疑未定，孝子之计，从其重者。（薄葬）

(3) 王意狐疑周公，周公奔楚。（感类）

上例(1)、(2)中"狐疑"是疑惑的意思，同现代汉语接近；例(3)中"狐疑"可带宾语，犹"怀疑"，则是另一用法。

(4) 景帝下吏责问，因不食五日，呕血而死。（骨相）

(5) 居约易以下人，得志亦轻视人。（骨相）

"狐疑"，我们认为它是合成词而不是单纯词，这是因为汉语自古以来就有用名词修饰动词这一种生动而富于表达力的偏正结构，在开始出现时它们自然属于词组，以后有的逐渐凝固成词。这类词组我们可以从《论衡》中举出不少：

(1) 动百行，作万事，嫉妒之人，随而云起。（累害）

(2) 汉将李广与望气王朔燕语曰："自汉击匈奴，而广未常不在军中，而诸校尉以下，才能不及中，然以胡军功取侯者数十人。……"（祸虚）

(3) 豪猾之人，任侠用气，往来进退，士众云合。（讲瑞）

---

① 王念孙认为"狐疑"同"犹豫"一样，"皆双声字"，即单纯双音词。见《广雅疏证》卷第六上。

（4）及至秦汉，兵革云扰，战力角势，秦以得天下。（齐世）

（5）以敏于笔，文墨雨集为贤乎？（定贤）

（6）笔泷漉而雨集，言溶滶而泉出。（自纪）

（7）赵他入南越，箕踞椎髻。（谴告）

（8）夫饮食既不以礼，临池牛饮，则其啖肴不复用杯，亦宜就鱼肉而虎食，则知夫酒池牛饮，非其实也。（语增）

这类词组均可扩展为"像A那样B"这类模式，它们应被看做为"狐疑"、"蚕食"一类复音词的句法结构原型。

1.2.2 表行为方式

正语素表示一种行为，偏语素则取行为的方式、手段而修饰之。转换成词组后可扩展为"用A的方式（或手段）B"。如：

（1）传语曰："秦始皇燔烧诗书，坑杀儒士。"（语增）

（2）书言秦缪公伐郑，过晋不假途，晋襄公率羌戎要击于崤塞之下，匹马只轮无反者。（同上）

正语素的意义属有关动作、行为的复音词都是动词，这类偏正式动词在《论衡》中数量不多，因为它尚处在初始阶段，所以有的同词组还分不清严格界限。

2　从词性看构成

在先秦，偏正式主要构成名词，而且结构方式主要是〔名＋名〕、〔形＋名〕、〔数＋名〕三种。在《论衡》中除名词仍居多数外，动词、形容词也开始较多出现了。结构方式在原来基础上也有了新的发展。按词性分别说明如下：

2.1　名词

正语素一般为名词,偏语素除多数为名词外,还有形容词、数词、动词等。

2.1.1 名+名→名

(1) 顿牟掇芥,磁石引针,皆以其真是,不假他类。(乱龙)

(2) 厨中能自生萐,则冰室何事而复伐冰以寒物乎?(是应)

(3) 又图一人,若力士之容,谓之雷公。(雷虚)

(4) 孔子录史记以作《春秋》,史记本名《春秋》乎?(谢短)

(5) 法律之家,亦为儒生。(同上)

(6) 周时天下太平,越裳献白雉,倭人贡鬯草。(儒增)

(7) 道立国表,路出其下,望国表者昭然知路。(须颂)

(8) 年二十三傅,十五赋,七岁头钱二十三,何缘?(谢短)

(9) 雒阳城中之道无水,水工激上洛中之水,日夜驰流,水工之功也。(率性)

(10) 以文书为农业。(程材)

在〔名+名〕中,偏语素为方位词的占有一定数量,如:

(1) 楚外家许氏与楚王谋议,孝明曰:"许氏有属于王,欲王尊贵,人情也。"(恢国)

(2) 然则中国亦有,未必外国之凤、骐也。(指瑞)

(3) 夫东风至,酒湛溢;鲸鱼死,彗星出,天道自然,非人事也。(乱龙)

(4) 南越王越他,本汉贤人也,化南夷之俗,背畔王制,椎

譬箕坐,好之若性。(率性)

2.1.2 形+名→名

(1) 吾比夫子也,犹黄鹄之与壤虫也。(道虚)

(2) 少主始立,好用少年,吾年又老。(逢遇)

(3) 成事:老子行之,逾百度世,为真人矣。(道虚)

(4) 勇士忿怒,交刃而战。(死伪)

(5) 子骏,汉朝智囊,笔墨渊海。(乱龙)

(6) 尧时大风为害,尧缴大风于青丘之野。(感类)

"大风"特指风伯。

(7) 夫《仓颉》之章,小学之书,文字备具,至于无能对圣国之问者,是皆美命随牒之人多在官也。(别通)

此"小学",指文字之学。

(8) 案七岁未入小学而教孔子,性自知也。(实知)

2.1.3 数+名→名

(1) 且阖庐尝试其士于五湖之侧,皆加刃于肩,血流至地。(率性)

"五湖"特指太湖。

(2) 兵加于魏,魏国必败,三军兵顿,流血千里。(非韩)

(3) 陆贾《新语》,每奏一篇,高祖左右,称曰万岁。(佚文)

"万岁"是汉代臣下向皇帝表示庆贺的习惯用语,应视为短语词。

2.1.4 动+名→名

(1) 俗材因其微过,蜚条陷之,然终不自明,亦不非怨其人。(自纪)

"蜚条",即"飞条",犹言"小报告"。

(2) 匈奴时扰,遣将攘讨,获虏生口千万数。(恢国)

"生口"指俘虏。

(3) 从商讲贾,贾人贤。(程材)

(4) 樊、郦有攻城野战之功,高祖行封,先及萧何,则比萧何于猎人,同樊、郦于猎犬也。(效力)

(5) 其后坠星下东郡,至地为石,民或刻其石曰"始皇帝死,地分"。(语增)

"坠星"指流星。

2.1.5　名+动→名

从当今至千世之后,人可长如莄莄,色如嫫母,寿如朝生乎?(齐世)

"朝生"指一种短命昆虫。

2.1.6　形+动→名

(1) 或不能说一经,教诲后生。(超奇)

(2) 卫先生为秦画长平之事,太白蚀昴。(感虚)

2.2　动词、形容词

构成动词的正语素都是动词,偏语素则有名词、动词、形容词。偏正式形容词尚为罕见。

2.2.1　名+动→动

充升擢在位之时,众人蚁附。(自纪)

2.2.2　动+动→动

而言聂政刺杀韩王,短书小传,竟虚不可信也。(书虚)

2.2.3　形+形→形

爵即归取竿纶,去挺四十步所,见湖涯有酒樽,色正黄,没

155

水中。(验符)

关于《论衡》中的偏正式复音词,有以下几点值得注意:

第一,从语义上看,偏语素对正语素的内容修饰、限制关系比较复杂。仅修饰、限制表示人或事物正语素的偏语素就有表职业、表身份、表数量、表状貌、表质地、表性质、表用途、表方位、表时间、表种类、表领属等十一种之多(前面为节省篇幅,我们作了适当归并)。修饰、限制表示动作、行为正语素的偏语素也有表情态、表方式、表手段等三种。这说明,汉语词义的发展,对偏正式复音词的构成也有重大作用。

第二,充当正语素的有一些意义比较概括的单音词,由于能够起一类词大类名的作用;因而具有较强的构词能力。这类单音词在先秦时已有"人"、"夫"、"氏"、"士"、"师"、"子"等,到《论衡》中"人"依然比较活跃,其他如"士"所构词尚有一定数量,"夫"、"民"、"子"①、"师"所构词,则有所减少,但另外又新增加了"工"、"匠"、"家"(以上为表人的)、"物"、"虫"、"树"(以上为表物的)等。《论衡》中这些类似词根的单音词,在后世、直到现代汉语中都保持着较强的构词功能。

第三,从词性上看,先秦偏正式主要构成名词,《论衡》中虽然增加了动词、形容词,但仍以名词居多。而名词的构成又以〔名＋名〕为主要构词方式。这就是说用名词修饰名词构成的名词在偏正式复音词中占有特别重要的位置。朱德熙先生曾经指出:"在现代汉语里,最宜于修饰名词的不是形容词,而是名词。这是汉语的

_____

① 作为虚词构词成分的"子"不包括在内。

一个显著特点。"①看来这一特点正是从古代继承下来的。

第四，从偏正式复音词构成前后的词性进行比较，我们可以看到一条规律，即不论哪种结构方式，充当正语素单音词的词性同构成后的复音词的词性基本上是一致的。或者能够说，偏正式复音词的词性，基本上是由充当正语素单音词的词性决定的。如果我们分析一下现代汉语的偏正式复音词，可以知道这条规律直到今天仍然在起作用。

第五，在 517 个偏正式复音词中，流传到现代汉语的共有 230个，占 44%。流传至今的这些词其中大部分词义、词性和用法变化不大，只有一小部分词义同现代汉语有差异，如〔县官〕，《讥日》："县官之法，犹鬼神之制也。"《辨祟》："抵触县官，罗丽刑法，不曰过所取，而曰家有负。"这里"县官"指"天子"（因古代称天子所居的都城及其周围为县），同后世指县太爷不同。〔小雅〕，《自纪》："以圣典而示小雅，以雅言而说丘野。"这里"小雅"含义也跟现代不同，刘盼遂解为"小儿之称"，并引《后汉书·崔骃传》："甘罗以童牙而报赵。"章怀太子注："童牙谓幼小也。"还指出："今中国江淮之域，尚多呼小儿为小牙者，《论衡》之'小雅'，自系当时之习语矣。"②此说大体可信。〔何等〕，《道虚》："实黄帝者，何等也？"《刺孟》："云'五百年必有王者兴'，又言'其间必有名世'，与'王者'同乎？异也？如同，为再言之。如异，'名世者'谓何等也？"黄晖指出"何等"系"汉时常语"，"犹今言'什么'"③，这同今天书面语中"何等"当"多么"讲不同。但总的看这类古今形同义异词为数很少，这是和联合

① 见朱德熙《现代汉语语法研究》第 15 页，商务印书馆，1980 年版。
② 见刘盼遂《论衡集解》第 583 页，上海古籍出版社，1957 年版。
③ 见黄晖《论衡校释》自序第 33 页，商务印书馆，1935 年版。

式复音词很不相同的。由此,我们得出一个印象,偏正式复音词由于偏正语素之间的制约关系比较明确,因而一旦形成就比较稳定,而联合式复音词两语素的关系结合不是那么紧密,因而容易随词义的演变而变化,同现代比较就显出更大的差异性。

四 补充式、支配式、表述式

《论衡》中的复音词,除了绝大多数是联合式和偏正式外,还有以下七种形式,即属于语法造词中运用词序方式构成的补充式、支配式、表述式,属于语法造词中运用虚词方式构成的附加式,属于语音造词的重叠式、单纯词,以及包含不止一种结构形式的综合式。

下面,先讨论同联合式、偏正式一样属词序方式构成的补充式、支配式、表述式。

1 补充式

这类用不及物动词或形容词补充说明及物动词(也有少数是不及物动词或形容词)所构成的复音词,在先秦尚处在萌芽状态,而在《论衡》中不仅数量显著增多了(全书共出现 101 个,占总复音词数的 4.39%,占语法造词的 4.69%,占词序造词的 4.84%),而且结构形式也日益变得复杂和稳定。这类动补组合到底是词还是词组,学术界有不同看法①。但我们认为这类组合意义上表示动

---

① 赵元任先生称之为"动词补足语复合词",见《北京口语语法》第 29 页,开明书店,1952 年版。王力先生称之为使成式仂语,见《汉语史稿》第 403 页,中华书局,1980 年新 1 版。

作、行为、变化的结果这一共同的概念,结构上两个语素共有一个宾语,不带宾语的结合也比较紧密,因此我们倾向于把这类组合视为补充式复合词①。下面,我们从词义和词性两方面进行分析:

1.1 从词义方面看,补充式有的指不幸、消极方面的意义,有的指获得、是定方面的意义,有的则指方位、趋向方面的意义。

1.1.1 指不幸、消极义。补足语素常见的有"死"、"灭"、"伤"、"破"、"折"、"绝"、"散"、"断"等。如:

(1)暮寒,卧炭下,百余人炭崩尽压死,广国独得脱。(吉验)

(2)虽奸非实,次序篇句,依倚事类,有似真是,故不烧灭之。(佚文)

(3)人为人所殴伤,诣吏告苦以语人,有知之故也。(论死)

(4)剖破浑沌。(案书)

(5)盛夏之时,雷电击折树木,发坏室屋,俗谓灭取龙。(乱龙)

(6)仕路隔绝,志穷无知。(自纪)

(7)筋力消绝,精魂飞散。(书虚)

(8)久销乃见作留,成迟故能割断。(状留)

1.1.2 指获得、是定义。补充语素常见的有"得"、"为"、"定"等。如:

(1)推此以省太公钓得巨鱼,剖鱼得书,云"吕尚封齐",

---

① 其中有一小部分尚可拆开使用,如"病死",可作"病而死矣"(道虚),说明还处在由词组向词转化的过渡形式中,我们称之为"短语词",也放在一起讨论。

……盖不虚矣。(纪妖)

(2) 玉隐石间，珠匿鱼腹，非玉工珠师，莫能采得。(自纪)

(3) 其文盛，其辩争，浮华虚伪之语，莫不澄定。(自纪)

(4) 虚妄之言，伪饰之辞，莫不证定。(超奇)

(5) 而说若范雎之干秦昭，封为应侯，蔡泽之说范雎，拜为客卿。(命禄)

(6) 信陵、孟尝、平原、春申，食客数千，称为贤君。(定贤)

在现代汉语中"为"继续充当常见的构词语素，"定"也仍可构成"断定"、"注定"、"平定"、"说定"、"镇定"等动词和形容词，"得"则更进一步虚化为后附虚词成分，构成"懒得"、"觉得"、"值得"、"乐得"、"说得"等动词。动词后缀"得"，也很可能是从这里虚化来的。

1.1.3 指处所、趋向义。常见的补充语素有"出"、"入"、"至"、"在"等。如：

(1) 则人犯之者，必有如桥下走出之人矣。(难岁)

(2) 使孟贲擿铜柱，能洞出一尺乎？(儒增)

(3) 走入后宫，与妇人交，遂生褒姒。(异虚)

(4) 案雨出于山，流入于川。(顺鼓)

(5) 且凤、骍非生外国也，中国有圣王乃来至也。(指瑞)

(6) 胸中之气，不为喜怒变，境内寒温，何所生起？(寒温)

(7) 坐在深室之中，闭窗举烛，故曰长夜。(语增)

以上只是在词义方面有某种类型特点的复音词，并不能包括所有的补充式。但全部补充式从意念上转换为词组后则变为两种形式，一是"A 之使 B"，如"击之使折"、"发之使坏"、"殴之使伤"等；二是"A 而 B 之"或"A 而 B"，如"钓而得之"、"战而胜之"、"采而用之"、"变而为"、"饿而死"等。两者的区别从意义上看前一种形式 A 和 B 的主体是不一致的，如"击折"是雷击树折、"发坏"是雷发屋坏，"殴伤"是甲殴乙伤；后一种形式 A 和 B 的主体则是一致的，如"钓得"是太公钓太公得，"饿死"是伯夷饿伯夷死（引文见《逢遇》："伯夷饿死"）。从词性看，"A 而 B"的 A 一般是不及物动词。下面我们再从词性方面考察一下这类复音词的特点。

1.2　从词性看，我们可以把《论衡》中的补充式区别为〔及物动词·不及物动词＋宾语〕、〔及物动词·不及物动词〕、〔不及物动词·不及物动词〕、〔动词（包括及物和不及物）·形容词＋宾语〕、〔动词（包括及物和不及物）·形容词〕、〔形容词·不及物动词〕等六种结构形式。

1.2.1　〔及物动词·不及物动词＋宾语〕，如：

（1）人君受以自责，愁神苦思，撼动形体，而危乱之变终不减除。（治期）

（2）三尺之木，数弦之声，感动天地，何其神也！（感虚）

1.2.2　〔及物动词·不及物动词〕，如：

（1）如就叶悬于树而射之，虽不欲射中，杨叶繁茂，自中之矣。（儒增）

（2）跌误中石，不能内锋，箭摧折矣。（同上）

1.2.3　〔不及物动词·不及物动词〕，如：

（1）夫物以春生夏长，秋而熟老，适自枯死，阴气适盛，与之会遇。（偶会）

161

（2）下而颜渊发白齿落，遂以病死。（书虚）

1.2.4 〔动词·形容词＋宾语〕，如：

（1）或佞人本不生出，必复更生一物以指明之，何天之不惮烦也？（是应）

（2）通书千篇以上，万卷以下，弘畅雅闲，审定文读，而以教授为人师者，通人也。（超奇）

1.2.5 〔动词·形容词〕，如：

（1）长大佐尧，位至司马。（吉验）

（2）周公治鲁，太公知其后世当有削弱之患。（实知）

1.2.6 〔形容词·不及物动词〕，如：

（1）伏生老死，书残不竟。（正说）

（2）二黄龙见，长出十六丈。（验符）

总的看，《论衡》中的补充式复音词全是动词，而动词中带宾语的又比不带宾语的少，这是同现代汉语不同的。尽管这类词在总词数中比重不大，然而现代汉语中的各种结构方式在此时大都已经具备了。

2 支配式

这种具有动宾关系的两个语素合成的复音词在先秦已经出现了，但多是表示职官名称的词，如"将军"、"司马"等；在《论衡》中则扩大到一般词汇，包括动词、名词、形容词等。

2.1 动词。如：

（1）鲁人为父报仇，安行不走，追者舍之。（幸偶）

（2）世称之曰："魏公子为鸼报仇。"此虚言也。（书虚）

（3）是则伯有之魂无知，为鬼报仇轻重失宜也。（死伪）

"报仇"一词在书中多处使用,其用法和含义均与现代汉语类似,则知当时已凝固成词。

(4) 人在层台之上,人从层台下叩头,求请台上之物。(感虚)

(5) 令左右通经者语难翁一,翁一穷,免冠叩头谢。(验符)

(6) 夫贤明至诚之化,通于同类,能相知心,然后慕服。(感虚)

(7) 鬼神如有知,必恚止战,不肯径去,若怀恨,反而为祸。(解除)

(8) 王法禁杀伤人,杀伤人皆伏其罪,虽择日犯法,终不免罪。(讥日)

(9) 五经皆多失实之说。(正说)

(10) 往年万户失火,烟焱参天,河决千里,四望无垠。火与温气同,水与寒气类。失火河决之时,不寒不温。(寒温)

"失火"在书中多处出现,且《论衡》行文讲究对偶,上例中同"河决"对偶的应是"火失",但却用"失火",都可证实"失火"已同现代汉语的用法相同。

2.2　名词。如:

(1) 正月之始,正月之后,立春之际,百刑皆断。(寒温)

(2) 司南之杓,投之于地,其柢指南。(是应)

"司南"系古代类似指南针的辨别方向的仪器。

(3) 世人见当今之文薄也,狎侮非之。(齐世)

(4) 实者,夏时日在东井,冬时日在牵牛。

"牵牛"指牵牛宿,即摩羯座。

2.3 形容词。如：

(1) 且人闻人食不清之物，心平如故，观戚夫人者，莫不伤心。（雷虚）

(2) 文成可观，读之满意，百不能一。（佚文）

(3) 夫谓富不受命而自以知术得之，贵亦可不受命而自以努力求之。（问孔）

对《论衡》中的支配式复音词，有两点值得注意：

第一，从先秦多为官名扩大到一般动词、名词、形容词，数量显著增多（全书共出现 52 个），这应当说是一个发展。

第二，在各词类中动词居多，名词次之，形容词较少，这是同现代汉语基本相同的。但动词几乎都不带宾语，即这时动宾关系构成的动词尚限于不及物动词，这又是同现代汉语有所区别的，现代汉语不少支配式动词如"起草"、"进口"、"抱怨"、"关心"、"出版"、"授意"、"列席"等，则能够带宾语。

3 表述式

《论衡》中表述式复音词数量很少，只有 14 个，但其中有的却是常用词，出现频率较高。如：

〔政治〕

(1) 使其天变应之，宜改政治。（感虚）

(2) 以政治之得失、主之明暗，准况众端，无非真者。（讲瑞）

(3) 阴阳不和，政也，徒当归于政治，而指谓部吏为奸，失事实矣。（商虫）

(4) 然则寒温之至，殆非政治所致。（寒温）

(5) 夫政治之有灾异也,犹烹酿之有恶味也。(谴告)

"政治"一词从内涵上讲当然同现代汉语有很大不同,但就国事活动、措施这一意义看,古今则是一致的。

〔自然〕

(1) 道家论自然,不知引物事以验其言行,故自然之说未见信也。(自然)

(2) 人生性命当富贵者,初禀自然之气,养育长大,富贵之命效矣。(初禀)

(3) 虾蟆化为鹑,雀入水为蜃蛤,禀自然之性,使之然也。(偶会)

〔自杀〕

(1) 即吞药自杀。(祸虚)

(2) 是故鲁连飞书,燕将自杀。(超奇)

(3) 道终不成,效验不立,乃与伍被谋为反事,事觉自杀,或言诛死。诛死、自杀,同一实也。(道虚)

五 附加、重叠、单纯词、综合式

下面讨论除五种运用词序方式造词以外的四种形式:

1 附加式

运用虚词成分造词的附加式复音词,在《论衡》中共有 63 个,占复音词总数的 2.74%,占语法造词总数的 2.93%。其中主要是用后缀虚词成分"然"构成的形容词、副词及"子"构成的名词。还有极少数用前缀"可"构成的形容词及"第"构成的序数词。

1.1 用"然"构成形容词、副词①。

构成形容词的,如:

(1) 古贤之遗文,竹帛之所载粲然,岂徒墙壁之画哉!(别通)

(2) 文王见棺和露,恻然悲恨。(死伪)

(3) 所振荡者,不过百步,而一里之外,淡然澄静,离之远也。(变虚)

(4) 欢然喜乐者,钟鼓之色。(知实)

(5) 观读之者,晓然若盲之开目,聆然若聋之通耳。(自纪)

(6) 使者奉璧具以言闻,始皇帝默然良久。(纪妖)

(7) 太山之高巍然,去之百里,不见埵块远也。(书虚)

(8) 光武皇帝升封,天晏然无云,太平之应也,治平气应。(宣汉)

(9) 道立国表,路出其下,望国表昭然知路。(须颂)

(10) 陆贾说以汉德,惧以圣威,蹶然起坐,心觉改悔,奉制称藩。(率性)

(11) 敫乃视之,方卷然龟背而食合蜎。(道虚)

从上例中可以看出,这些形容词是用"然"后附于一些常用的单音形容词或单音动词如"粲"、"聆"、"蹶"、"卷"等所构成的,单音形容词、动词的词义同构成后的复音形容词的词义有着直接联系。

构成副词的,如:

(1) 犹旧交相阔远,卒(猝)然相见,欢欣歌笑,或至悲泣

---

① 副词属虚词,顺便在此列出。

涕。（乱龙）

（2）何以明之？以妪忽然①不见也。（纪妖）

1.2 用"子"等构成名词。如：

（1）男子服玉，女子服珠，珠玉于人，无能辟除。（儒增）

（2）童子曰："华而晥者，大夫之篑。"（感类）

（3）王莽时，谒者苏伯阿能望气。（吉验）

"谒者"指引导谒见皇帝的官，系名词。

1.3 用"可"构成的形容词和用"第"构成的序数词。

《论衡》中前缀虚词成分有"可"和"第"，但构词数量很少。如：

（1）沐书曰："子日沐，令人爱人；卯日沐，令人头白。"
……夫子之性，水也；卯，木也。水不可爱，木色不白。子之禽
鼠，卯之兽兔也。鼠不可爱，兔毛不白。以子日沐，谁使可爱？
（讥日）

上例中动词"爱"，加"可"后变为形容词，由此证明"可"已虚化
为词头。

（2）光武帝，建平元年十二月甲子生于济阳宫后殿第二
内中。（吉验）

《汉书·武帝纪》注："内中谓后庭之室。"

2 重叠式

用单音节或双音节重叠构成的合成复音词，共有 26 个，占复
音词总词数的 1.13%。用重叠式构成的复音词分为单纯词和合
成词两类，单纯词放在后面同非重叠单纯词一起讨论，这里单讲合

---

① "忽然"又为形容词，如《须颂》："见者忽然。"忽然指忽视、瞧不起的意思。

成词。

《论衡》中的重叠式合成词可区别为单音节重叠词和双音节重叠词两种,前者我们叫 AA 式,后者叫 AABB 式。

2.1　AA 式

(1) 略正题目粗粗之说,以照篇中微妙之文。(正说)

(2) 三年盲子,卒见父母,不察察相识,安肯说喜?(自纪)

(3) 且所谓怒者,谁也?天神邪?苍苍之天也?(雷虚)

(4) 青青之色,犹泉泉之声也,死物之色不能复青,独为死人之声能复自言,惑也。(论死)

(5) 端(团)端(团)之日有十邪?(诘术)

(6) 孝武帝好仙,司马长卿献《大人赋》,上乃仙仙有凌云之气。(谴告)

(7) 庸庸之君,不能知贤。(答佞)

(8) 从闾巷论朝堂,由昭昭察冥冥。(实知)

2.2　AABB 式

(1) 使著作之人,总众事之凡,典国境之职,汲汲忙忙,何暇著作?(书解)

(2) 初者,苏伯阿望春陵气,郁郁葱葱。(恢国)

(3) 蚩尤之民,涵涵纷纷。(寒温)

(4) 如谓天地为之,为之宜用手,天地安得万万千千手,并为万万千千物乎?(自然)

对重叠式合成词分析如下:

第一,重叠造词在先秦比较常见,但那时主要是单音节的重叠,《论衡》的 AABB 式则是双音节重叠,尽管造词数量不多,但作为一种常见的造词方式在汉代出现,这是汉语构词法的发展。

第二,重叠式主要构成形容词,如"青青"、"端端"、"郁郁葱葱"等,也构成数词,如"万万千千"。从构成成分看,大多数也是形容词,如"苍"、"昭"、"忙"等,但也有动词和名词,如"察"、"仙"等。

3 单纯复音词

属语音造词的单纯复音词共有 75 个,占复音词总词数的3.26%。同先秦一样,这类词不少是用单音节的重叠或部分重叠(即通常说的双声叠韵)造成的,多数为形容词,少数为名词、象声词。

(1) 光耀憧憧上属天,有顷不见。(吉验)

(2) 狌狌(后写为猩猩——程注)知往,乾鹊知来。(龙虚)

(3) 开(指禹的儿子启,汉因讳景帝刘启的名,改为"开"——程注)呱呱而泣。(问孔)

以上为重叠词。

(4) 置人冰水之中,无汤火之热,鼻中口内不通于外,斯须之顷,气绝而死矣。(道虚)

(5) 以盘石为沃田,以桀暴为良民,夷坎坷为平均,化不宾为齐民。(宣汉)

(6) 非偶傥之才,不能任也。(超奇)

以上为双声词。

(7) 若我,南游乎冈浪之野,北息乎沉薶之乡。(道虚)

(8) 两穷乎杳冥之党,而东贯鸿蒙之光。(道虚)

鸿濛又作颒蒙,鸿濛之光指日光。

(9) 踸踔不比者为负。(物势)

169

"踜蹇"又作连蹇,艰难义。

以上为叠韵词。

也有不是重叠或部分重叠的单纯词,如:

(10) 鹦鹉能言。(龙虚)

(11) 况雷雨扬轩辒之声,成王庶几能不怵惕乎?(感类)

(12) 必以形出为阳,性亦与物接,造次必于是,颠沛必于是。(本性)

单纯双音词是汉语最早出现的复音词,先秦比较多见,《论衡》中这类词不少仍是从先秦继承下来的。

4 综合式

《论衡》中出现一批用两种或两种以上构词方式合成的综合式三音节或多音节复音词。从词性上看全部是名词,从意义上看可区分为专有名词①、次专名词、普通名词三类。此外还有多音节数词和四字成语我们也在此一并讨论。

4.1 专有名词

主要指人名和地名,如:

(1) 魏公子无忌为长夜之饮。(语增)

(2) 丞相黄次公故为阳夏游徼,与善相者同车俱行。(骨相)

(3) 至汉兴,长乐宫在其东,未央宫在其西。(实知)

(4) 浙江、山阴江、上虞江皆有涛。(书虚)

---

① 专有名词(如人名、地名)本不在本文讨论的范围之内,自然也不包括在全书复音词总词数内,这里为看清多音节词的发展源流特地列为一项。

（5）西至平原津而病，到沙丘平台，始皇崩。（同上）

4.2　次专名词

专指一种事物的名词，既同专指某个特定事物的专词有区别，又比普通名词含义狭窄、固定，我们称之为次专名词，如"山海经"，是一种书名（它经过传抄自然不是一本，同"山阴江"专指一条水流、"黄次公"专指一个人不同），"堪舆吏"是一种官名等。这类词有三音词，也有超过三音节的多音词，多指官名、书篇名、动植物名等。如：

（1）太史公曰："富贵不违贫贱，贫贱不违富贵。"（命禄）

（2）其后青为军吏，战数有功，超封增官，遂为大将军，封为万户侯。（骨相）

（3）元帝崩，太子立，是为成帝，正君为皇太后，竟为天下母。（同上）

（4）然则桓君山不相，素丞相之迹存于《新论》者也。（定贤）

（5）赵尧为符玺御史，赵人方与公谓御史大夫周昌曰："君之史赵尧且代君位。"（知实）

（6）光禄大夫刘琨，前为弘农太守。（初禀）

以上为官位名称。

（7）故世子作《养性书》一篇。（本性）

（8）永平中，神雀群集，孝明诏上《神爵颂》。（佚文）

（9）《山海经》言：四海之外有乘龙蛇之人。（龙虚）

（10）夫《春秋经》但言鼓，岂言攻哉？（顺鼓）

以上为书篇名。

（11）夫恶见两头蛇，犹五月举子也。（福虚）

（12）儒者曰："日中有三足乌，月中有兔、蟾蜍。"（说日）

以上为动物名。

4.3 普通名词

（1）故曾子有疾，召门弟子曰："开予足，开予手，而今而后，吾知免夫。小子！"（四讳）

（2）晋屠岸贾作难，诛赵盾子；朔（即赵盾之子——程注）死，其妻有遗腹子。（吉验）

（3）一居江水，是为虐鬼；一居若水，是为魍魉鬼。（订鬼）

（4）调宫商之义为五音术。（诘术）

（5）秦始皇下其议丞相府。（正说）

（6）市肆户何以不弟甲乙？（诘术）

（7）四坎坛祭四方也。（祭意）

（8）耕夫多殖嘉谷，谓之上农夫，其少者，谓之下农夫。

对上述综合式复音词，我们作如下分析：

第一，先秦已有三音词出现，但绝大多数是专词，次专词和普通名词只占极少数，如"大丈夫"、"上大夫"等。《论衡》中专词仍占多数，但也涌现一批新的次专词及普通词。这是否表明汉语三音词的产生同双音词一样，也是从专有名词开始的①，同时在汉代又沿着次专名词、普通名词的途径继续发展了。

第二，三音词的构成有一个共同的特点，就是第三个语素通常是用一个起大类名作用的常用单音词充当的。如"江"，先秦早期专指长江，后来也用于称长江支流，但只限于用在数目字后，如"九

---

① 参看本书《先秦双音词研究》。

江"，到汉代则不但能出现在支流名称之后，如湘江，而且凡南方大川均可称江，即充当了大类名的作用，从而构成一批三音词，如"上虞江"、"山阴江"、"通陵江"等。其他用大类名构成的三音词如"公"构成"太史公"、"黄次公"、"司徒公"等，"氏"构成"夏后氏"、"羊舌氏"、"司马氏"等，"府"构成"丞相府"、"都尉府"等，"家"构成"今文家"、"古文家"等，"夫"构成"上农夫"、"下农夫"等，"宫"构成"咸阳宫"、"长乐宫"、"未央宫"、"洛阳宫"、"光明宫"等等。

第三，从词性上看，综合式构成的词都是名词。这些名词都是用两种或两种以上的结构方式分不同层次构成的。第一层绝大多数是偏正式，第二层多数也是偏正式，也有支配式、并列式、附加式等。分别举例如下：

a.〔偏（偏＋正）＋正〕，如"西海郡"、"万石君"、"两头蛇"、"桃象人"等均属此类。

b.〔偏＋正（偏＋正）〕，如"西王母"、"皇太后"、"始皇帝"、"卫先生"、"下农夫"等均属此类。

c.〔偏（支配式：动＋宾）＋正〕，如"司徒公"、"图宅术"、"尚书郎"等均属此类。

d.〔偏＋正（支配式：动＋宾）〕，如"大将军"。

e.〔偏（联合式）＋正〕，如"教授堂"、"山海经"、"光明宫"等属此类。

另外，还有个别词分属其他结构形式，如"反离骚"①可分析为〔支配式：动＋宾（支配式：动＋宾）〕，"魍魉鬼"可分解为〔偏（单纯词）＋正〕。有的书名是用复音词组合成的复杂结构，也可按层次

①　离骚，用班固说解为罹忧。

分析,如《春秋左氏传》可分析为{表述式:主(联合式:名＋名)＋谓〔表述式:主(偏正式:名＋名)＋谓〕},这是把《左传》理解为传春秋,如果理解为独立的史书则又另作分析了。

总之,从意义上采用加类名的方法,从结构上采取分层次的形式,是这时期综合式所构成的三音、多音复音词的两个特点。

4.4　数词系位结构

《论衡》中的系数和位数已经比较完备,由系数、位数合成的复合数词以及进一步构成的比较复杂的系位结构在书中大量应用,仅三数以上的,即可举出不少。如:

(1) 审若此言,《尚书》二十九篇,火之余也。七十一篇为炭灰,二十九篇独遗也?(正说)

(2) 儒者说曰:“日行一度,天一日一夜行三百六十五度。”(说日)

(3) 千五百三十九岁为一统,四千六百一十七岁为一元。(难岁)

(4) 案周时九州,东西五千里,南北亦五千里,五五二十五,一州者二万五千里。天下若此九之,乘二万五千里,二十二万五千里。(谈天)

对《论衡》中的复音数词作如下分析:

第一,从数的结构方式看,系数和位数组成复合词,两部分之间是相乘关系,系位结构的几个复合数词之间是相加的关系,系数词可以充当系位结构的最末项,代表个位数,这些都和现代汉语相同,先秦把“十几”写作“十有几”的结构形式基本上不再用了。模糊数量的表示法,如“数十百篇”(正说)、“二十余篇”(同上)、“年十七八”(骨相)也同现代大体相似,唯位数“亿”不是指“万万”,而是指"十万",或指数量很大;在系位结构中百、千、万、亿为一者,一不出现,如"百两篇"(正说)、"师万二千人"(同上),这又是和现代不同的。

第二,数词大都同量词结合运用,组成数量词。《论衡》中量词已经相当丰富,常用的(包括度量衡单位)就有"分"、"寸"、"尺"、"丈"、"里"、"亩"、"钟"、"觚"(《语增》:"文王饮酒千钟,孔子百觚")、"石"(《效力》:"夫一石之重,一人挈之")、"钧"、"步"(《难岁》:"自止徙百步之内")、"岁"、"年"、"代"、"级"(《谢短》:"赐民爵八级")、"度"、"道"、"篇"、"章"、"行"(《效力》:"书五行之牍")、"乘"、"匹"、"只"、"被"(《骨相》:"甲盾五百被")、"围"(《效力》:"至于大木,十围以上")等等。数量词的广泛应用,是汉语发展的明显标志之一。

4.5 四字成语

汉语成语源远流长。在《论衡》中就已出现相当多形式比较稳定、意义比较定型,因而能够作为复音词使用的四字成语。如:

(1)温故知新,可以为师。(谢短)

(2)文吏空胸,无仁义之学,居位食禄,终无以效,所谓尸位素餐者也。(量知)

(3)语称上世之人,重义轻身,遭忠义之事,得己所当赴死之分明也,则必赴汤趋锋,死不顾恨。(齐世)

(4)而不言明王之严刑峻法,而云求奸而诛之。(非韩)

(5)以已至之端,效方来之应,犹守株待兔之蹊,藏身破罝之路也。(宣汉)

(6)孔子睹微见著,故径庭丽级,以救患直谏。(薄葬)

(7)世多似是而非,虚伪类真,故杜伯庄子义之语,往往

175

而存。(死伪)

(8) 今世之将,材高知深,通达众事,举纲持领,事无不定。(程材)

(9) 凡人能以精诚感动天,专心一意,委务积神,精通于天,天为变动,然尚未可谓然。(感虚)

(10) 三军之事,非能制也,勇将率勉,视死如归。(率性)

对这些四字成语,我们指出两点:

第一,它们大都来源于先秦古籍,或用其典故,如"守株待兔"见《韩非子·五蠹》;或采其名言,如"尸位素餐"、"切磋琢磨"(量知)本《诗经·国风》;"华而不实"(书解)见《左传·文公五年》;"大器晚成"(状留)源《老子》;"任重道远"(效力)、"饱食终日"(别通)、"后生可畏"(实知)等均出《论语》。这些成语大都流传至今。

第二,从结构上看,语素之间的关系比较复杂,除多数是两个支配式联合组成的以外,如"举纲持领"、"守株待兔"、"温故知新"等,还有的是两个表述式联合组成,如"耳闻目见",有的还运用虚词成分构成,如"似是而非"、"名实相副"等。除带虚词成分的外,其他四字成语在结构上的共同特点是第一层次即前两字和后两字的关系多是联合式关系,而第二层次即前后两字内部结构关系在不同成语中可有偏正、表述、支配等多种形式,但在同一成语中两种形式则往往是一致的。

六 结 论

以上我们讨论了《论衡》九种结构形式的复音词,现着重就其发展趋势和特点小结如下:

1 九种结构形式的复音词,可归纳为语音造词和语法造词两大类①。据统计,语法造词数包括综合式②在内共计 2199 个,占全书总词数的 95.61%。语音造词数共计 101 个,只占 4.39%。这表明语法造词已经占了绝对优势。如果同先秦有代表性的著作《论语》、《孟子》作一比较③,这一发展趋势可以看得更清楚。请看下两表:

表一:与《论语》比较表

项目／词数／书名	总字数	总词数	语音造词				语法造词			
			单复音纯词	重合成叠词	合计	占总词数百分比	运用方式虚词造词	运用方式词序造词	合计	占总词数百分比
《论语》	15883	183	1	29	30	16.39%	20	133	153	83.61%
《论衡》《雷虚》等五篇	15553	462	24	14	38	8.22%	12	412	424	91.78%

表二:与《孟子》比较表

项目／词数／书名	总字数	总词数	语音造词				语法造词			
			单复音纯词	重合成叠词	合计	占总词数百分比	运用方式虚词造词	运用方式词序造词	合计	占总词数百分比
《孟子》	35402	336	12	41	53	15.78%	23	260	283	84.22%
《论衡》《命义》等十四篇	35221	794	27	17	44	5.54%	10	740	750	94.46%

同《论》、《孟》相比,《论衡》的语音造词数所占比例分别下降了

---

① 在复音词发展的早期阶段,曾出现一些由音近义通语素构成的"过渡词"。随着复音词的发展,这种过渡现象不明显了。为便于同先秦比较,我们把原属过渡词的完全重叠并入语音造词,部分重叠词并入语法造词(联合式)。

② 综合式此时基本上是运用词序方式构词,因此亦并入语法造词。

③ 为增强可比性,我们从《论衡》中不加选择地统计了同《论》、《孟》字数相当的篇幅。

50%和64.9%。其中单纯复音词不少是从先秦继承下来的,重叠合成词数量也不多。但重叠合成词中较多出现了双音节重叠即AABB式这一新的结构形式。由此又说明,语音造词尽管所占比例下降了,但这种结构方式照样流传下来,并且有了新的发展。

2 语法造词中运用词序方式造词数包括综合式在内共计2136个,占语法造词数(也包括综合式)的97.14%;运用虚词方式造词数共计63个,只占语法造词数的2.86%。同先秦相比其比例也显著下降了。请看下两表:

表一:同《论语》比较

项目 书名	语法造词数	运用虚词方式造词				运用词序方式造词							
		后缀	前缀	合计	占语法造词百分比	联合式	偏正式	补充式	支配式	表述式	综合式	合计	占语法造词百分比
《论语》	153	20	0	20	13.07%	60	67	0	2	1	3	133	86.93%
《论衡》《雷虚》等五篇	424	11	1	12	2.83%	288	88	18	9	1	8	412	97.17%

表二:同《孟子》比较

项目 书名	语法造词数	运用虚词方式造词				运用词序方式造词							
		后缀	前缀	合计	占语法造词百分比	联合式	偏正式	补充式	支配式	表述式	综合式	合计	占语法造词百分比
《孟子》	283	23	0	23	8.13%	146	100	0	9	2	3	260	91.87%
《论衡》《命义》等十四篇	750	8	2	10	1.33%	531	148	33	12	5	11	740	98.67%

同《论》、《孟》比较,《论衡》中运用虚词方式造词数比例分别下降了77.6%和84%。这是因为先秦前缀和后缀都比较丰富,而到《论衡》中只有"然"、"尔"、"子"、"者"等少数后缀流传下来,几乎全

部前缀和大部后缀都消失了。但这时又出现了新的前缀"可"和"第",它们和后缀"然"、"子"、"者"等直到现代汉语中仍保持着相当强的构词能力。

3　运用词序方式造词的五种结构形式复音词,其发展也是很不平衡的:联合式遥遥领先,居第二位的是偏正式,但只有联合式的 36.8%,而补充式、支配式、表述式合在一起也只有联合式的 11.9%。具体见下表:

词数　　结构　方式 项　目	联合式	偏正式	补充式	支配式	表述式	合　计
每种复音词数	1404	517	101	52	14	2088
占五种词序造词数%	67.24%	24.76%	4.84%	2.49%	0.67%	100%
占语法造词数%	65.27%	24.04%	4.69%	2.42%	0.65%	97.07%
占全书总复音词数%	61.04%	22.48%	4.39%	2.26%	0.61%	90.79%

同《孟子》对比,可看出其发展速度是很不同的。请比较:

词数　　结构方式 项　目	联合式	偏正式	补充式	支配式	表述式	合　计
在《孟子》中词数	146	100	0	9	2	257
占五种词序方式造词数%	56.81%	38.91%	0	3.50%	0.78%	100%
在《论衡》《命义》等十四篇中词数	531	148	33	12	5	729
占五种词序方式造词数%	72.84%	20.30%	4.53%	1.65%	0.69%	100%

4　联合式复音词的大量出现,同汉语词义的发展有密切的关系。首先,同义词、类义词、反义词的增多,促进了平等联合词包括相同、相类、相反意义联合词的形成。相同意义联合词多是由基本意义相同、附属意义有别的单音同义词构成的,因此对这类词,一

要辩证地看,从大同中辨析小异;二要历史地看,从应用中观察演变,特别要注意从异义到同义、从同义到等义的演变趋势。相类意义联合词,是由尽管义位不同、但却有部分义素重合的类义词构成的,其中不少是取两个类义词合成后的比喻义或代表义所构成,因此它们具有概括性或形象性的特点。相反意义联合词是用两个相反相成义位合成的复音词,这类词在《论衡》联合式复音词中虽居少数,但却比先秦有明显增加。其次,多义词的增多并进入基本词汇,则为不平等联合词的大量出现创造了前提,因为这类词无论是前制后联合词还是后制前联合词都有一个共同的特点,即它们大都是由基本词汇中的单音词同一般词汇中的单音词联合构成的。属基本词汇单音词的义位,往往能包括属一般词汇单音词的义位,这是它们共性的一面;而属一般词汇单音词的义位又对属基本词汇单音词的义位具有更强的制约力,从而显示出既是联合的又是不平等的特点,这又是它们个性的一面。总之,联合式复音词两个语素意义之间,存在着既互相融合,又彼此制约的辩证统一关系。这恰好解决了语言发展中词的丰富性、多样性同表达的单一性、明确性的矛盾。《论衡》中联合式复音词的大量出现,正是上古汉语词汇意义发展的直接结果。从词性构成方面看,同先秦一样仍以同词性单音词合成同词性复音词为主,但此时也有新的发展,主要表现在:第一,先秦主要是名名联合构成名词,动动联合构成动词,在《论衡》中动动联合构成动词跃居第一位,形形联合构成形容词明显增多,数量同名词相当。第二,同词性单音词合成异词性复音词的方式比先秦增加了。第三,同素异序词中开始出现颠倒字序后词性发生变化的现象。

5　偏正式复音词,从语义上看,偏语素对正语素的内部修饰、限制关系比先秦更趋复杂了,不仅涉及人和事物,而且涉及动作、行为。从词性上看,先秦主要是构成名词;此时名词仍居多数,但动词和形容词也增多了。在构成名词中又新出现一批至今仍保持较强构词能力的根词。然而,偏正式复音词的词性基本上决定于正语素的词性及〔名＋名〕为其主要构词方式则是古今相同的。

6　补充式复音词在先秦尚处于萌芽状态,此时则日臻成熟,表现在结构形式比较稳定,内部关系日趋复杂,因而构词数量超过支配式、表述式,居词序造词中的第三位。支配式先秦多限于官名,此时则扩大到一般动词、名词等,但动词尚限于不及物动词。表述式数量仍然很少,但常可构成出现频率较高的常用词。

7　《论衡》中综合式复音词的出现,显示出汉语词汇由双音节向三音节、多音节发展的趋势。但这些三音节、多音节词只限于名词,而且多是专有名词或次专名词;其构成特点是从意义上采用加类名的方法,从结构上采取分层次的形式。多音节数词及数词结构已比较发达,并且同众多的量词结合运用。较多运用四字成语则又标志汉语特殊词汇有了重要发展。

8　《论衡》中各种结构形式的复音词大都流传到现代,但其中大部分联合式复音词,其词义主要循着从个别到一般、从具体到抽象,其词性主要循着从动词到名词的规律发生了历史的演变,而大部分偏正式复音词变化则不显著。更重要的是《论衡》中九种之多的构词方式均沿用至今,其中偏正式、联合式、附加式、重叠式、综合式等继续保持着高产量,可以说现代汉语的构词方式在两汉时期已趋于完备,这都表明汉代词汇在汉语发展史上占有重要位置。

《世说新语》复音词研究

　　《世说新语》是我国南朝宋人刘义庆编撰的一部著名笔记小说，流传至今的凡三卷三十六则，六万零一百余言。此书采撷汉末至两晋的遗闻轶事，具体而形象地描绘了当时社会的一个侧面——士族阶层。它虽然主要反映的是上流社会，但内容分为德行、言语、政事、文学等三十六门类，所涉及的主要人物，上自帝王将相，下至士庶僧道，不下数百人。且"读其语言，晋人面目气韵，恍然生动"（明胡应麟语），比较接近当时口语。因此，我们可把《世说新语》词汇作为解剖魏晋六朝汉语词汇的一个"麻雀"。

　　据我们调查，《世说新语》各种结构形式的复音词数量分布如下表：

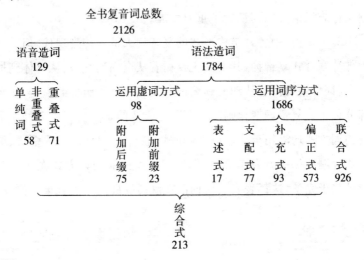

下面分十个题目加以讨论。

一 联合式复音词

《世说新语》的联合式复音词,共计 926 个,占全书总复音词数的 43.56%,占语法造词数的 51.91%,占运用词序方式造词数的 54.93%。其构成特点,我们从以下几方面作静态描写和动态分析。

1 从语义看构成

从语义构成可区分为语素所贡献意义基本相当的平等联合词和语素所贡献意义有所差异的不平等联合词两类①。

1.1 平等联合词

平等联合词又可区别为相同意义联合、相类意义联合、相反意义联合三种。

相同意义联合词系指构成复音词的语素在某个义位上是相同或相近的。如:

(1) 边文礼见袁奉高,失次序。(言语)

(2) 左右进食,冷而复暖者数四;彼我奋掷麈尾,悉脱落满餐饭中,宾主遂至莫忘食。(文学)

(3) 又云,尝发所在竹篙,有一官长连根取之,仍当足。(政事)

(4) 既下,说司马孝文王,大见亲待,几乱机轴,俄而见

---

① 关于"平等联合词"、"不平等联合词",参看本书《〈论衡〉复音词研究》。

诛。(谗险)

（5）庾子嵩目和峤："森森如千丈松，虽磊砢有节目，施之大厦，有栋梁之用。"(赏誉)

以上为名词。

（6）刘伶身长六尺，貌甚丑顇，而悠悠忽忽，土木形骸。(容止)

（7）戴安道中年画行像甚精妙。(巧艺)

（8）司马太傅斋中夜坐，于时天月明净，都无纤翳，太傅叹以为佳。(言语)

（9）（郗)超曰："伊以率任之性，欲区别智勇。"(品藻)

（10）士龙为人文弱可爱。(赏誉)

以上为形容词。

（11）后因缘相为，垂死，乃得出。(汰侈)

（12）王谓何曰："我今故与林公来相看，望卿摆拨常务，应对玄言，那得方低头看此邪？"(政事)

（13）袁彦伯为吏部郎，子敬与郗嘉宾书曰："彦伯已入，殊足顿兴往之气。故知捶挞自难为人，冀小却当复差耳。"(品藻)

（14）自此充觉女盛自拂拭，说畅有异于常。(惑溺)

（15）于病中犹作汉晋春秋，品评卓逸。(文学)

以上为动词。

相类意义联合词，即由虽然义位不同、却包含相同义素的语素构成的复音词。这类词在《论衡》中已出现不少，在《世说新语》中得到更广泛的运用，主要是名词，少数是动词、形容词。如：

（1）（袁彦伯)将别，既自凄惘，叹曰："江山辽落，居然有

184

万里之势。"（言语）

（2）桓南郡既破荆州，收殷将佐十许人咨议，罗企生亦在焉。（德行）

（3）太叔广甚辩给，而挚仲治长于翰墨，俱为列卿。（文学）

（4）谢太傅寒雪日内集，与儿女讲论文义，俄而雪骤，公欣然曰："白雪纷纷何所似？"兄子胡儿曰："撒盐空中差可拟。"兄女曰："未若柳絮因风起。"（言语）

这里点出是"兄子"、"兄女"，说明"儿女"不是儿和女，而是由这两个语素构成一个泛指"孩子"的复音词。

（5）殷中军妙解经脉，中年都废。（术解）

（6）孙兴公作《天台赋》成，以示范荣期，云："卿试掷地，要作金石声。"范曰："恐子之金石，非宫商中声。"（文学）

（7）顾长康从会稽还，人问山川之美，顾云："千岩竞秀，万壑争流，草木蒙笼其上，若云兴霞蔚。"（言语）

相反意义联合词，指用两个相反相成义位合成的复音词。这类词在《论衡》中有一定数量，在《世说新语》中则出现更多。从词性看名词占多数，动词、形容词次之。如：

（1）淮妻，太尉王凌之妹，坐凌事，当并诛。使者微摄甚急，淮使戎装，克日当发。州府文武及百姓劝淮举兵，淮不许。（方正）

（2）谢公答曰："世胄亦被遇。堪，烈之子。阮千里姨兄弟，潘安仁中外，安仁诗所谓'子亲伊姑，我父唯舅'。是许允婿。"（赏誉）

"中外"即中表，"子亲伊姑，我父唯舅"正是中表亲戚。

（3）儿既是偏所爱重，为之祈请三宝，昼夜不懈。（尤悔）

（4）陵云台楼观精巧，先称平众木轻重，然后造构，乃无锱铢相负揭。（巧艺）

（5）居阳岐积年，衣食有无，常与村人共，值已匮乏，村人亦如之。（栖逸）

（6）祜来哭，见长和哀容举止，宛若成人，乃叹曰："从兄不亡矣。"（赏誉）

（7）晋文王称阮嗣宗至慎，每与之言，言皆玄远，未尝臧否人物。（德行）

"臧否人物"即"评论人物"。

1.2 不平等联合词

不平等联合词是由源于基本词汇的语素同源于一般词汇的语素联合构成的。又分为前制后不平等联合词与后制前不平等联合词两类。由于基本词汇中的语素构词能力强，这类词在《论衡》和《世说新语》中都很活跃。如：

（1）谢公甚器爱万，而审其必败，乃俱行，从容谓万曰："汝为元帅，宜数唤诸将宴会，以说众心。"（简傲）

（2）夷甫都无言，盥洗毕，牵王丞相臂，与共载去。（雅量）

（3）贾充初定律令，与羊祜共咨太傅郑冲，冲曰："皋陶严明之旨，非仆阐懦所探。"（政事）

（4）时夏月，暴雨卒至，舫至狭小，而又大漏，殆无复坐处。（德行）

（5）褚太傅初渡江，尝入东，至金昌亭，吴中豪右燕集亭中。（轻诋）

以上为前制后不平等联合词。

（6）真长云："故不可在偏地居,轻在角䚡中,为人作议论。"（轻诋）

（7）李元礼风格秀整,高自标持,欲以天下名教是非为己任。（德行）

（8）后王逸少下,与丞相言及此事,丞相曰："元规尔时风范不得不小颓。"（容止）

（9）或问顾长康："君《筝赋》何如嵇康《琴赋》?"顾曰："不赏者作后出相遗,深识者亦以高奇见贵。"（文学）

（10）何晏七岁,明惠若神,魏武奇爱之,因晏在宫内,欲以为子。（夙惠）

（11）谢镇西经船行,其夜清风朗月,闻江渚间估客船上有咏诗声,甚有情致,所诵五言,又其所未尝闻,叹美不能已。（文学）

以上为后制前不平等联合词。

2　从词性看构成

《世说新语》中的复音词,从词性构成看也像先秦两汉一样,具有构成复音词的单音词同该复音词词性一致的特点。即名词同名词联合构成名词,形容词同形容词联合构成形容词,动词同动词联合构成动词。所不同的是,先秦主要是名名联合构成名词;动动联合构成动词,形形联合构成形容词较少。汉代如《论衡》中以动动联合构成动词为最多,其余两类数量差不多。《世说新语》中则以名名联合构成名词和动动联合构成动词两类相当,其次是形形联合构成形容词。分别举例如次：

2.1 名+名→名

（1）既中毒，太后索水救之，帝预敕左右毁瓶罐，太后徒跣趋井，无以汲，须臾遂卒。（尤悔）

（2）王丞相作女伎，施设床席；蔡公先在坐，不说而去，王亦不留。（方正）

（3）王长豫幼便和令，丞相爱恣甚笃。每共围棋，丞相欲举行，长豫按指不听。丞相笑曰："讵得尔，相与似有瓜葛。"（排调）

（4）谢公时，兵厮逋亡，多近窜南塘下诸舫中。（政事）

（5）王弥有俊才美誉，当时闻而造焉。既至，天锡见其风神清令，言话如流，陈说古今，无不贯悉。又谙人物氏族中来，皆有证据。（赏誉）

（6）王忱死，西镇未定，朝贵人人有望。时殷仲堪在门下，虽居机要，资名轻小，人情未以方岳相许。（识鉴）

（7）孙兴公为庾公参军，共游白石山，卫君长在坐。孙曰："此子神情都不关山水，而能作文。"庾公曰："卫风韵虽不及卿诸人，倾倒处亦不近。"（赏誉）

（8）孙长乐作王长史诔云："余与夫子，交非势利。心犹澄水，同此玄味。"（轻诋）

（9）阮籍遭母丧，在晋文王坐，进酒肉。司隶何曾亦在坐，曰："明公方以孝治天下，而阮籍以重丧显于公坐，饮酒食肉，宜流之海外，以正风教。"文王曰："嗣宗毁顿如此，君不能共忧之，何谓？且有疾而饮酒食肉，固丧礼也。"籍饮啖不辍，神色自若。（任诞）

（10）石崇与王恺争豪，并穷绮丽以饰舆服。武帝，恺之甥也,每助恺,尝以一珊瑚树高二尺许赐恺,枝柯扶疏,世罕其比。恺以示崇,崇视讫,以铁如意击之,应手而碎。恺既惋惜,又以为疾己之宝,声色甚厉。崇曰:"不足恨,今还卿。"乃命左右悉取珊瑚树,有三尺、四尺,条干绝世,光彩溢目者六七枚,如恺许比甚众。(汰侈)

(11)桓征西治江陵城甚丽,会宾僚出江津望之,云:"若能目此城者有赏。"(言语)

(12)殷仲文既素有名望,自谓必当阿衡朝政。(黜免)

(13)王大丧后,朝论或云国宝应作荆州。国宝主簿夜函白事云:"荆州事已行。"国宝大喜,其夜开阁唤纲纪,话势虽不及作荆州,而意气甚恬。(纰漏)
此处"纲纪"是官名。

(14)刺史桓豁语令莫来宿,答曰:"民已有前期,主人贫,或有酒馔之费,见与甚有旧。请别日奉命。"征西密遣人察之,至夕乃往荆州门下书佐家,处之怡然,不异胜达。(任诞)
"胜达"指名流显贵。

(15)蓝田于会稽丁艰,停止阴治丧。右军代为郡,屡言出吊,连日不果。后诣门自通,主人既哭,不前而去,以陵辱之。于是彼此嫌隙大构。(仇隙)

2.2 动+动→动

(1)彭城王有快牛,至爱惜之。(汰侈)

(2)王子猷尝行过吴中,见一士大夫家极有好竹,主已知子猷当往,乃洒埽施设,在听事坐相待。(简傲)

(3)孙兴公道曹辅佐才如白地明光锦,裁为负版绔,非文无采,酷为裁制。(文学)

(4) 郭林宗至汝南造袁奉高,车有停轨,鸾不辍轭;诣黄叔度,乃弥日信宿。人问其故,林宗曰:"叔度汪汪如万顷之陂,澄之不清,扰之不浊,其器深广,难测量也。"(德行)

(5) 王子猷、子敬曾俱坐一室,上忽发火,子猷遽走避,不惶取屐;子敬神色怡然,徐唤左右扶凭而出,不异平常。(雅量)

(6) 郗望之云:"郗公体中有三反:方于事上,好下佞己,一反;治身清贞,大修计校,二反;自好读书,憎人学问,三反。"(品藻)

(7) 后聊试问近事,答对甚有音辞,出济意外,济极惋愕,仍与语,转造精微。(赏誉)

(8) 袁宏始作《东征赋》,都不道陶公。胡奴诱之狭室中,临以白刃,曰:"先公勋业如此,君作《东征赋》,云何相忽略?"(文学)

(9) 王夷甫妇,郭泰宁女,才拙而性刚,聚敛无厌,干豫人事。(规箴)

(10) 抚军问孙兴公:……"卿自谓何如?"曰:"下官才能所经,悉不如诸贤;至于斟酌时宜,笼罩当世,亦多所不及。然以不才,时复托怀玄胜,远咏老庄,萧条高寄,不与时务经怀,自谓此心无所与让也。"(品藻)

(11) 刘道真少时,常渔草泽,善歌啸,闻者莫不留连。有一老妪,识其非常人,甚乐其歌啸,乃杀豚进之。(任诞)

(12) 人问王长史江虨群从。王答曰:"诸江皆复足自生活。"(赏誉)

(13) 阮步兵啸闻数百步。苏门山中,忽有真人,樵伐者

190

咸共传说。(栖逸)

(14) 孝武将讲孝经,谢公兄弟与诸人私庭讲习。(言语)

(15) 谢万寿春败后,简文问郗超:"万自可败,那得乃尔失士卒情?"超曰:"伊以率任之性,欲区别智勇。"(品藻)

2.3 形+形→形

(1) 顾长康作殷州佐,请假还东。尔时例不给布帆,顾苦求之,乃得。发至破冢,遭风大败。作笺与殷云:"地名破冢,真破冢而出,行人安稳,布帆无恙。"(排调)

(2) 何次道、庾季坚二人并为元辅。成帝初崩,于时嗣君未定。何欲立嗣子,庾及朝议以外冠方强,嗣子冲幼,乃立康帝。(方正)

(3) 刘尹抚王长史背曰:"何奴比丞相,但有都长。"(品藻)

(4) 刘简作桓宣武别驾,后为东曹参军,颇以刚直见疏。(方正)

(5) 祖广行恒缩头。诣桓南郡,始下车,桓曰:"天甚晴朗,祖参军如从屋漏中来。"(排调)

(6) 王太尉曰:"见裴令公精明朗然,笼盖人上,非凡识也。若死而可作,当与之同归。"(赏誉)

(7) 洛中铮铮冯惠卿,名荪,是播子。荪与邢乔俱司徒李胤外孙,及胤子顺并知名。时称"冯才清,李才明,纯粹邢"。(赏誉)

(8) 王子猷、子敬兄弟共赏《高士传》人及赞,子敬赏"井丹高洁"。(品藻)

(9) 褚季野语孙安国云:"北人学问渊综广博。"孙答曰:

"南人学问清通简要。"(文学)

(10)阮光禄赴山陵,至都,不往殷、刘许,过事便还。诸人相与追之。既亦知时流必当逐己,乃遄疾而去,至方山不相及。(方正)

需要指出的是,《世说新语》中有不少复音词同其构成语素单音词的词性不一致。这种情形先秦不多见,《论衡》中数量也有限。可列出以下12种情况:

㊀动+动→名

(1)王读,殷笑之不自胜;王看竟,既不笑,亦不言好恶,但以如意帖之而已。(雅量)

(2)于时朝议遣玄北讨,人间颇有异同之论。唯超曰:"是必济事。吾昔尝与共在桓宣府,见使才皆尽,虽履屐之间,亦得其任。以此推之,容必能立勋。"元功既举,时人咸叹超之先觉,又重其不以爱憎匿善。(识鉴)

(3)袁虎率尔对曰:"运自有废兴,岂必诸人之过?"(轻诋)

(4)长和兄弟五人,幼孤。祜来哭,见长和哀容举止,宛若成人,乃叹曰:"从兄不亡矣。"(赏誉)

(5)郗尚书与谢居士善,常称谢庆绪识见虽不绝人,可以累心处都尽。(栖逸)

(6)桓大司马乘雪欲猎,先过王、刘诸人许。真长见其装束单急,问:"老贼欲持此何作?"(排调)

㊁形+形→名

(1)(襄阳罗友)为人有记功:从桓宣武平蜀,按行蜀城阙观宇,内外道陌广狭,植种果竹多少,皆默记之。(任诞)

（2）裴郎作《语林》，始出，大为远近所传。（文学）

（3）谢太傅语王右军曰："中军伤于哀乐，与亲友别，辄作数日恶。"（言语）

（4）人有问殷中军："何以将得位而梦棺器，将得财而梦矢秽？"殷曰："官本是臭腐，所以将得而梦棺尸；财本是粪土，所以将得而梦秽污。"（文学）

（5）未至十余里，有一客姥居店卖食，帝过，愒之，谓姥曰："王敦举兵图逆，猜害忠良，朝廷骇惧，社稷是忧。……"（假谲）

⊜动 + 动→形

（1）支公好鹤，住剡东岇山。有人遗其双鹤，少时翅长欲飞，支意惜之，乃铩其翮。鹤轩翥不复能飞，乃反顾翅垂头，视之如有懊丧意。（言语）

（2）王长史宿构精理，并撰其才藻，往与支语，不大当对。王叙致作数百语，自谓是名理奇藻。支徐徐曰："身与君别多年，君义言了不长进。"王大惭而退。（文学）

（3）和峤为武帝所亲重，语峤曰："东宫顷似更成进，卿试往看。"（方正）

⊝形 + 形→动

（1）王黄门兄弟三人俱诣谢公，子猷、子重多说俗事，子敬寒温而已。（品藻）

（2）晋文王称阮嗣宗至慎，每与之言，言皆玄远，未尝臧否人物。（德行）

⊞动 + 形→形

（1）何平叔云："服五石散，非唯治病，亦觉神明开朗。"

（言语）

（2）嵇中散语赵景真：“卿瞳子白黑分明，有白起之风，恨量小狭。”（言语）

㈥形+动→名

后宣武漂洲与简文集，友亦预焉。共道蜀中事，亦有所遗忘，友皆名列，曾无错漏。（任诞）

㈦形+动→形

有问秀才：“吴旧姓何如？”答曰：“吴府君，圣王之老成，明时之俊乂。……”（赏誉）

㈧名+动→名

或问汝南：“何以知之？”曰：“尝见井上取水，举动容止不失常，未尝忤观，以此知之。”（贤媛）

㈨名+方位→名

吴中豪右燕集亭中。（轻诋）

㈩方位+方位→名

阮千里姨兄弟，潘安仁中外。（赏誉）

㈢名+名→副词

由此李氏在世得方幅齿遇。（贤媛）

㈣动+动→副词

王大将军于众坐中曰：“诸周由来未有作三公者。”（尤悔）

3　从语序看构成

《世说新语》也同先秦两汉一样，存在着同素异序现象。但与《论衡》相比，数量大大减少了。《论衡》中共有异序词184个（其中动词88个，形容词55个，名词41个）。而《世说新语》中只有52

个(其中名词22个,动词20个,形容词10个)。可分为两类:一是在《世说新语》中字序 AB 和字序 BA 同时存在的,二是同现代汉语相比只有字序 BA 的。

3.1 字序 AB 和 BA 都存在的。如:

〔姿容、容姿〕

(1) 韩寿美姿容,贾充辟以为掾。(惑溺)

(2) 裴令公有俊容姿,一旦有疾,至困,惠帝使王夷甫往看。(容止)

〔仪容、容仪〕

(1) 王子敬兄弟见郗公,蹑履问讯,甚修外生礼。及嘉宾死,皆著高屐,仪容轻慢。(简傲)

(2) 裴令公有俊容仪,脱冠冕,粗服乱头皆好,时人以为"玉人"。(容止)

〔异同、同异〕

(1) 王子敬病笃,道家上章,应首过,问子敬:"由来有何异同得失?"子敬云:"不觉有馀事,唯忆与郗家离婚。"(德行)

(2) 江州当人强盛时,能抗同异,此非常人所行。(识鉴)

〔圣贤、贤圣〕

(1) 支道林闻之,曰:"圣贤固所忘言,自中人以还,北人看书如显处视月,南人学问如牖中窥日。"(文学)

(2) 谢公云:"贤圣去人,其间亦迩。"(言语)

〔国家、家国〕

(1) 王子敬与羊绥善。绥清淳简贵,为中书郎,少亡。王深相痛悼,语东亭云:"是国家可惜人。"(伤逝)

(2) 郗愔假还东,帝曰:"致意尊公,家国之事,遂至于此。

由是身不能以道匡卫,思惠预防。愧叹之深,言何能喻!”(言语)

以上为名词。

〔歌啸、啸歌〕

（1）刘道真少时,常渔草泽,善歌啸,闻者莫不留连。(任诞)

（2）晋文王功德盛大,坐席严敬,拟于王者,唯阮籍在坐,箕踞啸歌,酣放自若。(简傲)

〔问讯、讯问〕

（1）谢遏夏月尝仰卧,谢公清晨卒来,不暇著衣,跣出屋外,方蹑履问讯,公曰:“汝可谓‘前倨而后恭’。”(排调)

（2）(谢镇西)闻江渚间估客船上有咏诗声,甚有情致。……即遣委曲讯问,乃是袁自咏其所作(咏史)诗。(文学)

〔宴(燕)饮、饮宴(燕)〕

（1）夏侯泰初与广陵陈本善,本与玄在本母前宴饮,本弟骞还,径入至堂户。(方正)

（2）钟毓为黄门郎,有机警,在景王坐燕饮。(排调)

（3）王夷甫尝属族人事,经时未行。遇于一处饮燕,因语之曰:“近属尊事,那得不行?”(雅量)

〔言语、语言〕

（1）王戎弱冠诣阮籍,时刘公荣在坐。……二人交觞酬酢,公荣遂不得一杯,而言语谈戏,三人无异。(简傲)

（2）(康僧渊)忽往殷渊源许,值盛有宾客,殷使坐,粗与寒温,遂及义理,语言辞旨,曾无愧色,领略粗举,一往参诣,由是知之。(文学)

〔议论、论议〕

（1）真长云："故不可在偏地居，轻在角䚡中为人作议论。"（轻诋）

（2）宾客诣陈太丘宿，太丘使元方、季方炊。客为太丘论议，二人进火，俱委而窃听，炊忘著箪，饭落釜中。（夙惠）

以上为动词。

〔狭小、小狭〕

（1）时夏月，暴雨卒至，舫至狭小，而又大漏，殆无复坐处。（德行）

（2）稽中散语赵景真："卿瞳子白黑分明，有白起之风，恨量小狭。"（言语）

以上为形容词。

3.2 与现代汉语相比，《世说新语》中只有字序 BA 的。如：

〔斗战〕

桓大司马诣刘尹，卧不起。桓弯弹弹刘枕，丸迸碎床褥间。刘作色而起曰："使君，如馨地宁可斗战求胜。"（方正）

〔折挫〕

许意甚忿，便往西寺与王论理，共决优劣，苦相折挫，王遂大屈。（文学）

〔情性〕

魏武有一妓，声最清高，而情性酷恶。（汰侈）

〔声名〕

庾公诸人多往看之，观其运用吐纳，风流转佳，加已处之怡然，亦有以自得，声名乃兴。（栖逸）

〔任放〕

王平子、胡毋彦国诸人，皆以任放为达，或有裸体者。(德行)

〔愧惭〕

司空流涕曰："臣父遭遇无道，创巨痛深，无以仰答明诏。"元皇愧惭，三日不出。(纰漏)

《世说新语》的异序词中也存在着同先秦不同，而与现代汉语类似的情况，即少数词颠倒后，词性和意义均发生变化。如前例"语言辞旨，曾无愧色"中，"语言"是动词，而在"或寒吃无宫商，或尪陋希言语，或淹伊多姿态"(排调)中"言语"用作名词。

《世说新语》中的联合式复音词，有以下几点值得注意：

第一，同先秦两汉相比，出现了不少这个时代产生的新词新义①。其中名词、形容词、动词都有。分别举例如下：

(1) 陈太丘诣荀朗陵，贫俭无仆役，乃使元方将车，季方持杖从后，长文尚小，载著车中。(德行)

"仆从"义在《论衡》中作"奴役"，如《变虚》："人病且死，色见于面，人或谓之曰：'此必死之征也。虽然，可移于五邻，若移于奴役。'""奴役"现在用作动词，而《世说新语》中的"仆役"则一直流传到现代汉语中。

(2) 陈元方遭父丧，哭泣哀恸，躯体骨立，其母愍之，窃以锦被蒙上。(规箴)

"身体"义在《论衡》中作"形体"，如《气寿》："虽成人形体，易感伤，独先疾病，病独不治。""躯体"词义比"形体"略窄。"形体"还包

---

① 参看徐震堮《世说新语词语简释》，载《中华文史论丛》1979 年第四辑。殷振林《〈世说新语〉中所反映的魏晋时期的新词和新义》，载北京大学中文系《语言学论丛》第十二辑。

含有"形貌"的义素,在《世说新语》中另有"形骸"一词,与此接近,如《容止》:"刘伶身长六尺,貌甚丑顇,而悠悠忽忽,土木形骸。"

(3) 宣武集诸名胜讲《易》,日说一卦。(文学)

"名胜"犹"名流",是六朝时常用语。《通鉴》胡三省注:"江东人士,其名位通显于时者,率谓之'佳胜'、'名胜'。"

以上为名词。

(4) 阮光禄赴山陵,至都,不往殷、刘许,过事便还。诸人相与追之。既亦知时流必当逐己,乃遄疾而去,至方山不相及。(方正)

"急速"义在《论衡》中作"疾速",如《纪妖》:"天地之气尤疾速者,飘风也。"

(5) 刘伶身长六尺,貌甚丑顇……。(容止)

"丑陋"义在《论衡》中作"陋丑",如《齐世》:"下世之人,短小陋丑,夭折早死。"

以上为形容词。动词如:

(6) 谢与王叙寒温,数语毕,还与羊谈赏,王方悟其奇,乃合共语。(雅量)

(7) (康僧渊)忽往殷渊源许,值盛有宾客,殷使坐,粗与寒温,遂及义理。(文学)

"寒温"作"寒暄"讲,是六朝时期经常运用的。在《论衡》中,"寒温"是一疾病名,词义完全不同。

(8) 孙兴公为庾公参军,共游白石山,卫君长在坐。孙曰:"此子神情都不关山水,而能作文。"庾公曰:"卫风韵虽不及卿诸人,倾倒处亦不近。"孙遂沐浴此言。(赏誉)

"沐浴",原是"洗澡"义,引申为"浸透"、"浸润"的意思,这两种用法《论衡》中都有。如《卜筮》："卫石驹卒,无适子,有庶子六人,卜所以为后者,曰:'沐浴佩玉则兆。'五人皆沐浴佩玉。"又《累害》:"夫小人性患耻者也,含邪而生,怀伪而游,沐浴累害之中,何招召之有!"《世说新语》中"沐浴"作"服膺"、"倾向"解,当为六朝时期新生词义。

第二,一词多用现象在《世说新语》中有明显发展。在《论衡》中已出现一些一词两义的情况,如:"便利",在《是应》作"利益"、"好处"讲,在《订鬼》中又特指"大小便";"交通",在《四讳》中作"交往"讲,在《论死》中又特指"发生性关系";"左右",除多用作名词,指"辅翼之人",还在《幸偶》中用作动词,作"偏向"讲;"出入",同用作动词,在《率性》中有"往来"义,在《气寿》中又有"接近"义。在《世说新语》中不但有一词两用的情况,还有一词三用、四用的情况。其中以名词居多,也有少数动词、形容词和副词。各举例如下:

〔纲纪〕 书中有两义,一是作"典章制度"讲,如:

> 温峤初为刘琨使来过江。于时,江左营建始尔,纲纪未举。(言语)

另一义是用作官名,指朝廷中央各机构及地方郡、县官府设置的负责文书簿籍、掌管印鉴的掾史。如:

> (1)王安期为东汉郡。小吏盗池中鱼,纲纪推之。(政事)

> (2)国宝大喜,其夜开阁唤纲纪,话势虽不及作荆州,而意色甚怡。晓遣参问,都无此事。即唤主簿数之曰:"卿何以误人事邪?"(纰漏)

这里国宝前"唤纲纪"后"唤主簿",唤的是一个人,"纲纪"即"主簿"。

〔神气〕 亦有两义:一是"神态"、"表情",二是"精神"、"气魄"。如:

(1)嵇中散临刑东市,神气不变,索琴弹之,奏《广陵散》。(雅量)

(2)裴叔则被收,神气无变,举止自若。(雅量)

(3)于坐振袖而起,扬槌奋击,音节谐捷,神气豪上,傍若无人,举坐叹其雄爽。(夙惠)

以上为第一义。

(4)王戎、和峤同时遭大丧,俱以孝称。王鸡骨支床,和哭泣备礼。武帝谓刘仲雄曰:"卿数省王、和不?闻和哀苦过礼,使人忧之。"仲雄曰:"和峤虽备礼,神气不损;王戎虽不备礼,而哀毁骨立。……"(德行)

(5)庾公目中郎:"神气融散,差如得上。"(赏誉)

(6)渊既神姿峰颖,虽处鄙事,神气犹异。(自新)

以上为第二义。

〔风姿〕 书中有两义:一是"相貌"、"姿容",二是"风度"、"气度"。如:

(1)潘岳妙有风姿,好神情。(容止)

(2)庾风姿神貌,陶一见便改观,谈宴竟日,受重顿至。(容止)

(3)王敬伦风姿似父,作侍中,加授桓公公服,从大门入,桓公望之曰:"大奴固自有凤毛。"(容止)

以上为第一义。

(4)骠骑王武子是卫玠之舅,俊爽有风姿。(容止)

此为第二义。

〔形势〕 书中有三义:一是指"地理形势",二是指"军事形势",三是指"政治情势"。以次各举一例:

(1) 殷仲文既素有名望,自谓必当阿衡朝政。忽作东阳太守,意甚不平,及之郡,至富阳,慨然叹曰:"看此山川形势,当复出一孙伯符。"(黜免)

(2) 王大将军既为逆,顿军姑孰。晋明帝以英武之才,犹相猜惮,及著戎服,骑巴賨马,赍一金马鞭,阴察军形势。(假谲)

(3) 谢万作豫州都督,新拜,当西之都邑,相送累日,谢疲顿。于是高侍中往,经就谢坐,因问:"卿今仗节方州,当疆理西蕃,何以为政?"谢粗道其意。高便为谢道形势,作数百语。(言语)

〔风流〕 书中有三义:一是指"英俊"、"杰出",二是指"仪表"、"风度",三是指"有才气而不拘礼法的气派"。如:

(1) 咸和中,丞相王公教曰:"卫洗马当改葬。此君风流名士,海内所瞻,可脩薄祭,以敦旧好。"(伤逝)

(2) 孝武问王爽:"卿何如卿兄?"王答曰:"风流秀出,臣不如恭,忠孝亦何可以假人!"(方正)

(3) 范预章谓王荆州:"卿风流俊望,真后来之秀。"(赏誉)

以上为第一义。

(4) 庾公诸人多往看之,观其运用吐纳,风流转佳,加已处之怡然,亦有以自得,声名乃兴。(栖逸)

此为第二义。

(5) 有人问袁侍中曰:"殷仲堪何如韩康伯?"答曰:"理义所得,优势乃复未辨;然门庭萧寂,居然有名士风流,殷不及

韩。"(品藻)

此为第三义。

〔消息〕 书中有三义:一是指"消长"的意思,二是指"音讯",三是用作动词"调养"义。如:

(1)绍咨公出处,公曰:"为君思之久矣。天地四时,犹有消息,而况人乎!"(政事)

此为第一义。

(2)后蓝田临扬州,右军尚在郡。初得消息,遣一参军诣朝廷,求分会稽为越州。(仇隙)

(3)王子猷、子敬俱病笃,而子敬先亡。子猷问左右:"何以都不闻消息?此已丧矣。"(伤逝)

(4)有人从长安来,元帝问洛下消息。(凤惠)

以上为第二义。

(5)殷颐病困,看人政见半面。殷荆州兴晋阳之甲,往与颐别,涕零,属以消息所患。(规箴)

此为"调息"、"调养"义①。

〔从容〕 书中经常用作形容词,当"不慌不忙"讲;有时也用作动词,当"安乐"讲。如:

(1)许谓支法师曰:"弟子向语何似?"支从容曰:"君语佳则佳矣,何至相苦邪?岂是求理中之谈哉?"(文学)

(2)既出,帝独留秀,从容谓曰:"天下旷荡,蒯夫人可得从其例不?"(惑溺)

(3)虞啸父为孝武侍中,帝从容曰:"卿在门下,初不闻有

---

① 参看郭在贻《训诂丛稿》第71页,上海古籍出版社,1985年版。

所献替。"（纰漏）

以上用作形容词。

（4）明帝问周伯仁："卿自谓何如庾元规？"对曰："萧条方外，亮不如臣；从容廊庙，臣不如亮。"（品藻）

此处"萧条"与"从容"对举，"萧条"是"闲逸"的意思，"从容"当为"安乐"义，都是动词。

〔周旋〕　书中可区分为四义：一是"运转"义，二是"交往"义，三是"结好"义，四是"友好"（名词）义。分别举例如下：

（1）元方曰："周公、孔子，异世而出，周旋动静，万里如一。"（政事）

此为义一。

（2）桓公少与殷侯齐名，常有竞心。桓问殷："卿何如我？"殷云："我与我周旋久，宁作我。"（品藻）

（3）孙秀既恨石崇不与绿珠，又憾潘岳昔遇之不以礼。后秀为中书令，岳省内见之，因唤曰："孙令，忆畴昔周旋不？"秀曰："中心藏之，何日忘之！"岳于是始知必不免。（仇隙）

以上为义二，即"交接"、"交往"、"打交道"的意思。

（4）王右军与王敬仁、许玄度并善，二人亡后，右军为论议更克。孔巖诚之曰："明府昔与王、许周旋有情，及逝没之后，无慎终之好，民所不取。"右军甚愧。（规箴）

（5）郗超与傅瑗周旋。瑗见其二子，并总发，超观良久，谓瑗曰："小者才名皆胜，然保卿家，终当在兄。"（识鉴）

《宋书·傅亮传》云："父瑗，与郗超善。"①可旁证此处"周旋"不

---

① 转引自余嘉锡《世说新语笺疏》第 406 页，中华书局，1983 年版。

是一般"交往"，而是"结交"、"交厚"的意思。以上为义三。

（6）郗公大聚敛，有钱数千万，嘉宾意甚不同。……郗公曰："汝正当欲得吾钱耳！"乃开库一日，令任意用。郗公始正谓损数百万许，嘉宾遂一日乞与亲友、<u>周旋</u>略尽。（俭啬）

此处"周旋"指"交厚之人"，相当于现在"友好"、"熟人"的意思，是个名词。

以上例证说明，汉语词义在魏晋六朝时期有了新的演变、发展，这是词汇发展的重要标志。

第三，《世说新语》中的926个联合式复音词，流传至今的（包括在书面语中仍在应用的）约有750个，其中大部分变化不大，但也有153个在词义、词性和词形方面发生了程度不同的变化。

首先，词义发生变化。有些词的义位古今有很大不同。举例如下：

〔风味〕 现代汉语中指事物的特色（多指地方色彩），而在《世说新语》中却指人的风采、风度。如《伤逝》："支道林丧法虔之后，精神霣丧，<u>风味</u>转坠。""风味"的这一义位到现代汉语中已经消失了。

〔意气〕 现代汉语中有三个义位：一是意志和气概；二是志趣和性格；三是指由于主观和偏激而产生的情绪。《世说新语》中除同第一个义位外，还有两个现代已经消失的义位：一是"馈献"、"进奉"义。如《纰漏》："虞啸父为孝武侍中，帝从容问曰：'卿在门下，初不闻有所献替。'虞家富春，近海，谓帝望其<u>意气</u>，对曰：'天时尚暖，鼋鱼虾鲞未可致，寻当有所上献。'帝抚掌大笑。"二是"情谊"、"恩义"义。如《简傲》："桓宣武作徐州，时谢奕为晋陵，先粗经虚怀，而乃无异常。及桓还荆州，将西之间，<u>意气</u>甚笃，奕弗之疑。"

〔因缘〕 现代有两解：一是"缘分"，二是佛教用语，指"产生结果的直接原因和辅助促成结果的条件或力量"①。在《论衡》中是"根据"、"凭借"的意思，如《恢国》："谷登岁丰，庸主因缘以建德政。"又："三郊五代之起，皆有因缘，力易为也。"在《世说新语》中，则又由"根据"、"凭借"义引申为"依靠"、"依仗"义。如《汰侈》："王君夫尝责一人无服余衵，因直，内著曲阁重闺里，不听人将出。遂饥经日，迷不知何处去。后因缘相为，垂死，乃得出。"

〔料理〕 现代汉语中作"办理"、"处理"解，《世说新语》中则具有"照顾"、"安排"的义位。如《德行》："韩康伯时为丹阳尹，母殷在郡，每闻二吴之哭，辄为凄恻，语康伯曰：'汝若为选官，当好料理此人。'"《简傲》："王子猷作桓车骑参军。桓谓王曰：'卿在府久，比当料理。'"《俭啬》："卫江州在寻阳，有知旧人投之，都不料理，唯饷王不留行一斤，此人得饷便命驾。"前二例接近"照顾"义，后一例接近"安排"义。

〔标榜〕 现代汉语中有两个义位：一是"提出某种好听的名义，进行宣扬"，二是"（互相）吹嘘；夸耀"。在《世说新语》中则具有"揭示"和"品评"的义位。如《文学》："谢镇西少时，闻殷浩能清言，故往造之。殷未过有所通，为谢标榜诸义，作数百语，既有佳致，兼辞条丰蔚，甚足以动心骇听。""标榜诸义"即"揭示诸义"。又《品藻》："王夷甫以王东海比乐令，故王中郎作碑云：'当时标榜，为乐广之俪。'"此处"标榜"是"品评"的意思。

〔处分〕 现代汉语中主要解为"对罪犯或犯错误的人按情节

---

① 见中国社会科学院语言研究所词典编辑室编《现代汉语词典》，商务印书馆，1998 年版。下同。

轻重做出处罚决定"。在《世说新语》中有两个义位:一是"处置",二是"安排"。如《尤悔》:"谢太傅于东船行,小人引船,或迟或速,或停或待,又放船从横,撞人触岸。公初不呵遣。人谓公常无嗔喜。曾送兄征西葬还,日莫雨驶,小人皆醉,不可处分。公乃于车中,手取车柱撞驭人,声色甚厉。"此例中"处分"可解作"处置"。《识鉴》:"晋孝武欲拔亲近腹心,遂以殷为荆州。事定,诏未出,王珣问殷曰:'陕西何故未有处分?'殷曰:'已有人。'"此例中"处分"乃"安排"、"安置"义。

有些复音词的义位,古今相比仅仅是抽象程度有差异。这反映了汉语词汇的义位从个别到一般、从具体到抽象的历史演变。如:

〔清高〕 现代汉语中指"人品纯洁高尚,不同流合污",在《世说新语》中则具体指人的声音。如《忿狷》:"魏武有一妓,声最清高,而性情酷恶。"

〔贫乏〕 现代汉语中可泛指"缺少"、"不丰富",在《世说新语》中则具体指人贫困,如《方正》:"王脩龄尝在山东,甚贫乏。"

〔磊落〕 现代汉语中指"光明正大",形容人的一种品德,在《世说新语》中则具体形容人的相貌。如《豪爽》:"桓既素有雄情爽气,加尔日音调英发,叙古今成败由人,存亡系才,其状磊落,一坐叹赏。"

〔鼓舞〕 现代汉语指"兴奋"、"振作"、"使振作",在《世说新语》中则具体指祭祀时敲鼓舞蹈。如《德行》:"刘尹在郡,临终绵惙,闻阁下祠神鼓舞,正色曰:'莫得淫祀!'"

〔刻画〕 现代汉语指用艺术手段表现人物的形象或性格,在《世说新语》中则用于描绘具体人物的模样。如《轻诋》:"庾元规语周伯仁:'诸人皆以君方乐。'周曰:'何乐? 谓乐毅邪?'庾曰:'不尔。乐令耳。'周曰:'何乃刻画无盐,以唐突西子也!'"

　　其次,词性发生变化。主要是在《世说新语》中是动词,现代汉语中变成名词。也有少数是名词变成动词,形容词变成动词,名词变成形容词。

　　动→名:

　　〔题目〕 现代汉语中"题目"是个名词,在《世说新语》中则用作动词,当"品评"讲。如《政事》:"山司徒前后选,殆周遍百官,举无失才,凡所题目,皆如其言;唯用陆亮,是诏所用,与公意异,争之,不从。"《赏誉》:"时人欲题目高坐而未能,桓廷尉以问周侯,周侯曰:'可谓卓朗。'桓公曰:'精神渊著。'"

　　〔言论〕 现在"言论"只作名词用,在《世说新语》中则只用作动词,如《言语》:"张天锡为凉州刺史,称制西隅。既为苻坚所禽,用为侍中。后于寿阳俱败,至都,为孝武所器,每入言论,无不竟日。"

　　〔经纬〕 现代汉语中指经度和纬度,或指经线和纬线,都是名词,在《世说新语》中则用作动词。如《言语》:"王中郎甚爱张天锡,问之曰:'卿观过江诸人,经纬江左轨辙,有何伟异?后来之彦,复何如中原?'"此"经纬"是"规划"、"治理"的意思。

　　〔隔阂〕 现在通常作名词用,在《世说新语》中则用作动词。如《言语》:"刘琨虽隔阂寇戎,志存本朝。"

　　〔准则〕 现在只用作名词,在《世说新语》中则用作动词。如《品藻》:"明帝问谢鲲:'君自谓何如庾亮?'答曰:'端委庙堂,使百僚准则,臣不如亮;一丘一壑,自谓过之。'"

　　名→动:

　　〔鼓吹〕 现在只能用作动词,在《世说新语》中却用作名词,当"乐队"讲。如《栖逸》:"意尽,退还半岭许,闻上嗷然有声,如数部

208

鼓吹，林谷传响，顾看，乃向人啸也。"

形→动：

〔端详〕《世说新语》中只用作形容词。如《方正》："于是王右军往谢家看新妇，犹有恢之遗法：威仪端详，容服光整。"到现代汉语中"端详"除继续作形容词外，还可用作动词，当"仔细看"讲。

名→形：

〔机警〕《世说新语》中当名词用。如《排调》："钟毓为黄门郎，有机警，在景王坐燕饮。时陈群子玄伯、武周子元夏同在坐，共嘲毓。景王曰：'皋繇何如人也？'对曰：'古之懿士。'顾谓玄伯、元夏曰：'君子周而不比，群而不党。'"钟毓巧妙地用孔夫子的话，暗藏了玄伯、元夏的父名，给他们开了个大玩笑。这种"机警"和"诙谐"、"诨语"、"寓言"、"歇后"、"讥语"等属同一性质，均"戏弄之名"[1]，当是名词。到现代汉语中"机警"则变成形容词了。

再次，词形发生变化。这是指古今词义、词性虽基本相同，但由于构成复音词的单音同义词类聚体中发生不同组合而变得词形不同。如：

〔聪亮、聪惠（慧）〕 "明"、"亮"、"聪"、"慧"都有"聪明"、"聪慧"的意思，是一个同义单音词类聚体，现代汉语中的组合为"聪明"（实际也是古代流传下来的），而《世说新语》的组合除"聪明"（方正）外，还有"聪亮"和"聪惠（慧）"。如《方正》："元皇帝既登阼，以郑后之宠，欲舍明帝而立简文。时议者咸谓舍长立少，既于理非伦，且明帝以聪亮英断，益宜为储副。"《言语》："梁国杨氏子九岁，甚聪惠。"同篇又有："张玄之、顾敷是顾和中外孙，皆少而聪惠，和

---

① 参看蒋礼鸿《义府续貂》第119页"机警"条，中华书局，1981年版。

并知之,而常谓顾胜。"

〔雄俊〕 "英"、"俊"、"雄"、"杰"都指人具有高超的才能和品德,是一个单音同义词类聚体。现代汉语中的组合为"英俊"、"英雄"、"英杰"、"俊杰",《世说新语》中除有"英雄"(识鉴)、"英杰"(贤媛)外,还组合成"雄俊"。如《方正》:"杨济既名氏雄俊,不堪,不坐而去。"

〔协辅、协赞〕 "协"、"助"、"辅"、"赞"都有"协助"、"帮助"的意思,是一个同义类聚体。现代汉语中可组合为"协助"、"辅助"、"赞助",《世说新语》中则为"协辅"和"协赞"。如《方正》:"绍曰:'公协辅皇室,今作事可法。……'"《言语》:"顾思所以叩会之,因谓同坐曰:'昔每闻元公道公协赞中宗,保全江表。体小不安,令人喘息。'"此两例中"协辅"、"协赞"同现代"辅助"可谓同义异形词。

〔申叙〕 "申"、"述"、"叙"都有"陈说"的意思,是一个同义类聚体。现代汉语组合为"申述"、"叙述",《世说新语》中则为"申叙"。如《尤悔》:"桓宣武对简文帝,不甚得语。废海西后,宜自申叙,乃豫撰数百语,陈废立之意。"

〔研求、研寻〕 "研"、"究"、"求"、"寻"在"探求"的义位上是一个同义类聚体,现代汉语中可组合为"研究"、"寻求",《世说新语》中则为"研求"、"研寻"。如《言语》:"张曰:'研求幽邃,自王、何以还;因时脩制,荀、乐之风。'"《文学》:"王叹曰:'卿天才卓出,若复小加研寻,一无所愧。'""研究"同"研求"、"研寻"可谓同义异形词。

《世说新语》的联合式复音词,同现代汉语比较,词义、词性、词形三方面发生变化的情况,在《论衡》中同样存在,只是数量有很大差别。这类发生变化的词,《论衡》中共计711个,占流传至今的联合式复音词数1275个的55.76%;而《世说新语》中只有153个,仅占流传至今的联合式复音词数 750 个的 20.4%。换句话说，《世说新语》流传后世的 750 个联合式复音词中有 79.6%，其词义、词性、词形同现代汉语差不多。

二 偏正式复音词

《世说新语》的偏正式复音词，共计 573 个，占全书总复音词数的 26.95%，占语法造词数的 32.12%，占运用词序方式造词数的 33.99%。对其构成特点我们从语义和词性两方面加以讨论。

1 从语义看构成

我们把偏正式复音词的中心语素叫做正语素，在前面起限制、修饰作用的语素叫做偏语素。从正语素看，可区别为有关人或事物的，有关动作、行为的和有关性质、状态的三类。

1.1 正语素是有关人或事物的

从偏语素限制、修饰正语素的不同情况，又可区分为七类：

1.1.1 表身份职业

充当正语素近于大类名的有"人"、"士"、"家"、"儿"、"女"、"母"、"兄"、"郎"、"吏"、"主"、"工"、"客"、"奴"等。

〔～人〕，如：

(1) 褚季野语孙安国云："北人学问渊综广博。"孙答："南人学问清通简要。"(文学)

(2) 谢公因子弟集聚，问："《毛诗》何句最佳？"遏称曰："昔我往矣，杨柳依依；今我来思，雨雪霏霏。"公曰："'訏谟定命，远猷辰告。'谓此句偏有雅人深致。"(文学)

（3）于时太史奏："真人东行。"（德行）

（4）高坐道人不作汉语。（言语）

六朝时期"道人"为和尚的别称①。

（5）晏曰："知几其神乎，古人以为难；交疏吐诚，今人以为难。"（规箴）

（6）对曰："丈人不悉恭，恭作人无长物。"（德行）

"丈人"系对长辈的尊称。

（7）战于沪渎，败，军人溃散，逃走山泽，皆多饥死，遗独以焦饭得活。（德行）

（8）殷有一参军在坐，云："盲人骑瞎马，夜半临深池。"（排调）

（9）石崇每要客燕集，常令美人行酒；客饮酒不尽者，使黄门交斩美人。（汰侈）

（10）有女名络秀，闻外有贵人，与一婢于内宰猪羊，作数十人饮食，事事精办，不闻有人声。（贤媛）

（11）绍虽官卑，职备常伯，操丝比竹盖乐官之事，不可以先王法服为伶人之业。（方正）

（12）舟人以公貌闲意说，犹去不止。（雅量）

（13）服虔既善《春秋》，将为注，欲参考同异。闻崔烈集门生讲传，遂匿姓名，为烈门人赁作食。（文学）

（14）谚曰："扬州独步王文度，后来出人郗嘉宾。"（赏誉）

（15）既前，都不问病，直云："君在中朝，与和长舆齐名，那与佞人习协有情！"（方正）

---

① 参看钱大昕《十驾斋养新录·十九·道人道士之别》。

(16) 元礼问曰："君与仆有何亲?"对曰:"昔先君仲尼与君先人伯阳有师资之尊,是仆与君奕世为通好也。"(言语)

(17) 中朝有小儿,父病,行乞药。主人问病,曰:"患疟也。"主人曰:"尊侯明德君子,何以病疟?"答曰:"来病君子,所以为疟耳!"(言语)

(18) 孙问深公:"上人当是逆风家,向来何以都不言?"(文学)

(19) 融谓使者曰:"冀罪止于身,二儿可得全不?"儿徐进曰:"大人岂见覆巢之下,复有完卵乎?"(言语)

(20) 庾道季云:"廉颇、蔺相如虽千载上死人,懍懍恒如有生气;曹蜍、李志虽现在,厌厌如九泉下人。"(品藻)

〔～士〕,如:

(1) 谢公闻羊绥佳,致意令来,终不肯诣。后绥为太学博士,因事见谢公,公即取以为主簿。(方正)

(2) 明帝问周伯仁:"卿自谓何如郗鉴?"周曰:"鉴方臣如有功夫。"复问郗,郗曰:"周颙比臣有国士门风。"(品藻)

(3) 晋明帝欲起池台,元帝不许。帝时为太子,好养武士,一夕中作池,比晓便成。今太子西池是也。(豪爽)

(4) 军士觉,曰:"此非常人也!"(假谲)

(5) 时诸人士及竺法师并在会稽西寺讲,王亦在焉。(文学)

(6) 嵇康游于汲郡山中,遇道士孙登,遂与之游。(栖逸)

(7) 王北中郎不为林公所知,乃著论《沙门不得为高士论》,大略云:"高士必在于纵心调畅。沙门虽云俗外,反更束于教,非情性自得之谓也。"(轻诋)

(8) 王文度弟阿智，恶乃不翅，当年长而无人与婚。孙兴公有一女，亦僻错，又无嫁娶理，因诣文度，求见阿智。既见，便阳言："此定可，殊不如人所传，那得至今未有婚处！我有一女，乃不恶，但吾寒士，不宜与卿计，欲令阿智娶之。"（假谲）

〔～家〕，如：

(1) 王子敬病笃，道家上章，应首过，问子敬："由来有何异同得失？"（德行）

(2) 三乘佛家滞义，支道林分判，使三乘炳然。（文学）

(3) 王浑妻钟氏生女令淑，武子为妹求简美对而未得，有兵家子有俊才，欲以妹妻之，乃白母。（贤媛）

(4) 鸿胪卿孔群好饮酒，王丞相语云："卿何为恒饮酒？不见酒家覆瓿布，日月糜烂？"（任诞）

〔～儿〕，如：

(1) 贾公闾后妻郭氏酷妒。有男儿名黎民，生载周，充自外还，乳母抱儿在中庭，儿见充喜踊，充就乳母手中呜之。（惑溺）

(2) 魏武少时，尝与袁绍好为游侠。观人新婚，因潜入主人园中，夜叫呼云："有偷儿贼！"青庐中人皆出观，魏武乃入，抽刃劫新妇，与绍还出。失道，坠积棘中，绍不能得动。复大叫云："偷儿在此！"（假谲）

(3) 祖于时恒自使健儿鼓行劫钞，在事之人亦容而不问。（任诞）

(4) 庾公大喜小儿对。（言语）

(5) 亮有大儿数岁，雅重之质，便自如此，人知是天性。（雅量）

〔～女〕，如：

(1) 何有坐则华屋，行则肥马，侍女数十，然后为奇？（言语）

(2) 诸葛恢大女适太尉庾亮儿，次女适徐州刺史羊忱儿。（方正）

(3) 于时谢尚书求其小女婿。（方正）

(4) 修曰："黄绢，色丝也，于字为'绝'；幼妇，少女也，于字为'妙'；外孙，女子也，于字为'好'；鳌臼，受辛也，于字为'辞'，所谓'绝妙好辞'也。"（捷悟）

〔～母〕，如：

(1) 王祥事后母朱夫人甚谨。（德行）

(2) 既出市，桓又遣人问："欲何言？"答曰："昔晋文王杀嵇康，而嵇绍为晋忠臣。从公乞一弟以养老母。"桓亦如言宥之。（德行）

(3) 诸葛厷在西朝，少有清誉，为王夷甫所重，时论亦拟王。后为继母族党所谗，诬之为狂逆。（黜免）

(4) 郭遥望见，谓充爱乳母，即杀之。（惑溺）

〔～兄〕，如：

(1) 王含作庐江郡，贪浊狼藉。王敦护其兄，故于众坐称："家兄在郡定佳，庐江人士咸称之。"（方正）

(2) 来哭，见长和哀容举止，宛若成人，乃叹曰："从兄不亡矣！"（赏誉）

(3) 司州觉恶，便舆床就之，持其臂曰："汝讵复足与老兄计！"（忿狷）

〔～郎〕，如：

215

（1）任育长年少时，甚有令名。武帝崩，选百二十挽郎，一时之秀彦，育长亦在其中。王安丰选女婿，从挽郎搜其胜者，且择取四人，任犹在其中。（纰漏）

（2）太傅既了己之不知，因其言次，语胡儿曰："世人以此谤中郎，亦言我共作此。"（纰漏）

（3）郭大怒，谓平子曰："昔夫人临终，以小郎嘱新妇，不以新妇嘱小郎。"（规箴）

〔～吏〕，如：

（1）祢衡被魏武谪为鼓吏，正月半试鼓，衡扬枹为渔阳掺挝，渊渊有金石声，四坐为之改容。（言语）

（2）王绪、王国宝相为唇齿，并上下权要。王大不平其如此，乃谓绪曰："汝为此歘歘，曾不虑狱吏之为贵乎？"（规箴）

（3）刘尹、江彪、王叔虎、孙兴公同坐，江、王有相轻色。彪以手歃叔虎云："酷吏！"词色甚强。（轻诋）

〔～主〕，如：

（1）陈仲弓为太丘长，有劫贼杀财主，主者辅之。（政事）

（2）桓宣武少家贫，戏大输，债主敦求甚切。（任诞）

〔～工〕，如：

（1）庾太尉与苏峻战，败，率左右十余人乘小船西奔。乱兵相剥掠，射，误中舵工，应弦而倒，举船上咸失色分散。（雅量）

（2）汉元帝宫人既多，乃令画工图之，欲有呼者，辄披图召之。（贤媛）

〔～客〕，如：

（1）何晏为吏部尚书，有位望，时谈客盈坐。（文学）

(2) 温太真位未高时，屡与扬州、淮中估客樗蒲，与辄不竞。(任诞)

〔～奴〕，如：

(1) 既婚交礼，女以手披纱扇，抚掌大笑曰："我固疑是老奴，果如所卜。"(假谲)

(2) 郗司空家有伧奴，知及文章，事事有意。(品藻)

南北朝对立，南人饥骂北人为"伧"。《一切经音义》引《晋阳秋》："吴人谓中州人为伧人，俗又谓江淮间杂楚为伧人。""伧奴"当是北人为奴者。

1.1.2 表状貌、质地

正语素多为具体事物，偏语素多表示颜色、状貌和质地。如：

(1) 宣武曰："卿向欲咨事，何以便去？"答曰："友闻白羊肉美，一生未曾得吃，故冒求前耳，无事可咨。今已饱，不复须驻。"(任诞)

(2) 桓南郡与殷荆州语次，因共作了语。顾恺之曰："火烧平原无遗燎。"桓曰："白布缠棺竖旒旐。"殷曰："投鱼深渊放飞鸟。"(排调)

(3) 王敦初尚主，如厕，见漆箱盛干枣，本以塞鼻，王谓厕上亦下果，食遂至尽。(纰漏)

(4) 晋孝武年十二，时冬天，昼日不著复衣，但著单练衫五六重；夜则累茵褥。(夙惠)

(5) 庾穉恭为荆州，以毛扇上武帝，武帝疑是故物。(言语)

(6) 石崇为客作豆粥，咄嗟便办。(汰侈)

(7) 帝默然无言，乃探怀中黄纸诏裂掷之。(方正)

（8）俄见一人持半小笼生鱼，径来造船，云："有鱼欲寄作脍。"（任诞）

（9）吴郡陈遗，家至孝。母好食铛底焦饭，遗作郡主簿，恒装一囊，每煮食，辄贮录焦饭，归以遗母。（德行）

（10）蔡司徒在洛，见陆机兄弟住参佐廨中，三间瓦屋，士龙住东头，士衡住西头。（赏誉）

1.1.3 表用途、功能

正语素多指用品、器物，偏语素则指明其性质或用途。如：

（1）王处仲每酒后，辄咏"老骥伏枥，志在千里；烈士暮年，壮心不已"。以如意打唾壶，壶口尽缺。（豪爽）

（2）殷荆州有所识作赋，是束皙慢戏之流，殷甚以为有才，语王恭："适见新文，甚可观。"便于手巾函中出之。（雅量）

（3）毕茂世云："一手持蟹螯，一手持酒杯，拍浮酒池中，便足了一生。"（任诞）

（4）母问其故，答曰："火在熨斗中而柄热，今既著襦，下亦当暖，故不须耳。"（夙惠）

（5）哭毕，向灵床曰："卿常好我作驴鸣，今我为卿作。"（伤逝）

（6）诸葛宏将远徙，友人王夷甫之徒诣槛车与别，宏问："朝廷何以徙我？"王曰："言卿狂逆。"（假谲）

有一"器"字，充当正语素构词能力颇强，可组成"便器"、"棺器"、"乐器"等词。如：

（1）谢万在兄前，欲起索便器。（简傲）

（2）人有问殷中军："何以将得位而梦棺器，将得财而梦矢秽？"（文学）

（3）蔡伯喈睹睞笛椽，孙兴公听妓振且摆折。王右军闻，大嗔曰："三祖寿乐器，虺瓦吊孙家儿打折。"（轻诋）

（4）（王东亭）名价于是大重，咸云："是公辅器也。"（雅量）

此"器"与前三例不同，已从"器物"义引申为"才干"。

1.1.4　表方位、时间

偏、正语素多为表示方位和时间的词。如：

（1）颇有姎己者，于坐问张："北方何物可贵？"张曰："桑椹甘香，鸱鸮革响，淳酪养性，人无姎心。"（言语）

（2）因问："卿今仗节方州，当强理西蕃，何以为政？"（言语）

（3）诸葛玄在西朝，少有清誉，为王夷甫所重，时论亦拟王。（假谲）

（4）王子敬数岁时，尝看诸门生樗蒱，见有胜负，因曰："南风不竞。"（方正）

（5）中朝有小儿，父病，行乞药。（言语）

（6）刘丹阳、王长史在瓦官寺集，桓护军亦在坐，共商略西朝及江左人物。（品藻）

（7）玠见谢，甚说之，都不复顾王，遂达旦微言，王永夕不得豫。（文学）

（8）元帝失色，曰："尔何故异昨日之言邪？"（凤惠）

（9）丞相自起解帐带麈尾，语殷曰："身今日当与君共谈析理。"（文学）

（10）王朗每以识度推华歆。歆蜡日尝集子侄燕饮，王亦学之。（德行）

（11）谢太傅语王右军曰："中年伤于哀乐，与亲友别，辄作数日恶。"（言语）

1.1.5 表数量大小

偏语素多为数词、量词或表示数量概念的词。如：

（1）谢公道豫章："若遇七贤，必自把臂入林。"（赏誉）

（2）汝南陈仲举，颍川李元礼，二人共论其功德，不能定先后。蔡伯喈评之曰："陈仲举强于犯上，李元礼严于摄下。犯上难，摄下易。"仲举遂在"三君"之下，元礼居"八俊"之上。（品藻）

（3）尝别王敦，敦谓瞻曰："卿年未三十，已为万石，亦太蚤。"（言语）

（4）所诵五言，又其所未尝闻，叹美不能已。（文学）
"五言"指五言诗。

（5）孙兴公云："《三都》、《二京》，五经鼓吹。"（文学）

（6）顾长康道："画'手挥五弦'易，'目送归鸿'难。"（巧艺）

（7）文帝尝令东阿七步中作诗，不成者行大法。（文学）

（8）贼既至，谓巨伯曰："大军至，一郡尽空，汝何男子，而敢独止？"（德行）

（9）桓南郡好猎，每田狩，车骑甚盛，五六十里中，旌旗蔽隰，骋良马，驰击若飞，双甄所指，不避陵壑。（规箴）
"双甄"犹"双阵"、"两翼"。

（10）殷中军读小品，下二百签，皆是精微，世之幽滞。尝欲与支道林辩之，竟不得。今小品犹存。（文学）
刘孝标注："释氏《辨空经》有详者焉，有略者焉。详者为大品，略者为小品。"可知"小品"指佛经的节本。

1.1.6　表领属关系

偏、正语素从语义构成上看是领属关系。如：

（1）庾小征西尝出未还，妇母阮，是刘万安妻，与女上安陵城楼上。（雅量）

（2）荀勖尝在晋武帝坐上食笋进饭，谓在坐人曰："此是劳薪炊也。"坐者未之信，密遣问之，实用故车脚。（术解）
"车脚"即车轮。

（3）俄而率左右十许人步来，诸贤欲起避之，公徐曰："诸君少住，老子于此处兴复不浅。"因便据胡床与诸人咏谑，竟坐甚得任乐。（容止）

（4）高坐道人不作汉语。（言语）

（5）有济尼者，并游张、谢二家，人问优劣，答曰："王夫人神情散朗，故有林下风气；顾家妇清心玉映，自是闺房之秀。"（贤媛）

（6）潮水至，沈令起彷徨，问："牛屋下是何物人？"（量雅）

（7）兄女曰："未若柳絮因风起。"（言语）

（8）陶公性检厉，勤于事。作荆州时，敕船官悉录锯木屑，不限多少。咸不解此意。后正会，值积雪始晴，听事前除雪后犹湿，于是悉用木屑覆之，都无所妨。（政事）

（9）都督曰："豆至难煮，唯豫作熟末，客至，作白粥以投之。韭蓱虀是捣韭根，杂以麦苗尔。"（汰侈）

（10）陈留阮籍、谯国嵇康、河内山涛三人年皆相比，康年少亚之。预此契者，沛国刘伶、陈留阮咸、河内向秀、琅邪王戎。七人常集于竹林之下，肆意酣畅，故世谓"竹林七贤"。（任诞）

（11）王长史病笃，寝卧灯下，转麈尾视之，叹曰："如此人，曾不得四十！"及亡，刘尹临殡，以犀柄麈尾著柩中，因恸绝。（伤逝）

（12）陆机诣王武子，武子前置数斛羊酪，指以示陆曰："卿江东何以敌此？"陆云："有千里莼羹，但未下盐豉耳！"（言语）

（13）殷中军见佛经，云："理亦应阿堵上。"（文学）

（14）庾文康亡，何扬州临葬，云："埋玉树著土中，使人情何能已已！"（伤逝）

1.1.7　表类属关系

正语素表类，偏语素表属，两者从语义上是类属关系。如：

（1）张季鹰辟齐王东曹掾，在洛，见秋风起，因思吴中菰菜羹、鲈鱼脍，曰："人生贵得适意尔，何能羁宦数千里以要名爵？"遂命驾便归。（识鉴）

（2）刘伶恒纵酒放达，或脱衣裸形在屋中。人见讥之，伶曰："我以天地为栋宇，屋室为裈衣，诸君何为入我裈中！"（任诞）

（3）王浚冲为尚书令，著公服，乘轺车，经黄公酒垆下过。（伤逝）

（4）顾悦与简文同年，而发蚤白。简文曰："卿何以先白？"对曰："蒲柳之姿，望秋而落；松柏之质，经霜弥茂。"（言语）

（5）顾长康画谢幼舆在岩石里。（巧艺）

有的正语素运用广泛，成为大类名，并且一直传流至今。如：

（6）殷因月朔，与众在听，视槐良久，叹曰："槐树婆娑，无

复生意!"(黜免)

(7) 郭曰："命驾西出数里,得一柏树,截断如公长,置床上常寝处,灾可消矣。"(术解)

(8) 季方曰："吾家君譬如桂树生泰山之阿,上有万仞之高,下有不测之深;上为甘露所霑,下为渊泉所润。当斯之时,桂树焉知泰山之高、渊泉之深?不知有功德与无也。"(德行)

1.2 正语素是有关动作、行为的

从偏正语素的词义关系,又可分为三类:一是表动作情态,二是表行为程度,三是表行为方式。这三类都构成动词。

1.2.1 表动作情态

主要是用名词修饰动词组成的偏正结构,逐渐凝固成词。如:

(1) 郗超与谢玄不善。符坚将问晋鼎,既已狼噬梁、歧,又虎视淮阴矣。(识鉴)

(2) 后诸王骄汰,轻遘祸难。于是寇盗处处蚁合,郡国多以无备不能制服,遂渐炽盛。(识鉴)

(3) 络秀语伯仁等:"我所以屈节为汝家作妾,门户计耳。汝若不与吾家作亲亲者,吾亦不惜余年!"伯仁等悉从命。由此李氏在世得方幅齿遇。(贤媛)

(4) 阮籍往观,见其人拥膝岩侧,籍登岭就之,箕踞相对。(栖逸)

1.2.2 表动作程度

主要是用表示程度的形容词修饰动词构成。如:

(1) 王戎、和峤同时遭大丧,俱以孝称。(德行)

(2) 时大赦,群臣咸见。(惑溺)

(3) 桓道恭,玄之族也,时为贼曹参军,颇敢直言。常自

带绛棉绳著腰中,玄问:"此何为?"答曰:"公猎,好缚人士,会当被缚,手不能堪芒也。"玄自此小差。(规箴)

(4) 桓宣武薨,桓南郡年五岁,服始除,桓车骑与送故文武别,因指语南郡:"此皆汝家故吏佐。"玄应声恸哭,酸感傍人。(夙惠)

1.2.3 表行为方式

偏语素表示行为的方式、手段,多动词或形容词。如:

(1) 宾客诣陈太丘宿,太丘使元方、季方炊。客与太丘论议,二人进火,俱委而窃听,炊忘著箄,饭落釜中。太丘问:"炊何不馏?"元方、季方长跪曰:"大人与客语,乃俱窃听,炊忘著箄,饭今成糜。"(夙惠)

(2) 毕茂世云:"一手持蟹螯,一手持酒杯,拍浮酒池中,便足了一生。"(任诞)

(3) 使者卒至,忧深惧豫祸,不眠被马,于是帖骑而避。(方正)

(4) 王中郎与林公绝不相得。王谓林公诡辩,林公道王云:"著腻颜帢,缅布单衣,挟《左传》,逐郑康成车后,问是何物尘垢囊?"(轻诋)

(5) (于法开)既来便脉,云:"君侯所患,正是精进太过所致耳。"合一剂汤与之。(术解)

(6) 顷之,长史诸贤来清言,客主有不通处,张乃遥于末坐判之,言约旨远,足畅彼我之怀,一坐皆惊。(文学)

正语素为动词,除构成动词外,还可构成名词和副词。下面讨论词性构成时涉及,此不赘述。

1.3 正语素是有关性质、状态的

这类词数量不多，主要构成名词。如：

（1）元皇帝时，廷尉张闿在小市居，私作都门，蚤闭晚开，群小患之，诣州府诉，不得理；遂至挝登闻鼓，犹不被判。（规箴）

（2）初，荧惑入太微，寻废海西；简文登阼，复入太微，帝恶之。（言语）

"太微"是星名。

（3）司马太傅斋中夜坐，于时天月明静，都无纤翳，太傅叹以为佳。谢景重在坐，答曰："意谓乃不如微云点缀。"太傅因戏谢曰："卿居心不净，乃复强欲滓秽太清邪！"（言语）

2 从词性看构成

同先秦两汉相比，《世说新语》中词性结构方式更加复杂、纷繁了，除〔名＋名〕、〔形＋名〕、〔数＋名〕仍大量构成名词外，还有〔动＋名〕、〔形＋动〕、〔形＋形〕、〔名＋方位〕、〔方位＋名〕、〔方位＋动〕等方式构成名词，〔形＋动〕、〔动＋动〕、〔名＋动〕、〔副＋形〕、〔副＋动〕等方式构成动词，〔形＋动〕、〔数＋动〕、〔数＋名〕、〔副＋名〕、〔名＋名〕构成副词，〔代＋名〕构成代词等。

2.1 构成名词

偏语素有名词、形容词、数词、动词、方位词等，正语素除多为名词外，还有方位词、形容词、动词。

2.1.1 名＋名→名

（1）蔡伯喈睹睐笛椽，孙兴公听妓振且摆折。（轻诋）

（2）东府客馆是版屋，谢景重诣太傅，时宾客满中，初不交言，直仰视云："王乃复西戎其屋。"（排调）

(3) 庾太尉在武昌，秋夜气佳景清，使吏殷浩、王胡之之徒登南楼理咏，音调始遒，闻函道中有屐声甚厉，定是庾公。（容止）

(4) 殷中军被废，徙东阳，大读佛经，皆精解，唯至事数处不解。（文学）

(5) 王江州夫人语谢遏曰："汝何以都不复进？为是尘务经心，天分有限？"（贤媛）

(6) 太傅慰释之曰："王郎，逸少之子，人身亦不恶，汝何以恨乃尔？"（贤媛）

(7) 在剡，为戴公起宅，甚精整。戴始往旧居，与所亲书曰："近至剡，如官舍。"（栖逸）

(8) 海西时，诸公每朝，朝堂犹暗，唯会稽王来，轩轩如朝霞举。（容止）

(9) 武子一起便破的，却据胡床，叱左右速探牛心来。（汰侈）

(10) 国宝自知才出珣下，恐倾夺其宠，因曰："王珣当今名流，陛下不宜有酒色见之，自可别诏召也。"（谗险）

2.1.2 形 + 名 → 名

(1) 次复作危语。桓曰："矛头淅米剑头炊。"殷曰："百岁老翁攀枯枝。"顾曰："井上辘轳卧婴儿。"（排调）

(2) 郑玄在马融门下，三年不得相见，高足弟子传授而已。尝算浑天不合，诸弟子莫能解；或言玄能者，融召令算，一转便决，众咸骇服。（政事）

(3) 简文在暗室中坐，召宣武。宣武至，问上何在。（言语）

226

（4）王右军目陈玄伯："垒块有正骨。"（赏誉）

（5）时夏月，暴雨卒至。（德行）

（6）卫伯玉为尚书令，见乐广与中朝名士谈议，奇之，曰："自昔诸人没已来，常恐微言将绝，今乃复闻斯言于君矣!"命弟子造之，曰："此人，人之水镜也，见之若披云雾睹青天。"（赏誉）

（7）康僧渊在豫章，去郭数十里立精舍，旁连岭，带长川，芳林列于轩庭，清流激于堂宇。（栖逸）

（8）简文更答曰："若晋室灵长，明公便宜奉行此诏；如大运去矣，请避贤路。"（黜免）

2.1.3 数+名→名

（1）阮思旷奉大法，敬信甚至。大儿年未弱冠，忽被笃疾。儿既是偏所爱重，为之祈请三宝，昼夜不懈。（尤悔）

（2）严仲弼，九皋之鸣鹤，空谷之白驹；顾彦先，八音之琴瑟，五色之龙章。（赏誉）

（3）曹蜍、李志虽现在，厌厌如九泉下人。（品藻）

（4）谢公道豫章："若遇七贤，必自把臂入林。"（赏誉）

（5）魏朝封晋文王为公，备礼九锡，文王固让不受。（文学）

2.1.4 动+名→名

（1）庾公尝入佛图，见卧佛，曰："此子疲于津梁。"于时以为名言。（言语）

（2）汝若为选官，当好料理此人。（德行）

（3）何晏为吏部尚书，有位望，时谈客盈坐。（文学）

（4）权清然对曰："亡伯令问凤彰，而无有继嗣；虽名播天

227

听,然胤绝圣世。"(言语)

(5)（罗友）为人有记功。（任诞）

(6) 陈仲弓为太丘长,有劫贼杀财主,主者捕之。（政事）

(7) 又牛形状气力不胜王恺牛,而与恺出游,极晚发,争入洛城,崇牛数十步后迅若飞禽,恺牛绝走不能及。（汰侈）

(8) 许允妇是阮卫尉女,德如妹,奇丑。交礼竟,允无复入理,家人深以为忧。（贤媛）

2.1.5 形+形→名

(1) 桓常侍闻人道深公者,辄曰:"此公既有宿名,加先达知称,又与先人至交,不宜说之。"（德行）

(2) 支道林、许掾诸人共在会稽王斋头。支为法师,许为都讲。（文学）

六朝僧人讲经,主讲者谓之"法师",唱经者谓之"都讲"。

2.1.6 形+形→名

(1) 太傅因戏谢曰:"卿居心不净,乃复强欲滓秽太清邪!"（言语）

(2) 初,荧惑入太微,寻废海西。（言语）

2.1.7 名+方位→名

(1) 王大将军在西朝时,见周侯,辄扇障面不得住。后度江左,不能复尔,王叹曰:"不知我进伯仁退?"（品藻）

(2) 袁彦伯为谢安南司马,都下诸人送至濑乡。（言语）

2.1.8 方位+名→名

(1) 尝因行散,率尔去下舍,便不复还,内外无预知者。
（德行）

(2) 孙问深公:"上人当是逆风家,向来何以都不言?"（文

学)

（3）中朝时有怀道之流,有诣王夷甫咨疑者,值王昨已语多,小极,不复相酬答。（文学）

2.1.9　方位＋动→名

（1）桓豹奴是王丹阳外生,形似其舅,桓甚讳之。（排调）

（2）王子敬兄弟见郗公,蹑履问讯,甚修外生礼。（简傲）

2.2　构成动词

正语素主要是动词,个别为形容词;偏语素则形、动、名、副均有。

2.2.1　形＋动→动

（1）桓宣武薨,桓南郡年五岁,服始除,桓车骑与送故文武别,因指语南郡:“此皆汝家故吏佐。”玄应声恸哭,酸感傍人。（夙惠）

（2）既共清言,遂达三更。（文学）

（3）抚军哀叹曰:“吾将负仲祖。”（方正）

（4）陈婴者,东阳人,少修德行,著称乡党。（贤媛）

2.2.2　动＋动→动

（1）张骥酒后,挽歌甚凄苦。（任诞）

（2）刘琨虽隔阂寇戎,志存本朝。谓温峤曰:“班彪识刘氏之复兴,马援知汉光之可辅。”（言语）

（3）使者卒至,忧深惧豫祸,不暇被马,于是帖骑而避。（方正）

2.2.3　名＋动→动

（1）阮方醉,散发坐床,箕踞不哭。（任诞）

（2）由此李氏在世得方幅齿遇。（贤媛）

2.2.4 副＋动→动

于法开始与支公争名，名情渐归支，意甚不分。（文学）

2.2.5 副＋形→动

炙犹肥美，异于常味。帝怪而问之。答曰："以人乳饮
狃。"帝甚不平，食未毕，便去。（汰侈）

2.3 构成副词

正语素为动词、名词、形容词，偏语素有名词、数词、形容词和
副词。

2.3.1 名＋名→副

由此李氏在世得方幅齿遇。（贤媛）

2.3.2 形＋动→副

时有群猪来饮，直接上去，便共饮之。（任诞）

2.3.3 数＋动→副

谢公闻之曰："子野可谓一往有深情。"（任诞）

此处"一往"是"一向"义，另作"一直"解，见《文学》。

2.3.4 数＋名→副

桓怅然失望，向之虚伫，一时都尽。（假谲）

2.3.5 副＋形→副

后观其意转帖，彰乃诈厌，良久不悟，声气转急。（假谲）

2.3.6 副＋名→副

馥司马行酒，退正戏，不时为饮，司马志，因曳退坠地。
（雅量）

2.4 构成代词

正语素为名词，偏语素为代词。

2.4.1 代＋名→代

潮水至,沈令起彷徨,问:"牛屋下是何物人?"吏云:"昨有一伧父来寄亭中,有尊贵客,权移之。"令有酒色,因遥问:"伧父欲食饼不? 姓何等? 可共语。"(雅量)

2.4.2 代＋动→代

许谓支法师曰:"弟子向语何似?"支从容曰:"君语佳则佳矣,何至相苦邪? 岂是求理中之谈哉?"(文学)

《世说新语》的偏正式复音词,有以下几点值得注意:

第一,从语义构成上看,正语素的意义成分和偏正语素的结合关系有了新的发展。我们同先秦两汉作一比较,可以看得更清楚。偏正式的正语素,在先秦主要是表示人或事物方面的意义,到《论衡》中进一步涉及动作、行为方面的意义,但数量较少,主要仍以有关人或事物的意义为主;在《世说新语》中则不仅继续存在大量有关人或事物的,而且出现较多有关动作、行为的,甚至还出现少数有关性质、状态的。就是有关人或事物的和有关动作、行为的两类,也不光是数量上的增加,而且有内容上的变化。如有关人的正语素,可以充当大类名,因而构词能力较强的先秦时代常见的有"人"、"夫"、"氏"、"士"、"师"、"子"等,在《论衡》中除继续保留了"人"、"士"外,新增加了"工"、"匠"、"家"、"物"、"虫"、"树"等,到《世说新语》中除继续保留了"人"、"士"、"工"、"家"、"树"外,又新增加了"儿"、"女"、"母"、"兄"、"郎"、"客"、"主"、"奴"、"器"等。正语素表示有关动作行为的意义,在《论衡》中有"表动作情态"、"表行为方式"两类,在《世说新语》中除以上两类外,又增加了"表行为动作的程度"一类,这说明偏正语素的语义结合关系,在原来错综纷繁的基础上又有了新的发展。

第二,从词性构成上看,结构方式有了明显增加。先秦偏正式主要是〔名＋名〕构成名词,《论衡》中虽然增加了动词和形容词,但数量有限,仍然以〔名＋名〕构成的名词为大宗。在《世说新语》中名词依然占多数,但结构方式又新增加了四种,共达到九种之多,同时还有五种方式构成动词,六种方式构成副词,两种方式构成代词,显然都比《论衡》中的偏正式呈现出更为丰富多样的情况。需要指出的是词性结构方式的多样化同偏正语素结合关系的复杂化是互为表里的,应当说正是汉语词义的发展推动了词性结构方式的发展。

第三,从历史比较看,《世说新语》的偏正式复音词比《论衡》时有了新的发展,这一方面表现在数量的增加上,《论衡》中的偏正式复音词共 517 个,占复音词总数的 22.48%,而字数仅为《论衡》三分之一的《世说新语》却有偏正式复音词 573 个,占复音词总数的 26.95%;另一方面表现在这时期又出现了一些新词新义,其中有的带有明显的时代和地域特点,如"江表"(言语),指江南;"中朝"(言语)、"西朝"(品藻)称建都洛阳的西晋;"车脚"(术解)指车轮等。有的是因为词义的演变形成新词,如"太阳",《论衡》中常出现,但它是个哲学名词,指的是旺盛的阳气。如《龙虚》:"夫盛夏太阳用事,云雨干之。太阳,火也;云雨,水也。"在《世说新语》中则变成普通名词,同现代汉语相同,如《宠礼》:"元帝正会,引王丞相登御床,王公因辞,中宗引之弥苦。王公曰:'使太阳与万物同晖,臣下何以瞻仰!'"同现代汉语比较,《世说新语》中的偏正式复音词,流传到现代汉语的有 299 个,占 52.18%,比《论衡》有增加(《论衡》占 44%)。同《论衡》共同的一点是,流传下来的这些词变化不大,只有少数同现代汉语有区别,如"床头",同现在"卧床头上"的意思并不等同,因为古人"床"既做卧具,又做坐榻,这两个意思在

《世说新语》中都有。如《言语》："孔文举有二子,大者六岁,小者五岁。昼日父眠,小者床头盗酒饮之。"此是"卧具"之床。《容止》："魏武将见匈奴使,自以形陋,不足雄远国,使崔季珪代,帝自捉刀立床头。"此为"坐榻"之床,同现代汉语不同。"小品",现代汉语中是指简短的杂文或其他短小的表现形式,在《世说新语》中则指佛经的节本。"何物",现在书面语中指"什么东西",《世说新语》中则是"什么"的意思,如《方正》:"卢志于众坐问陆士衡:'陆逊、陆抗是君何物?'"但偏正式复音词的这类变化较少,同联合式复音词形成鲜明对比,这说明偏正式复音词的发展相对来说比较稳定。

三 补充式复音词

《世说新语》的补充式复音词共有 93 个,占全书复音词数的 4.37%,占语法造词数的 5.21%,占运用词序方式造词数的 5.52%。

1 从语义看构成

从补语素所表示的意义看,主要分为表结果和表趋向两类。

1.1 表结果

表结果的补语素又可分为表不幸、消极意义,获得、是定意义,结束意义,旋置意义等四种。

1.1.1 表不幸、消极意义的补语素有"折"、"断"、"杀"、"破"、"毁"、"灭"、"散"、"落"、"去"①等。如:

---

① 这里"去"不是指趋向,而是指"除去"、"去掉"的意思。

（1）蔡伯喈睹睐笛椽，孙兴公听妓振且摆折。王右军闻，大嗔曰："三祖寿乐器，虺瓦吊孙家儿打折。"（轻诋）

（2）人有相羊祜父墓，后应出受命君。祜恶其言，遂掘断墓后以坏其势。（术解）

（3）既诣王丞相，陈主上幽越、社稷焚灭、山陵夷毁之酷，有《黍离》之痛。（言语）

（4）苏峻乱，诸庾逃散。（任诞）

（5）彼我奋掷麈尾，悉脱落满餐饭中，宾主遂至莫忘食。（文学）

（6）殷侯既废，桓公语诸人曰："少时与渊源共骑竹马，我弃去，已辄取之，故当出我下。"（品藻）

1.1.2　表获得、是定意义的补语素有"得"、"为"、"定"等。如：

（1）湛头发委地，下为二髲，卖得数斛米。（贤媛）

（2）然以礼侍亲，可称为孝。（方正）

（3）籍时在袁孝尼家，宿醉扶起，书札为之，无所点定，乃写付使。（文学）

1.1.3　表结束意义的补语素有"竟"、"尽"、"毕"等。如：

（1）王仲祖、刘真长造殷中军谈，谈竟俱载去。（赏誉）

（2）人皆如此，便可结绳而治，但恐狐狸猯狢噉尽。（品藻）

（3）王武子因其上直，率将少年能食之者，持斧诣园，饱共噉毕，伐之。（俭啬）

1.1.4　表放置意义的补语素有"著"、"在"等。如：

（1）陈太丘诣荀朗陵，贫俭无仆役，乃使元方将车，季方

234

持杖后从,长文尚小,载著车中。既至,荀使叔慈应门,慈明行酒,馀六龙下食,文若亦小,坐著膝前。(德行)

(2)吴道助、附子兄弟居在丹阳郡后,遭母童夫人艰。(德行)

1.2　表趋向

表趋向的补语素有"入"、"去"、"来"、"至"等。如:

(1)观人新婚,因潜入主人园中。(假谲)

(2)许允为晋景王所诛,门生走入告其妇。(贤媛)

(3)会善书,学荀手迹,作书与母取剑,仍窃去不还。(巧艺)

(4)林曰:"既有陵霄之姿,何肯为人作耳目近玩!"养令翮成,置使飞去。(言语)

(5)俄而率左右十许人步来。(容止)

(6)昔羊叔子有鹤善舞,尝向客称之,客试使驱来,甍甍而不肯舞,故称比之。(排调)

(7)于是便去,张乃追至刘家。(任诞)

(8)济虽俊爽,自视缺然,乃喟然叹曰:"家有名士三十年而不知!"济去,叔送至门。(赏誉)

2　从词性看构成

从词性构成看,可区别为〔及物动词·不及物动词＋宾语〕、〔及物动词·不及物动词〕、〔不及物动词·不及物动词〕、〔动词·形容词＋宾语〕、〔动词·形容词〕、〔形容词·不及物动词〕六类。

2.1　〔及物动词·不及物动词＋宾语〕,如:

(1)何晏、邓飏、夏侯玄并求傅嘏交,而嘏终不许。诸人乃因荀粲说合之,谓嘏曰:"夏侯太初一时之杰士,虚心于子,而卿意怀不可交。合则好成,不合则致隙。二贤若穆,则国之休,此蔺相如所以下廉颇也。"(识鉴)

(2) 卫洗马以永嘉六年丧,谢鲲哭之,感动路人。(伤逝)

2.2 〔及物动词•不及物动词〕,如:

(1) 后诸王骄汰,轻遘祸难。于是寇盗处处蚁合,郡国多以无备不能制服,遂渐炽盛。(识鉴)

(2) 郭曰:"命驾西出数里,得一柏树,截断如公长,置床上常寝处,灾可消矣。"(术解)

2.3 〔不及物动词•不及物动词〕,如:

(1) 战于泸渎,败,军人溃散,逃走山泽,皆多饥死,遗独以焦饭得活。(德行)

(2) 刘尹云:"孙承公狂士,每至一处,赏翫累日,或回至半路却返。"(任诞)

2.4 〔动词•形容词+宾语〕,如:

(1) 许曰:"若保全此处,殊胜东山。"(言语)

(2) 陈仲举言为士则,行为世范,登车揽辔,有澄清天下之志。(德行)

(3) 于是审其量,足以镇安朝野。(雅量)

2.5 〔动词•形容词〕,如

(1) 坐席竟,下饮,便问人云:"此为茶为茗?"觉有异色,乃自申明云:"向问饮为热为冷耳。"(纰漏)

(2) 阮浑长成,风气韵度似父,亦欲作达。(任诞)

(3) 王文度为桓公长史时,桓为儿求王女,王许咨蓝田。既还,蓝田爱念文度,虽长大,犹抱著膝上。(方正)

2.6 〔形容词·不及物动词〕,如:

褚公饮讫,徐举手共语云:"褚季野。"于是四坐惊散,无不
狼狈。(轻诋)

关于《世说新语》的补充式复音词有两点值得指出:

第一,此书的大多数补充式复音词均已见于《史记》、《论衡》,
即它们多是从两汉流传下来的。因此,从意义构成上看,也像《论
衡》中的补充式复音词一样,可以划为三种类型:一是"A 之使 B",
如〔啮破〕(忿狷)——啮之使破,〔打折〕(轻诋)——打之使折,〔说
合〕(识鉴)——说之使合,〔扶起〕(文学)——扶之使起,〔保全〕(言
语)——保之使全,〔澄清〕(德行)——澄之使清等。从词性构成
看,A 一般是及物动词,B 可以是不及物动词,也可以是形容词。
二是"A 而 B 之",如〔卖得〕(贤媛)——卖而得之,〔学通〕(豪
爽)——学而通之,〔望见〕(惑溺)——望而见之等。从词性上看同
前一类有所不同,B 可以是及物动词。从意念上看这类 A 和 B 的
主体是一致的,前一类则是不一致的。三是"A 而 B",如〔裁为〕
(文学)——裁而为,〔长大〕(方正)长而大,〔送至〕(赏誉)——送而
至,〔走入〕(贤媛)——走而入等,从词性上看这类 A 通常是不及
物动词。

第二,"著"在《世说新语》中运用广泛,是个多义词,有形容词
"显著"和动词"写作"、"穿著"、"附着"、"放置"等义,其中"放置"义
可构成补充式复音词〔抱著〕(方正)、〔载著〕(德行)、〔送著〕(简
傲)、〔曳著〕(文学)、〔掷著〕(方正)、〔坐著〕(德行)等。现代汉语动
词词尾"着"很多人都认为是从"著"的"附著"义虚化来的,我们则
认为可能渊源于由"著"的"放置"义组成的补充式复音词。

四　支配式复音词

《世说新语》中的支配式复音词共有 77 个,占全书复音词数的 3.62%,占语法造词数的 4.32%,占运用词序方式造词数的 4.57%。同《论衡》中的支配式复音词一样,这类词已从先秦时代的官名,扩大到一般名词、动词和形容词,其中动词占大多数,名词次之,形容词、副词较少。

1　动词

(1) 王孝伯在京,行散至其弟王睹户前,问:"古诗中何句为最?"睹思未答。(文学)

魏晋人喜服五石散,服后须散步以消释药性,此谓之"行散",又称"行药"。

(2) 王夷甫容貌整丽,妙于谈玄,恒捉白玉柄麈尾,与手都无分别。(容止)

(3) 邓攸始避难,于道中弃己子,全弟子。(德行)

(4) 遗已聚敛得数斗焦饭,未展归家,遂带以从军。(德行)

(5) 苏峻东征沈充,请吏部郎陆迈与俱。将至吴,密勅左右,令入阊门放火以示威。(规箴)

(6) 坐定,谓蔡曰:"卿奇人,殆坏我面。"蔡答曰:"我本不为卿作计。"其后二人俱不介意。(雅量)

(7) 王丞相招祖约夜语,至晓不眠。明旦有客,公头鬓未理,亦小倦,客曰:"公昨如是,似失眠。"公曰:"昨与士少语,遂

使人忘疲。"（赏誉）

(8) 子敬云："不觉有余事，唯忆与郗家离婚。"（德行）

(9) 张玄与王建武先不相识，后遇于范豫章许，范令二人共语。张因正坐敛衽，王孰视良久，不对。张大失望，便去。（方正）

(10) 太后问："何时来邪？"云："正伏魄时过。"（贤媛）
"伏魄"即"复魂"。

(11) 庾风姿神貌，陶一见便改观，谈宴竟日，爱重顿至。（容止）

(12) 允对曰："'举尔所知'，臣之乡人，臣所知也。陛下检校，为称职与不？ 若不称职，臣受其罪。"（贤媛）

(13) 便索舆来奔丧，都不哭。（伤逝）

(14) 魏武行役，失汲道，军皆渴，乃令曰："前有大梅林，饶子，甘酸可以解渴。"士卒闻之，口皆出水。（假谲）

(15) 时人目庾中郎："善于托大，长于自藏。"（赏誉）

2 名词

(1) 何骠骑作会稽，虞存弟謇作郡主簿，以何见客劳损，欲白断常客，使家人节量择可通者。作白事成，以见存，存时为何上佐，正与謇共食，语云："白事甚好，待我食毕作教。"食竟，取笔题白事后云："若得门庭长如郭林宗者，当如所白。"（政事）
"白事"犹"告示"。

(2) 顾长康好写起人形，欲图殷荆州，殷曰："我形恶，不烦耳。"顾曰："明府正为眼尔。但明点童子，飞白拂其上，使如

239

轻云之蔽日。"（巧艺）

（3）凡此诸子，唯瞻为冠，绍、简亦见当世。（赏誉）

（4）庾征西大举征胡，既成行，止镇襄阳。殷豫章与书，送一折角如意以调之。庾答书曰："得所致，虽是败物，犹欲理而用之。"（排调）

（5）王武子善解马性，尝乘一马，著连钱障泥，前有水，终日不肯渡。王云："此必是惜障泥。"使人解去，便径渡。（术解）

"障泥"，即衬托马鞍的坐垫，垂马腹两侧，用以遮障尘土。

（6）须臾，真长遣传教觅张孝廉船，同侣怅愕。即同载诣抚军，至门，刘前进谓抚军曰："下官今日为公得一太常博士妙选。"（文学）

"传教"、"抚军"均官名，其他充当官名的支配式复音词还有"参军"、"从事"、"都邮"、"护军"、"将军"、"司空"、"司马"、"司寇"、"司徒"、"司隶"、"司州"、"主簿"等。

3 副词

（1）七人常集于竹林之下，肆意酣畅，故世谓"竹林七贤"。（任诞）

（2）郗公曰："汝正当欲得吾钱耳！"乃开库一日，令任意用。（俭啬）

4 形容词

孝武属王珣求女婿，曰："王敦、桓温磊砢之流，既不可复得；且小如意，亦好豫人家事，酷非所须，正如真长、子敬比，最

佳。"(排调)

此处"如意"同前作器物讲的"如意"不同,是"符合心意"的意思。名词"如意"当源于形容词"如意"。

关于支配式复音词,需要指出以下两点:

第一,《世说新语》中出现了一些新的支配式复音词,其中有的产生于社会外因,如〔行散〕〔赏誉〕,有的产生于语言内因,如〔请假〕,"假"原有"不真"、"假借"、"凭借"、"宽容"、"给与"、"闲暇"等义,大约到魏晋六朝由"闲暇"义演变为"假日",从而新构成"请假"一词,如《排调》:"顾长康作荆州佐,请假还东。"

第二,从词性构成看,可以由〔动+名〕构成名词,如"障泥"、"当时";〔动+形〕构成名词,如"飞白"。可以由〔动+名〕构成动词,如"篡位"、"离婚";〔动+形〕构成动词,如"托大";〔动+动〕构成动词,如"求救"、"解渴"。可以由〔动+名〕构成副词,如"任意";〔动+名〕构成形容词,如"如意"。词性构成方式日趋复杂化,已比较接近现代汉语,不同的是这时的支配式复音动词都是不及物动词。

五　表述式复音词

《世说新语》的表述式复音词,共有 17 个,占全书复音词数的0.8%,占语法造词数的 0.95%,占运用词序方式造词数的1.01%。这类词虽然数量不多,但从词类看,名词、动词、形容词、副词都有,其中动词居多。

1 名词

(1) 顾孟著尝以酒劝周伯仁,伯仁不受,顾因移劝柱,而语柱曰:"讵可便作栋梁自遇!"周得之欣然,遂为衿契。(方正)

(2) 周伯仁母,冬至举酒赐三子曰:"吾本谓度江托足无所,尔家有相,尔等并罗列吾前,复何忧!"(识鉴)

2 动词

(1) 僧意在瓦官寺中,王苟子来,与共语,便使其唱理,意谓王曰:"圣人有情不?"王曰:"无。"重问曰:"圣人如柱邪?"王曰:"如筹算。虽无情,运之者有情。"(文学)

(2) 江左殷太常父子并能理语,亦有辩讷之异。扬州口谈至剧,太常辄云:"汝更思吾论。"(文学)

"口谈"犹"谈话"、"言谈"。

(3) 司马太傅府多名士,一时俊异。庾文康云:"见子嵩在其中,常自神王。"(赏誉)

"神王"即"神旺",精神旺盛。

(4) 邓艾口吃,语称"艾艾"。(言语)

(5) 周侯独留与饮酒言话,临别流涕,抚其背曰:"奴好自爱。"(方正)

(6) 人问王夷甫:"山巨源义理如何? 是谁辈?"王曰:"此人初不肯以谈自居,然不读老庄,时闻其咏,往往与其旨合。"(赏誉)

(7) 孙秀初欲立威权,咸云:"乐令民望,不可杀,减李重者又不足杀。"遂逼重自裁。初,重在家,有人走从门入,出髻中疏示重,重看之色动。入内示其女,女直叫绝,了其意,出则自裁。(贤媛)

3 形容词

（1）晋文王功德盛大,坐席严敬,拟于王者,唯阮籍在坐,箕踞啸歌,酣放自若。(简傲)
（2）刘尹每称王长史云:"性至通而自然有节。"(赏誉)

4 副词

王戎云:"太尉神姿高彻,如瑶林琼树,自然是风尘外物。"(赏誉)

对表述式复音词,需要指出两点:

第一,《世说新语》的表述式复音词同《论衡》一样,数量甚少,但其中有些词运用广泛,出现频率较高,如"自然"、"自若"等。用"自"构成表述式复音词在现代汉语中数量很多,在此时已可见端倪。

第二,从词性构成看,有〔名＋动〕构成名词,如"冬至"、"左传";〔名＋动〕构成动词,如"筹算"、"口谈";〔代＋动〕构成形容词,如"自若"、"自然"。已接近于现代汉语。

六 附加式复音词

《世说新语》的附加式复音词,共有98个,占全书复音词数的4.61%,占语法造词数的5.49%。可区别为附加前缀和附加后缀两类。

1 附加前缀

充当附加前缀的有"阿"、"相"、"可"、"第"、"有"、"畴"等。如：

1.1 "阿"构成名词①。如：

(1) 周嵩起,长跪而泣曰:"不如阿母言。伯仁为人志大而才短,名重而识阉,好乘人之弊,此非自全之道;嵩性狼抗,亦不容于世;唯阿奴碌碌,当在阿母目下耳。"(识鉴)

(2) 须臾,举蜡烛火掷伯仁,伯仁笑曰:"阿奴火攻,固出下策耳!"(雅量)

(3) 张苍梧是张凭之祖,尝语凭父曰:"我不如汝。"凭父未解所以,苍梧曰:"汝有佳儿。"凭时年数岁,敛手曰:"阿翁!讵宜以子戏父!"(排调)

(4) 王平子目太尉:"阿兄形似道,而神锋太俊。"(赏誉)

1.2 "相"构成动词。如：

(1) 王长史与刘真长别后相见,王谓刘曰:"卿更长进。"(言语)

(2) 羊绥第二子孚,少有俊才,与谢益寿相好。(雅量)

(3) 嵇康与吕安善,每一相思,千里命驾。(简傲)

(4) 荀鸣鹤、陆士云二人未相识,俱会张茂先坐。(排调)

1.3 "可"构成形容词。如：

(1) 王子敬与羊绥善。绥清淳简贵,为中书郎,少亡。王

---

① "阿"还可构成"阿堵"(文学)一词,相当于现代汉语的"这个",应是一近指代词。

244

深相痛悼,语东亭云:"是国家可惜人。"(伤逝)

(2) 卫玠年五岁,神衿可爱。(识鉴)

(3) 郗太尉晚节好谈,既雅非所经,而甚矜之。后朝觐,以王丞相末年多可恨,每见必欲苦相规诫。(规箴)

(4) 高世远时亦邻居,语孙曰:"松树子非不楚楚可怜,但永无栋梁用耳。"(言语)

"可怜"犹"可爱"。

(5) 谢奕作剡令,有一老翁犯法,谢以醇酒罚之,乃至过醉而犹未已。太傅时年七八岁,著青布绔,在兄膝边坐,谏曰:"阿兄,老翁可念,何可作此!"奕于是改容曰:"阿奴欲放去邪?"遂遣之。(德行)

"可念"犹现在的"可怜"。

1.4 "第"构成序数词。如:

(1) 桓大司马下都,问真长曰:"闻会稽王语奇进,尔邪?"刘曰:"极进,然故是第二流中人耳。"桓曰:"第一流复是谁?"刘曰:"正是我辈耳!"(品藻)

(2) 桓玄为太傅,大会,朝臣毕集,坐裁竟,问王桢之曰:"我何如卿第七叔?"(品藻)

(3) 李廞是茂曾第五子,清贞有远操,而少羸病,不肯婚宦。(栖逸)

1.5 "有"、"畴"构成名词。如:

(1) 昔伯成耦耕,不慕诸侯之荣;原宪桑枢,不易有官之宅。(言语)

(2) 后秀为中书令,岳省内见之,因唤曰:"孙令,忆畴昔周旋不?"(惑溺)

2 附加后缀

充当附加后缀的有"然"、"自"、"子"、"者"、"尔"、"而"、"若"、"之"、"当"等。

2.1 "然"构成形容词和副词。如：

（1）王子猷居山阴，夜大雪，眠觉，开室命酌酒，四望皎然。（任诞）

（2）三乘佛家滞义，支道林分判，使三乘炳然。（文学）

（3）简文入华林园，顾谓左右曰："会心处不必在远，翳然林水，便自有濠濮间想也，觉鸟兽禽鱼自来亲人。"（言语）

（4）温太真尝隐幔怛之，此儿神色恬然，乃徐跪曰："君侯何以为此？"（雅量）

（5）王太尉曰："见裴令公精明朗然，笼盖人上，非凡识也。"（赏誉）

（6）王仲祖、谢仁祖、刘真长俱至丹阳墓所省殷扬州，殊有确然之志。（识鉴）

（7）范宁作豫章，八日请佛有板，众僧疑或欲作答。有小沙弥在坐末，曰："世尊默然，则为许可。"众从其意。（言语）

（8）道壹道人好整饰音辞，从都下还东山，经吴中。已而会雪下，未甚寒，诸道人问在道所经。壹公曰："风霜固所不论，乃先集其惨澹；郊邑正自飘瞥，林岫便已皓然。"（言语）

（9）长沙尝问乐令，乐令神色自若，徐答曰："岂以五男易一女？"由是释然，无复疑虑。（言语）

（10）丞相目子躬云："入理泓然，我已上人。"（赏誉）

以上为形容词。

246

(11)袁彦伯为谢安南司马,都下诸人送至濑乡。将别,既自凄惘,叹曰:"江山辽落,居然有万里之势。"(言语)

此为副词。

2.2 "自"构成副词。如:

(1)庾文康云:"见子嵩在其中,常自神王。"(赏誉)

(2)人问王长史江彪兄弟群从。王答曰:"诸江皆复足自生活。"(赏誉)

(3)王卫军云:"酒正自引人著胜地。"(任诞)

(4)去后,语胡儿曰:"子敬实自清立,但人为尔,多矜咳,殊足损其自然。"(忿狷)

(5)祖于明恒自使健儿鼓行劫钞,在事之人亦容而不问。(任诞)

(6)蒯氏大自悔责,请救于帝。(惑溺)

(7)任恺既失权势,不复自检括。(任诞)

(8)亮有大儿数岁,雅重之质,便自如此,人知是天性。(雅量)

(9)李元礼风格秀整,高自标持,欲以天下名教是非为己任。(德行)

(10)还谓刘夫人曰:"向见阿瓜,故自未易有,虽不相关,正自使人不能已已。"(赏誉)

2.3 "子"、"者"构成名词。如:

(1)卢志于众坐问陆士衡:"陆逊、陆抗是君何物?"答曰:"如卿于卢毓、卢珽。"士龙失色,既出户,谓兄曰:"何至如此?彼容不相知也。"士衡正色曰:"我父、祖名播海内,宁有不知,鬼子敢尔!"(方正)

（2）密觇之，独见一女子，状貌非常。（贤媛）

（3）婢子百余人，皆绫罗绔袎，以手擎饮食。（汰侈）

（4）相者立视之，曰："犹应出折臂三公。"（术解）

（5）融谓使者曰："冀罪止于身，二儿可得全不?"（言语）

2.4　"尔"、"而"、"若"、"之"构成副词。如：

（1）卫君长为温公长史，温公甚善之。每率尔提酒脯就卫，箕踞相对弥日；卫往温许亦尔。（任诞）

（2）刘道真尝为徒，以五百匹布赎之，既而用为从事中郎。（德行）

（3）谢太傅寒雪日内，与儿女讲论文义，俄而雪至。（言语）

（4）祜来哭，见长和哀容举止，宛若成人。（赏誉）

（5）顷之，长史诸贤来清言。（文学）

2.5　"当"构成动词。如：

（1）人有诣祖，见料视财物，客至，屏当未尽，馀两小簏，著背后，倾身障之，意未能平。（雅量）

（2）丞相还台，及行，未尝不送至车后。恒与曹夫人併当箱簏。（德行）

"屏当"，即"併当"，是"拾掇"、"收拾"的意思①。

关于附加式复音词，需要指出两点：

第一，同《论衡》相比，《世说新语》还出现了附加前缀"阿"，不过这时主要构成人名和称谓这类名词，构成代词的只有一个"阿堵"。"可"、"第"在《论衡》中已经出现，但数量极少，而在《世说新

---

① 参看蒋礼鸿《敦煌变文字义通释》第393页，上海古籍出版社，1981年版。

语》中则应用得比较广泛。"当"作为动词后缀在唐代常见,此时尚处萌芽状态。另有一个"自"字,常附在单音形容词或副词之后,构成复音副词,并且出现频率较高,也是个值得注意的现象。

第二,"相"、"有"、"畴"、"然"、"子"、"而"、"之"、"若"等前缀或后缀,都是先秦两汉流传下来的。其中后缀"然"、"子"、"而"和前缀"相"分别构成形容词、副词、名词和动词,继续保持着较强的构词能力。其余,有的尚保存在书面语言中;有的在书面语言中不常见了,在口语中也逐渐丧失了生命力。

七 重叠式复音词

《世说新语》中的重叠式复音词共有 71 个,占全书复音词数的 3.34%,占语音造词的 55.04%。用重叠式构成的复音词分为单纯词和合成词两类。

1 重叠式单纯词

重叠式单纯词包括形容词和象声词两种。如:

(1) 庾子嵩目和峤:"森森如千丈松,虽磊砢有节目,施之大厦,有栋梁之用。"(赏誉)

(2) 抚军问孙兴公:……"袁羊何如?"曰:"洮洮清便。"(品藻)

(3) 司马太傅为二王目曰:"孝伯亭亭直上,阿大罗罗清疏。"(赏誉)

(4) 石头等既疲倦,俄而乘舆回,诸人皆似从官,唯东亭奕奕在前,其悟捷如此。(捷悟)

（5）或问："杜弘治何如卫虎？"桓答曰："弘治肤清，卫虎弈弈神令。"（品藻）

（6）谢车骑初见王文度，曰："见文度，虽萧洒相遇，其复恺恺竟夕。"（赏誉）

（7）戴公见林法师墓，曰："德音未远，而拱木已积。冀神理綿綿，不与气运俱尽耳。"（伤逝）

（8）卫洗马初欲渡江，形神惨顿，语左右云："见此芒芒，不觉百端交集。苟未免有情，亦复谁能遣此！"（言语）

（9）有人哭和长舆曰："峨峨若千丈松崩。"（伤逝）

（10）王兴道谓谢望蔡霍霍如失鹰师。（轻诋）

以上为形容词。

（11）支道林入东，见王子猷兄弟，还，人问："见诸王何如？"答曰："见一群白颈鸟，但闻唤哑哑声。"（轻诋）

（12）祢衡被魏武谪为鼓吏，正月半试鼓，衡扬枹为《渔阳》掺挝，渊渊有金石声，四坐为之改容。（言语）

（13）洛中铮铮冯惠卿，名荪，是播子。（赏誉）

以上为象声词。

2　重叠合成词

《世说新语》的重叠合成词可区别为 AA 式的单音节重叠和 AABB 式双音节重叠两种。

2.1　AA 式

AA 式重叠词中绝大多数是形容词，也有少数动词、名词和副词。如：

（1）卞令目叔向："朗朗如百间屋。"（赏誉）

（2）支（道林）徐徐谓曰：“身与君别多年，君义言了不长进。”（文学）

（3）有人语王戎曰：“嵇延祖卓卓如野鹤之在鸡群。”（容止）

（4）洛中雅雅有三嘏：刘粹字纯嘏，宏字终嘏，漠字冲嘏，是亲兄弟，王安丰甥，并是王安丰女婿。（赏誉）

（5）王问顾曰：“卿何所闻？”答曰：“明公作辅，宁使网漏吞舟，何缘采听风闻，以为察察之政？”丞相咨嗟称佳，诸从事自视缺然也。（规箴）

（6）晋文帝与二陈共车，过唤钟会同载，即驱车委去。比出，已远。既至，因嘲之曰：“与人期行，何以迟迟？望卿遥遥不至。”会答曰：“矫然懿实，何必同群。”（简傲）

（7）王右军郗夫人谓二弟司空、中郎曰：“王家见二谢，倾筐倒庋；见汝辈来，平平尔。汝可无烦复往。”（贤媛）

（8）简文道王怀祖：“才既不长，于荣利又不淡，直以真率少许，便足对人多多许。”（赏誉）

（9）小时了了，大未必佳。（言语）

（10）桓玄当篡位，语卞鞠云：“昔羊子道恒禁吾此意。今腹心丧羊孚，爪牙失索元，而匆匆作此诋突，讵允天心？”（伤逝）

以上为形容词。

（11）王出，语人曰：“双眸闪闪若岩下电，精神挺动，体中故小恶。”（容止）

（12）虽不相关，正自使人不能已已。（赏誉）

以上为动词。

（13）汝若不与吾家作亲亲者,吾亦不惜馀年。(贤媛)

（14）破视其腹中,肠皆寸寸断。(黜免)

以上为名词。

（15）殷中军道韩太常曰:"康伯少自标置,居然是出群器;及其发言遣辞,往往有情致。"(赏誉)

此为副词。

2.2 AABB 式

《世说新语》中的双音节重叠词,均为形容词。如:

（1）钟毓、钟会少有令誉,年十三,魏文帝闻之,语其父钟繇曰:"可令二子来!"于是敕见。毓面有汗,帝曰:"卿面何以汗?"毓对曰:"战战惶惶,汗出如浆。"复问会:"卿何以不汗?"对曰:"战战栗栗,汗不敢出。"(言语)

（2）王平子目太尉:"阿兄形似道,而神锋太俊。"太尉答曰:"诚不如卿落落穆穆。"(赏誉)

（3）嵇康身长七尺八寸,风姿特秀。见者叹曰:"萧萧肃肃,爽朗清举。"(容止)

对重叠式复音词,需指出两点:

第一,重叠式复音词在先秦数量较多,如《诗经》中就有 360个,其中绝大多数是单纯词。到《世说新语》中这类词尚有一定数量,但却以合成词居多,这表现出语音造词向语法造词的转化。

第二,无论是重叠单纯词,还是重叠合成词,无论是 AA 式,还是 AABB 式,从词性看都主要构成形容词。从合成词的构成成分看也多是单音形容词,如"迟"、"徐"、"匆"、"烈"、"雅"、"卓"、"肃"、"穆"、"平"、"朗"等,这同《论衡》中的重叠词构成大体相同。

八　非重叠式单纯词

《世说新语》的复音单纯词,除前已述及的重叠式单纯词外,还有非重叠式单纯词,共有 58 个,占全书复音词数的 2.73%,占语音造词数的 44.96%。其中以形容词居多,其次是名词和动词,还有少数象声词和音译词。

1　形容词

（1）王武子、孙子荆各言其土地人物之美。王云:"其地坦而平,其水淡而清,其人廉且贞。"孙云:"其山崔巍以嵯峨,其人洄澡而扬波,其人磊砢而英多。"(言语)

（2）既前,抚军与之话言,咨嗟称善,曰:"张凭勃窣为理窟。"(文学)

（3）人问丞相:"周侯何如和峤?"答曰:"长舆嵯蘖。"(品藻)

（4）伯仁曰:"今主非尧、舜,何能无过? 且人臣安得称兵以向朝廷? 处仲狼抗刚愎,王平子何在?"(方正)

（5）刘尹目庾中郎:"虽言不愔愔似道,突兀差可以拟道。"(品藻)

（6）周伯仁道:"桓茂伦嵚崎历落,可笑人。"(容止)

（7）山季伦为荆州,时出酣畅,人为之歌曰:"山公时一醉,径造高阳池,日莫倒载归,茗艼无所知。……"(任诞)

（8）桓公读《高士传》,至于陵仲子,便掷去,曰:"谁能作此溪刻自处!"(豪爽)

253

（9）昔羊叔子有鹤善舞，尝向客称之，客试使驱来，甑甑而不肯舞，故称比之。（排调）

（10）契疏鞅掌，每与夫人烛下散筹算计。（黜免）

2 名词

（1）庾公乘马有的卢。（德行）

（2）隆初以不能受罚，既饮，揽笔便作一句云："姬隅跃清池。"桓问："姬隅是何物？"答曰："蛮名鱼为姬隅。"（排调）"隅"为鱼，可能是南方方言词。

（3）尝乘一马，著连钱障泥。（术解）

（4）顾曰："井上辘轳卧婴儿。"（排调）

（5）雍州在内，见有氍毹，云："阿乞那得此物！"（任诞）"氍毹"同"氍毹"，系毛毯一类。

（6）蔡司徒渡江，见彭蜞，大喜曰："蟹有八足，加以二螯。"令烹之，既食，吐下委顿，方知非蟹。（纰漏）"彭蜞"又作"螃蜞"、"螃蜞"，是一种小螃蟹。

3 动词

（1）文举曰："想君小时，必当了了。"韪大踧踖。（言语）

（2）仲智手批之，刁为辟易于户侧。（方正）

（3）谢太傅盘桓东山时，与孙兴公诸人泛海戏。（雅量）

（4）周曰："何乃刻画无盐，以唐突西子也？"（轻诋）

（5）王子敬数岁时，尝看诸门生樗蒲。（方正）

（6）僧弥勃然起，作色曰："汝故是吴兴溪中钓碣耳，何敢诪张！"（雅量）

"诪张"又作"侜张"、"侏张",犹"放肆"。

4 音译词和象声词

（1）提婆初至,为东亭第讲"阿毗昙"。（文学）

"阿毗昙"又作"阿毗达摩",经名。

（2）和与俱至寺中,见佛般泥洹像,弟子有泣者,有不泣者。（言语）

"般泥洹"又作"般涅槃",略称"涅槃",即入灭。

（3）庾公尝入佛图,见卧佛。（言语）

"佛图"即塔。

（4）殷中军被废东阳,始看佛经。初视《维摩诘》,疑"般若波罗密"太多;后见《小品》恨此语少。（文学）

"般若"又作"班若"、"波若"、"钵若"、"般罗若",是"智慧"的意思。"波罗密"又作"波罗密多",是"到彼岸"的意思。

以上均梵语音译词。

（5）许上床便哈台大鼾。（雅量）

此为象声词。

关于非重叠式单纯词作如下说明:

第一,单纯词属语音造词,靠单音节的重叠或部分重叠构成。重叠单纯词前已谈及。部分重叠单纯词分双声、叠韵两种。双声如"瑠璃"、"仓卒"、"浩汗"、"历落"、"琵琶"、"唐突"、"磊落"、"淹伊"等,叠韵如"崒巍"、"须臾"、"勃窣"、"狼抗"、"樗蒱"、"扶疎"、"萧条"等。此外,还有既非双声,又非叠韵的词,如"的卢"、"磊砢"、"佛图"、"般泥洹"、"觬甂"、"榆腊"、"彭蜞"等。

第二,重叠或部分重叠单纯词,是汉语最早出现的复音词,《论

255

衡》和《世说新语》中许多单纯词是从先秦继承下来的。由于佛教的传入,佛经大量译成中文,所以此时出现相当多的梵语音译词,使既非双声又非叠韵的单纯词大增,这是区别于先秦两汉的一个特点。

九 综合式复音词

《世说新语》中用两种或两种以上构词方式合成的综合式三音节词和多音节词共有 213 个,占全书复音词总词数的 10.02%。人名、地名、书名等专有名词未计在内。

综合式复音词可区别为次专名词、普通名词和成语三类。

1 次专名词

次专名词是既区别于专有名词,又比普通名词含义狭窄、固定的一类词,在《世说新语》中主要是官名。如:

(1)每言帝不孝之状,而皆云:"温太真所说。温尝为东宫率,后为吾司马,甚悉之。"(方正)

(2)鸿胪卿孔群好饮酒。(任诞)

(3)钟毓为黄门郎,有机警,在景王坐燕饮。(排调)

(4)(刘道真)后为吏部郎,姬儿为小令史,道真超用之。(任诞)

(5)江彪为仆射,领选,欲拟之为尚书郎。(方正)

(6)大将军至石头,问丞相曰:"周侯可为三公不?"丞相不答。又问:"可为尚书令不?"又不应。(尤悔)

(7)范公且可作太常卿。(假谲)

256

（8）陶公少时作鱼梁吏,尝以坩鲊饷母。（贤媛）

（9）谢胡儿作著作郎,尝作《王堪传》,不谙堪是何似人,咨谢公。（赏誉）

（10）羊长和父繇与太傅祜同堂相善,仕至车骑掾,蚤卒。（赏誉）

（11）步兵校尉缺,厨中有贮酒数百斛,阮籍乃求为步兵校尉。（任诞）

（12）韩后果为吏部尚书。（德行）

（13）王夷甫父乂,为平北将军。（识鉴）

（14）王子猷作桓车骑骑兵参军。（简傲）

（15）下官今日为公得一太常博士妙选。（文学）

2　普通名词

综合式普通名词,在《世说新语》中数量较多。其中最多的是器物、用品名,其次是动植物名,其他还有指居所、指称谓、指身份、指文体等各方面的名词。

2.1　指器物用品。如:

（1）既还,婢擎金澡盘盛水,琉璃盌盛澡豆,因倒著水中而饮之,谓是干饭。（纰漏）

（2）满奋畏风,在晋武帝坐,北窗作琉璃屏,实密似疏,奋有难色。（言语）

（3）武帝尝降王武子家,武子供馔,并用琉璃器。（汰侈）

（4）却后少日,公报姑云:"已觅得婚处,门地粗可,婿身名宦,尽不减峤。"因下玉镜台一枚。（假谲）

（5）王夷甫容貌整丽,妙于谈玄,恒捉白玉柄麈尾,与手

都无分别。(容止)

(6) 谢灵运好戴曲柄笠。(言语)

(7) 谢中郎在寿春败,临奔走,犹求玉帖镫。(规箴)

(8) 太祖思所以用之,谓可为竹椑楯,而未显其言,驰使问主簿杨德祖,应声答之,与帝心同。(捷悟)

(9) 元皇帝时,廷尉张闿在小市居,私作都门,蚤闭晚开,群小患之,诣州府诉,不得理;遂至挝登闻鼓,犹不被判。(规箴)

(10) 陆士衡初入洛,咨张公所宜诣,刘道真是其一。陆既往,刘尚在哀制中。性嗜酒,礼毕,初无他言。唯问:"东吴有长柄壶卢,卿得种来不?"(简傲)

2.2 指动植物名。如:

(1) 见一群白颈乌,但闻哑哑声。(轻诋)

(2) 佛图澄与诸石游,林公曰:"澄以石虎为海鸥鸟。"(言语)

(3) 周处年少时,凶强侠气,为乡里所患,又义兴水中有蛟,山中有邅迹虎,并皆暴犯百姓,义兴人谓为三横,而处尤剧。(自新)

(4) 昔孙叔敖杀两头蛇以为后人,古之美谈。(德行)

(5) 伯仁曰:"不如卷角牸,有盘辟之好。"(排调)

(6) 王君夫有牛名八百里驳,常莹其蹄角。(汰侈)

2.3 指居所。如:

(1) 蔡司徒在洛,见陆机兄弟住参佐廨中。(赏誉)

(2) 刘庆孙在太傅府,于时人士多为所构,唯庾子嵩纵心事外,无迹可间。(雅量)

(3) 支道林还东,时贤并送于征虏亭。(雅量)

2.4　指称谓。如:

(1) 魏明帝为外祖母筑馆于甄氏。(言语)

(2) 谢公答曰:"世胄亦被遇。堪,烈之子。阮千里姨兄弟,潘安仁中外,安仁诗所谓'子亲伊姑,我父唯舅'。是许允婿。"(赏誉)

(3) 张玄之、顾敷是中外孙。(夙惠)

2.5　指身份。如:

(1) 见一士大夫家极有好竹。(简傲)

(2) 太学生三千人上书,请以为师,不许。(雅量)

(3) 有小沙弥在坐末。(言语)

2.6　指文体。如:

(1) 简文称许掾云:"玄度五言诗,可谓妙绝时人。"(文学)

(2) 王子猷诣谢公,谢曰:"云何七言诗?"子猷承问,答曰:"昂昂若千里之驹,泛泛若水中之凫。"(排调)

(3) 即遣委曲讯问,乃是袁自咏其所作《咏史诗》。(文学)

(4)(王子猷)因起仿偟,咏左思《招隐诗》。(任诞)

3　成语

《世说新语》中还出现较多的能作复音词使用的四字成语。如:

(1) 武子曰:"尺布斗粟之谣,常为陛下耻之。……"(方正)

259

（2）孝武山陵夕，王孝伯入临，告其诸弟曰："虽榱桷惟新，便自有《黍离》之哀。"（伤逝）

（3）值顾方集宾友酣燕，而王游历既毕，指麾好恶，傍若无人。（简傲）

（4）王长史谓林公："真长可谓金玉满堂。"（赏誉）

（5）敦声色并厉，欲以威力使从己。（方正）

（6）王子敬云："从山阴道上行，山川自相映发，使人应接不暇。……"（言语）

（7）唯王丞相愀然变色曰："当共戮力王室，克复神州，何至作楚囚相对！"（言语）

（8）人皆如此，便可结绳而治，但恐狐狸獖狢噉尽。（品藻）

（9）王谓谢曰："夏禹勤王，手足胼胝；文王旰食，日不暇给。今日郊多垒，宜人人自效；而虚谈废务，浮文妨要，恐非当今所宜。"（言语）

（10）清河曰："古人贵朝闻夕死，况君前途尚可。且人患志之不立，亦何忧令名不彰邪？"（自新）

对《世说新语》的综合式复音词，我们作如下分析：

第一，同先秦、两汉相比，综合式复音词，特别是其中的普通名词数量显著增加，是一个重要的发展。先秦只有少数三音词出现，且主要是专词和次专词，在《论衡》中专词和次专词仍然占多数。《世说新语》中除继续存在大量专词、次专词外，普通名词扩及指器物用品、指动植物名、指居所、指称谓、指身份、指文体等各个方面，既有指人的，也有指物的；既有具体名词，也有少数抽象名词；既有三音词，也有部分四音词，这标志汉语词汇复音化在中古时期有了

260

新的进展。

第二,《世说新语》中的四字成语数量也比《论衡》显著增加。其中除一部分源于前世古籍外,也有一些在当时就由于出现频率较高而成为形式固定、意义单一的成语,如"傍若无人"、"神色自若"、"声色并厉"等。《世说新语》一书描写的对象大都是知识分子,"记言则玄远冷俊,记行则高简瑰奇"(鲁迅语),所以对后世,特别是对读书人影响很大,其中一些含蓄隽永的名言或栩栩如生的故事,便辗转流传下来而逐渐变成四字或多字成语。如〔咄咄怪事〕(黜免)、〔后起之秀〕(赏誉)、〔绝妙好辞〕(捷悟)、〔浑金璞玉〕(赏誉)、〔千里莼羹〕(言语)、〔清风朗月〕(言语)、〔一往情深〕(任诞)、〔难兄难弟〕(德行)、〔百端交集〕(言语)、〔登峰造极〕(文学)、〔咄咄逼人〕(排调)、〔空洞无物〕(排调)、〔席不暇暖〕(德行)、〔应接不暇〕(言语)、〔拔新领异〕(文学)、〔割席分坐〕(德行)、〔管中窥豹,时见一斑〕(方正)、〔兰摧玉折〕(言语)、〔流芳后世〕(尤悔)、〔普天同庆〕(排调)、〔千岩竞秀,万壑争流〕(言语)、〔屋下架屋〕(文学)、〔鹤立鸡群〕(容止)、〔遗臭万年〕(尤悔)等成语均发源于《世说新语》。

第三,从内部结构看,综合式普通名词多是由两个层次构成,第一层次绝大多数是偏正式,第二层次有单纯词、偏正式、支配式、联合式等。如"黑头公"、"白眼儿"、"牙后慧"、"七言诗"等可分解为〔偏(偏+正)+正〕;"瑠璃器"、"琉璃屏"等可分解为〔偏(单纯词)+正〕;"士大夫"、"外祖母"等可分解为〔偏+正(偏+正)〕;"卷角牸"、"咏史诗"等,可分解为〔偏(支配式:动+宾)+正〕;"参佐廨"、"门庭长"等,可分解为〔偏(联合式:名+名)+正〕。四字成语除用虚词构成的如"黍离之哀"、"述而不作"、"义形于色"外,也都

261

分两个层次构成,第一层次主要是联合式和表述式两种,第二层次则比较复杂,有偏正式、支配式、联合式、附加式等多种。如"尺布斗粟"、"前倨后恭"等可分解为〔联合式:(偏正式＋偏正式)〕;"排沙简金"、"劳神苦形"等可分解为〔联合式:(支配式＋支配式)〕;"国破家亡"、"耳闻目见"等可分解为〔联合式:(表述式＋表述式)〕;"后生可畏"、"楚囚相对"等可分解为〔表述式:(偏正式＋附加式)〕;"老生常谈"等可分解为〔表述式:(偏正式＋偏正式)〕;"金玉满堂"等可分解为〔表述式:(联合式＋支配式)〕;等等。由于四字成语比《论衡》出现得多,因而上述结构情况也比《论衡》复杂得多。

十 结 论

1 联合式复音词在《世说新语》中数量居首位。从语义构成看,平等联合词和不平等联合词同样活跃。同《论衡》相比,平等联合词中相类意义联合词和相反意义联合词数量有所增加。同时,产生了一批新词新义,出现了较多的一词多义现象。从词性构成看,仍然保持着构成复音词的单音词同该复音词词性一致的特点,但词性不一致的情况,却由《论衡》中的六种发展到十二种之多。从语序构成看,同素异序现象数量大大减少,并且还存在着语序颠倒后词性和词义发生变化的情形,这种情形同先秦时代迥异,而同现代汉语接近。《世说新语》中约有百分之八十以上的联合式复音词流传后世,其中词义、词性、词形发生变化的复音词仍有一定数量,但比《论衡》大大减少了。

2 偏正式复音词数量也同《论衡》中一样居第二位,但占全书复音词数的比例,却由《论衡》的 22.48%,提高到 26.95%。从词义构成看,正语素由前世主要是表示人或事物的,发展到不仅有表示人或事物的,而且有表示动作、行为的,甚至还有表示性质、状态的;不仅是数量的增加,而且有实质的变化。偏正语素的结合关系也更加错综纷繁了。从词性构成看,构成名词的结构方式有九种,构成动词的结构方式有五种,构成副词的结构方式有六种,比《论衡》呈现出更加丰富多彩的状况。从历史比较看,除了数量的增加,还出现一批新词新义。约有一半以上的偏正式复音词流传至今,并且变化不大。

3 补充式复音词,从语义构成看主要分为表结果和表趋向两类,其中表结果又分为表不幸、消极义,获得、是定义,结束义,放置义等四种,从语义内层分析可区别为"A 之使 B"、"A 而 B 之"和"A 而 B"三种类型。从词性构成则可分为六种。这些词除少数新词外,多数是从前世流传下来的。在新出现的词中,作为补充成分的"著"字,有可能由"放置义"逐渐虚化为动词词尾,是个值得注意的现象。

4 支配式复音式,已从先秦时代的次专名词(官名),扩及普通名词、动词和形容词,词性构成方式也日趋复杂化,比较接近现代汉语。

5 表述式复音词数量较少,但其中有些词出现频率较高,词性构成也比较接近于现代汉语。其中用"自"构成的表述式复音词较多,到后世则逐渐变成能产方式。

6 附加式复音词仍分为附加前缀和附加后缀两种。前缀中出现了"阿",《论衡》中数量稀少的"自"、"可"、"第"此时也得到广泛运用。其他后缀或前缀多是从先秦流传下来的,但其中只有

"然"、"子"等继续保持着较强的构词能力,其他则逐渐消逝。

7 重叠式复音词分为单纯词和合成词两类,以合成词为主。从重叠式形式看除 AA 式外,还有少数 AABB 式。从词性看都主要构成形容词。

8 非重叠单纯词多是从前世流传下来的,因此仍然具有早期双音词具有的"双声"、"叠韵"的特点。而这一时期随着佛教的传入出现相当多的梵语音译词,却使既非双声又非叠韵的单纯词数量大增。

9 综合式复音词,包括三音词、四音词,从先秦两汉以专词、次专词为主发展到以普通名词和专词、次专词并重,标志着汉语复音化走上一个新阶段。四字成语数量也比《论衡》有明显增加,内部结构方式也复杂得多。此外在当时还不是成语,但后世变成成语的,数量相当可观,这足以说明《世说新语》一书对汉语成语的发展有重大影响。

变文复音词研究

　　由王重民、王庆菽、向达、周一良、启功、曾毅公合编，人民文学出版社 1957 年 8 月出版的《敦煌变文集》，共收变文七十八篇，二十七万余言，集变文之大成。我国唐代的变文，兴盛于八九世纪，属于民间俗文学的一种。形式多采用散韵并举，说唱结合；内容多为佛经故事，也有不少是历史故事和民间传说。先出现于寺院，后推行于市肆，"街东街西讲佛经，撞钟吹螺闹宫廷"（《韩愈《华山女》诗)，"愚夫冶妇，乐闻其说，听者填咽寺舍"（赵璘《因话录》卷四），可见变文在人民群众中影响之深。由于变文主要是民间口头创作，所以其语言非常接近当时口语，是研究唐五代汉语的重要材料。

　　本文拟从结构和意义两方面对《敦煌变文集》（以下简称"变文"）的复音词进行描写和分析。

一　结　构

　　据我们调查，变文中各种结构形式的复音词共计 4347 个，其中语法造词 3633 个，占 83.58%，语音造词 404 个，占 9.29%，兼有语法、语音各种造词方式特点的综合式复音词 310 个，占 7.13%。语法造词中运用词序方式造的 3317 个，占语法造词的

91.3%，其中包括联合式 2113 个，偏正式 800 个，补充式 194 个，支配式 170 个，表述式 40 个；运用虚词方式造词的 316 个，占语法造词的 8.69%，其中附加前缀构成的 51 个，附加后缀构成的 265 个。语音造词 404 个，其中包括重叠式 241 个，非重叠式单纯词 163 个。如下表：

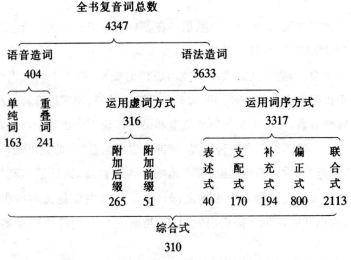

全书复音词总数

4347

语音造词　　　　　　　　　　　　　语法造词

404　　　　　　　　　　　　　　　3633

单纯词　重叠词　　运用虚词方式　　　　　运用词序方式

163　　241　　　　316　　　　　　　　3317

附加后缀　附加前缀　　表述式　支配式　补充式　偏正式　联合式

265　　51　　40　　170　　194　　800　　2113

综合式

310

下面分联合式、偏正式、补充式、支配式、表述式、附加式、重叠式、单纯词、综合式等九种结构方式，分别加以讨论。

1　联合式

变文的联合式复音词共有 2113 个，占全书复音词的 48.61%，占语法造词数的 58.16%，占运用词序方式造词数的 63.70%。

1.1　语义构成

复音词语素的意义或相当或稍有差异可区分为平等联合词和

不平等联合词。

1.1.1 平等联合词

平等联合词又可区分为相同意义联合、相类意义联合、相反意义联合三类。相同意义联合,如:

(1) 好用常住水菓,盗常住柴薪。(《大目乾连冥间救母变文并图一卷并序》726①)

(2) 闻之者皆云:异哉,狗犬犹能报主之恩,何况人乎。(《搜神记》878)

(3) 铁城烟焰火腾腾,剑刃森林数万层。(《大目乾连冥间救母变文并图一卷并序》737)

(4) 为儿子抛出外边,阿娘悲泣无情绪。(《父母恩重经讲经文》689)

(5) 放在城东水中,臣自有其方法。(《伍子胥变文》21)

(6) 王曰:"和尚猥地夸谈,千般伎术,人前对验,一事无能。……"(《降魔变文一卷》386)

(7) 夫人问和尚曰:"凡生人间,修何法则? ……"(《欢喜国王缘》777)

(8) 但即得居安乐者,根基全是圣人恩。(《长兴四年中兴殿应圣节讲经文》415)

(9) 自谁谁(诞诞)他无利益,何曾死后得生天。(《佛说阿弥陀经讲经文》464)

(10) 是时洒至萧何手,动乐唯闻歌曲新。(《捉季布传文一卷》66)

_____

① "726"指《敦煌变文集》第 726 页。

以上为名词。

(11) 欲救悬沙(丝)之危，事亦不应迟晚。(《大目乾连冥间救母变文并图一卷并序》739)

(12) 偏切按磨能柔软，好衣缧褶着香勋。(《捉季布传文一卷》61)

(13) 传闻汉将昔家陈，惯在长城多苦辛。(《李陵变文》87)

(14) 争那就中容貌差，交奴耻见国朝臣。心知是朕亲生女，丑差都来不似人。(《丑女缘起》790)

"丑差"是"难看"①的意思。

(15) 向前便入，并将二婢，形容端正，或(惑)乱似生人，便即赐坐，温凉以(已)讫。(《搜神记》872)

(16) 又无疲倦妨闻法，只是欢忻绕本师。(《佛说观弥勒菩萨上生兜率天经讲经文》652)

(17) 随时行李看将去，奔鲁排比不久回。(《维摩诘经讲经文》595)

"奔鲁"当为"莽鲁"，形近而误。

(18) 信即经王诉云："信与老母偏苦，小失父荫，今既命尽，岂敢有违。但信母年老孤独，信今来后，更无人看待，伏愿大王慈恩，乞命于后。"(《搜神记》879)

(19) 既有忘(妄)想，即有无明，既有无明，即有烦恼，既有烦恼，即有沈轮(沦)，既有沈轮，即有地狱。(《庐山远公话》

---

① 参看蒋礼鸿《敦煌变文字义通释》第69页，上海古籍出版社，1988年新2版。本文复音词释义，多处参照蒋说，特此说明。

183）

（20）在家登金轮王位,释种千代而兴隆,出家定证仏身,救拔四生之重苦。(《太子成道变文》322)

以上为形容词。

（21）言语未定,燕子即回,踏地叫唤。(《燕子赋》249)

（22）象乃动步入池中,蹴踏东西并岸上。(《降魔变文一卷》385)

（23）发言相问,是某体(体)患生脑疼,检尽药方,医疗不得。(《韩擒虎话本》196)

（24）难测度,难思议,不了二门自他利。(《维摩诘经讲经文》594)

（25）阿郎把数都计算,计算钱物千匹强。(《董永变文》111)

（26）我也深知你见解,酌度你根几。(《维摩诘经讲经文》606)

（27）其时捉获不得,遂遣太史占之。(《前汉刘家太子传》161)

（28）结集狂兵侵汉土,边方未免动烟尘。(《捉季布传文一卷》68)

（29）其城广阔万由旬,卒仓没人关闭得。(《大目乾连冥间救母变文并图一卷并序》732)

（30）又写远(表)奏闻皇帝:“臣奉勅旨,于福光寺内开讲切(筵)。唯前勅令交纳绢一匹,听众转多,难为制约,伏乞重赐指挥。”(《庐山远公话》174)

由包含相同义素的不同义位构成的相类意义平等联合词,在变文中出现较多。如：

(1) 燕雀同词而对曰:"何其凤凰不嗔,乃被[多事]鸿鹤责疏,你亦未能断事,到头没多词句,必其依有高才,请乞立题诗赋。"(《燕子赋》253)

(2) 大臣者,或是当朝相座,或是出镇藩方,为天子之腹心,作圣人之耳目,成邦立国,为社礼(稷)之柱石,定难除觅(危或凶),作朝廷之萬屏。(《维摩诘经讲经文》574)

(3) 忽然分寸差殊,手下身当依法。(《降魔变文一卷》377)

(4) 伏惟我大唐汉圣主开元天宝圣文神武应道皇帝陛下:化越千古,声超百王,文该五典之精微,武折九夷之肝胆。(《降魔变文一卷》361)

(5) 我且忝为主吏,岂受资贿相遮,万一〔入〕王耳目,碎即恰似油麻。(《燕子赋》252)

(6) 我皇每临美膳,尝念耕夫。忧水旱之不调,恐赋租之难办。(《长兴四年中兴殿应圣节讲经文》419)

(7) 朱解问其周氏曰:"有何能德值千金?"(《捉季布传文一卷》61)

(8) 观察身心必意亡,少贪名利恣乖张。(《维摩诘经讲经文》617)

(9) 肠胃内恰似车鸣,筋骨中也似刀搅。(《维摩诘经讲经文》580)

(10) 国家音乐,本为酒泉。终日吃你茶水,敢动些些管弦!(《茶酒论一卷》268)

以上为名词。

270

(11) 每遇慈尊转法轮,圣贤围绕紫金身。(《长兴四年中兴殿应圣节讲经文》416)

(12) 曹司上下,说公白健。(《燕子赋》252)

"白健"是明白、强干的意思。

(13) 宫中烦闷而愁怨,遂伴嫔妃游后苑。(《八相变》331)

(14) 花上有七天女,手抬弦管,口奏弦歌,声雅妙而清新,姿逶迤而姝丽。(《降魔变文一卷》385)

(15) 令交问处,直为胜强。(《维摩诘经讲经文》603)

(16) 袖对曰:"王身体腥臭,是以掩鼻。"(《搜神记》887)

(17) 兵士悉皆勇健,怒叫三声。(《伍子胥变文》27)

(18) 梁国之臣,逆贼子胥,父事于君,不能忠谨,徒(图)谋社稷,暴虎贪残。(《伍子胥变文》4)

以上为形容词。

(19) 瑞鸟灵禽,皆来赞叹。(《庐山远公话》176)

(20) 寮欲唤师针灸,恐痛,与口于母肿上吮之。(《搜神记》865)

(21) 勘点已经三五日,无事得放却归回。(《目连变文》759)

"勘点"指审核、检查。

(22) 将斗战为业,以猎射为能。(《王昭君变文》99)

(23) 如今为待阿谁,拟向此间煎煮。(《难陀出家缘起》402)

(24) 有人使唤,由(犹)可辛懃,若是无人,皆须自去。(《父母恩重经讲经文》682)

（25）各决杖五下，又与三军将士缝补衣裳。（《汉将王陵变》43）

以上为动词。

由相反相成义位构成的相反意义平等联合词，在变文中数量也不少。如：

（1）弥勒告世尊："世尊，维摩居士，说尔许多东西，我于当日都无祇（祇）对。"（《维摩诘经讲经文》598）

（2）二将第四队插身楚下，并无知觉，唯有季布奉霸王巡营，营内并无动静。（《汉将王陵变》38）

（3）储君不信，躬驾亲观，验其虚实，表愚臣之忠节。（《降魔变文一卷》367）

（4）须达回心，其长者宫殿于兜率，见身子又告，故知善业因果，速疾如此。（《祇园因由记》409）

（5）妙法经名记（既）立，如来宣说流行，众生不拣高低，闻经例皆发善。（《庐山远公话》188）

（6）和尚自促时光，许期明日斗圣，岂容不知急缓？（《降魔变文一卷》380）

（7）更有化生玉女，亲身来奉金瓶，前后散众香花。（《太子成道变文》322）

（8）合门眷属并良贱，称念磨诃般若音。（《降魔变文一卷》370）

（9）大将军本意，莫狂（枉）劳人，幸请方圆，拟求生路。（《李陵变文》89）

"方圆"指"谋略"。

（10）长为兄弟，须得始终。（《茶酒论一卷》269）

272

以上为名词。

(11) 呼吸毒气,鼓击狂风,得海底之沙飞,使天边之雾卷。(《维摩诘经讲经文》544)

(12) 寒温未竟,仙人庆贺大王,卑臣福薄业微,不遇太子剩(盛)世。(《太子成道变文》323)

(13) 但道兖州庄上客,随君出入往来频。(《捉季布传文一卷》60)

以上为动词。

1.1.2 不平等联合词

由属于基本词汇的语素与属于一般词汇的语素联合构成的不平等联合词,可分为前制后不平等联合词和后制前不平等联合词两类。如:

(1) 终朝吃你茶水,敢动些些管弦。(《茶酒论一卷》268)

(2) 牛羊队队生埋圹,仁女芬芬(纷纷)等入坑。(《王昭君变文》105)

(3) 见孤老者,放狗咬之。(《目连缘起》701)

(4) 是竟直为作处伽佗人多出来掘强。(《王昭君变文》99)

(5) 推问根由,仍生拒捍。(《燕子赋》251)

(6) 仏法常教不断灭,专心演说大乘经。(《金刚般若波罗蜜经讲经文》436)

以上为前制后不平等联合词。

(7) 只管于家弄性霊(灵),争知门外传声誉。(《父母恩重经讲经文》672)

(8) 但言日月照临者,何处生灵不感恩。(《长兴四年中

273

兴殿应圣节讲经文》411)

(9) 佛在之日,有一善女,也曾供养罗汉,虽有布施之缘,心里便生轻贱。(《丑女缘起》788)

(10) 更拟说,日西止,道理多般深奥义。(《无常经讲经文》663)

(11) 为缘不识阿罗汉,百般笑効苦芬葩。(《丑女缘起》800)

"効"通"姣"。《广雅·释言》:姣,侮也。"笑効"是"笑话"的意思。

(12) 东西步度,南北占详,但避将军太岁,自然得福无殃。(《燕子赋》249)

以上为后制前不平等联合词。

1.2 词性构成

变文中的联合式复音词,从词性构成看依然保持了构成复音词的单音语素词性同复音词词性相一致的特点。其中数量最多的是动词性语素联合构成动词,其次是名词性语素联合构成名词,再次是形容词性语素联合构成形容词。还有少量数词性语素联合构成数词、代词性语素联合构成代词。也有语素同复音词词性不一致的情况,虽然属这种情况的复音词数量不多,但构成方式却比较复繁。

1.2.1 动 + 动 → 动

(1) 般若即圆明智惠,波罗蜜多即超渡恒河。(《长兴四年中兴殿应圣节讲经文》412)

(2) 燕子下牒,辞理恳切,崔儿豪横,不可称说。(《燕子赋》249)

274

"称说"是"细说"义。

（3）被秦差充筑城卒，辛苦不襟（禁）俱役死。（《孟姜女变文》34）

"差充"是"派充"义。

（4）楚王曰："在夜甚人斫营？与寡人领将一百识文字人，抄录将来！"（《汉将王陵变》40）

（5）蒙仏对众以吹嘘，故合依言而便往。（《维摩诘经讲经文》606）

（6）目健连里巷谈经，尽遭摧挫。（《维摩诘经讲经文》592）

（7）如□□联三、五日间，与卿却到长安，嘱咐社稷与太子了，□来对会非晚。（《唐太宗入冥记》211）

"对会"是"对质"义。

（8）燕子文牒，并是虚词，眤目上下，请王对推。（《燕子赋》250）

"对推"是"审核"义。

（9）不孝人，难说喻，返倒二亲非母曾。（《父母恩重经讲经文》676）

"返倒"是"违抗"义。

（10）后妻报言瞽叟："男女罪过须打，更莫交分疏道理。"（《舜子变》131）

"分疏"是"分辩"、"辩解"义。

（11）经须两家对面分雪，但知臧否，然可断决。（《燕子赋》250）

"分雪"是"说明"义。

（12）伏乞检验，见有青赤，不胜冤屈，请王科责。（《燕子赋》249）

（13）亦是穷奇鸟，搆揬足词章。（《燕子赋》264）

"搆揬"是"捏造"义。

（14）便有牙人来勾引，所发善愿便商量。（《董永变文》109）

（15）金锵乱下如风雨，铁计（汁）空中似灌倾。（《大目乾连冥间救母变文并图一卷并序》732）

（16）[恰似四鸟而分离，思念自身，不恨减没而入地]，启告世尊，乞垂加护。（《丑女缘起》796）

（17）未委作何计较，令水体而再伏（复）本源，不知有甚因依，遣池内之[水]却令清净。（《维摩诘经讲经文》518）

（18）此间都集会，闲闲无一事，游城廓外来。（《大目乾连冥间救母变文并图一卷并序》719）

（19）凡遇善流皆奖赏，但逢恶事不容伊。（《佛说观弥勒菩萨上生兜率天经讲经文》647）

（20）自兹隔别，每念君恩，愧贺（荷）不轻，故未谘屈。（《伍子胥变文》24）

"愧荷"是"感谢"义。

1.2.2　名＋名→名

（1）新妇道辞便去，口里咄咄骂詈，不徒钱财产业，且离怨家老鬼。（《蚜虲书一卷》858）

（2）怨人取其子巢窠，于苌条楄枝上安巢。（《前汉刘家太子传》163）

（3）疏野兑（免）交城市闹，清虚不共俗为邻。（《庐山远

276

公话》169)

（4）凡夫三界似池塘，仏性长含解脱香。（《妙法莲华经讲经文》512）

（5）村坊搜括，谁敢隐藏；竞拟追收，以贪重赏。（《伍子胥变文》4)

（6）臣能止得吴军，不须尺兵尺剑，唯须小船一只，棹棹一枚，麦饭一讴（瓯），美酒一榼，放在城东水中，臣自有其方法。（《伍子胥变文》21)

（7）浮生岁月如流水，世露光阴似落花。（《妙法莲华经讲经文》513)

（8）昔前汉欲末之时，汉帝忽遇患疾，颇有不安，似当不免。（《前汉刘家太子传》160)

（9）遂给价钱而买得，当时便遣涉风尘。（《捉季布传文一卷》62)

（10）当时舜子将父母到本家庭。（《舜子变》134)

1.2.3　形＋形→形

（1）差恶身体干枯，岂有平生之貌。（《目连缘起》704)

（2）须达为人慈善，好给济于孤贫，是以因行立名给孤。（《降魔变文一卷》362)

（3）荆棘沙砾，粗恶之义。（《维摩诘经讲经文》568)

（4）成佛似钟惊觉后，万般烦恼一时消。（《妙法莲华经讲经文》511)

（5）但信母年老孤独，信今来后，更无人看待。（《搜神记》879)

（6）贱奴身虽为下贱，佛法一般，衣服不同，体无两种。

（《庐山远公话》184）

（7）本是何处君子，何处英才？精神磊朗，因何到来？（《下女[夫]词》273）

（8）宫中烦闷而愁怨，递伴嫔妃游后苑。（《八相变》331）

此外，还有少量数数联合构成数词，代代联合构成代词的。如：

（1）万千经典息（悉）通达，闻者咸能生恋慕（慕）。（《维摩诘经讲经文》525）

（2）万亿听徒由浩浩，千群圣众闹喧喧。（《维摩诘经讲经文》645）

（3）前生为什没（么）不修行，今日还来恼乱我。（《佛说阿弥陀经讲经文》462）

充作语素的单音词词性同所构成的复音词词性不一致的，有九种结构方式。其中主要是动动联合构成名词，形形联合构成名词。

动+动→名：

（1）阿耶驱来作证见，阿孃也交作保知。（《张义潮变文》118）

"保知"指保人。

（2）仏有慈悲正遍知，有数件因依不敢去。（《维摩诘经讲经文》605）

"因依"是"理由"义。

（3）珍曰："李玄今日若论学问，即是儒士君子。至容貌，世间希有，更嫌何事，云不得好人。"（《搜神记》880）

（4）送语传言兼识字，会交伴恋入庠门。（《捉季布传文一卷》61）

278

"伴恋"指亲密的伴侣。

(5) 开元皇帝好道,不敬释门,遂命中使至玄覩(都)观内宣进止,诏净能。(《叶净能诗》220)

"进止"是"旨意"义。

(6) 汉王曰:"前月廿五日夜,王陵领骑将灌婴,斫破项羽营乱,并无消息。……"(《汉将王陵变》44)

(7) 有一聪明智惠人,解与黄鹰解萦绊。(《妙法莲华经讲经文》503)

(8) 陈元弘进步向前,称是"汉朝使命,北入回鹘充册立使。……"。(《张义潮变文》116)

形+形→名:

(1) 不审维摩尊体万福,一自仏前分首,已隔寒暄。(《维摩诘经讲经文》608)

"寒暄"指寒暑一年。

(2) 卿虽赞德此能,犹未表其的实,须得对面试谏,然可定其是非。(《降魔变文一卷》377)

"的实"指"实际"、"实质"。

(3) 男儿丈夫,事有错误,脊被揎破,更何怕惧。(《燕子赋》251)

(4) 举措长交遇吉祥,施为不遣逢灾障。(《父母恩重经讲经文》673)

(5) 诸仏慈悲,便赐方圆救济,目连慈母,得离阿鼻地狱。(《目连缘起》709)

"方圆"是"方法"义。

(6) 东西南北希宣说,远近高低指引开。(《维摩诘经讲

经文》611)

动+形→名：

(1) 须史之间，敢(感)得帝释化身下来，作一个崔相公使下。(《庐山远公话》176)

"使下"是"下人"、"仆人"。

(2) 二将第四队插身楚下，并无知觉，唯有季布奉霸王巡营，营内并无动静。(《汉将王陵变》38)

动+名→名：

(1) 远公曰："缘贫道宿世曾为保见(儿)，有其债负未还，欲得今世无冤，合来此处计会。"(《庐山远公话》190)

(2) 万种歌中悦爱情，三春境上迷真性。(《维摩诘经讲经文》539)

量+量→名：

只留三五人，作一客商，将三五个头匹，将诸行货，直向东都。(《庐山远公话》175)

"头匹"指牲口。

数+数→名：

一自汉王登九五，黎庶昭苏万姓忻。(《捉季布传文一卷》55)

"九五"指帝位。

形+形→动：

向前便入，并将二婢，形容端正，或(惑)乱似生人，即便赐坐，温凉以(已)讫。(《搜神记》872)

"温凉"指寒暄。

动+形→形：

将退故之名衣,作缁徒之冬服。(《秋吟一本》812)

名+名→形：

三千大千世界,须臾吹却不难;况此小树纤毫,敢能当我
风道!(《降魔变文一卷》388)

1.3 语序构成

变文的联合式复音词中,同样存在着同语素异语序现象。可
区分为两种情况:一是变文中语序 AB 和语序 BA 都存在的,二是
和现代汉语相比只有语序 BA 的。

1.3.1 语序 AB 和 BA 都存在的。如:

〔男女、女男〕

(1) 自从夫去辽阳,遣妾勾当家事,前家男女不孝,见妾
后园摘桃,树下多里(埋)恶刺,刺我两脚成疮,疼痛直连心髓。
(《舜子变》130)

(2) 女男得病阿娘忧,未教终须血泪流。(《父母恩重经
讲经文》691)

"男女"、"女男"均"儿女"义。

〔纲纪、纪纲〕

(1) 晏子对王曰:"九九八十一,天地之纲纪;八九七十
二,阴阳之本性。……"(《晏子赋》245)

(2) 诚乖斟酌亏恩义,稍错停腾失纪纲。(《故圆鉴大师
二十四孝押座文》836)

〔坟墓、墓坟〕

(1) 报舜云:"汝莫归家,但取你亲孃坟墓去,必合见阿孃
现身。"(《舜子变》133)

(2) 不须白玉为棺椁，徒劳黄金葬墓坟。(《大目乾连冥间救母变文并图一卷并序》723)

〔秽垢、垢秽〕

(1) 荆棘沙砾，粗恶之义；土石诸山，方是秽垢。(《维摩诘经讲经文》568)

(2) 洗除垢秽。(《佛说阿弥陀经讲经文》462)

以上为名词。

〔庄严、严庄〕

(1) 正法像法经多劫，地平如掌宝庄严。(《太子成道经一卷》298)

(2) 落落无伦，堂堂并，迥然之相好，天人多种而严庄。(《维摩诘经讲经文》549)

〔欢忻(欣)、欣欢〕

(1) 燕子理得舍，欢喜复欢忻；崔儿修(羞)欲死，无处可安身。(《燕子赋》265)

(2) 天女咸生喜跃，魔王自己欣欢。(《维摩诘经讲经文》621)

〔卤莽、莽卤〕

(1) 伏以维摩居士，具四般之才辩，告以难偕，现广大之神通，卤莽不易。(《维摩诘经讲经文》639)

(2) 回干就湿是寻常，乳哺三年非莽卤。(《父母恩重经讲经文》700)

〔惧怕、怕惧〕

(1) 江神以手捧之，惧怕乃相分付。(《伍子胥变文》14)

(2) 此道场，难拯遇，居士身心勿怕惧。(《维摩诘经讲经

文》602)

以上为形容词。

〔呼唤、唤呼〕

(1) 更无呼唤,无摇(徭)自活。(《伍子胥变文》18)

(2) 报言空中:"如此唤呼,是何人也?"(《八相变》339)

〔怀疑、疑怀〕

(1) 居士患从何事得,交吾兄弟总怀疑。(《维摩诘经讲经文》555)

(2) 世尊普告断疑怀,功得(德)如今不可裁。(《妙法莲华经讲经文》509)

〔回归、归回〕

(1) 待伊朱解回归日,扣马行头卖仆身。(《捉季布传文一卷》60)

(2) 应是生降回鹘,尽放皈(归)回。(《张淮深变文》125)

〔昏迷、迷昏〕

(1) 忙忙(茫茫)浊世,争恋旧居;模模(漠漠)昏迷,如何拟去。(《破魔变文》344)

(2) 在道失路乃迷昏,不觉行由来至此。(《伍子胥变文》9)

〔征讨、讨征〕

(1) 道凭乃被征讨,没落南蕃,九年不归。(《搜神记》876)

(2) 时遇贼寇相陵,向生遂被讨征。(《孝子传》909)

〔乞求、求乞〕

(1) 前来经文说父母种种养育,千辛万苦,不惮寒喧（暄）,乞求长大成人,且要绍继宗祖。（《父母恩重经讲经文》691）

(2) 玄石再三求乞取尝,狄自取一盏与尝,饮尽。（《搜神记》878）

〔悲啼、啼悲〕

(1) 三军闻语,哽噎悲啼,皆负戈甲,去汉王三十步地远下营去。（《汉将王陵变》36）

(2) 父母日夜悬心而望,朝朝倚户,而至啼悲。（《庐山远公话》181）

〔养育、育养〕

(1) 前来父母有十种恩德,皆父母之养育,是二亲之劬劳。（《父母恩重经讲经文》672）

(2) 于是大王怜爱太子,将向后宫,令遣频（嫔）妃,遂交育养。（《八相变》332）

〔猜疑、疑猜〕

(1) 皇宫行有诸伎女,号得交人别猜疑。（《太子成道变文》318）

(2) 迷心此际有疑猜,唯愿慈悲说妙义。（《维摩诘经讲经文》566）

〔隐藏、藏隐〕

(1) （法华和尚）遂复裹经题,真（直）至随州山内隐藏,权时系一茅庵。（《韩擒虎话本》196）

(2) 布曾骂阵轻高祖,藏隐至今延草命。（《捉季布传文一卷》66）

〔认识、识认〕

（1）子胥被妲认识，更亦不言。（《伍子胥变文》12）

（2）划见知是自家夫，即欲发言相识认。（《伍子胥变文》9）

〔排枇、枇排〕

（1）居士见文殊入室内，如何排枇也唱将来。（《维摩诘经讲经文》645）

（2）高力士等面奉进上（止），当时枇排装束。（《叶净能诗》223）

"排枇"是"安排"的意思。

1.3.2 同现代汉语相比，变文中只有BA的。如：

〔术法〕

（1）净能知皇帝福（逼）问述（术）法，其数极多。（《叶净能诗》226）

〔威权〕

（2）治为四方之监护，作一国之威权，百辟禀承，千官取别。（《维摩诘经讲经文》575）

〔徒党〕

（3）于是白疟语诸徒党，莫向人说，恐怕人知。（《庐山远公话》171）

〔途路〕

（4）光严既闻父母允许，便乃拜别尊堂，不乘宝马轻车，遂乃步行途路。（《维摩诘经讲经文》607）

〔土尘〕

（5）时时扫洒擅香水，处处庄严净土尘。（《妙法莲华经

讲经文》507)

〔颜容〕

(6) 见城北十里磻陁石上,有一童子,颜容端正,诸相具足。(《前汉刘家太子传》160)

〔野田〕

(7) 其田章年始五岁,乃于家啼哭,唤歌歌孃孃,乃于野田悲哭不休。(《搜神记》884)

〔音声〕

(8) 大王见太子愁忧不乐,更添百般细乐,万种音声。(《八相变》335)

〔终始〕

(9) 我昔幽闺事君子,拟望千载同终始。(《李陵变文》94)

〔情性〕

(10) 狱主为人情性刚,嗔心点点色苍芒。(《大目乾连冥间救母变文并图一卷并序》735)

以上为名词。

〔闇黑〕

(11) 欲至晡时,从西方黄尘风云乃卒雨来,直至霍门前,云雾闇(暗)黑,不相覩见。(《搜神记》871)

〔锐精〕

(12) 尚书既闻回鹘□□□诸将点锐精兵,将讨匈奴。(《张淮深变文》125)

〔速疾〕

(13) 事须速疾来归舍,只向门前待我儿。(《维摩诘经讲

经文》607)

〔虚空〕

(14) 感文殊而垂手,接臂虚空,承我佛于河滩,达于彼岸。(《八相变》341)

〔苦痛〕

(15) 见君苦痛,割妾心肠。(《韩朋赋一卷》139)

〔均平〕

(16) 此时申讲说,随类心均平。(《维摩诘经讲经文》564)

〔卒仓〕

(17) 其城广阔万由旬,卒仓没人关闭得。(《大目乾连冥间救母变文并图一卷并序》732)

〔愁忧〕

(18) 夫人愁忧不乐,王曰:〔夫〕人愁思,谁能谏〔之〕?(《韩朋赋一卷》139)

〔恨悔〕

(19) 藏隐至今延草命,恨悔空留血泪痕。(《捉季布传文一卷》66)

〔操(躁)暴〕

(20) 又更化出毒龙身,口吐烟云怀操(躁)暴。(《降魔变文一卷》386)

以上为形容词。

〔藏掩〕

(21) 子胥报郑王曰:"兄事于君,君须藏掩,曲取平王之意,送往诛身;只既身亡,君须代命。"(《伍子胥变文》22)

〔测猜〕

(22) 圣心未委宣何法,人意难思莫测猜。(《维摩诘经讲经文》552)

〔括囊〕

(23) 加以括囊群教,许为众经之要目。(《降魔变文一卷》361)

〔弃背〕

(24) 仆是弃背帝乡宾,今被平王见寻讨。(《伍子胥变文》6)

〔腾沸〕

(25) 答曰:"若打一下,诸坊布鼓自鸣;若打两下,江河腾沸;若打三下,天地昏暗。"(《前汉刘家太子传》161)

〔醒甦〕

(26) 多少内人喷水救,须臾得活却醒甦。(《丑女缘起》793)

〔习学〕

(27) 遂即心肠怜愍,乃教习学方术伎艺能。(《搜神记》884)

〔获收〕

(28) 于是获收珍宝,脱下翻(旛)旗,埋着地中,莫令贼见。(《李陵变文》91)

〔看探〕

(29) 父曰:"刘家太子,逃逝多时,不知所在。汝乃莫令人知,往彼看探。"(《前汉刘家太子传》160)

以上为动词。

变文的联合式复音词，有以下几点值得注意：

第一，同《论衡》、《世说新语》比较，从数量上看，联合式仍居各类结构方式之首，其中相类意义联合和相反意义联合增加较多。在相类意义联合词中，仍像《论衡》、《世说新语》一样，保持着名词居多、形容词较少、动词罕见的格局。从构词特点上看，由两个语素义概括合成的词同由两个语素义形象合成的词，原来数量相当，在变文中概括合成的词则有明显增多。在相反意义联合词中，仍以名词为大宗，动词、形容词较少。随着词汇的发展，两类不平等联合词在变文中继续保持着比较活跃的势头。从词性构成看，变文联合式依然保持了构成复音词的语素同该复音词词性一致的特点。其中动动联合构成动词最多，这同《论衡》的情形仿佛；语素同复音词词性不一致的，结构方式较多，这又同《世说新语》的情况接近。从语序构成看，同素异序词《论衡》中有 184 个，《世说新语》中有 52 个，变文中有 118 个。前两书中 AB 和 BA 同时存在的占多数，同现代汉语比较只有 BA 的占少数；变文中则发生相反的变化，AB、BA 同时存在的只有 26 对，而单独存在 BA 的却有 66 个。变文中异序词增加，特别是 BA 式增加，其原因同变文字数多、容量大有关，还可能由韵文为押韵而颠倒语序所致。

第二，同前代相比，变文联合式复音词又产生了一批新词新义。如〔趁逐〕(858)，《𤜵𤛉书一卷》：“已后与儿色妇，大须稳审，趁逐莫取媒人之配。”玄应《一切经音义·卷一》：“趁逐，丑刃反，谓相追趁也。关西以逐物为趁也。”“趁逐”合为一词是追求的意思。〔逼塞〕(432)，《金刚般若波罗蜜经讲经文》：“也刚筑，也柔和，虚空逼塞满娑婆。”“逼塞”在变文中又作〔幅塞〕(440)、〔楅塞〕(348)、

〔阗塞〕(547)、〔阃塞〕(549)等,都是一词之异①。《说文》:"畐,满也。""逼塞"是"充满"、"塞满"的意思。〔游泥〕(726),《大目乾连冥间救母变文并图一卷并序》:"狱中罪人,生存在日,侵损常住,游泥伽蓝,好用常住水菓,盗常住柴薪。""游"又作"尤","尤"、"泥"单用皆有纠缠软求之义②,合为一词是"软缠"、"纠缠"的意思。其他还有〔知委〕(131)是"知道"的意思,〔成持〕(670)是"帮助"的意思,〔从索〕(249)是"质问"的意思,〔参详〕(379)是"思量"的意思,〔绰绽〕(811)是"破裂"的意思,〔词乖〕(773)是"违背"的意思,〔承忘〕(234)是"料到"的意思,〔求守〕(252)是"乞求"的意思,〔色类〕(380)是"人物"的意思,〔塞当〕(611)是"适合"的意思,〔随逐〕(178)是"相继"的意思,〔散惮〕(68)是"闲散"的意思,〔田常〕(110)是"抵偿"的意思,〔稳审〕(5)是"周密"的意思,〔搆揬〕(264)是"欺骗"的意思,〔剜掗〕(274)是"追随"的意思,〔兴生〕(689)是"作买卖"的意思,〔要勒〕(276)是"拘箝"、"抑制"的意思,〔贡高〕(617)是"骄傲自高"的意思,〔教招〕(674)是"教导"的意思,〔排打〕(685)是"赏玩"的意思,〔尖新〕(67)是"新奇"的意思,等等。

第三,同现代汉语比较,一些联合式复音词的词义、词形、词性有所不同。换句话说,这些复音词流传到现在,在词义、词形、词性方面发生一些变化。

首先,词义不同。这包括词的基本意义不同和词义的抽象程度不同两种情况。例如:

〔知识〕 现代汉语中主要指人们在实践中所获得认识和经验

① 见蒋礼鸿《敦煌变文字义通释》第 356 页,上海古籍出版社,1988 年新 2 版。
② 见袁宾《变文词语考释录》第 138 页,载《敦煌语言文学论文集》,浙江古籍出版社,1988 年版。

的总和,变文中"知识"有两义:一是当"朋友"讲,如《董永变文》:"为缘多生无姊妹,亦无知识及亲房。"(109)二是当"认识"讲,如《孔子项託相问书》:"小儿答曰:'吾闻鱼生三日,游于江海;兔生三日,盘地三亩;马生三日,趁(趁)及其母;人生三月,知识父母。天生自然,何言大小!'"(231)又如《佛说阿弥陀经讲经文》:"诸仏国地之日,总是凡夫,皆因善知识,发露忏悔,得成仏果。"(463)

〔纸笔〕　现在指纸和笔两种文具,变文中则特指字据。如《燕子赋》:"还有纸笔当直,莫言空手冷面。"(252)"纸笔"的这一意义,在明清小说里尚比较常见,现代汉语普通话中则消失了。

〔田地〕　现代汉语中是土地的意思,变文除指土地外,还指地方,如《难陀出家缘起》:"佛语难陀道:'我缘今日斋去,是汝且与我看院。有四个水硙与添满,更有院中田地,并须扫却。待我到来,一任汝去。'"(398)田地的"地方"义亦多见于宋代话本中。

〔使命〕　现代汉语中指派人办事的命令,变文中则指使者,如《张义潮变文》:"陈元弘进步向前,称是'汉朝使命,北入回鹘充册立使,行至雪山南畔,被背乱回鹘劫夺国信,所以各自波逃,信脚而走,得至此间,不是恶人。伏望将军希垂照察。'"(116)

〔惭愧〕　现代汉语中指由于做错事或未尽到责任而感到心里不安,变文中则是"感谢"的意思。如《伍子胥变文》:"更蒙女子劝谏,尽足食之。渐愧弥深,乃论心事。"(6)《维摩诘经讲经文》:"深生暂(惭)愧,岂敢忘恩。"(603)

〔断送〕　现代汉语中是指(生命、前途)毁灭、丧失的意思,变文中则指赠送财物,如《不知名变文》:"倾尅(顷刻)中间,烧钱断送。"(817)

〔抬举〕　现代汉语中指看重某人而加以提拔,变文中则是照料、养育的意思。如《父母恩重经讲经文》："热时太热为恩怜,寒即尽寒为臺举。"(672)又:"就中苦是阿娘身,臺举孩儿岂但频。"(682)

〔透露〕 现代汉语中是泄露的意思,变文中则是逃脱和让通过的意思。如《太子成道变文》:"其太子见于父母识知毫相,便欲波逃,愿求苦行。其父王更切堤坊(提防),恐虑透漏。"(325)

〔分析〕 现代汉语中意义比较抽象,是指把某种事物、现象分成若干部分,并说明其间的联系,同"综合"相对;变文中意义则比较具体,指申辩或申诉。如《燕子赋》:"遂往凤凰边下,下牒分析。"(249)

〔修理〕 现代汉语中指把损坏的东西恢复完好,变文中除有上述含义外还有处置、处理的意思。如《舜子变》:"瞽叟报言娘子:'缘人命致重,如何但修理他。有计但知说来,一任与娘子鞭恥。'"(132)

其次,词形不同。这是由于构成复音词的单音同义词类聚体中发生不同组合导致词义、词性基本相同而词形不同。如:

〔计料〕 "计"、"算"、"料"、"较"属同义单音词类聚体,现代汉语中组合为"计算"、"计较"、"算计"等复音词。变文中除有"计算"(111)、"计较"(621)外,还有"计料"一词。如《降魔变文一卷》:"明朝许期斗圣,今日使脚私逃,假令计料不襟,不合相报。"(379)

〔澡浴〕 "洗"、"沐"、"浴"、"澡"是一个同义类聚体,现代汉语中有"洗澡"一词比较常用,书面语言中尚有"洗浴"、"沐浴"。变文中除组合成"洗浴"(882)、"沐浴"(875)外,还组合成"澡浴"。如《维摩诘经讲经文》:"愚痴不悟,常将世间清冷之水,澡浴磨灭。"(585)

〔酌度〕 "酌"、"量"、"度"为一个同义类聚体,现在有"酌量"一词,变文中除有"酌量"(61)外,还组合成"酌度"。如《维摩诘经讲经文》:"我也深知你见解,酌度你根几,与维摩不教些些,为甚如今谦退。"(606)

〔差恶、丑差〕 "丑"、"差"、"恶"属一个同义类聚体,现代汉语中有"丑恶"一词,变文中除组合成"丑恶"(387)外,还组合成"丑差"、"差恶"。如《丑女缘起》:"争那就中容貌差,交奴恶见国朝臣。心知是朕亲生女,丑差都来不似人。"(790)《目连缘起》:"差恶身体干枯,岂有平生之貌?"(704)

〔称扬、称叹〕 "赞"、"扬"、"叹"、"称"是一个同义类聚体,现代汉语中有"赞扬"、"称赞"、"赞叹"各词,变文中除"赞扬"(488)、"称赞"(856)、"赞叹"(168)外,还有"称扬"和"称叹"。如《维摩诘经讲经文》:"贤惠威德,众所称扬。"(593)《孝子传》:"出有力,不畏险阻,路人见者,无不称叹。"(906)

再次,词性不同。多数是变文中为动词,现代汉语中为名词,也有变文中是名词、形容词,现在变为动词的。

动→名:

〔裁缝〕

现代汉语中"裁缝"是名词,变文中只用作动词。如《维摩诘经讲经文》:"巧裁缝,能绣补,刺成盘凤须甘雨。"(629)

〔告示〕

现代汉语中"告示"为名词,变文中只用作动词。如《降魔变文一卷》:"明勅告示已了,须达便即归回。"(379)

〔经纪〕

现代汉语中可作经纪人讲,是个名词,变文中只用作动词,是

做生意的意思。如《父母恩重经讲经文》:"不然与本教经纪,媿在徒儿立得身。"(686)

名→动:

〔怀抱〕

现代汉语中是动词,变文中则用作名词,是"心情"、"心意"的意思。如《伍子胥变文》:"恩泽不用语人知,幸愿娘子知怀抱。"(6)

〔物色〕

现代汉语中是动词,"寻找"的意思;变文中则用作名词,是"东西"的意思。如《不知名变文》:"姜(善)惠却往还不,和上(尚)又逞(遗)三般物色。"(819)

形→动:

〔破坏〕

现代汉语中是动词,变文中则是形容词。《燕子赋》:"见一空闲窟,破坏故非新。"(264)

〔周旋〕

现代汉语中为动词,是"回旋"、"交际应酬"、"较量"的意思;在变文中则用作形容词,是"漂亮"的意思。如《丑女缘起》:"毁谤阿罗汉果业,致令人貌不周旋。"(800)

2 偏正式

变文中的偏正式复音词共有 800 个,占全书总复音词数的 18.40%,占语法造词数的 22.02%,占运用词序方式造词数的 24.12%。

2.1 语义构成

按照偏语素和正语素的语义关系可以区别为三种情况:一是

偏语素限制、修饰的正语素是有关人和事物的,二是偏语素限制、修饰的正语素是有关动作和行为的,三是偏语素限制、修饰的正语素是有关性质和状态的。

2.1.1　偏语素限制、修饰的正语素是有关人和事物的

按照限制、修饰的各种不同情况,又可区分为八类:

㈠　表身份职业

变文中也有一批类似大类名的正语素,构成数量众多的表身份、职业的偏正式复音词。其中构词能力强的有"人"、"家"、"士"、"师"四个,其他还有"儿"、"女"、"郎"、"夫"、"客"、"户"、"王"、"官"、"母"等。

〔～人〕,如:

(1) 门官有至厅前启相公:"门生有一生口牙人,今领一贱人见相公,不敢不报。"(《庐山远公话》176)

(2) 蕃人已见,喜不自昇(胜),拜谢皇帝,当时便射。(《韩擒虎话本》204)

(3) 其将闻船人此语,遂即却回,至子胥边具说船人之语。(《伍子胥变文》22)

(4) 具说《汉书》修制了,莫道词人唱不真。(《捉季布传文一卷》71)

(5) 山神又问:"僧人到此,所须何物?"(《庐山远公话》169)

(6) 有一商人来献供,请问如来往昔因,毫光远照若须弥,因地之中持何戒。(《佛说阿弥陀经讲经文》466)

(7) 农人辛苦官家见,输纳交伊自手量。(《长兴四年中兴殿应圣节讲经文》419)

（8）鱼人闻唤，当乃寻声，芦中忽见一人，便即摇船就岸。（《伍子胥变文》13）

（9）不问且言为贼士，既问须知非下人。（《捉季布传文一卷》64）

（10）堂堂六尺丈夫身，雪色衣裳称举人。（《父母恩重经讲经文》685）

〔～家〕，如：

（1）令知织妇之劬劳，交识蚕家之忙迫。（《长兴四年中兴殿应圣节讲经文》418）

（2）使君得教（效），顶谒再三，启言和尚："虽自官家明有宣头，不得隐藏师僧，且在某衙府回避，乞（岂）不好事。"（《韩擒虎话本》197）

"官家"指"皇帝"。

（3）厨家以事奏上官家，当时即召集诸群臣百寮及左右问之，并言不识。（《搜神记》884）

（4）蚕家辛苦尚难裁，终日何曾近镜台。（《长兴四年中兴殿应圣节讲经文》419）

（5）每念田家四季忙，支持图得满仓箱。（《长兴四年中兴殿应圣节讲经文》419）

（6）衾虎闻语，便知箫磨呵不是作家战将。（《韩擒虎话本》200）

"作家"是"行家"义。

（7）后阿孃问替叟曰："是你怨（冤）家修仓，须得两个笠子。大伊怨家上仓，不计是两个笠子，四十个笠子也须烧死。"（《舜子变》132）

（8）儿家本住南阳县，二八容光如皎练。（《伍子胥变文》5）

"儿家"是女人自称。

〔～士〕，如：

（1）父母怜爱，叹曰："我儿一身未得好学，遂〔遣〕向定州博士边孝先生下入学，先生是陈留信义人也。……"（《搜神记》879）

（2）有人言某村、某聚落，有一处士名医，急令人召到，便令候脉。（《维摩诘经讲经文》577）

（3）而况维摩大士，莫测津涯，说万事如在掌中，谈三界境不离心内。（《维摩诘经讲经文》604）

（4）陛下诏道士，道士奉奏。（《叶净能诗》221）

（5）霸王遂诏钟离末，领取陵母，返缚，交三十武士，各执刀棒，驱至帐前。（《汉将王陵变》44）

（6）吴王既见战卒，列在城南，便即慰劳战士。（《伍子胥变文》19）

（7）夜深以后，陵自出来，唤左右曰："吾今不死者，非壮士也！"（《李陵变文》89）

（8）时五百长者与居士，相随出毗耶离城，行至路边，忽然染患成方丈。（《维摩诘经讲经文》555）

〔～师〕，如：

（1）大师有偈：自从旷劫受深流，六道轮回处处週，若不今生猛断却，冤家相报几时休。（《庐山远公话》181）

（2）法师讲赞，海内知名，人主称传，国中第一。（《庐山远公话》185）

(3) 多将汤药问因依,大照国师寻斩候。(《维摩诘经讲经文》579)

(4) 诸寺毗尼、法律僧政、法师、律师,诸僧众、尼众、阿姨师,总愿龙花三会,同登解脱之床,贤劫数中,早证无为之果。(《佛说阿弥陀经讲经文》471)

(5) 仙师见太子出来,流泪满目,手拭眼泪,口赞希嗟。(《八相变》333)

(6) 又诏诸相师,近抱太子。(《太子成道变文》322)

(7) 便唤医师寻妙药,即求方术拟案(安)魂。(《欢喜国王缘》775)

〔～儿〕,如:

(1) 俗语云:宁值十狼九虎,莫逢痴儿一怒。(《燕子赋》251)

(2) 晏子对王曰:"体有于丧生于事,粳粮稻米出于粪土,健儿论功,停儿说苦,今臣共其王言,何劳问其先祖!"(《晏子赋》245)

(3) 扑枷卧于枪下倒,失声不觉唤娇儿。(《汉将王陵变》43)

〔～女〕,如:

(1) 宫中伎女,无不依属,内监嫔妃,皆今官(宫)处。(《维摩诘经讲经文》575)

(2) 娇爱容光在目前,列(烈)女忠贞浪虚弃。(《伍子胥变文》7)

(3) 其魔女者,一个个如花菡萏,一人人似玉无殊。(《维摩诘经讲经文》620)

（4）善男善女檀越，信心奉戒持斋，精修不惓。（《佛说阿弥陀经讲经文》461）

〔～郎〕，如：

（1）景伯问曰："女郎是谁家之女，姓何字谁，何时更来相见？"（《搜神记》873）

（2）遂出跪拜鸤鹈，唤作大郎二郎。（《燕子赋》250）

〔～夫〕，如：

（1）言即非凡夫者，无实凡夫，若是为凡夫，即不言证圣也。（《金刚般若波罗蜜经讲经文》434）

（2）我皇每临美膳，尝念耕夫。（《长兴四年中兴殿应圣节讲经文》419）

（3）问我新从何处来，听取老夫细祗对。（《维摩诘经讲经文》610）

〔～客〕，如：

（1）只留三五人，作一商客。（《庐山远公话》175）

（2）臣以傍观的审监貌可知，望陛下追问逼遄，必是怀冤侠客！（《伍子胥变文》17）

〔～户〕，如：

（1）净能曰："知上人是大户，何用推辞?"（《叶净能诗》221）

"大户"指酒量大的人。

（2）王遣还他窟，乞请且通容：崔儿是课户，岂共外人同。（《燕子赋》265）

"课户"指纳税户。

〔～王〕，如：

(1) 帝释梵王频来问,父母嫌卑不许人。(《破魔变文》252)

(2) 天女咸生喜跃,魔王自己欣欢。(《维摩诘经讲经文》621)

〔～官〕,如:

(1) 下官身是仵子胥,避楚逃逝入南吴。(《伍子胥变文》6)

(2) 牙官少有三公子,首领多饶五品绯。(《王昭君变文》100)

〔～母〕,如:

(1) 丈人丈母不知,今日浑成差事!(《丑女缘起》799)

(2) 渐渐时长,王勒乳母,从今不许其子出门。(《祇园因由记》405)

㈠ 表状貌、质地

这是由表示状貌、质地的偏语素,修饰多属具体事物的正语素所构成的偏正式复音词。如:

(1) 也无有清泥皂(臭)秽。(《佛说阿弥陀经讲经文》476)

"清泥"即"青泥",指臭秽的淤泥。

(2) 直须更改旧行藏,莫恋红楼宴会昌。(《维摩诘经讲经文》557)

(3) 言无情外风者,无团风、黑风、黄风等,吹山拔树之风也。(《佛说阿弥陀经讲经文》476)

(4) 直为高心欺我国,长交北海枚(牧)伍(低—羝)羊。(《李陵变文》92)

"高心"指妄自尊大。

（5）况此天女一个个形如白玉，一个个貌似鲜花。（《维摩诘经讲经文》628）

（6）答曰："若打一下，诸坊布鼓自鸣。……"（《前汉刘家太子传》161）

（7）领将陵母，鬏发齐眉，脱却沿身衣服，与短褐衣，兼带铁钳，转火队将士解闷。（《汉将王陵变》43）

（8）更有化生玉女，亲身来奉金瓶，前后散众香花。（《太子成道变文》322）

（9）我与他牙梳一枚，……。（《搜神记》873）

（10）经说十地丼，隔如轻罗而观日月，如隔蝉纱而观仏性。（《佛说阿弥陀经讲经文》473）

（11）便于香垆（炉）峯顶北边，权时结一草菴。（《庐山远公话》168）

（三）表用途、功能

用表示用途、功能的偏语素，修饰、限制多指用品、器物的正语素所构成的复音词。转换为词组可扩展为"用于 A①（偏语素）的 B（正语素）"。如：

（1）便索剪刀临欲剪，改刑（形）移貌痛伤神。（《捉季布传文一卷》60）

（2）城上修营战格，门门格立，拋（抛）车更伏，作冶镕铜，四面多安擂木。（《伍子胥变文》20）

---

① "用于 A 的 B"中的 A，有时是动宾结构，如"香炉"，是用于烧香的炉，"毬场"是用于踢毬的场，等等。

"抛车"指用于发射石块的战车。

(3) 远公接得纸笔,遂请香炉,登时度过,拜谢相公已了。(《庐山远公话》177)

(4) 过失推向将军上,汉家兵法任交(教)虏。(《李陵变文》95)

(5) 试交骑马捻毬杖,忽然击拂便过人。(《捉季布传文一卷》63)

(6) 到日毬场宣诏喻(谕),勅书褒奖更丁宁。(《张淮深变文》124)

(7) 经:"复尽形供养饮食、衣服、卧具、医药。"(《妙法莲华经讲经文》505)

(8) □□光明倍寻常,照曜竹林及禅房。(《频婆娑罗王后宫䌽女功德意供养塔生天因缘变》768)

(9) 舍利弗言长者:"园虽即好,林木芙疏,多有酒坊猖婬之室,长众生之昏闇,滋苦海之根源,此处不堪,别须选择!"(《降魔变文一卷》365)

(10) 然后吹法螺,击法皷,弄刀枪,振威怒,动似雷奔,行如云布。(《降魔变文一卷》381)

㈣ 表领属关系

偏正语素之间的关系是领属关系。转换成词组后可扩展为"A 的 B"。如:

(1) 忽闻忉利天众,转身称喜庆之声,严置道场。(《太子成道变文》323)

(2) 真风俗谛同行,而鱼水相须;王法佛经共化,而云龙契合。(《长兴四年中兴殿应圣节讲经文》412)

（3）梵言阿弥陁，言无量寿。且知应言阿波啰米多，阿之字，唐言是无。波啰二字，唐言是量。米多二字，唐言是寿。（《佛说阿弥陀经讲经文》474）

"梵言"即梵语，"唐言"犹汉语。

（4）感文殊而垂手，接臂虚空，承我佛于河滩，达于彼岸。（《八相变》341）

（5）法华和尚闻语，遂（递）袖内取出合（盒子），已（以）龙仙膏往顶门便涂。（《韩擒虎话本》196）

（6）圣子有三十二相，相相并加诸（庄）严；八十随形，形形总超人貌。（《太子成道变文》322）

"人貌"犹相貌。

（7）新妇应声即出，其阿婆乃于栿脚下取天衣，遂乃视之。（《搜神记》883）

（8）第三，卧具者，或象牙为床，金莲作座，……。（《妙法莲华经讲经文》507）

（9）今遭国难来投仆，辄莫谈扬闻四邻。（《捉季布传文一卷》57）

（10）且见李陵，身卦胡裘，顶带胡帽，脚跢赤荆。（《苏武李陵执别词》848）

㈤　表类属关系

偏正语素之间是类属关系。转换成词组后可扩展为"A这类B"。如：

（1）惭愧我世尊悲愿重，唯留佛教在世间。（《三身押座文》827）

（2）波罗奈城，得无上之法宝。（《太子成道变文》323）

（3）若道教通神，符録（籙）绝纱，天下无过叶天师耶？（《叶净能诗》226）

（4）口中衔七粒粳米，日食一粒，以济残命。（《前汉刘家太子传》161）

（5）乞臣残命归农业，生死荣华九族忻。（《捉季布传文一卷》70）

（6）若不得鲤鱼食之，即应死矣。（《搜神记》865）

（7）嵩闻此语，苍（仓）忙而走，向地觅堇菜，全无所得。（《搜神记》866）

（8）体似莲花數一朵，心如明镜照漂清。（《维摩诘经讲经文》634）

（9）生前直懒供茶水，没后虚劳酹酒浆。（《故圆鉴大师二十四孝押座文》837）

（10）虽是女人身，明解经书，凡所造作，皆今天符。（《韩朋赋一卷》137）

㈥　表数量

用表示数量的偏语素限制多为抽象事物的正语素所构成的复音词。如：

（1）儒童说五典，释教立三宗。（《庐山远公话》192）

（2）三乘五姓远流通，八难四生令离苦。（《维摩诘经讲经文》525）

（3）食一麦而为斋，养四大之幻体。（《八相变》341）

佛教称地大、水大、火大、风大为四大，身体为四大合一，故"四大"有"身体"义。

（4）于是魔王既观下界，又不见五逆之男，又不见孝顺之

子。(《破魔变文》347)

佛教谓罪恶之极曰五逆。

（5）一日一夜，若能至心，受如来清净八戒，必生天上，快乐自在。(《欢喜国王缘》777)

（6）言讫，启告十方诸佛，弟子今者为诸众生迷心不解，未悟大乘。(《庐山远公话》170)

（7）意云："一切诸经律部，选甚大乘小乘，皆于往日之时，亲向仏边听受。"(《维摩诘经讲经文》524)

（8）傥或大限到来，如何免脱。(《不知名变文》817)

㈦　表情态

用表示情态的偏语素修饰正语素构成的复音词。如：

（1）欲得当来登彼岸，要持净戒护浮囊。(《佛说阿弥陀经讲经文》98)

（2）王陵下鞭如掣电，灌婴独过似流星。(《汉将王陵变》40)

（3）何方英才？相貌精神，容仪耸斡。(《伍子胥变文》5)

（4）当情道着莫生嫌，辟病说时徒戒助。(《无常经讲经文》664)

"当情"指隐情。

（5）仆射闻吐浑王反乱，即乃点兵，鏊凶门而出，取西南上把疾路进军。(《张义潮变文》114)

"疾路"即近路。

（6）切要抚怜于所使，倍须安邮向孤孀。(《故圆鉴大师二十四孝押座文》837)

（7）斗乱亲情，欺隣逐里。(《蚜虷书一卷》858)

"亲情"指亲友。

(8) 龙吟凤舞彩云中,琴瑟鼓吹和雅韵。(《佛说阿弥陀经讲经文》484)

㈧ 表方位

用表示方位的偏语素或正语素构成的偏正式复音词。如:

(1) 前后不经旬日,有北蕃大下婵(单)于遣差突厥守(首)领为使,直到长安,遂色(索)随(隋)文皇帝交战。(《韩擒虎话本》204)

(2) 尚书远送郊外。(《张淮深变文》124)

(3) 北边坐人是北斗,南边坐人是南斗。(《搜神记》868)

(4) 五、世流布我,谓西国人相见,□□称于我。(《维摩诘经讲经文》523)

(5) 如今圣主召贤才,去耳中华长用武。(《蚖蚖书一卷》860)

2.1.2 偏语素限制、修饰的正语素是有关动作、行为的。

从不同含义的偏语素又可区分为表行动情态、表动作程度、表行为方式三类。

㈠ 表行动情态

用表示情态的偏语素修饰表示动作、行为的正语素构成的偏正式复音词。如:

(1) 骑十力马,下精进鞭。(《破魔变文》348)

(2) 损形容,各肠肚,乞待儿皈再团聚。(《父母恩重经讲经文》690)

(3) 子玉是人臣,……却交人君向门外祗候。(《唐太宗

入冥记》209)

"祗候"是"恭候"义。

(4) 人心渴望,仏(佛)宣扬。(《长兴四年中兴殿应圣节讲经文》414)

(5) 自从夫主亡后,而乃霜(孀)居。(《目连缘起》701)

㈡　表动作程度

用表示程度的偏语素限制表示动作、行为的正语素构成的偏正式复音词。如:

(1) 其时舍利〔弗〕与须达度量其地,各把绳次,身子微笑。(《祇园因由记》408)

(2) 陛下若到长安,须修功德,发走马使,令放天下大赦。(《唐太宗入冥记》214)

(3) 太子遂生忿怒,雅责须达大臣:"卿今应谋社稷,拟与外国相连。"(《降魔变文一卷》368)

"雅责"系"深责"义。

(4) 贼等不虞汉兵忽到,都无准备之心。(《张义潮变文》115)

"不虞"是"没想到"的意思。

㈢　表行为方式

用表示方式、方法的偏语素限制表示行为的正语素构成的偏正式复音词。如:

(1) 二将当时夜半越对,谯得皇帝洽背汗流。(《汉将王陵变》36)

"越对"指非正式的打破常规的要求皇帝召见。

(2) 雀儿向前启:"凤凰王今怎不知! 穷研细诸问,岂得

信虚词！"(《燕子赋》264)

"诸问"即"诛问"，是"责问"的意思。

（3）便遣目连与剃度，当时得作比丘身。（《难陁出家缘起》403)

（4）不乘宝马轻车，遂乃步行途路。（《维摩诘经讲经文》607)

2.1.3　偏语素限制、修饰的正语素是有关状态、性质的。如：

（1）退浑小丑（下缺）。（《张淮深变文》127)

（2）曾向祁连□□□，几回大漠虏元凶。（《张淮深变文》127)

（3）卒客无卒主人，暂坐撩治家常。（《燕子赋》250)

（4）汝与僧众，火急各自回避。（《庐山远公话》171)

2.2　词性构成

从词性分布看，偏正式复音词主要是名词，共有 753 个，占 94.1%。构成名词的主要是〔动＋名〕、〔形＋名〕、〔名＋名〕、〔数＋名〕，其余还有〔形＋动〕、〔数＋动〕、〔形＋形〕、〔名＋动〕、〔名＋方位〕、〔方位＋名〕、〔副＋动〕。构成动词的有〔名＋动〕、〔形＋动〕、〔副＋动〕、〔数＋名〕，构成形容词的有〔形＋形〕、〔形＋名〕、〔名＋形〕、〔动＋名〕，构成代词的有〔名＋名〕、〔代＋名〕、〔方位＋名〕、〔方位＋动〕、〔名＋方位〕。

动＋名→名：

（1）雨点若着如中箭，电子逢人似连锤。（《破魔变文》348)

（2）两脚出来如露柱，一双可脯似粗椽。（《丑女缘起》800)

（3）儿答：本是长安君子，进士出身。（《下女［夫］词》273）

（4）帝又问："尊师饮户大小？"（《叶净能诗》221）

"饮户"指酒量。

（5）听众转多，难为制约。（《庐山远公话》174）

（6）少时还美妙，丑拙是临年。（《维摩诘经讲经文》577）

"临年"指老年。

（7）但言日月照临者，何处生灵不感恩。（《长兴四年中兴殿应圣节讲经文》411）

（8）铁犁耕舌洋（烊①）铜灌，磨摩碓捣作微尘，如斯痛苦满其中，总是多生谤三宝。（《佛说阿弥陀经讲经文》484）

"烊铜"指铜汁。

形＋名→名：

（1）八水三川如掌内，大道青楼若服（眼）前。（《王昭君变文》101）

（2）远公曰："商（适）来之声，便是贫道念经之声。"（《庐山远公话》168）

（3）门传阀阅，抚养黎民，惣邦教之清规，均木（水）土之重位。（《破魔变文》345）

（4）朱解心粗无远见，拟呼左右送他身。（《捉季布传文一卷》64）

（5）妖桃而乃越妲娥，艳质而休夸妲妃。（《维摩诘经讲经文》628）

---

① 见蒋礼鸿《敦煌变文字义通释》第 103 页，上海古籍出版社，1988 年新 2 版。

"妖桃"指美色。

名+名→名:

(1) 永抛不久停,阳焰非真实。(《维摩诘经讲经文》555)
"阳焰"指阳光中微尘形成的光气。

(2) 白疟曰:"我要你作一手力,得之已否?"(《庐山远公话》172)

(3) 若也服之三年,养虾蟆得水病报。(《茶酒论一卷》268)

(4) 乃命左散骑常侍李众甫,供奉官李全伟、品官杨继璃等,上下九使,重贵国信,远赴流沙。(《张淮深变文》123)

(5) 我舍慈亲来下界,不要将身作师僧。(破魔变文》352)

(6) 苞不得已,结草奄(菴)于里巷之首,经营美味,辄请人送上父母。(《孝子传》905)

数+名→名:

(1) 三魂真遣掌前飞,收什精神听我语。(《汉将王陵变》42)

(2) (前缺)三公何处来?(《秋胡变文》154)

(3) 正月十五日夜二更,车马侍从,尽着白衣,得有一百余人,向蜀王殿上作乐,曲终便去。(《叶净能诗》224)

(4) 见君文武并皆全,六艺三端又超群。(《降魔变文一卷》352)

(5) 三边息浪,四塞尘清。(《降魔变文一卷》362)

形+动→名:

(1) 子胥曰:"臣是小人,虚沾大造,蒙王收录,早是分外

310

垂恩。"(《伍子胥变文》18)

　　(2) 寒豪(号)[□],夜夜号,青雀儿色能青。(《百鸟名》853)

数+动→名:

　　(1) 求生天者,须持八戒。(《欢喜国王缘》777)

　　(2) 三余读书,岂不得达?(《秋胡变文》154)

"三余"指冬日、黑夜、阴雨之时。

形+形→名:

　　(1) 妾是仵茄之妇细辛。(《伍子胥变文》10)

"细辛"是一种中药材。

　　(2) 最难诓惑谩衷恳,不易轻欺对上苍。(《故园鉴大师二十四孝押座文》835)

名+动→名:

　　(1) 玉漏相传,二更四点,临入三更,看看则是斫营时节。(《汉将王陵变》37)

　　(2) 万计事须相就取,陪些房卧①莫争论。(《丑女缘起》791)

名+方位→名:

　　(1) 日中赶取弟来,[弟须]严备装束待我。(《搜神记》875)

　　(2) 妾闻:"居塞北者,不知江海有万斛之舡;居江南者,不知塞北有千日之雪。"(《王昭君变文》99)

---

　　① "房卧",《敦煌变文集》作房卧(屋),即校"卧"为"屋"。《敦煌变文字义通释》认为"房卧"是一名词,今从是说。

方位＋名→名：

（1）以长官夫妇情深，净能遂救其性命，但劣赴任，将绢以充前程，无使再三。（《叶净能诗》218）

"前程"指路费。

（2）昔有樊察至孝，内亲早亡，继事后母。（《搜神记》865）

"内亲"指生母。

副＋动→名：

好用常住水菓，盗常住柴薪。（《大目乾连冥间救母变文并图一卷并序》726）

名＋动→动：

（1）尚书见贼□降伏，莫遣波逃星散去。（《张淮深变文》121）

（2）实缘避难，事有急疾，亦非强夺，愿王体悉。（《燕子赋》252）

形＋动→动：

（1）其时南天境内，有一年老尊师，道行精专，德业更无过者，非是人间化利，每向三十三天，共帝释分坐安居，说老空无常理。（《太子成道变文》323）

（2）既有忘（妄）想，即有无明。（《庐山远公话》183）

副＋动→动：

（1）单于见阵输失，心怀不分（忿）。（《李陵变文》85）

（2）起为差充兵卒，远筑长城，吃苦不襟（禁）。（《孟姜女变文》34）

数＋名→动：

远公曰："万福。"（《庐山远公话》168）

312

形＋形→形：

正酷热天须扇枕，遇严凝月要温床。(《故圆鉴大师二十四孝押座文》837)

形＋名→形：

急手出火，烧却前头草。(《李陵变文》86)

"急手"是"急速"义。

名＋形→形：

残年改易如流速，甘旨供承似火忙。(《故圆鉴大师二十四孝押座文》837)

动＋名→形：

相貌精神，容仪笔幹。(《伍子胥变文》5)

代＋名→代：

邪心祇是自家欺。(《金刚般若波罗蜜经讲经文》434)

名＋名→代：

第三女道："世尊！世尊！奴家年幼，父母偏怜，端正无双，聪明少有。"(《破魔变文》352)

"奴家"是女子自称。

方位＋名→代：

不是交娘得如此，下情终日也饥寒。(《不知名变文》815)

"下情"是第一人称谦卑称。

方位＋动→代：

吾闻人相知于道术，鱼相望(忘)于江湖，下奏(走)身是游人，岂敢虚相诳语！(《伍子胥变文》13)

"下走"同"下情"，都是"我"的谦卑称。

名＋方位→代：

足下辛(新)从帝邑来,诛灭陵亲实已否?(《李陵变文》95)

变文中的偏正式复音词,值得注意的有以下几点:

第一,语义构成方面,正语素和偏语素的结合关系,比《论衡》有明显发展,比《世说新语》也有部分调整。偏正式的正语素,《论衡》中主要是表示人或事物方面的意义,表示动作、行为方面的意义较少。在变文中除大量有关人或事物的意义外,也出现相当多有关动作、行为的和少数有关性质、状态的意义,这大体同《世说新语》相似。同《世说新语》有所调整的主要表现在:《世说新语》中正语素有关人或事物的区分为表身份职业,表状貌、质地,表用途、功能,表数量大小,表领属关系,表类属关系,共七类;变文中则区分为表身份、职业,表状貌、质地,表用途、功能,表领属关系,表类属关系,表数量,表情态,表方位,共八类。其中表身份、职业一类,正语素可充作大类名的也有新的增加和变化。可参看下表:

断 代 专 书	可充当大类名的正语素
先 秦	人、夫、氏、士、师、子等
《论衡》	人、士、工、匠、家等
《世说新语》	人、士、工、家、儿、女、母、兄、郎、客、主、奴等
《敦煌变文集》	人、家、士、师、儿、女、郎、夫、客、户、王、官、母等

第二,词性构成方面,结构方式在原来的基础上又有了新的发展。先秦主要是〔名＋名〕构成名词,《论衡》中构成名词的主要是〔名＋名〕、〔形＋名〕,其余还有〔数＋名〕、〔动＋名〕、〔形＋动〕;此外还有少量〔动＋动〕、〔名＋动〕构成的动词。《世说新语》构成名词的主要是〔名＋名〕、〔形＋名〕、〔数＋名〕、〔动＋名〕,其余还有

314

〔形＋动〕、〔名＋方位〕、〔方位＋名〕、〔方位＋动〕；构成动词的有〔形＋动〕、〔动＋动〕、〔名＋动〕、〔副＋形〕；构成代词的有〔代＋名〕、〔代＋动〕。变文中构成名词的主要是〔动＋名〕、〔形＋名〕、〔名＋名〕、〔数＋名〕，其余还有〔形＋动〕、〔数＋动〕、〔形＋形〕、〔名＋动〕、〔名＋方位〕、〔方位＋名〕、〔副＋动〕；构成动词的有〔名＋动〕、〔形＋动〕、〔副＋动〕、〔数＋名〕；构成形容词的有〔形＋形〕、〔形＋名〕、〔名＋形〕、〔动＋名〕；构成代词的有〔代＋名〕、〔名＋名〕、〔方位＋名〕、〔方位＋动〕、〔名＋方位〕。变文的结构方式显然比过去更复杂。

第三，同现代汉语比较，变文中 800 个偏正式复音词，流传至今的有 592 个，占 74%。这个比例高于《论衡》（占 44%）和《世说新语》（占 52.18%）。这些流传下来的词也同《论衡》、《世说新语》一样，多数变化不大，只有少数基本义位发生转移。如〔律师〕(471)，指佛教中善解戒律的人；〔博士〕(879、686)，指有学识、有技艺的人；〔大户〕(221)，指酒量大的人；〔作家〕(200)，指内行、里手；〔先生〕(113)，专指道士、术士；〔奸人〕(114)，专指密探、间谍；〔百年〕(253)指性命；〔家常〕(218)，指化缘；〔电影〕(541)，指电光；〔毛衣〕(852)，指羽毛；〔差事〕(789)，指怪事；等。

3 补充式

变文中的补充式复音词共有 194 个，占全书复音词数的 4.46%，占语法造词数的 5.34%，占运用词序方式造词数的 5.85%。

3.1 语义构成

按补语素的意义，可区分为表结果和表趋向两类。

3.1.1 表结果

表结果的补语素又可区分为死亡灭绝义、破损倒断义、完了解散义、获得见到义、放置义、给与义、是定义、使成义、使动义等九小类。

（一）死亡灭绝义

补语素主要有"死"、"杀"、"害"、"灭"、"绝"等。如：

（1）妻报瞽叟曰："妾见后院空仓，三二年来破碎，交伊舜子修仓，四畔放火烧死。"（《舜子变》131）

（2）玄石至家，乃即醉死。（《搜神记》878）

（3）昔有目连慈母，号曰青提夫人，住在西方，家中甚富，钱物无数，牛羊成群，在世悭贪，多饶杀害。（《目连缘起》701）

（4）回鹘新受诏命，今又背恩，此所谓□□，理合扑灭，以雪朝廷之愤。（《张淮深变文》125）

（5）愚痴不悟，常将世间清冷之水，澡浴磨灭。（《维摩诘经讲经文》585）

（6）燉煌昔日旧时人，虏丑隔绝不复亲。（《张义潮变文》118）

（二）**破损倒断义**

补语素主要有"破"、"损"、"倒"、"断"等。如：

（1）男儿丈夫，事有错误，脊被搨破，更何怕惧。（《燕子赋》251）

（2）一从骂破高皇阵，潜山伏草受艰辛。（《捉季布传文一卷》56）

（3）你头手已入镬中煮损，无由可得。（《搜神记》879）

（4）愿为宝马连长带，莫学孤蓬剪断根。（《王昭君变文》103）

（5）一志修行绝四流，网罗割断抛三界。(《维摩诘经讲经文》531)

（6）六师见宝山摧倒，愤气冲天，更发瞋心。(《降魔变文一卷》383)

（7）于是王郎既被谑倒，左右宫人，一时扶接，以水洒面，良久乃苏。(《丑女缘起》793)

（三）完了解散义

补语素主要有"了"、"尽"、"脱"、"除"、"散"等。如：

（1）亡国大夫，罪当难赦，拖出军门，斩了报来。(《韩擒虎话本》202)

（2）军官食了，便即渡江。(《伍子胥变文》20)

（3）未待教招一二年，等闲读尽诸书史。(《父母恩重经讲经文》685)

（4）今朝死活由神断，鸟入网中难走脱。(《张淮深变文》121)

（5）解刀脱除天子服，披头还着庶人裳。(《王昭君变文》104)

（6）惠日照推心上恶，慈风吹散国中灾。(《长兴四年中兴殿应圣节讲经文》413)

（四）获得见到义

补语素主要有"得"、"见"等。如：

（1）遂乃投仏出家，获得神通罗汉。(《目连缘起》706)

（2）修行直感动天宫，入定伏得龙兼虎。(《维摩诘经讲经文》628)

（3）阿婆向儿言说，索得个屈期丑物入来，与我作底。

（《蚧蚵书一卷》858）

(4) 如是家中养得一男，父母看如珠玉。（《庐山远公话》181）

(5) 便辞父母，欲诣庵园，或于郊野之中，逢见维摩居士。（《维摩诘经讲经文》606）

(6) 陈王闻语，念见名将郎大功训（勋），处分左右，放起头稍。（《韩擒虎话本》202）

㈤ 放置义

补语素是"在"和"著"。如：

(1) 行经数步，即至奈河之上，见无数罪人，脱衣挂在树上。（《大目乾连冥间救母变文并图一卷并序》720）

(2) 只今葬在黄河北，西南望见受降城。（《王昭君变文》105）

(3) 陈元弘拜跪起居，且（具）述根由，立在帐前。（《张义潮变文》116）

(4) 二将勒在帐西角头立地。（《汉将王陵变》38）

(5) 鬼众嗔信越诉，遂截头手，抛著镬中煮之。（《搜神记》879）

㈥ 给予义

补语素是"与"。如：

(1) 娑婆国里且无贫，拾得金珠乱过与人。（《不知名变文》815）

"过与"是"给与"义。

(2) 遂于将儿半路卖与王将军。（《孝子传》908）

(3) 号令三军，怨寡人者，任居上殿，操寡人首，送与西楚

霸王。(《汉将王陵变》36)

（4）兼所有国城妻子，象马七珍等，施与一切众生。(《八相变》329)

（5）即裂裙前三寸之帛，卓齿取血，且作私书，系箭［头］上，射与韩朋。(《韩朋赋一卷》140)

㈦　是定义

补语素有"为"、"作"、"定"、"着"等。如：

（1）领出军门，斩为三段。(《汉将王陵变》40)

（2）本来事主夸忠赤，变为不孝辱家门。(《捉季布传文一卷》60)

（3）于是目连天眼，观见慈门，已离地狱，将身又向王城化作狗身受苦。(《目连缘起》709)

（4）我已判定，雀儿不合过。(《燕子赋》265)

（5）将士夜深浑睡着，不知汉将入偷营。(《汉将王陵变》38)

㈧　使成义

补语素是"成"。如：

（1）修成功德之身。(《金刚般若波罗蜜经讲经文》435)

（2）孩儿渐长成童子，慈母忧心不舍离。(《父母恩重经讲经文》683)

（3）巧裁缝，能绣补，刺成盘凤须甘雨。(《维摩诘经讲经文》629)

（4）岸倒尘飞，变成旱地。(《降魔变文一卷》385)

㈨　使动义

补语素是"动"。如：

（1）才登坐上，震动魔宫。（《破魔变文》346）

（2）母后命终，停丧堂上，东家火起，与顺屋相连，独身□不能移动。（《孝子传》903）

（3）叶静能移山覆海，变动乾坤，製（制）约宇宙。（《叶净能诗》226）

（4）空将魔女娆他，亦恐不能惊动。（《维摩诘经讲经文》620）

（5）叫喊似雷惊振动，怒目得电光耀鹤。（《大目乾连冥间救母变文并图一卷并序》724）

3.1.2 表趋向

充当表示趋向意义的补语素主要有"来"、"到"、"出"、"去"、"向"、"过"、"起"、"下"等。

（一）"来"。如：

（1）昭军（君）一度登千山，千回下泪，慈母只今何在？君王不见追来。（《王昭君变文》102）

（2）子胥见吴王迎来，下马拜谢吴王。（《伍子胥变文》25）

（3）神人曰："上界令神送来！"（《叶净能诗》222）

（4）阿耶驱来作证见，阿孃也交作保知。（《张义潮变文》118）

（5）李陵闻言，向南即走，行经三日，遂被单于趁来。（《李陵变文》85）

"趁来"即赶来。

（6）我忆昔在庐山之日，初讲此经题目，便敢（感）得大石摇动，百草丛身，瑞鸟灵禽飞来，满似祥云不散。（《庐山远公

话》182)

(7) 后节度使必遣人搜殿,见此汗衫子,必差人进来。(《叶净能诗》223)

(8) 傥若今夜逢项羽,斩首将来献我王。(《汉将王陵变》37)

（二）"到"、"至"。如：

(1) 分明出勅千金诏,赚到朝门却杀臣。(《捉季布传文一卷》70)

(2) 三日三夜,往到朋家。(《韩朋赋一卷》138)

(3) 来到濮阳公馆下,且述天心宣勒文。(《捉季布传文一卷》58)

(4) 兵马较多,趂到界首,归去不得,便往却回,而为转说。(《汉将王陵变》39)"趂到"即"趁到"、"赶到"。

(5) 昔有随侯国使,路由汉水边转头□□出,随侯怜愍下马,水中而去,达到齐国。(《搜神记》889)

(6) 交三十武士,各执刀棒,驱至帐前。(《汉将王陵变》44)

(7) 霸王曰:"拔至帐前!"(《汉将王陵变》40)

（三）"出"。如：

(1) 孤(狐)猿被禁岁年深,放出城南百尺林。(《张义潮变文》118)

(2) 色相之身,从法身而现化,万法流行,从化身演出也。(《金刚般若波罗蜜经讲经文》430)

(3) 与口于母肿上吮之,即得小差,以脓血数口流出。

（《搜神记》865）

（4）在冢中发出棺木里得金钗无数，并金铤、绢两疋。
（《搜神记》873）

（5）夜叉点领罪人，鬼使令交逐后，须臾领出，得见慈亲。
（《目连缘起》705）

（6）近得如来相救出，身如枯骨气如丝。（《大目乾连冥
间救母变文并图一卷并序》740）

（7）趁出寺门，不得闻经。（《庐山远公话》187）
"趁出"即赶出。

（8）鱼龙奔波透出。（《伍子胥变文》14）

㈣ "去"。如：

（1）后使公孙遨（敖）入虏庭，输兵失利而回去。（《李陵
变文》95）

（2）所有听人，尽于会中，说此会中有一老人，听经一年，
道这个老人，来也不曾通名，去也不曾道字，自从开讲即坐，讲
罢方始归去。（《庐山远公话》170）

（3）飞来飞去傍山头。（《百鸟名》853）

（4）[而]广不用刘安之言，遂发看之，有一赤物大如屋
橡，衝突出去上天。（《搜神记》869）

㈤ "向"。如：

（1）过失推向将军上，汉家兵法任交虏。（《李陵变文》
95）

（2）阿你浦逃落籍，不曾见你膺王役，终遭官人棒脊，流
向担崖、象白。（《燕子赋》249）

（3）净能遂取笔书一道黑符，吹向空中，化为着黑衣神

人,疾速如云,即到岳神庙前。(《叶净能诗》217)

(4)其昆仑欲就看之,遥见去百步,即变为三个白鹤,两个飞向池边树头而坐,一个在池洗垢中间。(《搜神记》882)

㈥ "过"。如:

(1)楚将见汉将走过,然知是斫营汉将,踏后如赶无赖。(《汉将王陵变》39)

(2)乃伏棺号泣,火遂飞过,越烧西家,一时荡尽。(《孝子传》903)

(3)放过楚军。(《汉将王陵变》37)

㈦ "起"。如:

(1)杨妃亦见,处分左右:"册起使君,便赐上殿。"(《韩擒虎话本》198)

"册起"即扶起。

(2)其塔用黄金作柱,白玉作基,琉璃椽(橡)架起七重。(《佛说观弥勒菩萨上生兜率天经讲经文》649)

(3)红燄炎炎传□□(盛),一回吹起一回高。(《李陵变文》87)

㈧ "下"。如:

(1)相公买得贱奴,便令西院往(佳一家)人领于房内安下。(《庐山远公话》177)

(2)岳神自趋走下殿,长跪设拜,哀祈使者。(《叶净能诗》218)

(3)脱下翻旗,埋着地中,莫令贼见。(《李陵变文》91)

(4)织得锦成便截下,撰将来,便入箱。(《董永变文》111)

3.2　词性构成

作深层分析,可区分为补充式复音词的动语素和补语素主体
一致和不一致两种情况。

3.2.1　动语素和补语素的主体一致

又可区分为六小类:

㈠　〔及物动词 + 及物动词〕。如:

(1) 三年,不蒙採用。(《前汉刘家太子传》162)

(2) 递给价钱而买得,当时便遣涉风尘。(《捉季布传文
一卷》62)

(3) 行至家,向北堂觅见其夫,得见慈母。(《秋胡变文》
158)

㈡　〔及物动词 + 及物动词 + 宾语〕。如:

(1) 其美女者乃是天女,其两个大者抱得天衣乘空而去。
(《搜神记》882)

(2) 况是掳得你来,交我如何卖你。(《庐山远公话》175)

(3) 不经两三日中间,后妻设得计成。(《舜子变》131)

以上两小类的补充式复音词,转换为词组后可扩展为“A 而 B
之”。

㈢　〔不及物动词 + 不及物动词〕。如:

(1) 玄石至家,乃即醉死。(《搜神记》878)

(2) 阿婆语新妇曰:“你若著天衣弃我飞去。”(《搜神记》
883)

(3) 宫人并总睡着,只留车匿醒悟。(《八相变》339)

㈣　〔及物动词 + 不及物动词〕。如:

家人即如狄语,开冢看之,玄石面上白汗流出,开眼而卧。

（《搜神记》878）

㈤ 〔不及物动词＋形容词〕。如：

既乃长大成人，不孝父母，五逆弥天，不近智者，伴涉徒。
（《庐山远公话》181）

㈥ 〔形容词＋不及物动词〕。如：

阇梨苦死来相认，更说家中事意看。（《大目乾连冥间救
母变文并图一卷并序》718）

以上补充式复音词，转换为词组后可扩展为"A 而 B"。

3.2.2 动语素和补语素的主体不一致。

又可区分为两小类：

㈠ 〔及物动词＋不及物动词＋宾语〕。如：

（1）何不存心，放汉将研破寡人军营？（《汉将王陵变》
40）

（2）遂使望断黄沙，悲连紫塞。（《王昭君变文》102）

（3）纵有衰蓬欲成就，旋被流沙剪断根。（《王昭君变文》
98）

㈡ 〔及物动词＋形容词〕。如：

（1）称名次诸十方仏为作证明。（《佛说阿弥陀经讲经
文》463）

（2）寿命延长千万岁，福同日月放神光。（《佛说阿弥陀
经讲经文》472）

（3）并乃戒珠朗耀，法水澄清，作人天师，为国中宝。
（《佛说阿弥陀经讲经文》461）

（4）有四个水硙与添满，更有院中田地，并须扫却。（《难
陀出家缘起》397）

以上补充式复音词,转换为词组后可扩展为"A 之使 B"。

关于变文的补充式复音词,有两点值得注意:

第一,语义构成方面,同《论衡》、《世说新语》比较,相同的地方是:补语素所表示的意义均为表结果、表趋向;不同的地方是:表结果的补语素,《论衡》是不幸、消极义,获得、是定义;《世说新语》是不幸、消极义,获得、是定义,结束义,放置义;变文中则除了不幸、消极义(即死亡灭绝义和破损倒断义),获得、是定义,结束义,放置义以外,还有较多的给与义、使成义、使动义。表趋向的补语素,《论衡》中主要有"去"、"出"、"人"、"至",《世说新语》中主要有"人"、"去"、"来"、"至",变文中除了"去"、"出"、"来"、"至"外,还有"过"、"向"、"下"、"起"等。从上述比较,可以看到汉语补充式复音词逐步发展的脉络。三书的补充式复音词语义构成情况可参看下表(见下页)。

第二,词性构成方面,同《论衡》、《世说新语》相比,基本上都是六七种结构形式,即〔及物动词 + 及物动词〕、〔不及物动词 + 不及物动词〕、〔及物动词 + 不及物动词〕、〔形容词 + 动词〕、〔动词 + 形容词〕、〔及物动词 + 及物动词 + 宾语〕、〔及物动词 + 不及物动词 + 宾语〕。不同的是,变文中充当补语素的形容词数量有所增加。

4　支配式

变文中的支配式复音词共有 170 个,占全书复音词数的 3.91%,占语法造词数的 4.68%,占运用词序方式造词数的 5.13%。其中绝大多数是动词,也有少量名词和形容词。

分类 \ 书名		《论衡》	《世说新语》	《敦煌变文集》
表结果	不幸、消极义	死、灭、伤、破、折、绝、断	折、断、杀、破、毁、灭	死、害、杀、灭、绝、碎、损、倒、断
	结束义		竟、尽、毕	了、尽
	获得义	得	得	得
	放置义	在	著、在	在、著
	给与义			与
	是定义	为、定	为、定、作	为、作、定、着
	使成义		成、明、大	成、明、大、清、满
	使动义	动	动	动
表趋向		去、出、入、至	入、去、来、至	来、到、至、去、出、向、过、起、下、上

4.1　支配语素和被支配语素构成动词。如：

（1）受灌顶职位，为法王孙，居兜率陁天，是一生补处。（《维摩诘经讲经文》595）

（2）况乃汝久成证觉，果满三祇，为七仏之祖师，作四生之慈父，来辞妙喜，助我化缘。（《维摩诘经讲经文》635）

（3）归宅亲故来软脚，开筵列馔广铺陈。（《捉季布传文一卷》62）

"软脚"是"洗尘"义。

（4）不勤产业，逢人即与剃头，妄说地狱天堂，根寻无人的见。（《降魔变文一卷》374）

（5）治国三年，六夷送款，万国咸投。（《伍子胥变文》18）

"送款"指"归服"。

（6）我若嘀（摘）得桃来，岂不于家了事！（《舜子变》130）

"了事"即"办事"。

（7）具奏："东齐人失业，望金徒费（图赏）罢耕耘。……"（《捉季布传文一卷》67）

（8）二臣坐上而言说："深劳破费味如珍！……"（《捉季布传文一卷》65）

（9）固（故）请仙哲，占相斯人。（《八相变》333）

"占相"指"相面"。

（10）感得海内僧尼，尽惣还俗回避。（《韩擒虎话本》196）

有些支配语素，可以构成两个以上的支配式复音词，如"怀"、"作"、"下"、"开"、"再"、"出"、"打"、"发"、"进"、"交"、"落"等。

〔怀〕 可构成"怀娠"、"怀躭"、"怀恨"、"怀疑"。如：

（1）吐甘嚥苦三年内，在腹怀娠十月强。（《故圆鉴大师二十四孝押座文》836）

（2）不会怀躭（胎）煞苦辛，岂知乳哺多疲倦？（《父母恩重经讲经文》674）

"怀躭"即"怀胎"。

（3）子胥报曰："我缘急事，不能设计相留，怀恨于君，故来相伐。"（《伍子胥变文》23）

（4）心净本源仏土净，身子怀拟（疑）问世尊。（《维摩诘经讲经文》589）

〔作〕 可构成"作祖"、"作意"、"作剧"、"作底"。如：

（1）到处即被欺陵，终日被他作祖。（《降魔变文一卷》374）

"作祖"即"作诅"，"诅咒"义。

（2）师曰："汝今既去，但往江佐（左），作意巡礼，逢庐山即住，便是汝修行之处。"（《庐山远公话》167）

"作意"是"立志"的意思。

（3）上来言语，总是共汝作剧。（《庐山远公话》187）

"作剧"是"开玩笑"的意思。

（4）阿婆向儿言说，索得个屈期丑物入来，与我作底。（《鷣鷯书一卷》858）

"作底"是"作对"的意思。

〔下〕　可构成"下手"、"下口"、"下牒"。如：

（1）王陵谓灌婴曰："如何下手斫营？"（《汉将王陵变》38）

（2）须达欲直申说，下口稍难。（《降魔变文一卷》367）

"下口"指"说话"。

（3）遂往凤凰边下，下牒分析。（《燕子赋》249）

"下牒"指"写诉状"。

〔开〕　可构成"开讲"、"开荒"、"开路"。如：

（1）逐日不破三五千人，来听道安于东都开讲。（《庐山远公话》174）

（2）晚日照身归远舍，晓鹭啼树去开荒。（《长兴四年中兴殿应圣节讲经文》419）

（3）王陵拔剑先开路。（《汉将王陵变》39）

〔再、在〕　可构成"再思"、"再意"、"在意"。如：

（1）久不相见，心中再思。（《韩朋赋一卷》137）

"再思"是"惦念"的意思。

（2）波斯匿王见舍利弗，即勅群僚，各须在意。（《降魔变文一卷》382）

（3）若悟永不受沉轮（沦），真（直）须在意行忠孝。（《维摩诘经讲经文》574）

〔出〕 可构成"出家"、"出头"。如：

（1）父王，惟愿大王放儿出家修道。（《太子成道变文》317）

（2）仆即出头亲乞命，脱祸除殃必有门。（《捉季布传文一卷》65）

〔打〕 可构成"打硬"、"打论"。如：

（1）雀儿打硬，犹自〔落荒〕滂语。（《燕子赋》251）

"打硬"是"呈硬"的意思。

（2）贪欢逐乐无时歇，打论樗蒲更不休。（《父母恩重经讲经文》674）

"打论"指"踢球"。

〔发〕 可构成"发愿"、"发愤"。如：

（1）夫主去后，便捻香炉，向于灵山，礼拜发愿。（《丑女缘起》796）

（2）隔中巴，专心发愤寻诗书。（《蚖蚭书一卷》860）

〔进〕 可构成"进军"、"进贡"。如：

（1）取西南上把疾路进军。（《张义潮变文》114）

（2）从今剑阁商徒入，自此刁州进贡来。（《长兴四年中兴殿应圣节讲经文》420）

〔交〕 可构成"交锋"、"交兵"。如：

（1）才经信宿，即至西同侧近，便拟交锋。（《张义潮变文》114）

（2）南壁下有匦、北壁下有匮〔者〕王失位；城门交兵战者

330

越军至。(《伍子胥变文》26)

〔落〕 可构成"落节"、"落草"。如:

(1) 其时兇(匈)奴落节,输汉便宜,直至黄昏,收兵不了。(《李陵变文》85)

"落节"是"吃亏"的意思。

(2) 落草獐狂似怯人,屈节攒刑而乞食。(《伍子胥变文》9)

"落草"是"落魄草野"的意思。

4.2 支配语素和被支配语素构成名词。如:

(1) 永别亲故,长辞知已。(《李陵变文》90)

(2) 须臾,捕贼官及捉事所由等,齐到净能院内。(《叶净能诗》219)

"捉事"指"衙役"。

(3) 且与缘房衣物,更别造一床毡被。(《蚜蚵书一卷》858)

"缘房"是"嫁妆"。

(4) 见湮龛塑像,便即虚心礼拜。(《庐山远公话》183)

(5) 上下撒花波对当,行间铺锦草和真。(《捉季布传文一卷》62)

"撒花"专指书法中一种草体。

4.3 支配语素和被支配语素构成形容词。如:

(1) 欲乐既能无所染,自然知足得其名。(《佛说观弥勒菩萨上生兜率天经讲经文》654)

(2) 目连见母,切骨伤心,哽噎声嘶,遂乃举身自扑,由(犹)如五太山崩,七孔之中皆流逆血。(《大目乾连冥间救母

331

变文并图一卷并序》737)

(3) 汉家为言过分,墨(默)啜由(犹)自手(不)平。(《李陵变文》92)

(4) 虽然打强且祇(抵)敌,终竟悬知自顷(倾)倒。(《降魔变文一卷》386)

"打强"是"勉强"的意思。

(5) 左将丁腰,右将雍氏,何不存心觉察,放汉军入营?(《汉将王陵变》39)

"存心"是"小心"的意思。

变文中的支配式复音词有三点值得注意:

第一,词的数量比《论衡》、《世说新语》有明显增加。前两书中支配式复音词名词很少,且多属官名,形容词更为罕见;变文中不但动词较多,名词、形容词也有一定数量。

第二,从词性构成看,可由〔动＋名〕构成动词,如"留意"(216)、"转关"("耍手段"的意思,251);〔动＋动〕构成动词,如"开讲"(174)、"求救"(408);〔动＋形〕构成动词,如"打硬"(251);〔动＋名〕构成名词,如"塑像"(183);〔动＋代〕构成名词,如"知己"(90);〔动＋名〕构成形容词,如"伤心"(737);〔动＋形〕构成形容词,如"知足"(652);〔形＋名〕构成形容词,如"寒心"(33)。词性组合方式显然比过去复杂,而同现代汉语接近。

第三,变文中的支配式复音词,流传至今的只有 37 个,大部分没流传下来,这大约因为变文语言具有方俗特点所致。

5　表述式

变文中的表述式复音词共有 40 个,占全书复音词的 0.92%,

占语法造词的 1.10%,占运用词序方式造词的 1.21%。其中动词较多,名词次之,形容词较少。

5.1　主语素和谓语素构成动词。如:

(1) 陵母于霸王面前,口承修书招儿。(《汉将王陵变》45)

"口承"是"允诺"的意思。

(2) 四生者:是胎生、卵生、湿生、化生,是为四生。(《庐山远公话》182)

(3) 不知衮虎到来一击,当时瓦解。(《韩擒虎话本》202)

(4) 难陀恶发不添,尽打破。(《难陀出家缘起》398)

"恶发"指"发脾气"。

(5) 毕期有意亲闻法,情愿相随也去来。(《维摩诘经讲经文》554)

5.2　主语素和谓语素构成名词。如:

(1) 地狱兴心全併当(摒挡),畜生有意总教空。(《佛说观弥勒菩萨上生兜率天经讲经文》647)

(2) 向吾宅里坐,却捉主人欺;如今见我索,荒(谎)语说官司。(《燕子赋》262)

(3) 衮虎答曰:"某弟二,要兵马库藏,赏设三军,即便却回。"(《韩擒虎话本》201)

(4) 兀(髡)发剪头披短褐,假作家生一贱人。(《捉季布传文一卷》60)

"家生"指奴婢子女。

(5) 前来会里众声闻,个个推辞言不去。(《维摩诘经讲经文》636)

"声闻"指佛教小乘法中弟子。

5.3 主语素和谓语素构成形容词。如:

(1) 蕃戎胆怯奔南北,汉将雄豪百当千处。(《张义潮变文》114)

(2) 奴家年幼,父母偏怜。(《破魔变文》252)

(3) 奴家爱着绮罗裳,不勳(薰)沉麝自然香。(《破魔变文》352)

(4) 通达声闻居望地,出入山间得自由。(《大目乾连冥间救母变文并图一卷并序》716)

(5) 一日一夜,若能至心,受如来清净八戒,必生天上,快乐自在。(《欢喜国王缘》777)

对变文中的表述式复音词,需要指出两点:

第一,表述式复音词在复音词总数中虽居少数,但从先秦两汉以后呈逐步增长趋势。《论衡》中有14个,《世说新语》中有17个,变文中则发展到40个。其中不少一直流传到现代汉语中,如"自然"、"自在"、"自由"、"年幼"、"库藏"、"瓦解"等。

第二,从词性构成看,有〔名+动〕构成动词,如"胎生"(182);〔名+动〕构成名词,如"官司"(262);〔名+形〕构成形容词,如"胆怯"(114);〔代+动〕构成形容词,如"自然"(352)。这种情况同《世说新语》类似,已比较接近现代汉语。

6 附加式

变文中共有附加式复音词316个,占全书复音词数的7.27%,占语法造词数的8.70%。可区别为附加前缀构词和附加后缀构词两类。

6.1　附加前缀构词

充当附加前缀的有"阿"、"相"、"可"、"老"、"欲"、"第"等。

6.1.1　"阿"

"阿"可构成名词和代词。这又区分为四种情况：

㈠　"阿"附加于亲属称谓之前构成名词。如：

（1）舜子抄手启阿耶："阿耶若取得计（继）阿孃来，也共亲阿孃无二！"（《舜子变》129）

"阿耶"即"阿爷"，指父亲；"阿孃"即"阿娘"。

（2）阿妹（姊）抱得弟头，哽咽声嘶，不敢大哭。（《伍子胥变文》7）

（3）子永少解阴阳，遂即画地而卜，占见阿舅头上有水，定落河傍，腰间有竹，塚墓城（成）荒，木剧到（倒）着，不进傍徨。（《伍子胥变文》8）

（4）经云：阿娘怀子，十月之中，起座不安，如擎重担；饮食不下，如长病人。（《父母恩重经讲经文》677）

（5）为未得方便，却还分付与阿婆藏著。（《搜神记》883）

此处"阿婆"指婆母。

（6）夫主入来全不识，却觅前头丑阿婆。（《丑女缘起》798）

此处"阿婆"指妻子。

（7）元觉悲泣谏父，父曰："阿翁年老，虽有人状，惛耄如此，老而不死，化成狐魅。"遂即舁父弃之深山。元觉悲啼大哭，随祖父归于深山，苦谏其父。（《搜神记》885）

此处"阿翁"指祖父。

335

（8）武子为国远从征，母病飡人肉始轻，新妇闻之方割股，阿家吃了得疾平。（《孝子传》910）

"阿家"即"阿姑"，此处指婆母。

（二）"阿"附加于人称代词之前仍构成人称代词。如：

（1）阿你简罪人不可说，累劫受罪度恒沙，从仏涅盘仍未出。（《大目乾连冥间救母变文并图一卷并序》726）

（2）不在明朝后日，阿你酒能昏乱，喫了多饶啾唧，街上罗织平人，脊上少须十七。（《茶酒论一卷》268）

（3）时有金璘陈王，知道杨坚为军（君），心生不负（服）。宣诏合朝大臣，惣在殿前，当时宣问："阿奴今拟兴兵，收伏狂秦，卿意者何？"（《韩擒虎话本》199）

变文中"奴"是第一人称代词，男性女性均自称"奴"。"阿奴"仍指"我"，此例中用于男性。

（4）女道："阿奴身年十五春，恰似芙蓉出水宾（滨）。……"（《破魔变文》352）

这里"阿奴"是女性自称。

（三）"阿"附加于疑问代词前仍构成疑问代词。如：

（1）公孙遨（敖）怕急，问："蕃中行兵将是阿谁？"（《李陵变文》93）

"阿谁"即"谁"。

（2）是时三十佳人齐至厅前，相公问昨夜西院内，阿那个佳（家）人念经之声。（《庐山远公话》177）

"阿那"即"哪"。

（3）无事破啰啾唧，果见论官理府，更被枷禁不休，于身有阿没好处？（《燕子赋》251）

"没"即"么","阿没"犹"什么"。

（4）妇闻雀儿被杖，不觉精神咀（沮）丧，但知捶胸拍臆，发头憶想阿莽①。(《燕子赋》251)

"阿莽"同"阿没"。

㈣ "阿"附加于普通名词前仍构成名词。如：

（1）更有一人内侍，亦是罢官，看来见外面闹，内使多露头插抚于墙头出面曰："此人村坊下辈，不识大官，不要打捧，便令放去。"其医人忽尔抬头，见此中官，更言曰："阿娍道（到）底是那？"(《维摩诘经讲经文》577)

"阿娍"应为"阿娥"，指年轻美貌女子②。

（2）远公曰："阿郎但不用来，前头好恶，有贱奴身在，若也相公欢喜之时，所得钱物，一一阿郎领取。"(《庐山远公话》176)

"阿郎"指主人。

（3）阿孃有罪阿孃受，阿师受罪阿师当。(《大目乾连冥间救母变文并图一卷并序》735)

"阿师"是对僧人的尊称。

（4）无量阿僧祇世界，七宝持将惠有情，布施虽获无限福，不如常转大乘经。(《金刚般若波罗蜜经讲经文》442)

6.1.2 "相"

"相"可构成动词或形容词。如：

（1）弟兄五百慇懃情，居士相随也去来。(《维摩诘经讲

---

① 此处句读《敦煌变文集》有误，今据《敦煌变文字义通释》"阿莽"条改。

② 参看袁宾《变文词语考释录》，载《敦煌语言文学论文集》第 159 页，浙江古籍出版社，1988 年版。

经文》554）

（2）贼来须打，客来须看，报道姑婘，出来相看。（《下女
［夫］词》273）

（3）忽尔事相当，愿勿生遗弃。（《伍子胥变文》22）

（4）燕子既称坠翮，雀儿今亦跛跨，两家损处，彼此相亚。
（《燕子赋》252）

"相亚"是相同的意思。

（5）若经与义相同，愿火不能烧之。（《庐山远公话》171）

6.1.3 "可"

"可"可构成形容词。如：

（1）王郎见妻端正，指手喜欢，道数声可曾，……（《丑女
缘起》799）

"可曾"即"可憎"，这是反话，"可憎"是"可爱"的意思。

（2）酒乃出来："可笑词说！自古至今，茶贱酒贵。……"
（《茶酒论一卷》267）

（3）太子闻死转愁眉，再三怨恨实可悲。（《八相变》337）

（4）听经时光，可昔汝不解，低头莫语，用意专听。（《庐
山远公话》186）

"可昔"即"可惜"。

（5）旅客惇惇实可念，以死匍匐乃贪生，食我一餐由未
足，妇人不惬丈夫情。（《伍子胥变文》6）

"可念"是"可怜"义。

6.1.4 "老"

"老"可构成名词。如：

（1）频伽共命生西国，此处由来足老鹎。（《佛说阿弥陀

338

经讲经文》474)

（2）崔公身寸惹子大，却谦（嫌）老鸹没毛衣。（《百鸟名》852）

（3）鹈鹕亦曾作老鼠，身上无毛生肉羽。（《百鸟名》852）

（4）其天女得脱到家，被两个阿姊皆骂老搊，你共他阎浮众生为夫妻，乃此悲啼泣泪其公母。（《搜神记》884）

"老搊"是傻瓜的意思。

6.1.5 "欲"

"欲"可构成动词。如：

（1）必其欲得磨勘，请检山海经中。（《燕子赋》253）

"欲得"是"想要"的意思。

（2）宫人玉女自纤纤，娘子恒娥众里潜，征心欲拟观容貌，蹑请傍人与下帘。（《下女［夫］词》277）

"欲拟"是"打算"的意思。

（3）波上唯见一人，唱讴歌而拨棹，手持轮钩，欲以（似）鱼（渔）人。（《伍子胥变文》13）

"欲似"是"好像"的意思。

6.1.6 "第"

"第"可构成序数词。如：

（1）将释此经，大科三段：第一、序分，第二、正宗，第三、流通。（《长兴四年中兴殿应圣节讲经文》413）

（2）况说欲界，有其六天：第一四天王天；第二忉利天；第三须夜摩天；第四兜率陁天；第五乐变化天；第六他化自在天。（《八相变》330）

6.2 附加后缀构词

充当附加后缀的有"得"、"着"("著")、"取"、"却"、"当"、"地"、"其"、"将"、"了"、"自"、"生"、"子"、"头"、"者"、"儿"、"然"等。

6.2.1 "得"

"得"已由获得义虚化为动词后缀。如：

（1）王陵谓灌婴曰："大难过了，更有小难，如何过得？"（《汉将王陵变》39）

（2）瞽叟唤言舜子："阿耶见后院仓，三二年破碎；我儿若修得仓全，岂不是儿于家了事？"（《舜子变》131）

（3）臣能止得吴军，不须寸兵尺剑，唯须小船一只，棹棹一枚，鲍鱼一双，麦饭一讴（瓯），美酒一榼，放在城东水中，臣自有其方法。（《伍子胥变文》21）

（4）生时百骨自开张，诳得浑家手脚忙；未降孩儿慈母怕，及乎生了似屠羊。（《父母恩重经讲经文》680）

（5）重门关镇难开得，振锡之声总自通。（《目连缘起》704）

（6）台举还徒立得身，招交只要修仁义。（《父母恩重经讲经文》685）

（7）只是洗得外边尘垢，心中诸恶，不能去除。（《维摩诘经讲经文》585）

（8）因此树故，如上四兽，识得大小。（《四兽因缘》855）

（9）你也大错，我若之处，买得你来，即便将旧契券，即卖得你。（《庐山远公话》175）

（10）量由自己信心，认得人间善恶。（《维摩诘经讲经文》518）

（11）男女病来声喘喘，父娘啼得泪汪汪。（《故圆鉴大师

340

二十四孝押座文》836)

（12）盖得肚皮脊背露，脚根有袜指头串（穿）。（《不知名变文》814)

（13）争那高皇酬恨切，仆且如何救得君。（《捉季布传文一卷》67)

（14）本来发使交寻捉，兄且如何出得身？（《捉季布传文一卷》60)

（15）感得四方晏静，八表钦威，外无草动而尘飞，内有安家而乐业。（《频婆娑罗王后宫绿女功德意供养塔生天因缘变》765)

6.2.2 "着"（"著"）

"着"（"著"）已由放置义虚化为动词后缀。如：

（1）藏着君来忧性命，送君又道灭一门。（《捉季布传文一卷》65)

（2）拟拜韩衾虎为将，恐为阻着贺若弼。（《韩擒虎话本》199)

（3）击分声悽而对曰："说着来由愁煞人！不问且言为贱士，既问须知非下人。……"（《捉季布传文一卷》64)

（4）初闻道着我名时，心里不妨怀喜庆。（《维摩诘经讲经文》605)

（5）后令妻煞子，巨即掘地，才深一丈尺，掘着一铁器，……（《孝子传》905)

（6）万生修种行无差，方得身过帝主家。皇帝忽然赐匹马，交臣骑着满京夸。（《长兴四年中兴殿应圣节讲经文》423)

（7）韵清玲，声琦珸，听着令人皆出离，全胜婆婆五浊中，

四想迁移无定止。(《无常经讲经文》670)

(8) 亲情劝着何曾听,父母教招似不闻。(《父母恩重经讲经文》674)

(9) 目连行前,至一地狱,相去一百余步,被火气吸着,而欲仰倒。(《大目乾连冥间救母变文并图一卷并序》731)

(10) 卿与寡人同记着,抄名录姓莫因循。(《捉季布传文一卷》54)

(11) 太子年登拾玖,恋着五欲。(《八相变》334)

(12) 风吹毒气遥呼吸,看著身为一聚灰。(《大目乾连冥间救母变文并图一卷并序》732)

(13) 遊奕探著,奏上霸王。(《汉将王陵变》44)

"着"有时也作形容词词尾。如:

好韵宫商申雅调,高著声音唱将来。(《佛说阿弥陀经讲经文》481)

6.2.3 "取"

"取"由获取义逐渐虚化为动词后缀。如:

(1) 道安曰:"商来问贫道所讲经文,当是大涅盘经。善庆闻之,分明记取。"(《庐山远公话》187)

(2) 朕本意发遣三五十(千)人,把塔(搭)马索,从头缚取。(《李陵变文》85)

(3) 战由(犹)未息,追取左贤王下兵马数十万人,四面围之,一时搦取。(《李陵变文》85)

(4) 奉劝座下弟子,孝顺学取目连,二亲若也在堂,甘旨切须侍奉。(《目连缘起》711)

(5) 为人不得多愚奥,认取真常深妙教,若悟永不受沉轮

342

（沦），真（直）须在意行忠孝。（《维摩诘经讲经文》574）

（6）释迦尊，留教勅，看取经文须审的；若是长行五逆歹人，这身万计应难觅。（《父母恩重经讲经文》693）

（7）珍即检取文书读看，文书两纸，并是父名。（《搜神记》882）

（8）觅取一儿郎，娉与为夫妇。（《丑女缘起》791）

（9）汝须努力莫为难，造取些些好菜盘，待到众僧解忧日，罗汉腾空尽喜欢。（《目连缘起》708）

（10）会中贤圣数极多，便乞金言别唤取。（《维摩诘经讲经文》605）

6.2.4 "却"

"却"已从去掉义逐渐虚化为动词词缀。如：

（1）阿娘乘此功德，转却狗身，退却狗皮，挂于树上，还得女人身，全具人状圆满。（《大目乾连冥间救母变文并图一卷并序》744）

（2）要君察，道心开，此事因依义理排，使却几多江海水，定应不得离尘埃。（《维摩诘经讲经文》586）

（3）不同外道愚痴辈，谁感人天养活身，如似种子醙田中，种却一石收五斗。（《佛说阿弥陀经讲经文》469）

（4）惟愿狱主放却孃，我身替孃长受苦。（《大目乾连冥间救母变文并图一卷并序》735）

（5）渐成衰朽渐尪羸，忘却向前歌舞处。（《佛说观弥勒菩萨上生兜率天经讲经文》652）

（6）张良奏曰："臣且唱楚歌，散却楚军。"（《季布诗詠》844）

343

(7) 愿大将军不如降却。(《李陵变文》89)

(8) 道由言讫,便奔床卧,才著锦被盖却,摸马举鞍,便升云雾,来到随文帝殿前,且辞陛下去也。(《韩擒虎话本》206)

(9) 夫子曰:"吾与汝平却天下,可得已否?"(《孔子项託相问书》232)

(10) 夫子曰:"吾以汝平却高山,塞却江海,除却公卿,弃却奴婢,天下荡荡,岂不平乎?"(《孔子项託相问书》232)

(11) 凤凰云:"者贼无赖,眼恼蠹害,何由可奈(耐)。胥是捉我支配,捋出脊背,拔却左腿,揭却恼(脑)盖。"(《燕子赋》250)

(12) 于是风师使风,雨师下雨,隰(湿)却嚣尘,平治道路。(《降魔变文一卷》381)

6.2.5 "当"

"当"主要构成动词,也构成副词。如:

(1) 善庆闻之,切须记当。(《庐山远公话》178)

"记当"犹"记取",都是"记住"的意思。

(2) 阿耶暂到寮阳(辽阳),遣舜子勾当家事。(《舜子变》130)

"勾当"是"管理"义。

(3) 适蒙慈悲圣主,会上宣扬,大觉牟尼,筵中告语,千般讚叹,何以胜当,百种谈论,实斯悚惕。(《维摩诘经讲经文》639)

(4) 才见维摩别道场,光严欢喜异寻常,今朝不往逢居士,与我心头恰塞当。(《维摩诘经讲经文》611)

(5) 人人总劝修慈定,个个咸令起惠风,地狱兴心全併

（摒）①当，畜生有意总教空。（《佛说观弥勒菩萨上生兜率天经讲经文》647）

（6）勘当恰经三五日，无事得放却归回。（《大目乾连冥间救母变文并图一卷并序》719）

"勘当"是"审核"义。

（7）……如此配当，终不道著老师阇梨。（《不知名变文》817）

（8）维摩卧疾于方丈，仏勒文殊专问当，宣与天龙及鬼神，满空满路人无量。（《维摩诘经讲经文》641）

（9）不于年腊人中选，直向聪明众里差，必足分忧能问病，便须排当唱将来。（《维摩诘经讲经文》603）

以上为动词。

（10）道安曰："如今若见远公，实当不识。"（《庐山远公话》190）

"实当"是"实在"义。

（11）忽然起立望门问："阶下干当是鬼神？若是生人须早语，忽然是鬼奔丘坟。……"（《捉季布传文一卷》55）

"干当"即"敢当"，犹现代汉语中的"敢情"，表示发现原来没有发现的情况。

（12）堂堂六尺丈夫身，雪色衣裳称举人，霄汉会当承雨露，高科登第出风尘。（《父母恩重经讲经文》685）

"会当"是"一定"义。

（13）若已些些手攒眉，来世必当丑面。（《丑女缘起》

---

① 《敦煌变文集》把"併当"校为"摒挡"，把"当"视为动词，有误。

788)

"必当"是"必然"义。

以上为副词。

6.2.6 "地"、"其"、"了"、"自"、"生"、"将"

"地"、"其"、"了"、"自"、"生"、"将"均是动词后缀。如：

（1）貌汪嬴，形瘦悴，鸾镜凤钗皆厌弃；往往人前恰似痴，时时座地由（犹）如醉。（《父母恩重经讲经文》683）

"座地"即"坐地"，是"坐着"的意思。

（2）房中卧地不起。（《舜子变》130）

（3）附近殿前，诏太史官邀其夫人灵在金牌之上，对三百员战将，四十万群臣，仰酺大设列馔珍羞，祭其王陵忠臣之母，赠一国太夫人。（《汉将王陵变》46）

（4）自嗟告其周院长："仆恨从前心眼昏，枉读诗书虚学剑，徒知气候别风云。……"（《捉季布传文一卷》60）

（5）欢喜巡还正饮盃，恐怕师兄乞饭来，各请万寿蓦起去，见了师兄便入来。（《难陁出家缘起》396）

（6）镬汤谁管足才能，炉炭不凭君意气，白玉生前为得人，黄金死了难相问（闻）。（《无常经讲经文》664）

（7）人间大小莫知闻，去就昇常并不存。既是下流根本劣，争堪取自伴郎君。（《长兴四年中兴殿应圣节讲经文》424）

（8）吾今与汝隔生永别。（《庐山远公话》173）

"隔生"是"分离"义。

（9）白庄处分左右："与我寺内寺外，处处搜寻，若也捉得师僧，速领将来见我。"（《庐山远公话》172）

（10）白云岭上渐生，红日看将欲没。（《维摩诘经讲经

346

文》631)

6.2.7 "子"

"子"是名词后缀。如：

(1) 其鸟常在蚊子角上养七子，犹嫌土广人稀。其蚊子亦不知头上有鸟，此是小鸟也。(《搜神记》885)

(2) 布施五百个童身，五百个童女，五百头牸牛并犊子，……(《不知名变文》819)

(3) 今有一个著白袴，徒跣，戴紫锦帽子，手把文书一卷，是言弟父之人，即将后衙，向我前来。(《搜神记》881)

(4) 是你怨(冤)家修仓，须得两个笠子。(《舜子变》132)

(5) 于是净能怀中取笔，便于瓮子上画一道士，把酒盏饮，帖在瓮子上，其瓮子便变作一个道士。(《叶净能诗》220)

(6) 且眼如珠盏，面似火曹，额宽头尖，胸高鼻曲，发黄齿黑，眉白口青，面皱如皮裹髑髅，项长一似筋头馄子。(《破魔变文》352)

(7) 象儿！与阿耶三条荆杖来，与打杀前家歌(哥)子！(《舜子变》131)

"哥子"即哥哥。

(8) 崔儿被禁数日，求守狱子脱枷，狱子再三不肯。(《燕子赋》252)

(9) 仆是弃背帝乡宾，今被平王见寻讨，恩泽不用语人知，幸愿娘子知怀抱。(《伍子胥变文》6)

"子"作为词缀，又可表很小的数量。如：

(1) 常孝顺，母忠贞，必遂高龄得显荣。傥若欺谩小子事，当时迍厄便施行。(《维摩诘经讲经文》575)

"小子"指"一点儿"。

(2) 雀公身寸惹子大,却谦(嫌)老鸹(鸥)没毛衣。(《百鸟名》852)

"惹子"指"这点儿"。

6.2.8 "头"

"头"主要作名词后缀,也可作动词后缀。如:

(1) 恩泽莫大言,高声定无理,不假觜头喧。(《燕子赋》262)

(2) 硬努拳头,偏脱胳膊,燕若入来,把棒撩脚。(《燕子赋》249)

(3) 薄皮裹脓血,筋缠臭骨头,从头观至足,遍体是浓流。(《庐山远公话》180)

(4) [皇帝]把得问头寻读,闷闷不已,如杵中心,拋(抛)□(问)头在地,语子玉:"此问头交,朕争答不得!"(《唐太宗入冥记》213)

"问头"犹"问题"。

(5) 或为奴婢偿他力,衣饭何曾得具全,夜头早去阿郎嗔,日午斋时娘娘打。(《佛说阿弥陀经讲经文》467)

(6) 皇后闻言,缘二人权绾总在手头,何忧大事不成。(《韩擒虎话本》198)

(7) 日日倚门垂血泪,朝朝烦恼向心头;佛言此辈非人子,死入三途堪叹悉。(《父母恩重经讲经文》674)

(8) 使君得教(效),顶谒再三,启言和尚:"虽自官家明有宣头,不得隐藏师僧,且在某衙府回避,乞(岂)不好事。"(《韩擒虎话本》197)

"宣头"指谕旨。

以上为名词。

（9）宅家今括客，特勒捉浮逃；黠儿别设诮，转急且抽头。（《燕子赋》263）

"抽头"指"抽身"。

（10）雀儿已愁，贵在淹流，迁延不去，望得脱头。（《燕子赋》250）

"脱头"指"脱身"。

6.2.9 "者"、"儿"、"箇"

"者"、"儿"、"箇"均是名词词缀。如：

（1）摩陁心中惊怕，今日又逢作者。（《佛说阿弥陀经讲经文》456）

"作者"是"内行"、"高手"的意思。

（2）长者忽于一夜，大小忽忙，扫洒堂房，修治院宇。（《降魔变文一卷》363）

"长者"是"财主"义。

（3）燕子单贫，造得一宅，乃被雀儿强夺。（《燕子赋》249）

（4）"早箇缘甚不应？""恐畏狱主，更将别处受苦，所以不敢应狱主。"（《大目乾连冥间救母变文并图一卷并序》733）

"早箇"是"早先"的意思。

6.2.10 "然"

"然"是形容词词缀。如：

（1）其身舍利，如铸金像，不动不摇。身圆光中，有首楞严三昧般若波罗蜜，字义炳然。（《佛说观弥勒菩萨上生兜率

天经讲经文》648)

（2）时风雨大至，祥抱树经宿彻旦，雪湿寒冻，母见恻然。
（《孝子传》907）

（3）耽人负战已数年，百战百伤命转然。（《季布诗咏》
845）

（4）室是君家室，合理不虚然。（《燕子赋》265）

（5）玄宗闻净能所奏，性意悦然。（《叶净能诗》220）

（6）乃拔一剑，大叫如雷，双目赫然，犹如雷（电）掣。
（《叶净能诗》218）

（7）尚书远送郊外，拜表离筵，碧空秋思，去住怆然，……
（《张淮深变文》124）

变文中的附加式复音词，有三点值得注意：

第一，同《论衡》、《世说新语》相比，变文的附加式复音词有明
显发展。从出现数量上看，《论衡》有 63 个，《世说新语》有 98 个，
变文则达到 316 个。从出现种类上看，《论衡》中主要是形容词后
缀"然"、形容词前缀"可"、数词前缀"第"、名词后缀"子"，数量词尚
少；《世说新语》除大量出现形容词后缀"然"、形容词前缀"可"、数
词前缀"第"之外，新出现了名词前缀"阿"，但"阿"主要用在人姓名
及称谓之前，用在代词之前的只有一个"阿堵"，另新出现动词后缀
"当"，但用得尚不广泛；变文中则广泛应用名词前缀"阿"、"老"，代
词前缀"阿"，形容词前缀"可"，数词前缀"第"，动词后缀"得"、
"着"、"取"、"却"、"当"、"地"、"其"、"将"、"了"等，名词后缀"子"、
"头"、"儿"等，形容词后缀"然"等。先秦时代，附加成分无论前缀、
后缀都比较丰富，是构成复音词的重要方式；到了两汉魏晋，先秦
比较活跃的许多附加成分消失了，流传下来的只有"然"、"子"、

"者"等少数几个,这时又新出现了"阿"、"第"、"当"等,但总的说"附加式"并不是重要构词方式。到隋、唐、五代,附加式又出现一个新的兴旺局面,而且其中不少虚词成分一直流传到现代汉语中。为看清这一否定之否定的发展趋势,请见下表:

附加成分\分类 专书断代	前缀					后缀		
	名	形	动	数	代	名	形	动
先秦	有、于、子	斯、思、有、其	遹、越、聿、爰、曰、言、于			子、者	斯、其、彼、焉、尔、若、如、然	
《论衡》		可		第		子、者	然	
《世说新语》	有、畴、阿		相	第		子、者		当
《敦煌变文集》	阿、老	可	相、欲	第	阿	子、头、者、儿	然	得、着、取、却、当、地、其、将、了、自、生

第二,"得"原有获得义,"着"("著")原有放置义,"了"原有完了义,均可充当补充式复音词的补语素,在变文中除保持原来的实词词义,继续充当补语素外,还逐渐虚化为动词后缀,其用法已接近于现代汉语。这是汉语附加式发展的重要现象。

第三,从词性构成看,变文同《论衡》、《世说新语》乃至先秦时代相同,都保持了被附加语素同附加构成的复音词词性基本一致的特点,如"阿"+名→名,"阿"+代→代,"老"+名→名,动+"得"→动,动+"着"→动,动+"取"→动,动+"却"→动,动+"当"→动,动+"其"→动,动+"将"→动,动+"了"→动,形+"然"→形等。但也有不一致的情况,如"第"+数→序数,"可"+动→形(指"可憎"、"可笑"之类),动+"头"→名(指"问头"、"宣头"之类)。

7 重叠式

变文中重叠式复音词共有 241 个,占全书复音词数的 5.54%,占语音造词的 59.65%。重叠式复音词在变文中可区别为 AA 式、ABB 式、AABB 式、ABAB 式四类。

7.1 AA 式

AA 式又可区分为单纯重叠词和合成重叠词两类。

7.1.1 单纯重叠词。包括形容词和象声词两类。如:

(1) 独自俄俄师子步,虎行侣侣象王回。(《大目乾连冥间救母变文并图一卷并序》738)

(2) 堂堂好个丈夫儿,头面身才皆称断。(《佛说观弥勒菩萨上生兜率天经讲经文》653)

(3) 于是巍巍圣主,荡荡慈尊,居贤圣之中,处菴园会里,声闻可八千之众,道貌锵锵。(《维摩诘经讲经文》548)

(4) 香风飒飒,摇玉佩似珊珊,瑞色氲氲,惹珠衣而沥沥。(《维摩诘经讲经文》639)

(5) 挥鞭再骋堂堂貌,敲铛重夸檀檀身。(《捉季布传文

一卷》63)

以上为形容词。

（6）新妇道辞便去，口里咄咄骂詈，不徒钱财产业，且离怨家老鬼。（《衙衕书一卷》858）

（7）钟声哄哄兮皆闻，鼓响蓬蓬兮满路；钟鼓声中，出其言语。（《妙法莲华经讲经文》488）

（8）岷山一住，似虎狼盘旋，渍渍如鼓角之声，并无船而可渡。（《伍子胥变文》13）

（9）于是中军举华（画）角，连声铮铮。（《张义潮变文》116）

（10）紧那罗王调铃铃雅乐。（《维摩诘经讲经文》548）

以上为象声词。

7.1.2 合成重叠词。包括形容词、动词、名词、数词四类。如：

（1）无限罗叉众，跳踯喜三场，高高云上涌，闪闪电中藏。（《维摩诘经讲经文》545）

（2）居士之病容转盛，喘息微微，吾曹之愁色倍深，呼嗟急急。（《维摩诘经讲经文》557）

（3）钟鼓轰轰声动天，瑞气明明而皎洁。（《降魔变文一卷》382）

（4）忽忆不来之人，即便心生肺忘，纵有言而能听受，冈冈不已。（《庐山远公话》183）

以上为形容词。

（5）深观浊世苦偏多，恶业持身不那何，诸相未知何似许，文中应有唱唱罗。（《金刚般若波罗蜜经讲经文》429）

（6）深深拟证无为，念念坚修功德，敬要何为。（《维摩诘经讲经文》614）

以上为动词。

（7）谁知渐识会东西，时把父娘生毁辱；佛道婆婆这个人，命终必堕阿毗狱。（《父母恩重经讲经文》692）

（8）其田章年始五岁，乃于家啼哭，唤歌歌嬢嬢，乃于野田悲哭不休。（《搜神记》884）

"歌歌"指父亲，"嬢嬢"指母亲。

以上为名词。

（9）双双圣鸟玉堦旁，两两化生池里坐，白鹤迦陵和雅韵，共命频迦讚苦空。（《佛说阿弥陀经讲经文》483）

（10）声名远振千千界，变现遍传于万万方。（《维摩诘经讲经文》599）

以上为数词。

7.2　ABB式

主要构成形容词，也有少量动词、数量词和象声词。

7.2.1　形容词

又区分为 A 为名词、A 为形容词、A 为动词三类。如：

（1）锡杖敲门三五下，胸前不觉泪溫溫。（《大目乾连冥间救母变文并图一卷并序》717）

（2）死相来侵皆若此，还漂苦海浪滔滔。（《八相变》337）

（3）脸似桃花光灼灼，眉如细柳色辉辉。（《难陁出家缘起》395）

（4）夜叉闻语心邊邊，直言更亦无刑（形）迹。（《大目乾连冥间救母变文并图一卷并序》729）

354

（5）黄金丈六处花台，将欲敷扬法义开，面上五条光彩．．．彩．，眉边万道色皑皑。（《维摩诘经讲经文》552）

以上是 A 为名词的。

（6）是时王陵哭母说：遥望楚营青郁郁，昨日投项为招儿，天下声名无数众。（《汉将王陵变》46）

（7）年来年去暗更移，没一个将心解觉知，只昨日题边红艳艳，如今头上白丝丝。（《破魔变文》344）

（8）龙恼氤氲香扑扑，王炉旋捧色皑皑，总抛宫殿娇奢事，入向菴园听法来。（《维摩诘经讲经文》542）

（9）死堕三涂无间狱，终朝受罪苦波波，见饭之时成猛火，水来近口作减（鹹）河。（《目连缘起》707）

以上是 A 为形容词的。

（10）季布出言而便吓："大夫大似醉昏昏，顺命受恩无酌度，合见高皇严勅文。"（《捉季布传文一卷》65）

（11）无银修罗众，皆擎日月光，嗔心回跃跃，喜色改锵锵。（《维摩诘经讲经文》546）

以上是 A 为动词的。

7.2.2 动词、数量词、象声词。如：

（1）水里之人眼盼盼，岸头之者泪涓涓，早知别后艰辛地，悔不生时作福田。（《大目乾连冥间救母变文并图一卷并序》722）

（2）漫行行，徒历历，舞蝶休飞蜂觅觅，根株除併暂时间，看来只是留踪跡。（《维摩诘经讲经文》580）

（3）贤圣讚扬千蔟蔟，天人欢喜万丛丛。（《妙法莲华经讲经文》492）

355

（4）暗地行刀声劈劈，帐前死者乱纵横。（《汉将王陵变》
38）

7.3　AABB 式

可构成形容词、数词、象声词、动词和名词。如：

（1）隐隐逸逸，天上天下无如足。左边沉，右边没，如山
岌岌云中出。催催（崔崔）嵬嵬，天堂地狱一时开。（《大目乾
连冥间救母变文并图一卷并序》738）

（2）更锦绣衣裳，绫罗布绢。合合杂杂，答（达）五百余
车。（《李陵变文》92）

（3）铁锵撩撩乱乱，箭毛鬼喽喽窜窜，铜咀鸟咤咤叫叫
唤。（《大目乾连冥间救母变文并图一卷并序》731）

（4）梵王称叹，帝释观瞻，竭天上之珍奇，为人间之宝塔，
可谓巍巍屹屹侵云汉，尽眼方能见相轮。（《佛说观弥勒菩萨
上生兜率天经讲经文》649）

（5）翁婆闻道色离书，忻忻喜喜。（《蚖蚚书一卷》858）
以上为形容词。

（6）白鹦鹉，赤鸡赤，身上毛衣有五色，两两三三傍水波，
向日遥观真锦翼。（《百鸟名》852）

（7）虔恭者憶憶（亿亿）垓垓，赞叹者千千万万。（《维摩
诘经讲经文》529）
古代十万为亿，万万为垓，"亿亿垓垓"言数量极多。

（8）楚卒闻言双泪垂，器械枪旗总抛却，三三五五总波涛
（逃），各自思归营幕内。（《季布诗詠》845）

（9）行经数步，即至奈河之上，见无数罪人，脱衣挂在树
上，大哭数声，欲过不过，回回惶惶，五五三三，抱头啼哭。

（《大目乾连冥间救母变文并图一卷并序》721）

以上为数词。

（10）四十二面大鼓笼天，三十六角音声括地，傍震百里山林，隐隐轰轰。（《伍子胥变文》19）

（11）雷地隐隐岸岸向上，云烟散散漫漫向下。（《大目乾连冥间救母变文并图一卷并序》731）

以上为象声词。

（12）万千英彦，无数绮罗，心贞志而跃跃兴兴，体逶迤而遥遥拽拽。（《维摩诘经讲经文》548）

（13）自从分别岁年多，朝朝暮暮长相忆，念君神识逐波涛，遊魂散漫随荆棘。（《伍子胥变文》23）

（14）今日交伊手攀剑树，支支节节皆零落处。（《大目乾连冥间救母变文并图一卷并序》726）

以上为动词和名词。

7.4　ABAB式

可构成动词和数词。如：

（1）我为汝等说之，汝等谛听谛听。（《维摩诘经讲经文》563）

（2）今与弟取弓箭在此专待专待，遥见来时，便射杀之，父患差矣。（《搜神记》881）

（3）汝父沈溺深江，荼毒奈何奈何，愿子莫怀謷恨！（《伍子胥变文》22）

（4）万千万千皆偶傥，势似沧溟排巨浪，杂沓奔腾尽愿行，队队丛丛皆别样。（《维摩诘经讲经文》642）

对变文中的重叠式复音词需要指出两点：

第一，重叠式的结构方式比《论衡》、《世说新语》更加复

357

杂。《论衡》中共有重叠式复音词 26 个,结构形式主要为 AA 式、ABAB 式尚处于萌芽状态。《世说新语》中共有复音词 71 个,其中以 AA 式居多,主要构成形容词;ABAB 式数量不多,而且只能构成形容词。变文中重叠式复音词增加到 241 个,远远超出前两书;AA 式不但构成形容词,而且构成动词、名词、数词;新增加一种 ABB 式,除主要构成形容词,还构成少量动词、数量词和象声词;AABB 式除构成形容词外,还可构成数词、象声词、动词和名词;ABAB 式也是新增加的一种结构方式,可构成动词和数词。这些都说明变文的重叠式复音词在数量、种类和构词功能方面都比过去迈出了新的步伐。

第二,从词性构成看,变文中的重叠式复音词也同《论衡》、《世说新语》一样,重叠成分的词性同重叠词的词性大体保持一致。如"高"、"微"、"急"、"明"、"昏"、"忻"、"喜"等形容词构成 AA 式、ABB 式、AABB 式后仍为形容词,"婆"、"歌"、"嬢"、"支"、"节"等名词构成 AA 式、ABB 式、AABB 式后仍为名词,"盼"、"行"、"觅"、"跃"、"兴"等动词构成 AA 式、ABB 式、AABB 式后仍为动词,"三"、"五"、"万"、"千"、"亿"、"垓"等数词构成 AA 式、AABB 式后仍为数词。ABB 式、AABB 式、ABAB 式的词性构成还存在更为复杂的情况,有的是单音词和单纯词结合而成,如"白丝丝"、"色皑皑"、"改锵锵"、"泪盈盈",有的是单纯复音词的重叠,如"崔嵬"→"崔崔嵬嵬",有的是合成复音词的重叠,如"撩乱"→"撩撩乱乱"、"遥拽"("摇曳")→"遥遥拽拽"("摇摇曳曳")。

8 单纯词

变文中的非重叠单纯词共有 163 个,占全书复音词数的

3.75%,占语音造词的 40.35%。其中名词居多,其次是形容词,另有少量动词和象声词。

8.1 名词

（1）知弟渴乏多时,遂取葫芦盛饭,并将苦苣为荞。（《伍子胥变文》7）

（2）髑髅无数,死人非一,骸骨纵横,凭何取实。（《孟姜女变文》33）

（3）乃画翠眉,便拂芙蓉,身着嫁时衣裳,罗扇遮面,欲似初嫁之时。（《秋胡变文》158）

（4）也似机开傀儡,皆因绳索抽牵,或歌或舞,或行或走。（《维摩诘经讲经文》581）

（5）或用醍醐浇浸,或将甘露调和。（《妙法莲华经讲经文》506）

名词中有大量音译借词。如:

（1）直饶煮鸭蒸鹅,能生虎炙,杂新罗问魏福见建干姜,恣意龃嚼,欣心吞噉,终是倾于粪让（壤）,不免填彼沟坑。（《维摩诘经讲经文》585）

"问魏"当作"阿魏",是一种药材,原产印度、伊朗。"阿魏"是音译借词。

（2）然后舍却荣贵,投佛出家,精勤持诵修行,遂证阿罗汉果。（《目连变文》757）

"阿罗汉果"是佛教小乘四果中的极果。

（3）能不能,能者高声念阿弥陀佛,讲下时用阿弥陀经。（《佛说阿弥陀经讲经文》483）

"阿弥陀佛"又译作"无量清净佛"、"无量寿佛"或"无量光佛"。

佛教净土宗以阿弥陀佛为西方"极乐世界"的教主。

（4）比丘尼等，争爇旃檀之香，优婆夷徒，各竞焚于龙脑。
（《维摩诘经讲经文》641）

"比丘尼"指受过具足戒的女僧，"优婆夷"指入佛教在家的女
子。

（5）远公曰："但贫道若得一寺舍伽蓝住持，已（以）兑
（免）尾（凤）霜，便是贫道所愿也。"（《庐山远公话》168）

"伽蓝"即寺院。

（6）遂于一日，合掌启和尚曰："弟子伏事和尚，积载年
深，学艺荒芜，自为愚钝。……"（《庐山远公话》167）

"和尚"，僧人。古代于阗、疏勒等地称"和社"、"和阇"，音转为
"和上"、"和尚"。

（7）已度无边众，已绝有漏因，已到涅槃城，已上金刚座。
（《维摩诘经讲经文》593）

"涅槃"有两义，一指"入灭（死）"，二指超脱生死的境界，此处
是第二义。"金刚"指佛教中的侍从力士，此为意译借词。

（8）时诸天人，寻即为起众妙宝塔，供养舍利。（《佛说观
弥勒菩萨上生兜率天经讲经文》648）

"舍利"是焚语设利罗的音译词，指佛骨。

（9）善男善女檀越，信心奉戒持斋，精修不惓。（《佛说阿
弥陀经讲经文》461）

"檀越"是焚语陀那钵底的音译词，又作檀那，指施主。

（10）空不支那有，多应在五天，少时还美妙，丑拙是临
年。（《维摩诘经讲经文》577）

"支那"，又作"脂那"、"至那"、"震旦"、"真旦"，是对中国的别

称。

8.2 形容词

（1）比为势力不加,所以蹉跎年岁。(《伍子胥变文》21)

（2）六师战惧惊嗟,心神恍忽。(《降魔变文一卷》386)

（3）朕是百鸟主,法令不阿磨。(《燕子赋》331)

"阿磨"即"砢磨",是"马虎"的意思。

（4）是日六师渐冒惨,忿恨罔知无□控。(《降魔变文一卷》386)

"冒惨"即"冒懆"、"毛躁"。

（5）太子作偈已了,即便归宫,颜色忙祥,愁忧不止。(《八相变》337)

"忙祥"即"茫洋",迷昏貌。

（6）久坐多时,曚眬睡着。(《庐山远公话》177)

（7）然以端居宝殿,正念思惟,非分忧惶,忸怩反侧。(《频婆娑罗王后宫彩女功德意供养塔生天因缘变》766)

"忸怩"通常为"羞愧"、"不自然"义,变文中另有"思虑"义。

（8）声雅妙而清新,姿逶迤而姝丽。(《降魔变文一卷》385)

"逶迤"通常指"曲折而延续不断"貌,变文中则指体态美丽。

（9）更拟说,恐周遮,未蒙惠施嬾归家。(《秋吟一本》813)

"周遮"通常是"遮掩"义,此处是"啰唆"义。

（10）鱼人息棹回身,乃报子胥言曰:"君莫造次,大须三思,一惠之餐,有何所直。……"(《伍子胥变文》14)

"造次"是"仓卒"、"着急"的意思。

8.3 动词、象声词

(1) 虮蛥新妇甚典砚,直得亲情不许见。(《虮蛥书一卷》858)

"典砚"即"踮踥",是"不好惹"的意思。

(2) 到日毬场宣诏喻(谕),勑书褒奖更丁宁。(《张淮深变文》124)

"丁宁"即"叮咛"。

(3) 牛头每日凌迟,狱卒终朝来拷。(《目连缘起》704)

"凌迟"是"折磨"义。

以上为动词。

(4) 见此骨肉音哽咽,号咷大哭是寻常。(《董永变文》109)

(5) 摇动日月,震撼乾坤,作啾唧声,传波吒号。(《破魔变文》348)

(6) 扫我虏于山川,但劳只箭;静妖纷(氛)于紫塞,不假绑纮(《佛说阿弥陀经讲经文》461)

"绑纮"指张弓发射声。

以上为象声词。

《世说新语》中有非重叠单纯词58个,比《论衡》增加近一倍,变文则又增至163个。增加的重要原因是,唐代佛教兴盛,大量佛经译为"唐言",变文作为讲唱佛经的一种形式,很自然采用了许多梵语音译词。这不但有名词,如前举例;而且有动词,如〔彼立〕(470)是学习戒律的意思,〔结磨〕(470)是受戒忏悔的意思,〔涅槃〕(483)是入灭的意思,〔觇史多〕(652)是知足的意思等。

9 综合式

变文中的综合式复音词共有 310 个,占全书复音词数的 7.13%。综合式是由上述八种构词方式中两种以上方式所构成,包括次专名词,普通名词和动词,四字成语和谚语三类。

9.1 次专名词

既区别于人、地名的专有名词,又比普通名词含义狭窄、固定的次专名词,在变文中主要是官名、神名和经名。如:

(1) 后节度使必遣人搜殿,见此汗衫子,必差人进来。(《叶净能诗》223)

(2) 魔王自为督元帅,怕急潜身无处容,遂向军前亲号令,火急抽兵却归宫。(《破魔变文》349)

(3) 神人答曰:"某缘(原)是五道将来(军)。"(《韩擒虎话本》206)

(4) 唤风伯雨师作一营,呼行病鬼王别作一队。(《破魔变文》347)

(5) 元皓曰:"阎罗大王今见停选待弟,弟须去,更不得延迟。"(《搜神记》875)

(6) 尚书既擒回鹘,即处分左右马步都虞候,并令囚系。(《张淮深变文》123)

(7) 千般变化时时现,作用神通处处呈,仏法常教不断灭,专心演说大乘经。(《金刚般若波罗蜜经讲经文》436)

(8) 讲下时用阿弥陀经。(《佛说阿弥陀经讲经文》483)

(9) 以下便即讲经,大众听不听? 能不能? 愿不愿? 仏说阿弥陀经。(《佛说阿弥陀经讲经文》473)

（10）然今题首金刚般若波罗蜜经者，"金刚"以坚锐为喻，"般若"以智慧为称，"波罗"彼岸到，弘名"蜜多经"，则贯穿为义，善政之仪，故号"金刚般若波罗蜜经"。（《降魔变文一卷》362）

9.2 普通名词和动词

这些普通三音词和多音词，从意义上可分为以下八类：

9.2.1 表器物

（1）疏头诗：月是娑罗树，枝高难可攀，蹔借牙疏子，笄发却归还。（《下女［夫］词》277）

（2）缘酒瓮子恰满便醉。（《叶净能诗》222）

（3）午时供（养）福难量，诸仏端然坐道场，白玉梡中添净水，黄金炉里爇名香。（《妙法莲华经讲经文》513）

（4）化生童子食天厨，百味馨香各自殊，无限天人持宝器，瑠璃钵饭似真珍。（《佛说阿弥陀经讲经文》485）

（5）我与他牙梳一枚，白骨笓子一具，……（《搜神记》873）

9.2.2 表植物

（1）身如芭蕉树，莫见坚实处，将喻一生身，要君深会取。（《维摩诘经讲经文》582）

（2）无忧树下暂攀花，右胁生来释氏家。（《八相变》331）

（3）梧桐树虽大里空虚，井水虽深里无鱼。（《晏子赋》244）

（4）坟侧有松柏树。（《孝子传》907）

（5）圣主摩邪往后园，频（嫔）妃彩女走乐喧，鱼透碧波堪赏玩，无忧花色最宜观。（《八相押座文》823）

9.2.3　表动物

（1）薰胡鸟、鹳鹳师、鸿娘子、鸽鹈儿、赤觜鸹、碧生（玉）鸡，鸳鸯作伴，对对双飞，奉符追唤，不敢延迟，从此是鸟即至，亦不相违。（《百鸟名》852）

（2）唯见江乌出岸，白露（鹭）鸟而争飞。（《伍子胥变文》12）

（3）自性浑浊，意云：□信自性浑浊，如泥状鱼，将身入清水，水亦变为泥。（《维摩诘经讲经文》517）

"泥状鱼"即"泥鳅"。

（4）亦有雪山象王，金毛师子，震目扬眉，张牙切齿，奋迅毛衣，摇头摆尾。（《降魔变文一卷》381）

9.2.4　表身份

（1）将军告令，水楔（泄）不通，大总管出教严咛，飞鸟难度。（《伍子胥变文》19）

（2）如来为说因缘法，言下还城（成）罗汉僧，当日祇园谈净土，同向连（莲）宫作圣人。（《难陁出家缘起》403）

（3）高声便唤口马牙人。（《庐山远公话》176）

"口马牙人"指买卖牲口、奴婢的经纪人。

（4）相公曰："既是白疰家生厮儿，应无契卷（券）。"（《庐山远公话》176）

"家生厮儿"指奴婢子女仍作奴婢者。

（5）凡人研营，捉得个知更官䭾（健），斩为三段，唤作厌兵之法。（《汉将王陵变》38）

"知更官健"指巡夜官。

9.2.5　表称谓

(1) 舜子闻道修仓,便知是后阿娘设计。(《舜子变》131)

(2) 少(小)娘子如今变也,不是旧时精魅。(《丑女缘起》799)

(3) 没处安身,乃为入舍女婿。(《蚜蚎书一卷》861)

"入舍女婿"即倒插门女婿。

9.2.6 表衣饰

(1) 个个能装百纳衣,师兄收取天宫女。(《维摩诘经讲经文》629)

(2) 陛下然谓朕自看灯作乐,故留汗衫子,以为不谬。(《叶净能诗》223)

(3) 我与他牙梳一枚,白骨笼子一具,金钏一双,银指环一双。(《搜神记》873)

9.2.7 表场所

(1) 低金冠于海会众中,礼慈相□(于)莲花台上。(《长兴四年中兴殿应圣节讲经文》412)

(2) 偏怜鹊语蒲桃架,念燕双栖白玉堂。(《伍子胥变文》11)

(3) 向口马行头来卖。(《庐山远公话》175)

"口马行头"指买卖奴隶和牲畜的场所。

9.2.8 表行为

(1) 自今已后,新来贱奴,人不得下眼看之。(《庐山远公话》178)

"下眼看"即小看。

(2) 幽巖实快乐,山野打盘珊(跚或旋),本拟将身看,却被看人看。(《燕子赋》264)

9.3 四字成语和谚语

四字成语可分为表行为、表状态、表人或事物、表数量四类:

9.3.1 表行为

(1) 忉(叨)闻狐死兔悲,恶(物)伤其类。(《燕子赋》251)

(2) 三界众生多爱痴,致令烦恼镇相随,改头换面无休日,死去生来没了期。(《左街僧录大师压座文》840)

(3) 赏排借绿,各赐千段。(《伍子胥变文》19)

"赏排借绿"应是赏绯借绿,"绯"、"绿"均指官服,此成语是指升官的意思。

(4) 经:"皆大欢喜,信受奉行"者,第三欢喜奉行也。(《金刚般若波罗蜜经讲经文》446)

(5) 晡时申,悬头刺股士苏秦,贫病即令妻婢行,意(衣)锦还乡争拜秦。(《蚖蚓书一卷》860)

其他还有"高山仰指(止)"(93)、"邻舟共济"(371)、"路不拾遗"(18)、"乌呼哀哉"(33)、"自作自受"(703)、"捻脚攒形"(4)、"抱膝呼足"(66)、"不即不离"(430)、"乘轩佩印"(154)、"张牙切齿"(381)、"张眉竖眼"(268)、"成邦立国"(574)、"称名道姓"(14)、"传杯弄盏"(541)、"地动山推"(21)、"风吹草动"(17)、"观风占气"(51)、"虎斗龙争"(51)、"济贫拔苦"(562)、"开花结子"(476)、"离乡别邑"(181)、"名传四海"(461)、"偷跋窃道"(17)、"定难安邦"(43)、"失国丧邦"(2)、"门当户对"(815)、"论天说地"(388)、"论今说古"(221)、"拍臆搥胸"(580)、"量力度德"(604)、"去邪归正"(182)、"延年益寿"(881)、"蚁聚云屯"(125)、"忍饥受饿"(464)、"露胆披肝"(222)、"碎骨分(粉)身"(323)、"行住坐卧"(463)、"异口同声"(855)、"封函结款"(123)等等。

9.3.2 表状态

(1) 觇我圣天可汗大回鹘国,英不地宽万里,境广千山,国大兵多,人强马壮。(《佛说阿弥陀经讲经文》461)

(2) 口吐烟云,昏天翳日,……(《降魔变文一卷》386)

(3) 行风行雨,倾城倾国。(《破魔变文》351)

(4) 忽即云昏雾暗,地动山摧。(《伍子胥变文》21)

(5) 时愚(遇)晋文皇帝王化东都,道安开讲,敢(感)得天花乱坠,乐味花香。(《庐山远公话》174)

其他还有"国家人泰"(461)、"口呿目瞪"(62)、"龙蛇浑杂"(388)、"洽背汗流"(36)、"热汤拨(泼)雪"(20)、"如羊见虎"(461)、"醍醐灌顶"(184)、"身强力健"(27)、"强打精神"(386)、"千辛万苦"(677)、"心惊胆慑"(418)、"眼暗耳聋"(428)、"一无所有"(183)等等。

9.3.3 表人或事物

(1) 今言无量寿国,或言净土,或称极乐世界,或称常乐之乡,或称安养之方,差别众名,不可具说。(《佛说阿弥陀经讲经文》475)

(2) 佛即有菩萨声闻,王乃有金枝玉叶。(《长兴四年中兴殿应圣节讲经文》416)

(3) 楚人匹马单枪,不惜身命。(《搜神记》888)

(4) 千方万计,不得不休。(《降魔变文一卷》367)

(5) 上应将相王侯,下至士农工商,皆瞻舜日,尽祝尧天。(《长兴四年中兴殿应圣节讲经文》422)

其他还有"龙子龙孙"(544)、"千军万众"(724)、"绫罗布绢"(92)、"荣华富贵"(884)、"生老病死"(614)、"四海八方"(484)、"天曹地府"(206)、"甜言美语"(64)、"五音六律"(446)、"日月星辰"(440)、"楼殿台阁"(225)、"若凡若圣"(533)、"大千世界"(438)、"汗马之功"(190)、"四时八节"(689)、"三台八坐"(64)、"三头八臂"(544)等等。

9.3.4 表数量

(1) 围绕陵庄，百匝千遭。(《汉将王陵变》41)

(2) 又如梦想，如人夜眠作梦，觉时一段虚华，千般万种之中，无有一件实处。(《维摩诘经讲经文》581)

变文中引用谚语也较多。如：

(1) 王乃面渐失色，羞见群臣："国相，可(何)不闻道：成谋不说，覆水难收；事已[如]斯，勿复重谏！"(《伍子胥变文》2)

(2) 李陵言讫，长吁数声，报左右曰："吾闻鸟之在空，由(犹)凭六翮，皮既不存，三(毛)覆(复)何依？⋯⋯"(《李陵变文》91)

(3) 楚帝闻此语，怕(拍)陛大嗔："勃逆小人，何由可耐。一寸之草，岂合量天；一笙毫毛，拟拒炉炭。子胥狂语，何足可观；风里野言，不须采拾！"(《伍子胥变文》3)

(4) 蛇无头不行，鸟无翼不飏，军无将不战，兵无粮不存。(《李陵变文》89)

(5) 回头辞百官："天能报[此]恩。盖闻一马不被二安(鞍)，一女不事二夫。"(《韩朋赋一卷》140)

关于变文的综合式复音词，有以下几点值得注意：

第一，同《论衡》、《世说新语》相比较，变文中的综合式复音词有显著发展。这不但表现在数量上(《论衡》有综合式复音词48个，《世说新语》增至213个，变文又增至310个)，而且复音词所代表的概念也更加复繁了,特别是普通名词可区分为表器物、表植物、表动物、表身份、表称谓、表衣饰、表场所等七类,还新出现一些三音动词。成语也可区分为表行为、表状态、表人或事物、表数量等四类,并且较多地运用谚语。

第二,变文中的四字成语大体由三部分组成:一是出自古籍,从过去流传下来的,如"高山仰指(止)"(93)、"路不拾遗"(18)、"切磋琢磨"(642)、"天网恢恢"(4)等;二是与佛教流行有关的,如"生老病死"(614)、"皆大欢喜"(446)、"天花乱坠"(174)、"极乐世界"(475)、"大千世界"(438)、"不即不离"(430)等;三是从口语中提炼出来,这是大部分。这第三部分成语,除"捻脚攒形"(4)、"浦逃落籍"(249)、"封函结款"(123)、"浑搥自扑"(299)等少数成语外,大部分流传至现代汉语中,只是有的语素或语序稍有变异,如"粉身碎骨"当时作"碎骨分(粉)身"(323),"兔死狐悲"当时作"狐死兔悲"(251),"忍气吞声"当时作"饮气吞声"(601),"狗急跳墙"当时作"狗急驀墙"(251),"改邪归正"当时作"去邪归正"(188)、"舍邪归正"(182)等。

第三,从词性构成看,三音词、多音词主要有六种结构方式,即:〔偏(偏正)+正〕,如"金翅鸟"(475)、"脑盖骨"(197);〔偏+正(联合)〕,如"童歌谣"(117);〔偏+正(附加)〕,如"小女子"(652);〔偏(单纯)+正〕,如"蒲桃酒"(275);〔偏(偏正)+正(附加)〕,如"白骨笼子"(873);〔偏(支配)+正(偏正)〕,如"入舍女婿"(861)。四字成语的词性构成更复杂,一般均可分析为两个层次。数量最多的第一层次为联合式,第二层次主要有三种形式,即:〔联合(支配+支配)〕,如"成邦立国"(574)、"离乡别邑"(181);〔联合(偏正+偏正)〕,如"异木奇花"(422)、"阔刃陌刀"(198);〔联合(表述+

表述）〕,如"蚁聚云屯"(125)、"门当户对"(815);其他还有〔联合
（补充＋补充）〕,如"死去活来"(840)。第一层次为表述式,第二层
次有七种形式,即:〔表述（联合＋联合）〕,如"龙虫浑杂"(388);〔表
述（偏正＋偏正）〕,如"异口同声"(855);〔表述（支配＋支配）〕,如
"掷石成金"(458);〔表述（表述＋偏正）〕,如"水泄不通"(19);〔表
述（偏正＋支配）〕,如"热汤拨雪"(20);〔表述（表述＋支配）〕,如
"狗急蓦墙"(251);〔表述（联合＋附加）〕,如"首尾相连"(122);〔表
述（支配）〕,如"路不拾遗"(18);〔表述（单纯＋支配）〕,如"醍醐灌
顶"(184)。第一层次为偏正式,第二层次有三种形式,即:〔偏正
（联合）〕,如"皆大欢喜"(446);〔偏正（偏正＋联合）〕,如"大千世
界"(438);〔偏正（偏正）〕,如"汗马之功"(190)。第一层次为支配
式,第二层次有两种方式,即〔支配（偏正＋联合）〕,如"强打精神"
(386);〔支配（主谓宾）〕,如"如羊见虎"(461)。不能分成两个层次
的,最常见的是单音名词或动词联合,如"日月星辰"(440)、"行住
坐卧"(463)。以上结构方式显然都远较《论衡》、《世说新语》复杂,
而接近于近代乃至现代汉语。

二 意 义

变文中复音词在意义上比较突出的是同义类聚和多义类聚。

1 同义类聚

变文中的同义类聚,共约 140 组,其中表示动作、行为的最多,
有 67 组;表示人或事物的有 45 组;表示性质、状态的有 28 组。下
面分别介绍一下词量较多的同义类聚。

1.1 表示动作、行为的

词量较多的有 13 组,即"敬爱"义、"安排"义、"思量"义、"救护"义、"呼唤"义、"归还"义、"隐藏"义、"奔波"义、"讚扬"义、"申说"义、"啼哭"义、"侵欺"义、"比并"义。

1.1.1 "敬爱"义

"敬爱"义组共有同义词或近义词 14 个,主要由语素"敬"、"爱"、"怜"、"惜"、"念"、"愍"等组成。如:

(1) 佛经是处皆尊重,王勃何人不敬崇。(《长兴四年中兴殿应圣节讲经文》417)

(2) 须达然知威力,倍增敬仰之心,思念如来,……(《降魔变文一卷》364)

(3) 修持三世之果因,敬重十方之佛法。(《长兴四年中兴殿应圣节讲经文》413)

(4) 机梭抛处即辛勤,锦绮着时令爱惜。(《长兴四年中兴殿应圣节讲经文》419)

(5) 一例烝情,从头爱护。(《父母恩重经讲经文》688)

(6) 不于女处生嫌厌,不向儿边起爱亲。(《父母恩重经讲经文》688)

(7) 看众咨嗟,无不爱念。(《庐山远公话》175)

(8) 于是白疰子细占视远公,心生爱慕,为缘远公是菩萨相,……(《庐山远公话》172)

(9) 见法师肥白,便即心生爱恋,……(《庐山远公话》183)

(10) 小来父母心怜惜,缘是家生抚育恩。(《捉季布传文一卷》61)

（11）且如侍奉父母，怜念弟兄，见必喜欢，逢之赏叹。（《父母恩重经讲经文》676）

（12）其王见怜愍，愍念亦优饶。（《燕子赋》263）

"怜愍"即"怜愍"。

（13）有一犬字乌龙，纯甚怜爱，行坐之处，每将随。（《搜神记》878）

（14）皆惭乳哺多恩德，尽感怀胎足敏（悯）怜。（《父母恩重经讲经文》676）

1.1.2　"安排"义

表示"安排"义的同义词或近义词共有 15 个，主要由"安"、"排"、"铺"、"备"、"准"、"支"等语素构成。如：

（1）寺院狭小，无处安排。（《庐山远公话》174）

（2）舜得母钱，佯忘安置米囊中而去。（《舜子变》133）

（3）安下既毕，日置歌筵，毯乐宴赏，无日不有。（《张淮深变文》124）

（4）汝今便请速排谐，万一与吾为使去，威仪一队相随逐，衔勒毗耶问净名。（《维摩诘经讲经文》636）

（5）大王［遂］排备，便［与］取新妇。（《太子成道经一卷》290）

（6）排比释、道、儒三教同至福光寺内迎请远公，入其大内供养。（《庐山远公话》191）

（7）先锋引道路奔腾，排批舟船横军渡。（《伍子胥变文》20）

（8）是时大王排枇鸾（銮）驾，亲自便往天祀神边。（《太子成道经一卷》288）

（9）高力士等面奉进上（止），当时枇排装束。（《叶净能诗》223）

（10）我净土，镇铺排，令汝今朝智惠开，更怕人心犹不悟，分别说喻唱将来。（《维摩诘经讲经文》571）

（11）斋饭见令厨内造，道场处分便铺陈。（《妙法莲华经讲经文》491）

（12）火宅驱牵长煎炒，千头万绪何时了，恰到病来卧在床，一无支抵（抵）前途道。（《无常经讲经文》668）

（13）为人却要心明了，莫学掠虚多帝了，只磨贪婪没尽期，也须支准前程道。（《无常经讲经文》668）

（14）禅堂内，设支排，寂寞应知承易偕。（《维摩诘经讲经文》630）

（15）太子国中第二贵，出入百司须准拟，因何从骑不过十，牵辔途呈（程）来至此？（《降魔变文一卷》373）

1.1.3 "思量"义

主要语素为"思"，其他语素有"忖"、"量"、"虑"、"慕"、"念"、"惟"、"议"、"忆"等。构成的同义词或近义词有"思忖"（295）、"思量"（7）、"思虑"（672）、"思慕"（227）、"思念"（322）、"思惟"（64）、"思议"（366）、"思忆"（759）等。

1.1.4 "救护"义

主要语素为"救"，其他语素有"拔"、"度"、"护"、"济"、"疗"、"援"。构成的同义词或近义词有"救拔"（703）、"救度"（602）、"救护"（217）、"救济"（339）、"救疗"（585）、"救援"（89）等。

1.1.5 "呼唤"义

主要语素有"呼"、"唤"、"叫"等。构成的同义词有"呼唤"

（18）、"吼唤"（20）、"号叫"（681）、"喊吼"（384）、"唤呼"（339）、"叫呼"（203）、"叫唤"（249）等。

1.1.6　"归还"义

主要语素是"归"、"还"、"回"。构成的同义词有"归还"（277）、"归返"（139）、"皈（归）回"（125）、"回归"（627）、"回还"（262）、"回却"（88）、"回旋"（385）等。

1.1.7　"隐藏"义

主要语素是"藏"、"隐"。构成的同义词有"隐藏"（196）、"藏隐"（66）、"藏掩"（22）、"隐匿"（377）、"潜藏"（112）、"潜伏"（68）、"隐灭"（206）等。

1.1.8　"奔波"义

主要语素是"奔"，其他语素有"走"、"驰"、"腾"、"逐"等。构成的同义词有"奔波"（112）、"奔走"（25）、"奔逐"（8）、"奔腾"（642）、"奔驰"（104）、"驰走"（17）等。

1.1.9　"讚扬"义

主要语素是"称"、"讚"、"叹"。构成的同义词有"讚扬"（488）、"讚叹"（168）、"称讚"（856）、"称叹"（906）、"称扬"（593）、"讚詠"（539）等。

1.1.10　"申说"义

主要语素为"申"，其他语素为"说"、"论"、"陈"、"谈"等。构成的同义词有"申说"（367）、"申论"（876）、"申陈"（493）、"申吐"（157）、"谈论"（639）、"谈扬"（639）等。

1.1.11　"啼哭"义

主要语素有"啼"、"哭"、"悲"等，构成的同义词有"啼哭"（907）、"啼悲"（181）、"啼泣"（182）、"悲啼"（36）、"悲哭"（140）、"悲伤"(796)、"哽噎"(36)、"哭泣"(110)等。

1.1.12 "侵欺"义

主要语素有"欺"、"侵"、"凌",其他语素有"负"、"屈"、"诳"等。构成的同义词或近义词有"欺负"(250)、"侵欺"(5)、"侵凌"(114)、"侵夺"(115)、"欺诳"(187)、"欺陵(凌)"(374)、"欺屈"(475)等。

1.1.13 "比并"义

主要语素有"比"、"般"、"对",其他语素有"类"、"并"、"较"。构成的同义词有"比并"(349)、"比较"(263)、"比对"(636)、"比类"(267)、"对量"(621)、"般粮(量)"(852)、"般当"(385)、"般比"(387)等。

1.2 表示人或事物的

词量较多的有5组,即"财物"义、"形貌"义、"恩德"义、"灰尘"义、"灾害"义。

1.2.1 "财物"义

主要语素有"财"、"产"、"钱",其他语素有"帛"、"宝"、"金"、"银"、"业"等,共构成同义词11个。如:

(1) 送回来,男女闹,为分财物不停怀愕(懊)恼。(《无常经讲经文》668)

(2) 为求财产,携荷艰辛,勤苦至终,不言恩德。(《父母恩重经讲经文》684)

(3) 忽闻人说江州庐山有一化成之寺中,甚是富贵,施利极多,财帛不少。(《庐山远公话》171)

(4) 当施财宝(宝)象马七珍,须衣与衣,须食与食。(《太子成道变文》322)

(5) 产业庄园折损尽。(《父母恩重经讲经文》686)

（6）白疰比入寺中，望其大收资财，应是院院搜集，寺内都无一物。（《庐山远公话》172）

（7）钱财如粪土，人义重于山。（《燕子赋》265）

（8）问远公曰："是你，寺中有甚钱帛衣物，速须搬运出来。"（《庐山远公话》172）

（9）舜子便于泥镈中置银钱，令后母挽出。（《舜子变》132）

（10）要饭未曾烧火烛，须衣何省用金钱。（《佛说观弥勒菩萨上生兜率天经讲经文》654）

（11）买庄田，修舍屋，卖尽人家好林木，直饶满国是生涯，心中也是［无厌足］。（《无常经讲经文》663）

1.2.2 "形貌"义

主要语素是"形"、"貌"、"面"、"容"、"仪"，其他语素有"骸"、"孔"、"状"、"体"、"颜"等，共构成同义词 15 个。如：

（1）致使娘娘形貌，日日注赢，慈母颜容，朝朝瘦悴。（《父母恩重经讲经文》682）

（2）忽见一人，四体极其赢劣，形容瘦损，喘息不安。（《八相变》336）

（3）汝等观吾形状劣，参差应见我无常。（《维摩诘经讲经文》557）

（4）遍体悉皆疮癣甚，形体苦（枯）老改容仪。（《目连缘起》706）

（5）光严整行之次，忽见维摩，道貌凛然，仪形垒落。（《维摩诘经讲经文》607）

（6）并乃神情爽朗，仪貌孤标，持五摄而此土化缘，杖六

鐶而他[方]遊历。(《维摩诘经讲经文》530)

（7）就中更有梵天王,相貌巍巍多自在。(《维摩诘经讲经文》530)

（8）帝释离宫殿,仪容喜倍常。(《维摩诘经讲经文》545)

（9）宫人玉女自纤纤,娘子恒娥众里潜,征心欲拟观容貌,暂请傍人与下帘。(《下女[夫]词》277)

（10）其妻容貌众皆知,更能端正甚希其(奇)。(《难陀出家缘起》395)

（11）缘有孙陀罗是妻,容颜殊胜,时为恋着是妻。(《难陀出家缘起》395)

（12）何方英才？相貌精神,容仪耸幹。(《伍子胥变文》5)

（13）门前有一儿郎,性行不妨慈善,出来好个面貌,只是有些舌短。(《丑女缘起》792)

（14）崔儿自隐欺负面孔,终是攒沅请乞设誓,……(《燕子赋》250)

（15）新妇闻客此言,面目变青变黄。(《韩朋赋一卷》138)

1.2.3 "恩德"义

主要语素是"恩",其他语素有"泽"、"德"、"宠"、"爱"、"惠"等。可构成同义词"恩德"(160)、"恩泽"(262)、"恩爱"(217)、"恩私"(218)、"恩会(惠)"(674)、"恩宠"(577)等。

1.2.4 "灰尘"义

主要语素有"灰"、"尘"、"土",其他语素有"烬"、"埃"、"垢"等。可构成同义词"灰尘"(518)、"灰烬"(817)、"灰土"(630)、"尘埃"

(419)、"尘垢"(486)、"尘土"(698)等。

1.2.5 "灾害"义

主要语素是"灾",其他语素有"害"、"变"、"难"、"殃"、"疫"、"瘴"等。可构成同义词"灾害"(185)、"灾变"(94)、"灾难"(471)、"灾殃"(617)、"灾疫"(855)、"障(瘴)灾"(699)等。

1.3 表示性质、状态的

词量较多的有"惧怕"义、"欢喜"义、"丑恶"义、"安康"义、"疾速"义等5组。

1.3.1 "惧怕"义

主要语素有"惧"、"怕"、"惊"、"恐"、"怖",其他语素有"惶"、"畏"等,构成14个同义词。如:

(1) 江神以手捧之,惧怕乃相分付。(《伍子胥变文》14)

(2) 男儿丈夫,事有错误,脊被揎破,更何怕惧。(《燕子赋》251)

(3) 王即惊惧,问曰:"有何不祥之事?"(《伍子胥变文》2)

(4) 河间有一家,姓赵名广,枥上有一白马,忽然变作人面,其家大惊怕,往问先生刘安。(《搜神记》869)

(5) 于是众生闻知,心怀惊怖,各自东西回避,尽谋走计。(《庐山远公话》171)

(6) 若夫涅槃经之义;本无恐怖,若有恐怖,何名为涅槃。(《庐山远公话》171)

(7) 雀儿怕怖,悚惧恐惶;浑家大小,亦总惊忙。(《燕子赋》250)

(8) 心惊恐怕牛羊吼,头痛生曾(憎)乳酪羶。(《王昭君变文》101)

379

(9) 舍利弗安祥宝座,殊无怖惧之心,化出金翅鸟王。(《降魔变文一卷》386)

(10) 天网恢恢道路穷,使我恓惶没投宭。(《伍子胥变文》4)

这里"恓惶"是"惶怖"义。

(11) 恐畏狱主,更将别处受苦,所以不敢应狱主。(《大目乾连冥间救母变文并图一卷并序》732)

(12) 州官县宰皆忧惧,捕捉惟愁失帝恩。(《捉季布传文一卷》58)

(13) 弟见惶惧,走来报兄,具陈上事。(《孝子传》906)

(14) 蕃戎胆怯奔南北,汉将雄豪百当千处……(《张义潮变文》114)

1.3.2 "欢喜"义

主要语素有"欢"、"喜"、"悦",其他语素有"欣"、"贺"、"娱"、"快"、"乐"等,可构成同义词13个。如:

(1) 舜子问(闻)道摘桃,心里当时欢喜。(《舜子变》130)

(2) 九(久)住人增贱,希来见喜欢;为此经冬隐,不是怕饥寒。(《燕子赋》264)

(3) 单于闻道汉使来吊,倍加喜悦,光依礼而受汉使吊。(《王昭君变文》105)

(4) 天女咸生喜跃,魔王自已欣欢。(《维摩诘经讲经文》621)

(5) 今闻将军伐楚,臣等憙贺不胜,遥祝快哉,深加踊跃。(《伍子胥变文》23)

(6) 须达买得太子园,踊悦身心情不已。(《降魔变文一

卷》371)

(7) 侯瓔拜舞辞金殿,来看季布助欢忻。(《捉季布传文一卷》68)

(8) 皇帝心不欢悦,谓净能曰:"朕今饮宴,都不似,天师有章令,使宴乐欢娱?"(《叶净能诗》221)

(9) 日日不备欢乐,次第渐到王郎,俳备酒馔。(《丑女缘起》795)

(10) 父放母命以后,一心一肚快活,天下传名。(《舜子变》134)

(11) 幽巖实快乐,山野打盘珊(珊或旋)。(《燕子赋》264)

1.3.3 "丑恶"义

主要语素为"丑"、"恶"、"差",其他语素有"陋"、"拙"、"粗"。可构成同义词"丑恶"(387)、"丑陋"(353)、"丑拙"(585)、"差恶"(704)、"丑差"(790)、"粗恶"(568)等。

1.3.4 "安康"义

主要语素是"安",其他语素有"定"、"泰"、"康"、"乐"、"清"、"稳"、"拈"等。可构成同义词"安拈"(18)、"安定"(210)、"安稳"(865)、"安泰"(471)、"安康"(556)、"安乐"(168)、"清泰"(18)等。

1.3.5 "疾速"义

主要语素有"疾"、"速",其他语素有"捷"、"忽"、"忙"等。构成同义词"捷疾"(347)、"急疾"(252)、"峻疾"(678)、"速疾"(607)、"急速"(663)、"苍速"(334)、"疾速"(217)等。

以上列出的共 23 组。同现代汉语比较,有三点不同:第一,每组词量少的 6 个,多的 16 个,比现代汉语仍然少得多。如"惧怕"

义,共有"惧怕"、"怖惧"、"悚惧"、"栖惧"、"忧惧"、"惶惧"、"惊怖"、"惊怕"、"恐畏"、"恐怖"、"怕惧"、"恐惶"、"恐怕"、"胆怯"、"怕怖"、"惊惧"等16个,现代汉语中表示"惧怕"义的双音词则有"胆寒"、"胆怯"、"发憷"、"害怕"、"惶惑"、"惶悚"、"惊骇"、"惊慌"、"惊惶"、"惊惧"、"惊厥"、"惊恐"、"惊吓"、"惧怕"、"恐怖"、"恐慌"、"慑服"、"危惧"、"畏惧"、"畏怯"、"畏葸"、"战栗"、"震慑"、"震悚"、"惴栗"、"悚然"等26个。又如"啼哭"义,共有8个同义词,现代汉语则有28个同义双音词;"赞扬"义,共有6个同义词,现代汉语则有30个同义双音词。这说明变文中的同义类聚现象虽然比较突出,但词量还不像现代汉语那样丰富多彩。第二,由于构成语素不同,形成的同义词很不相同,如表示"救护"义,同现代汉语相同的有"救护"、"救济"、"救援",不同的则有"救拔"、"救度"、"救疗"等;又如表示"丑恶"义,同现代汉语相同的有"丑恶"、"丑陋",不同的则有"差恶"、"丑差"、"丑拙"等。第三,变文中的同义类聚,有不少属于等义类聚,如"归回"和"回归","归还"和"归返","吼唤"和"叫唤","仪容"和"容仪","容颜"和"颜容","惧怕"和"怕惧","怕怖"和"恐怖","疾速"和"速疾","急速"和"急疾"等等,这类等义词,意义和用法相同,仅仅词形不同,这同加强语言的交际功能不相符合,因此,其中有些词到后世就逐渐消亡了。

2　多义类聚

同义类聚是同义词、近义词的聚合,多义类聚则是同一个词的不同义位的聚合。这种现象在《论衡》、《世说新语》中均已出现,但主要出现在联合式复音词中;在变文中多义词不仅有联合式,而且有偏正式、支配式、附加式、重叠式。

2.1 联合式复音词的多义类聚。如：

〔处分〕

"处分"在《世说新语》中有两个互相联系的义位：一是"处置"，一是"安排"。在变文中则出现四个新的义位：一是"命令"，二是"吩咐"，三是"惩处"，四是"看待"。

（1）尚书既擒回鹘，即处分左右马步都虞候，并令囚系。（《张淮深变文》123）

（2）李陵处分左右搜括，得〔两〕箇女子，年登二八，亦在马前，处分左右斩之。（《李陵变文》86）

（3）尚书乃处分诸将，尽令卧鼓倒戈，人马衔枚。（《张淮深变文》125）

以上为"命令"义。

（4）远公曰："我当初辞师之日，处分交代，逢炉即住，只此便是我山修道之处。"（《庐山远公话》167）

（5）当时变却老人之身，却复鬼神之体，来至山神殿前，鞠躬唱喏："臣奉大王处分，遍历山川，搜寻精灵狐魅，并不见一人。……"（《庐山远公话》169）

（6）商来奉将军处分，①寺内寺外，搜寻僧人。（《庐山远公话》172）

以上是"吩咐"、"指示"义。

（7）勅下所司，捕捉陵之家口，一男一女，摊入云阳。马乖行显，准法处分。（《苏武李陵执别词》849）

（8）年三十八，夜中梦见伺命鬼来取，将信向阎罗王前

① 《敦煌变文集》此处句读有误，今改。

过,即判付司依法处分。(《搜神记》879)

以上为"惩处"、"惩治"义。

(9)吴王曰:"朕自别卿之后,恋念不离心怀。虑恐楚卒人多,侠讐之心不达。天道相助,得已灭楚归吴;所有功勋,朕自忧(优)加处分。"(《伍子胥变文》25)

此为"看待"、"对待"义。

〔方便〕

"方便"原为佛教用语,本意指佛普度众生时所采用的各种启发、引导方法,称之为方便法门,由此引申出多种意义。在变文中有三义:一是佛教用语"方便法门",二是"方法"、"手段",三是"设计"、"采用(不正当)手段"。如:

(1)故仏慈悲,开此方便,用建盂兰盆者,即是其事也。(《大目乾连冥间救母变文并图一卷并序》714)

(2)劝即此日申间劝,且乞时时过讲院,莫辞暖热成持,各望开些方便。(《无常经讲经文》670)

以上是佛教用语"方便法门"的意思。

(3)舜是孝顺之男,上界帝释知委,化一老人,便往下界,来至方便与舜,犹如不打相似。(《舜子变》131)

(4)仏以慈悲,极切教化,万般方便,设法千重,悲心万种。(《目连缘起》708)

(5)巧施方便,勤行怜愍之情,善受和平,接引爱增(憎)之辈。(《维摩诘经讲经文》533)

以上为"方法"、"法力"、"手段"义。

(6)天使亦见,仿(方)便来救,启言蕃王:"王子此度且放。但某愿请弓箭,射雕供养单于。"(《韩擒虎话本》205)

（7）卿是忠臣行妄语，方便下脱寡人园。（《降魔变文一卷》368）

以上为"设计"、"采用（不正当）手段"义。

（8）今日之下，[乞与]些些方便，还有纸笔当直，莫言空手冷面。（《燕子赋》252）

此为"便利"义。

〔方圆〕

变文中"方圆"有三义：一是"策划"、"安排"义，二是"方法"、"谋略"义，三是"规矩"、"仪式"义。如：

（1）制不由己降胡虏，晓夜方圆拟皈（归）国。（《李陵变文》96）

（2）大将军本意，莫狂（枉）劳人，幸请方圆，拟求生路。（《李陵变文》89）

（3）姑来过此，任自方圆。（《下女[夫]词》274）

以上为"策划"、"计划"、"安排"义。

（4）唯愿圣主慈悲，更赐方圆救济。（《目连缘起》707）

（5）千般万计虔诚，二种方圆救济。（《目连缘起》711）

以上为"方法"、"谋略"义。

（6）（葬事）一依蕃法，不取汉仪。棺槨穹庐，更别方圆。（《王昭君变文》104）

此为"规矩"、"仪式"义。

〔威仪〕

变文中"威仪"有三义：一是"仪态"义，二是"威严"义，三是"仪仗"义。如：

（1）光严被唤，便整容仪，纤手举而淡泞风光，玉步移而

威仪庠序。(《维摩诘经讲经文》601)

(2) 观看之次,在于路上,或见一人,削发染衣,[威]仪祥[序],真似象王。(《太子成道经一卷》294)

(3) 威仪庠序,服锦新鲜。(《维摩诘经讲经文》607)

以上为"仪态"义。

(4) 帝释灵深夸队仗,梵王行里逞威仪。(《维摩诘经讲经文》532)

(5) 领大众而速别菴园,呈威仪而早过方丈。(《维摩诘经讲经文》635)

以上为"威严"义。

(6) 虽即未离于仏会,威仪已出于菴园。(《维摩诘经讲经文》641)

(7) 不作威仪,不要侍者,独自腾空,来于阙下。(《妙法莲华经讲经文》489)

以上为"仪仗"义。

〔影响〕

变文中有两义:一是"反倒"(副词)义,二是"仿佛"义。如:

(1) 如今世上多颠到(倒),莫便准承他幼小,他缘寿命各差殊,影向(响)于身先自天。(《无常经讲经文》668)

(2) 富贵奢苹(华)未是好,财多害已招烦恼,影晌(响)因兹堕却身,只为贪求心不了。(《无常经讲经文》669)

以上为"反倒"义。

(3) 青提夫人欲似有,影响不能全指的。(《大目乾连冥间救母变文并图一卷并序》729)

(4) 妾虽禁闭在深闺,与君影响微相识。(《伍子胥变文》

386

9)

以上为"仿佛"义。

〔因循〕

变文中有两义:一是"马虎"、"疏忽"义,二是"悠游"、"游乐"义。如:

(1)今朝法师说其真,坐下听众莫因循。(《三身押座文》828)

(2)或用醍醐浇浸,或将甘露调和,如斯不敢因循,毕竟一生供养。(《妙法莲华经讲经文》506)

(3)自于怀任腹中子,旧日装梳不欲为;思量十月养君多,争忍因循不报恩。(《父母恩重经讲经文》698)

以上为"马虎"、"疏忽"义。

(4)自居山内学修行,不省因循入帝京。(《妙法莲华经讲经文》489)

(5)亲情劝着何曾听,父母教招似不闻;仕宦经营全不肯,长期闲散恣因循。(《父母恩重经讲经文》674)

以上为"悠游"、"游乐"义。

〔因依〕

变文中有两义:一是"原因"、"理由"义,二是"方法"、"办法"义。如:

(1)多将汤药问因依,大照国师寻斩候。(《维摩诘经讲经文》579)

(2)愿世尊,慈愍故,听我今朝恳词诉,仏有慈悲正遍知,有数件因依不敢去。(《维摩诘经讲经文》605)

以上为"原因"、"理由"义。

(3) 未委作何计较,令水体而再伏(复)本源,不知有甚因依,遣池内之[水]却令清净。(《维摩诘经讲经文》518)

此为"方法"义。

〔尸骸〕

变文中有两义:一是"尸体"义,二是"模样"义。如:

(1) 昭王启子胥曰:"我父平王,已从物化,负君之罪,命处黄泉,事既相当,身从菊割,父僽子替,何用尸骸?请快警心,任从斧越(钺)。"(《伍子胥变文》21)

此为"尸体"义。

(2) 燕子被打,可嗟尸骸,头不能举,眼不能开。(《燕子赋》249)

(3) 六师自道无般比,化出两个黄头鬼,头脑异种丑尸骸,惊恐四边令怖畏。(《降魔变文一卷》387)

此为"模样"义。

2.2 偏正式复音词的多义类聚。如:

〔行李〕

变文中有三义:一是"行走"义,二是"行动路线"义,三是"仪仗"义。如:

(1) 巡街曆(历)巷,注耳顷(倾)心,行李之间,偶值阿难乞食。(《降魔变文一卷》362)

(2) 子胥答曰:"吾闻人相知于道术,鱼相望(忘)于江湖,下奏(走)身是游人,岂敢虚相诳语!今缘少许急事,欲往江南行李。自拙为人,幸愿先生知委;倘蒙赐渡,恩可杀身,若也不容,自当息意。"(《伍子胥变文》13)

(3) 此乃《诗书》所载,非擅胸襟,因何行李葱葱,轻身单

388

骑！（《降魔变文一卷》373）

以上为"行走"义。

（4）子胥答曰："余亦不是仵茄之子，亦不是避难逃人，听
说途之行李。……"（《伍子胥变文》10）

（5）情去意实难留，断弦由可续，君之行李，足亦可知。
（《伍子胥变文》5）

以上为"行动路线"义。

（6）由是文殊师利，亲往方丈之中，遂设威仪，排比行李。
（《维摩诘经讲经文》643）

（7）忙忙天上抛欢乐，浩浩云中整宝衣，帝释灵深夸队
仗，梵王行里（李）逞威仪。（《维摩诘经讲经文》532）

以上为"仪仗"义。

〔房卧〕

变文中有两义：一是"卧房"，二是"嫁妆"。如：

（1）自别夫人经数月，思量好是苦持斋。每相（想）夫人
辞家出，夜夜寻看房卧路□。（《欢喜国王缘》779）

此为"卧房"义。

（2）大王又向臣下道："卿为臣下我为君，今日商量只两
人，朝暮切须看听审，惆怅莫交外人闻。相当莫厌无才艺，莽
卤①何嫌彻骨贫，万计事须相就取，陪些房卧莫争论。"（《丑女
缘起》791）

此为"嫁妆"义。

〔家常〕

---

① 《敦煌变文集》原作"路"，今从乙卷改为"卤"。

变文中有两义：一是"便饭"，二是"化缘"。如：

(1) 雀儿怕怖，悚惧恐惶；浑家大小，亦总惊忙。遂出跪拜鸱鹐，唤作大郎二郎："使人远来冲热，且向窟里逐凉。卒客无卒主人，蹔坐撩治家常。"(《燕子赋》250)

此为(临时备办的)"便饭"义。

(2) 首托钵盂光灼灼，足蹑祥云气异音，掸拍(弹指)之间身即到，高声门外唱家常。(《难陀出家缘起》395)

(3) 世尊直到难陀门前，道三两声家常，难陀劝饮之次，忽然闻门外世尊语声，向妻子道："娘子！娘子！"吟：有事谘闻娘子，请蹔蹔起却回，伏缘师兄道(到)来，现在门外化饭。(《难陀出家缘起》396)

以上为"化缘"义。

〔手下〕

变文中有两义：一是"部下"，二是副词"立即"。如：

(1) 遂便散却手下徒党，只留三五人，……(《降魔变文一卷》375)

此为"部下"义。

(2) 王闻褒誉，尚未委其根由，更唤须达向前："卿须审实，不得差殊，荣辱昇沈，祗在须史之顷。朕为一国之主，统御万邦；卿须尽节存忠，不得因巡易志。天子一怨，可以伏尸百万，流血千里。佛是谁家种族？先代有没有家门？学道谘禀何人？在身有何道德？不须隐匿，具实说看。忽然分寸差殊，手下身当依法。"(《降魔变文一卷》376、377)

此为"立即"、"马上"义。

2.3 其他结构复音词的多义类聚。如：

〔改张〕

变文中有两义:一是"改变"(原意)义,二是"改观"义。如:

(1)恐太子之改张,剋先心而不遂。(《降魔变文一卷》370)

(2)四弘誓愿专相续,六种波罗莫改张,外遇违解终不退,内修观行又时长。(《佛说观弥勒菩萨上生兜率天经讲经文》646)

(3)汝等兄弟听我语,从来谁是免无常。直宜早去礼空王,宝盖庄严莫改张。(《维摩诘经讲经文》556)

(4)金牌玉谏(简)无揩洗,卒亦无人辄改张。(《大目乾连冥间救母变文并图一卷并序》735)

以上为"改变"(原意)义。

(5)思量慈母养君时,万苦千辛总不辞;消瘦容颜为丑差,改张花[貌]作汪赢。(《父母恩重经讲经文》679)

(6)便礼拜,更添香,不觉形容顿改张,我得今朝端正相,感附灵山大法王。(《丑女缘起》799)

(7)周回顾望,与本无殊;四面瞻相,都无变怪;寻问监园之者,并无改张。(《降魔变文一卷》368)

以上为"改观"义。

〔阿婆〕

变文中有两义:一是"婆母",二是"老婆"。如:

(1)阿婆报客,但道新妇,病卧在床,不胜医药。(《韩朋赋一卷》138)

(2)其妻不知夫在已不?来孝养勤心,出亦当奴,入亦当婢,冬中忍寒,夏中忍热,桑蚕织络,以事阿婆,昼夜懃心,无时

颜舍。(《秋胡变文》156)

(3) 新妇诗曰:本性虺蛶处处知,阿婆何用事悲悲,若觅下官行妇礼,更须换却百重皮。(《虺蛶书一卷》859)

(4) 夫之去后,养子三岁,遂启阿婆曰:"新妇身是天女,当来之时,身缘幼小,阿耶与女造天衣,乘空而来。……"(《搜神记》883)

以上为"婆母"义。

(5) 夫主入来全不识,却觅前头丑阿婆。(《丑女缘起》798)

(6) 今朝法师说其真,坐下听众莫因循;念佛急手归舍去,迟归家中阿婆嗔。(《三身押座文》828)

以上为"老婆"义。

〔娘子〕

变文中有两义:一是"妻子",二是对成年妇女尊称为"娘子"。如:

(1) 瞽叟报言娘子:"缘人命致重,如何但修理他。有计但知说来,一任与娘子鞭耻。"(《舜子变》132)

(2) 瞽叟问言:"娘子前后见我不归,得甚能欢能喜?今日见我归家,床上卧不起,为复是邻里相争,为复天行时气?"(《舜子变》130)

以上指"妻子"。

(3) 子胥被认相辞谢,方便软言而帖写:"娘子莫漫横相干,人间大有相似者。娘子夫主姓仟身为相,仆是寒门居草野。……"(《伍子胥变文》11)

(4) 路逢女人来委问:"此个郎君住何方? 何姓何名衣

(依)实说,从头表白说一场!""娘子记(既)言再三问,一一具说莫分张……"(《董永变文》110)

以上敬指成人女子。

〔孃孃(娘娘)〕

变文中有两义:一是"母亲",二是"主母"。如:

(1)倘若一朝拜金阙,莫忘孃孃乳哺恩!(《汉将王陵变》46)

(2)项托入山游学去,叉手堂前启孃孃:"百尺树下儿学问,不须受记有何方。"(《孔子项託相问书》234)

(3)娘娘且是亲生母,我是娘娘亲福(腹)儿。(《目连缘起》706)

以上为"母亲"义。

(4)或为奴婢偿他力,衣饭何曾得具全,夜头早去阿郎嗔,日午斋时娘娘打。(《佛说阿弥陀经讲经文》467)

此为"主母"、"女主人"义。

〔看看〕

变文中有两义:一是动词"看一看",二是时间副词"眼看"。如:

(1)伏望明宣诏令,广集颁下群嫽(僚),大决看看,然可定其胜负。(《降魔变文一卷》378)

(2)六师虽五度输失,尚不归降。"更试一回看看,后功将补前过。忽然差使更失,甘心启首归他。"(《降魔变文一卷》387)

以上是"看一看"的意思。

(3)从此阿孃大命转然,其母看看是死,叫声动地,似剑到(剺)心。(《庐山远公话》179)

（4）红颜渐渐鸡皮皱,绿鬓看看鹤发仓(苍),更有相前相识者,从头老病总无常。(《破魔变文》345)

（5）渐辞方丈,已远毗耶,看看欲到于菴园,尽礼于花台圣主。(《维摩诘经讲经文》558)

以上是"眼看"、"很快"的意思。

三 结 论

经过对《敦煌变文集》所收 78 篇变文的复音词的研究,我们可以得出如下结论:

1 联合式复音词数量仍居各类结构复音词之首(占全书复音词总数的近一半)。同《论衡》、《世说新语》相比,就语义构成而言,相类意义联合和相反意义联合均明显增多。其中在相类意义联合词中,由两个语素义"概括"合成的词比由两个语素义"形象"合成的词数量增加。在相反意义联合词中,仍以名词为主,动词、形容词较少。两类不平等联合词继续保持活跃势头。就词性构成而言,依然具有构词语素同该词词性相一致的特点。就语序构成而言,同素异序词仍占有一定数量。随着时代的发展,出现了一批新形新义的联合式复音词。

2 数量居第二位的是偏正式复音词(占全书复音词总数的近五分之一)。同《论衡》、《世说新语》相比,在语义构成方面,正语素和偏语素的结合关系有较大发展和调整。这突出表现在正语素表示动作、行为方面的意义增多,还出现少量表示性质、状态的意义,而表示人或事物方面意义的可充当大类名的也有增加和变化。在词性构成方面,结构方式更加复杂,不但有多种方式构成名词、动词,还有多种方式构成形容词、代词。同现代汉语比较,大多数偏正式复音词流传至今,其比例远高于《论衡》和《世说新语》。

3　补充式、支配式、表述式以及非重叠单纯词数量不多(均不超过复音词总数的5%)。其中补充式复音词的语义构成,补语素所表示的意义更加复杂,词性构成方面充当补语素的形容词有所增加。支配式复音词较前代明显增多,不但有不少动词,而且有一定数量的名词、形容词;词性组合也更加复杂。表述式复音词数量虽少,但呈逐步增长趋势,词性构成同后世比较接近。

4　附加式、重叠式复音词的数量均有明显增加。其中附加式复音词前缀、后缀出现较多,不少流传至今。重叠式复音词不但数量增加,种类繁多,结构方式也更加多样。

5　综合式复音词有显著发展,这不仅表现在数量上,所代表的概念也更为复繁,词性构成也已具备多种方式,同近代汉语乃至现代汉语比较接近。

6　从变文复音词的意义上看,作为同义词或近义词聚合出现的同义类聚比较突出,其中表示动作、行为的最多,其次是表示人或事物的,再次是表示性质、状态的,但每个聚合的同义词量却不如现代汉语丰富多彩。作为同一个词的不同义位相聚合的多义类聚也比较突出,过去主要出现在联合式复音词中,在变文中则不仅有联合式,而且有偏正、支配、附加、重叠等多种结构方式,但每个词的义位量却又常常没有现代汉语简约,这从一个侧面反映了汉语词义随着时代的发展既不断丰富又逐步规范、以利于人们交际的特点和规律。

以上表明,变文复音词无论结构或意义,均处于向近代汉语乃至现代汉语复音词的过渡之中。

主要参考文献

王 力　1980　《汉语史稿》，中华书局。

王 力　1980　《龙虫并雕斋文集》，中华书局。

吕叔湘　1979　《汉语语法分析问题》，商务印书馆。

朱德熙　1980　《现代汉语语法研究》，商务印书馆。

赵元任　1979　《汉语口语语法》，商务印书馆。

郭绍虞　1979　《汉语语法修辞新探》，商务印书馆。

沙 夫　1979　《语义学引论》，商务印书馆。

周法高　1962　《中国古代语法·构词篇》，台湾。

何九盈　蒋绍愚　1980　《古汉语词汇讲话》，北京出版社。

何乐士等　1985　《古汉语虚词通释》，北京出版社。

程湘清等　1985　《古汉语实词释辨》，山东教育出版社。

郭在贻　1985　《训诂丛稿》，上海古籍出版社。

杨伯峻　1980　《论语译注》，中华书局。

黄 晖　1935　《论衡校释》，商务印书馆。

余嘉锡　1983　《世说新语笺疏》，中华书局。

蒋礼鸿　1957　《敦煌变文字义通释》，上海古籍出版社。

附录

《金瓶梅》复音动词研究

程 娟

○ 引 言

《金瓶梅》是写于我国明代中后期的一部长篇世情小说,它不仅在我国小说发展史上占有重要的地位,而且由于书中采用了大量的方言词语和市井行话,口语性较强,对研究明代的汉语也具有较为重要的价值。本文以王汝梅、李昭恂、于凤树校点,山东齐鲁书社 1987 年出版的《金瓶梅》删节本为研究版本,对《金瓶梅》上卷前五十回中的复音动词进行分析和描写。

《金瓶梅》中的动词非常丰富,动词包括动词性的固定短语共计 2955 个,其总的结构特点如下表所示。

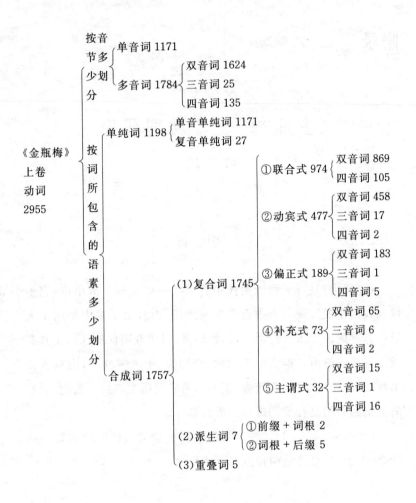

一　双音动词的结构特点

　　《金瓶梅》中的双音动词据调查统计约有 1624 个,占全部动词总数的 54.96%,其中绝大部分是合成词,约有 1597 个,占双音动词总数的 98.34%,单纯词仅 27 个,占双音动词总数的 1.66%。

（一）合成词

《金瓶梅》中的合成词，是以复合式为其最主要的构词方式，构成的复合词约 1590 个，占全部合成词总数的 90.49%，占双音动词总数的 97.91%。而由附加式形成的派生词极少，较典型的动词后缀约有 4 个；下面我们首先就复合词的构成特点进行描写和讨论。

1 联合式

《金瓶梅》中的联合式双音动词约有 869 个，占双音复合词总数的 54.65%，占全部联合式动词总数的 89.22%，占全部双音动词总数的 53.51%。

1.1 词性构成

从语素词性与其构成的复音词的词性是否一致来看，联合式动词的词性和语素的词性基本上是一致的，即在联合式动词中主要是动＋动→动的情况。例如：

（1）不一时，只听得锣鸣鼓响，众人都一齐瞧看。（第一回 29）

（2）武松也知了八九分，自己只把头来低了，却不来兜揽。（第二回 45）

"兜揽"是"理睬"的意思。

（3）慌的金莲起来，这边看视，见妇人穿一身大红衣裳，直揪揪吊在床上。（第十九回 294）

（4）西门庆差玳安儿，抬了许多酒肉烧饼来，与他家犒赏匠人。（第四十八回 704）

（5）"……咱不如到了会期，都结拜了兄弟罢。明日也有

个靠傍些。"(第一回17)

1.2 语义构成

从两个语素之间的意义关系分析,可分为意义相同联合、意义相关联合、意义相反联合三种情况。

1.2.1 同义联合

同义联合词在联合式动词中所占比例最大,约占联合式动词的 73.19%。例如:

(1) 这伙人,单看韩二进去,或夜晚扒在墙上看觑,或白日里暗使小儿子在后塘推道捉蛾儿,单等捉奸。(第三十三回503)

(2) 只得走去央求亲家陈宅心腹,并使家人来旺,星夜往东京,下书与杨提督。(第十回159)

(3) 这迎春丫头,今年已十七岁,颇知事体,见他两个今夜偷期,悄悄向窗下,用头上簪子挺签破窗察上纸。往里窥觑。(第十三回206)

(4) 神仙道:"这位女娘,鼻梁低露,破祖刑家;……行如雀跃,处家室处而衣食缺乏。……"(第二十九回442)

(5) 土兵起来烧汤,武二洗漱了,唤起迎儿看家,带领土兵出了门。(第九回149)

(6) 李瓶儿听了,把脸飞红了。正是:话头儿包含着深意,题目儿哩暗蓄着留心。(第三十五回536)

(7) 那婆子见是武大来得甚急,待要走去阻当,却被这小猴子死力顶住,那里肯放?(第五回91)

1.2.2 相关联合

意义相关联合动词的数量在《金瓶梅》中明显增多,已由在《敦

400

煌变文集》中的动词相关联合罕见的格局①,而成为联合式动词中一种较为重要的构词方式。约占联合式动词总数的 25.32%。例如:

(1) 妇人拭着眼泪道:"我的一时间不是,吃那西门庆局骗了。……我问得一处有好药,我要去赎来医你,又怕你疑忌,不敢去取。"(第五回 94)

(2) 夏提刑道:"也有人到学生那边,不好对长官说。既是这等,如今提出来,戒饬他一番,放了罢。"(第三十五回 525)

"戒饬"是"告戒整治"的意思。

(3) 竹山道:"似娘子这等妙年,生长深闺,处于富足,何事不遂? 而前日有此郁结不足之病!"(第十七回 264)

(4) 当下西门庆听信虔婆之言,便道:"既是桂姐不在,老妈快看酒来,俺每慢慢等他。"(第二十回 315)

(5) 正说笑间,只见玳安儿转来了,因对西门庆说道:"他二爹不在家,俺对他二娘说来。……"(第一回 20)

需要指出的是有一部分相关联合词,在平等相关的基础上,还具有连动的关系,即两个不相同但却相关的动作行为在发生的时间上有一定的先后顺序。例如:

(6) 这陈文昭原系大理寺寺正,升东平府府尹,又系蔡太师门生,又见杨提督乃是朝廷面前说得话的官,以此人情两尽,只把武松免死,问了个脊杖四十,刺配二千里充军。……(第十回 160)

---

① 参看本书《变文复音词研究》。

"刺配"乃是先在脸上刺字,然后发配到边远的地方。

(7) 又一个走过来说道:"……后次他小叔武松告状,(误)打死了皂隶李外传,被大官人垫发,充军去了。……"(第十五回 232)

"垫发"是"抓个垫背的,发配出去"之义。

(8) 李瓶儿说道:"……丢下好些衣裳带孩子被褥,等你来帮着丫头们拆洗拆洗,再不见来了。"(第三十七回 566)

1.2.3 相反联合

意义相反联合词在整个联合式动词中所占比例最小,约占联合式动词的 1.49%。例如:

(1) 西门庆说道:"……明日,这边与那边一样,盖三间楼与你居住,安两个角门出入。你心下如何?"(第十六回 243)

(2) 他父亲西门达,原走川广贩卖药材,就在这清河县前开着一个大大的生药铺。(第一回 13)

(3) 伯爵笑道:"哥快叫那个大官儿邀他去,与他往来了,咱到日后敢又有一个酒铺儿。"(第一回 19)

(4) 这蒋竹山自知存身不住,哭哭啼啼,忍着两腿疼,自去另寻房儿。但是妇人本钱置的货物都留下,……两个就开交了。(第十八回 291)

"开交"是"分开"的意思。

1.3 语素义与词义的关系

从语素义和词义的关系角度分析,联合式动词主要有意义融合型、引申比喻型和偏义型三种情况。其中以两个语素的意义相互补充、融合而形成的融合型动词为大宗,约占整个联合式动词的 97% 左右。其次为引申比喻型,偏义型的数量最少。

1.3.1 意义融合型

意义融合型细分又可分为两种情况:一是词义等于语素义 A 加语素义 B 之和,即 C = A + B。一是词义等于语素义 A,又等于语素义 B,即 C = A = B。其中前一种情况居多,大多数词的词义构成特点属于前一种类型。

C = A + B 型

(1) 先是大师父讲说,……漫漫一程一节直说到员外感悟佛法难闻,弃了家园富贵,竟到黄梅寺修行去。(第三十九回 595)

"感悟"之义为"有所感触而领悟"。

(2) 吴月娘见他愁眉不展,面带忧容,只得宽慰他……(第十七回 261)

(3) 那夏花儿说:"姐分付,我知道了。"按下这里教唆夏花儿不题。(第四十四回 653)

C = A = B 型

(1) 夏提刑大笑道:"老太监,此是离别之词,越发使不的。"(第三十一回 474)

(2) 李瓶儿同丫环掌着灯烛出来,把子虚搀扶进去。(第十三回 201)

词义等于语素义 A,等于语素义 B 的词还有"催促"、"看望"、"冤屈"、"缺少"、"等候"等等。

1.3.2 引申比喻型

指词义在原语素的基础上通过引申、比喻等手段又有了新的发展,语素义不直接显示词义。例如:

(1) 金莲道:"……你说把俺们踢下去了,你要在中间踢

跳。我的姐姐,对你说:把这样心儿且吐了些儿罢。"(第二十三回 358)

(2) 那妇人在里面喃喃呐呐骂道:"却也好。只道是亲难转债,人不知道一个兄弟做了都头,怎的养活了哥嫂,却不知反来咬嚼人!……"(第二回 47)

(3) 敬济道:"儿子蒙爹娘抬举,有甚劳苦,这等费心!"(第十八回 275)

"踢跳"、"咬嚼"都为比喻义,有较强的形象色彩,"抬举"则是意义有了引申变化。其他如"梳笼"、"撩逗"等词都属于比喻引申的类型。

1.3.3 偏义型

指构成双音词的某一语素的意义在词义中消失、失落了。例如:

(1) 金莲悄问他房中怎的动静。(第二十回 302)

"动静"偏于"动",词义只和语素"动"的意义相对应,"静"的意义在此已消失。

(2) 却说孟玉楼、潘金莲、李娇儿簇拥着月娘,都在大厅软壁后听觑。听见唱《喜得功名遂》……(第二十回 311)

在此,"听觑"一词的词义主要侧重于"听","觑"的意义不太明显。再如:

(3) 单说潘金莲从房里出来往后走,刚走到大厅后仪门首,只见孟玉楼独自一个在软壁后听觑。金莲便问:"你在此听什么儿哩?"(第三十五回 533)

(4) 秋菊道:"倒只怕娘忘记落在花园里,没曾穿进来。"(第二十八回 422)

404

"忘记"的意义仅指"忘"义,语素"记"的意义在此失落。

（5）看官听说:金莲此话,讥讽李瓶儿首先生孩子,满月就不见了壶,也是不吉利。西门庆明听见,只不做声。(第三十一回469)

"听见"的词义偏于"听",语素"见"的意义已消失。

偏义型联合词在联合式的动词中所占比例极小。

就《金瓶梅》中的联合式动词与变文中的联合式动词相比,其共同之处乃是《金瓶梅》中的动词仍然保持了语素词性和其构成的双音词词性相一致的特点。其差异主要表现为两个方面:一是总的数量上的减少,这也许与动词的其他构词方式如"动宾式"的大量运用有关。二是意义相关联合词的大量增加。如"生养"、"走跳"、"答贺"、"抛闪"、"辱骂"、"开掘"、"防范"、"送问"、"浏览"等等都是意义相关的联合型。

2 动宾式

《金瓶梅》中的动宾式双音词约有458个,占双音复合词总数的28.81%,占全部动宾式总数的96.02%。占双音动词总数的28.2%。

2.1 词性构成

从语素的词性角度分析,动宾式双音词以动+名→动的情况为主,约占动宾式结构总数的92.35%,其次为动+形→动的情况,动+动→动的双音动词最少。

2.1.1 动+名→动

（1）妇人道:"我知道他和我两个怄气。党太尉吃匾食,他也学人照样儿欺负我。"(第四十一回618)

（2）应伯爵道："不好告诉你的。大小女病了一向，近日才好些。房下记挂着，今日接了他家来散心住两日。……"（第二十二回 344）

（3）心里自想到："我今日着实撩逗他一逗，不怕他不动情。"（第二回 44）

（4）且说潘金莲自西门庆与月娘尚气之后，见汉子偏听，以为得志。（第十八回 279）

其他还有"定计"、"定亲"、"惹气"、"攘气"、"开怀"、"任情"、"领命"、"拼命"等等。

2.1.2　动＋形→动

（1）竹山道："我几时借他银子来？就是问你借的，也等慢慢好讲。如何这等撒野?"（第十九回 289）

（2）伯爵道："兄弟们不知哥吃惊，今日既撞遇哥，兄弟二人肯空放了？如今请哥同到里边吴银姐那里吃三杯，权当解闷。"（第十八回 272）

（3）那婆子只管往来拿菜筛酒，那里去管他闲事，由着二人在房内做一处取乐顽耍。（第四回 84）

其他还有"斗巧"、"卖乖"、"受苦"、"作怪"、"求欢"、"散闷"、"取巧"、"撒泼"、"失惊"等等。

2.1.3　动＋动→动

（1）苗青恐惧，转央亲邻再三劝留得免，终是切恨在心。（第四十七回 690）

（2）那婆子作辞回家。（第十二回 196）

（3）妇人除下来袖了，恐怕到家武大看见生疑。（第四回 81）

其他还有"作别"、"受贿"、"就寝"、"得宠"等。

2.2 语义构成

这里的语义构成是就宾语素的意义类型而言。主要有以下几种情况：

2.2.1 表受事

即宾语素是动作行为的直接对象。例如：

（1）自此西门庆就安心设计，图谋这妇人。（第十三回202）

（2）真所谓得势叠肩来，失势掉臂去。（第一回11）

（3）神仙道："干姜之手，女人必善持家……"（第二十九回440）

其他还有"吃斋"、"吃素"、"欺君"、"动刑"、"看命"、"奏乐"等。

2.2.2 表施事

即宾语素是动作行为的施动者。例如：

（1）月娘道："……贼强人，从几时这等变心来！"（第二十回312）

（2）西门庆笑不动身。（第二十回310）

（3）金莲摇头儿道："我是不卜他。……想前日道士说我短命哩，……"（第四十六回686）

其他还有"担心"、"断气"、"倒运"、"留心"、"留神"等。

2.2.3 表处所

指宾语素表示动作行为发生的地点或趋向。例如：

（1）这西门庆不听便罢，听了时，三尸神暴跳，五脏气冲天，一阵风走到后边，采过雪娥头发来，尽力拿短棍打了几下。（第十一回173）

（2）到了那赤鸟当午的时候，一轮火伞当空，无半点云翳，正是烁石流金之际。（第二十七回 410）

其他还有"出门"、"出家"、"弃世"等。

2.2.4 表原因、目的

指宾语素表示动作行为产生的原因或所要达到的目的。例如：

（1）先前怎的避难在柴大官人庄上，后来怎的害起病来……（第一回 28）

"避难"一词可以理解为是因为有了灾难而躲避。"难"是"避"的原因。

（2）王姑子复从爹娘怎的把千金小姐赶出，小姐怎的逃生，来到仙人庄……（第三十九回 597）

宾语素"生"是"逃"的目的。

（3）不幸花太监有病，告老在家，因是清河县人，在本县住了。（第十回 162）

宾语素"老"是动词性语素"告"的原因，是由于年老而告退。

2.2.5 表凭借

指宾语素表示动作行为所凭借的依据或所采用的方式等。例如：

（1）两个正拌嘴，被小玉请的月娘来，把两个都喝开了。（第二十四回 373）

"拌嘴"是指用嘴来争吵。

（2）谁家姊妹闹新妆？园林散步频携手。（第十回 156）

其他还有"辨嘴"、"掉嘴"、"顶嘴"等。

《金瓶梅》中动宾式宾语素的意义类型主要表现为以上五种情

形,其中表受事所占比例最大,其次为表施事,表处所位居第三,表原因目的和表凭借的动词较少。

2.3 语素义与词义的关系

动宾式语素义与词义的关系基本上只有两种类型:意义融合型和引申比喻型。其中绝大部分属于第一种情形,即语素义可以直接地表示词义。这类词约占动宾式双音词总数的 91% 左右。引申比喻型动词约占 9% 左右。

2.3.1 意义融合型

(1) 夏提刑大喝了一声,令左右打嘴巴,说:"你这奴才,欺心背主!你这媳妇也是你家主娶的,配与你为妻,又把资本与你做买卖,你不思报本,却倚醉黉夜突入卧房,持刀杀害。……"(第二十六回 394)

"报本"即"报答原来的恩情"。

(2) 这李氏带了一百颗西洋大珠,二两重一对鸦青宝石,与养娘走上东京投亲。(第十回 162)

(3) 西门庆道:"干娘,这是我的事,如何敢失信!"(第三回 67)

(4) 那傅伙计是个小胆的人,见武二发作,慌了手脚,说道:"都头息怒。……"(第九回 152)

(5) 月娘见他哥进房来,连忙与他哥哥行礼毕,坐下。(第二十回 312)

其他还有"报喜"、"报信"、"问罪"、"问安"、"拜寿"、"漾奶"、"用心"、"忧心"、"疑心"、"安心"、"算命"、"送行"、"散伙"、"受贿"、"遭殃"、"生气"等。

2.3.2 引申比喻型

(1) 原来吴月娘自从西门庆与他反目以来，每月吃斋三次，逢七拜斗，焚香保佑夫主早早回心。（第二十一回 320）

(2) 这月娘听了，就有几分恼在心中，骂玳安道："……原来都是他弄鬼，如今又干办着送他去了。……"（第四十五回 664）

(3) 月娘道："上画儿只画的半边儿，平白放出去做甚么，与人家喂眼！"（第四十六回 683）

"喂眼"指"供观看，以饱眼福"之义。

(4) 西门庆道："你不知，这淫妇单管咬群儿。"（第二十一回 336）

"咬群"谓"倾轧别人"之义。

(5) 月娘大怒，骂道："贼奴才，还要说嘴哩！我可不这里闲着和你犯牙儿哩。……"（第四十六回 676）

"犯牙"即"磕牙，闲扯，说长论短"之义。

(6) 老婆如此这般，把西门庆勾搭之事，告诉一遍："……第二的不知高低，气不愤走来这里放水。被他撞见了，拿到衙门里，打了个臭死，至今再不敢来了。……"（第三十八回 575）

"放水"指"发火，发脾气"之义。

其他如"戳舌"、"学舌"、"打嘴"、"弄碴"、"入港"、"排手"、"沾身"、"吐口"、"捣鬼"、"得手"等均属此类。

引申比喻型动词在动宾式中虽然所占比例不大，但却具有一定的特色，大多数词是方言词，而且大都以比喻手法形成，所以具有较为明显的方言色彩和形象色彩。

动宾式双音词中还有两个现象值得注意：

其一,有些词在意义上融合、凝固得很紧,可以作为一个词来看待,但在具体的使用中却大多以离合词的形式出现。如:

〔掐尖〕

(1)西门庆笑骂道:"你这小淫妇儿! 单管爱小便宜儿,随处也掐个尖儿。"(第二十回 306)

(2)西门庆笑道:"贼小油嘴儿,去处掐个尖儿。"(第四十回 607)

"掐个尖儿"据《金瓶梅词典》解释谓"掐尖落钞"的省略,指"抢占便宜,克扣钱钞"。如《老生儿》楔子:"我那姐夫……他从来有些掐尖落钞。"

〔中计〕

蕙莲正在后边同玉萧说话,忽闻此信,忙跑到房里。看见了,放声大哭,说道:"你好好吃了酒睡罢,平白又来寻我做甚么,只当暗中了人的拖刀之计。"(第二十六回 392)

"中计"是指"上了别人圈套"之义。

〔变卦〕

话说西门庆听了金莲之言,又变了卦。(第二十六回 390)

"变卦"原义指《周易》六十四卦中的某卦由于一爻的变动而变成另一卦。在此是指"改变原来的主意"的意思。

〔挺觉〕

这妇人一面把铺伸下,说道:"怪倒路死的囚根子,味了那黄汤,挺你那觉! 平白惹老娘骂。"(第二十五回 381)

"挺觉"即"睡觉"之义。"挺,直躺,形容睡觉时僵直的样子。"其他还有"打挺"、"打卦"、"吊嘴"、"调谎"等。

其二,有一部分词在《金瓶梅》中既以词的形式出现,又以离合词的形式出现。这类词较第一种情形的词来说数量较多。如:

〔出气〕

(1) 金莲使来安儿扶他家中,分付教他明日早来宅内浆洗衣裳:"我对你爹说,替你出气。"那韩嫂子千恩万谢,回家去了。(第二十四回 370)

(2) 武大道:"兄弟,你都说得是。我却怎的出得这口气?"(第五回 89)

(3) 西门庆满心大喜,说:"二位出了我这口气,足够了。"(第十八回 290)

〔输身〕

(1) 那婆子掩口冷冷笑道:"……爹,你还不知这妇人,他是咱后街宰牲口王屠的妹子,排行叫六姐,属蛇的,二十九岁了,虽是打扮的乔样,到没见他输身。……"(第三十七回 562)

(2) 妇人道:"这不是有了五十两银子,他到明日,一定与咱多添几两银子,看所好房儿。也是输了身一场,且落他些好供给穿戴。"(第三十八回 575)

"输身"谓"妇女失去贞洁"之义。

〔吃惊〕

(1) 平生不作亏心事,夜半敲门不吃惊。(第四十七回 699)

(2) 见角门没插,吃了一惊,又摇门,摇了半日摇不开。(第二十三回 357)

〔打恭〕

那李智、黄四向伯爵打了恭又打恭去了。（第四十六回
669）

〔赌誓〕

（1）西门庆大闹了一场，赌誓再不踏他门来。（第二十回
316）

（2）西门庆因把今日常家会茶散后，同邀伯爵到李家，如
何嚷闹，告诉一遍："如今赌了誓，再不踏院门了。"（第二十一
回322）

（3）文道："五姐，你每不要来撺掇，我已是赌下誓，就是
一百年，也不和他一搭儿哩。"（第二十回308）

其他还有"出家"、"下书"、"拜牌"、"称愿"等。在《金瓶梅》中，
动宾式复音词绝大部分是以词的形式出现，以离合形式出现的词
仅占很小的一部分。

就《金瓶梅》中的动宾式双音词与《敦煌变文集》中的动宾式动
词相比，其最为突出的特点乃是数量上的剧增。在变文中动宾式
动词仅有150多个，而在《金瓶梅》中已达458个，这种差异虽然和
两书描述的内容有一定关系，但也与语言的变化发展有密切的联
系。至此在动词的构词方式中，再也不是联合式的一统天下，而有
了基本上可以与之抗衡的动宾式。

3　偏正式

《金瓶梅》中的偏正式双音动词约有183个，占双音复合词总
数的11.51%，占全部偏正式总数的96.83%，占双音动词总数的
11.27%。

3.1　词性构成

在偏正式动词中,从语素词性角度分析,主要有四种情况:形+动→动,动+动→动,副+动→动,名+动→动。其共同特点都是以动词性语素为中心语素。

3.1.1 形+动→动

(1) 来兴说:"小的不敢说。……说五娘恩将仇报,挑拨他老婆养汉。小的穿青衣抱黑柱,先来告五娘说声,早晚休吃那厮暗算。"(第二十五回383)

(2) 只见妇人罗衫不整,粉面慵妆,从房里出来,脸吓的蜡渣也似黄,跪着西门庆,再三哀告道:"大官人,没奈何,不看僧面看佛面!……"(第十四回215)

(3) 寄与富儿休暴殄,俭如良药可医贫。(第十一回177)

(4) 玳安道:"娘错怪小的了。……"(第三十五回545)

(5) 西门庆再三款留不住,只得同吴大舅、二舅等,一齐送至大门。(第三十一回474)

其他还有"沉吟"、"多亏"、"久仰"、"恳乞"、"畅饮"、"光降"等。

3.1.2 动+动→动

(1) 向身边摸出五两碎银子,递与郓哥道:"……你可备细说与我,哥哥和甚人合气,被甚人谋害了?……"(第九回150)

(2) 武二道:"告禀相公:这都是实情,不是小人捏造出来的。……"(第九回151)

(3) 知县随出来叫武松道:"……你今只凭这小厮口内言语,便问他杀人的公事,莫非公道忒偏向么?……"(第九回151)

(4) 几句话抢白的白费光没言语了。(第三十五回532)

（5）因见西门庆要陷害此人，图谋他妻子，再三不肯做文书送问，与提刑官抵面相讲。（第二十六回398）

3.1.3 副+动→动

（1）武大若挑担儿出去，大户候无人，便蹩入房中与金莲厮会。（第一回33）

（2）至如三妻四妾，买笑追欢的，又当别论。（第一回11）

（3）贪欢不管生和死，溺爱谁将身体修。（第六回103）

（4）宋蕙莲道："怪囚根子，爹要茶，向厨房里上灶的要去，如何只在俺这里缠？俺这后边只是预备爹娘房里用的茶，不管你外边的帐。"（第二十四回372）

（5）恩德浩无边，父母重逢感非浅。（第三十六回553）

3.1.4 名+动→动

（1）西门庆道："……你禀了你周爷，写个缘簿，别处也再化些，我也资助你些布施。"（第四十九回726）

（2）西门庆道："韩伙计，你还把你女儿这礼钱收去，也是你两口儿恩养孩儿一场。"（第三十八回574）

（3）吴神仙再三辞却，说道："贫道云游四方，风餐露宿，要这财何用？决不敢受。"（第二十九回442）

以上四种情形皆以动词性语素为中心语素，这也是偏正式动词最常见最主要的几种构成方式，但也有极个别例外的情况。如"苦刑"一词在《金瓶梅》中用作动词，其词性结构却是"形+名"。如：

两边闪三四个皂隶，把武松拖翻，雨点般打了二十，打得武二口口声声冤道："小人也有与相公效劳用力之处，相公岂不怜悯？相公休要苦刑小人！"（第十回157）

3.2 语义构成

按偏语素的意义类型,可区分为三种情形:

3.2.1 表方式、特点

即偏语素限制、说明动作行为的方式、特点。例如:

(1) 蕙莲自从和西门庆私通之后,背地与他衣服首饰、香茶之类不算,只银子,成两家带在身边……(第二十二回343)

(2) 书童一面接了放在书篮内,又走在旁边侍立。(第三十四回518)

(3) 县主翻了脸,便叫:"武松! 你这厮昨日诬告平人,我已再三宽你,如何不遵法度,今又平白打死人?"(第十回157)

(4) 当下那妇人干号了半夜。(第五回96)

其他还有"窃听"、"仰望"、"押送"、"威逼"、"醒睡"、"小产"等。

3.2.2 表程度

偏语素表示动作行为的程度。例如:

(1) 西门庆一手接酒,一手扯他道:"你请起来。既蒙你厚爱,我西门庆铭刻于心。……"(第十六回241)

(2) 这婆子生怕打搅了事,自又添钱去买好酒.好食来,殷勤相待。(第三回70)

(3) 一壁弹着,见太湖石畔石榴花经雨盛开,戏折一枝,簪于云鬓之旁……(第二十七回415)

以上两种类型,偏语素皆有限制、说明正语素的作用。

3.2.3 表情态

即偏语素着重于描写动作行为的情态,具有描写性的特点。例如:

(1) 春梅正在闷时,听了这句,不一时暴跳起来……(第

十一回 167)

（2）那潘金莲只顾嬉笑，不肯过来。（第二十九回 441）

（3）敬济一壁接酒，一面把眼儿斜溜妇人……（第三十四回 365）

3.3　语素义与词义的关系

偏正式动词语素义与词义的关系较为单一，即词的意义基本上是由两语素的意义相互融合、相互补充而成。如"趑探"、"闲游"、"挽留"、"斜视"、"难得"、"私押"、"厮见"、"相逢"、"拜望"、"赘见"等，只有极个别的动词具有比喻引申性的特点。如"嚼说"一词：

金莲道："……贼小妇奴才，千也嘴头子嚼说人，万也嚼说，今日打了嘴，也说不的。"（第二十五回 384）

再如"笑开"一词。

（1）玉楼便道："姐姐在上，不该我说。……他爹这两日，隔二骗三的，也甚是没意思。姐姐，依俺每一句话儿，与他爹笑开了罢。"（第二十回 307）

（2）"……实和你说了罢，大姐姐和他爹好些时不说话，都为你来。俺们刚才替你劝了恁一日，你改日安排一席酒儿，央及央及大姐姐，教他两个老公婆笑开了罢。"（第二十回 308）

"笑开"指"重新和好"的意思。

《金瓶梅》中的偏正式动词与《敦煌变文集》中的偏正式动词相比主要有以下两个突出特点：

其一是数量上的增多。在变文中偏正式动词仅有 40 个左右，至《金瓶梅》已达 180 个之多。

其二是出现了一种新的类型，即动＋动→动的形式。变文中偏正式动词主要有"名＋动→动"、"形＋动→动"、"副＋动→动"、"数＋名→动"几种格式①，而且数量上以"名＋动→动"为主，而在《金瓶梅》中，"名＋动→动"的偏正式动词数量最少，已屈居第四，代之而起的则是"形＋动→动"、"动＋动→动"的格式。

4 补充式

《金瓶梅》中较典型的补充式动词约 65 个，占双音复合式动词的 4.09%，占全部补充式动词总数的 89.04%，占双音动词总数的 4%。

4.1 词性构成

主要有两种情况：动＋动→动式和动＋形→动式，其中以第一种类型为大宗。

4.1.1 动＋动→动

（1）此时哄动了狮子街，闹了清河县，街上议论的人，不计其数……（第九回 154）

（2）府尹推详秉至公，武松垂死又疏通。（第十回 160）

（3）可霎作怪，琴童儿正在上边看酒，冷眼睃见玉萧进书房去，半日出来，只知有书童在里边，三不知扠进去瞧。（第三十一回 468）

其他还有"触动"、"惊动"、"打动"、"磨灭"、"提醒"、"拆散"等。

4.1.2 动＋形→动

这类词数量较少。例如：

---

① 参看本书《变文复音词研究》。

418

（1）又愿将男官哥儿皈依三官殿下，赐名吴应元，告诉清醮一百二十分位，续箕裘之胤嗣，保寿命之延长。（第三十九回 588）

（2）这妇人自从金莲识破他机关，每日只在金莲房里，把小意儿贴恋与他，顿茶顿水，做鞋脚针指，不拿强拿，不动强动。（第二十三回 361）

（3）这西门庆吃他激怒了几句话，归家已是酒酣，不往别房里去，迳到潘金莲房内来。（第十二回 193）

4.2 语义构成

从补语素的意义类型方面分析，主要有表结果、表趋向、表程度三种情形。其中以表结果的补充式动词最为常见。

4.2.1 表结果

（1）西门庆道："这个人，见今已娶在家里。若得他会当家时，自册正了他。"（第三回 75）

"册正"即"扶为正室"之义。

（2）参透风流二字禅，好姻缘是恶姻缘。（第四回 87）

（3）西门庆在床底下，听了妇人这些话，提醒了他这个念头，便钻出来，说道："不是我没本事，一时间没这智量。"（第五回 91）

4.2.2 表趋向

（1）因说道："这是与你当茶的。你到家拜上你家娘，你说西门大娘说，迟几日还要请娘过去坐半日儿哩。"（第一回 21）

（2）伯爵道："你量我不敢进去？左右花园中熟径，好不好我走进去，连你那几位娘，都拉了出来。"（第二十回 310）

（3）又道："你且坐的，我问你：韩伙计送他女儿去了多少时了？也待回来，这一回来，你就造化了，他还谢你谢儿。"（第三十七回 568）

（4）西门庆道："……你开个数儿，封几两银子送与他，须是一半人情儿回去。……"（第三十五回 541）

（5）西门庆让他坐下，一面唤茶来吃，说道："你们好人儿！这几日我心里不耐烦，不出来走跳，你们通不来傍个影儿。"（第一回 17）

（6）次日初三早，西门庆起来，梳洗毕，叫玳安儿："你去请花二爹，到咱这吃早饭，一同好上庙去。……"（第一回 22）

4.2.3 表程度

表程度的补充式动词，较典型的只有"折杀"一个。如：

妇人扶住武松道："叔叔请起，折杀奴家。"（第一回 34）

"折杀"是一谦词，意谓受礼而折福。在《水浒传》中也有一些类似的用法，如第四回："老人家，如何恁地下礼，折杀俺也。"在此"杀"并无实义，只是表示程度深的意思。

4.3 语素义与词义的关系

补充式动词的词义绝大部分属于意义融合型，如"料定"、"望见"、"分散"、"进去"、"进来"等。只有极个别的动词具有引申比喻的性质，这种词一般具有较明显的方言色彩。如"撇清"：

有一日，风声吹到孙雪娥、李娇儿耳朵内，说道："贼淫妇，往常家撇清，如何今日也做出来了？"（第十二回 185）

"撇清"谓"自表清白"之义。

就《金瓶梅》中的补充式动词与变文中的补充式动词相比，从词性构成、语义构成来看差异不太明显，较突出的变化乃是比较典型的补充式动词在数量上的增加。说它典型是指动词两语素的意义结合得比较紧密。甚至有的词的意义有了一定的引申变化,如上文举的"撇清"一词。

5 主谓式

主谓式动词在《金瓶梅》中所占比例最小,仅有 15 个左右,占双音复合词总数的 0.94%,占全部主谓式动词总数的 46.87%,占双音动词总数的 0.92%。

5.1 词性构成

从语素词性看,主谓式动词的构成主要有名+动→动、代+动→动、名+形→动三种方式,其中前两种类型皆以动词性语素为中心,后一类型以形容词性语素为中心。

5.1.1 名+动→动

这种类型的主谓式动词数量最多。例如:

(1)臣等待罪该科,备员谏职,徒以目击奸臣误国,而不为皇上陈之,则上辜君父之恩,下负平生所学。(第十七回260)

(2)央托左邻姚二郎看管迎儿:"倘遇朝廷恩典,赦放还家,恩有重报,不敢有忘。"(第十回160)

(3)月娘闻言,便道:"……你如今还不心死,到明日,不吃人争锋厮打,群到那里,打个烂羊头,你肯断绝了这条路儿!……"(第十四回214)

5.1.2 代+动→动

(1)知县看了武松这般模样,心中自忖道:"不恁地,怎打得这个猛虎!"(第一回30)

（2）可怜走到床上，用脚带吊颈，悬梁自缢。（第十九回294）

5.1.3　名＋形→动

伯爵道："贼小淫妇儿，是心酸了我。等住回散了，家去时我和你答话。……"（第四十二回628）

5.2　语义构成

从主语素的意义类型上看，绝大部分表示主语的语素都是动作行为的施动者，如"自忖"、"自缢"、"心死"、"心疼"等，也有个别主语素的意义是表受动的，如"恩典"是指"给予恩惠"的意思。

5.3　语素义与词义的关系

绝大部分主谓式动词都为意义融合型，只有极个别的词语具有引申比喻的特点。如"影射"一词：

因见妇人弹琵琶，戏问道："五娘，你弹的甚曲儿？怎不唱个儿我听？"妇人笑道："好陈姐夫，奴又不是你影射的，如何唱曲儿你听？……"（第十八回280）

"影射"指"形体投射成影，犹言形影不离，指暧昧的男女关系"。

《金瓶梅》中的主谓式动词与变文中的主谓式动词相比，最主要的特点是词性构成方面类型的增多。在变文中主谓式动词主要是"名＋动→动"一种类型，而至《金瓶梅》则新增加了"代＋动→动"、"名＋形→动"两种类型。

关于《金瓶梅》中的复合式动词我们可以从以下三个方面进行归纳总结：

首先，从构词语素的词性方面分析，联合式动词的语素词性最为单一，除个别词例外，基本上只有一种类型即"动＋动→动"的格式,语素词性和词的词性基本保持一致。偏正式动词语素的词性最为复杂,主要有四种情况,按数量多少依次为:"形＋动→动"、"动＋动→动"、"副＋形→动"、"名＋动→动",其中心语素皆为动词性的。再者为动宾式和主谓式,各有三种情形。动宾式有"动＋名→动"、"动＋形→动"、"动＋动→动"三种,其中起主要作用的语素皆为动词性语素。主谓式亦有三种情形:"名＋动→动"、"代＋动→动"、"名＋形→动"。其中第三种情况较为特殊,具有语素词性和词的词性不相一致的特点。补充式动词语素的词性也较为简单,只有"动＋动→动"、"动＋形→动"两种类型。其中起主要作用的语素皆为动词性语素。从以上分析可以看出动词的构成须以动词性的语素为中心,并具有主要语素词性与动词词性相一致的特点,只有极个别的动词例外。此外动词的构成还和形容词性语素、名词性语素有密切关系。

其次,从语义构成看,动宾式动词的语义关系最为复杂,宾语素的意义类型主要有"表受事"、"表施事"、"表处所"、"表原因目的"、"表凭借"等五种情况。其次为联合式、偏正式。联合式分意义相同联合、相关联合、相反联合三种;偏正式偏语素的意义类型则有表方式特点、表程度、表情态三种情形。再次为补充式,主要有表结果、表趋向两种类型,表程度的动词尚属罕见。主谓式的语义构成较为单一,绝大部分为动作行为的施动者。

最后,从语素义与词义的关系看,联合式动词的意义关系较多,主要有融合型、引申比喻型、偏义型三种,其中同义联合多为融合型,相关联合多为引申比喻型,相反相关联合多为偏义型。动宾式亦有融合与引申比喻两种情况,其中以意义融合型为主,但引申比喻型的数量却居复合词五种方式之首。偏正式、补充式、主谓式基本上属于意义融合型,只有个别的动词例外。需要注意的是引申比喻型动词多带有明显的方言色彩,并具有较强的形象感。

以上是就动词复合词进行的描写、分析,下面主要分析一下派生词的结构特点。

《金瓶梅》中动词派生词的数量极少,较典型的动词词缀仅有4个,其中1个前缀,3个后缀。

前缀+词根

〔可怜〕

(1) 一日,武大叫老婆过来,分付他道:"……你若肯可怜我,早早扶得[持]我好了,他归来时,我都不提起……"(第五回 92)

(2) 可怜苗员外平昔良善,一旦遭其仆人之害,不得好死,虽是不纳忠言之劝,其亦大数难逃。(第四十七回 691)

〔可爱〕

西门庆打发伯爵去了,手中拿着黄烘烘四锭金镯儿,心中甚是可爱……(第四十三回 636)

在此,"可爱"指喜爱的意思。

词根+后缀

〔在乎〕

(1) 西门庆道:"你也耐烦,丢着罢,咱多的也包补,在乎这些?"(第一回 21)

(2) 妇人道:"拿什么比他? 昨日我拿他的鞋略试了试,还套着我的鞋穿。倒也不在乎大小,只是鞋样子周正才好。"(第二十三回 356)

〔看答〕

妇人骂道:"好个刁钻的强盗,从几时新兴出来的例儿?怪剌剌,教丫头看答着,甚么张致!"(第十八回278)

"答"即词缀"搭"。

〔拨剌〕

又道:"我还有一桩事对爹说:俺姑娘房里,那孩子休要领出去罢。……大节间,俺姑娘房中没个人使,他心里不急么?自古木杓、火杖儿短,强如手拨剌,爹好歹看我分上,留下这丫头罢。"(第四十五回663)

〔拉剌〕

月娘便向玉楼众人说道:"我开口,又说我多管;不言语,我又憋的慌。一个人也拉剌将来了。那房子卖吊了就是了,平白扯淡,摇铃打鼓的看守甚?"(第二十回307)

"拉剌"《金瓶梅词典》注解:"谓拖泥带水,不利索。拉,牵扯;剌,语助,无义。"在此我们将"剌"看做词缀。

〔刮剌〕

(1)光阴迅速,日有如梭,西门庆刮剌那妇人将两月有余。(第六回103)

"刮剌"指"勾搭"义。《金瓶梅》中也有单独使用动词"刮"的例句,如:

(2)两个吃酒刮言,就把这个老婆刮上了。(第二十二回340)

"刮剌"中的"剌"也是一词缀。

(二)单纯词

《金瓶梅》中的单纯词约有 27 个左右,占双音动词总数的1.66%。从形式上看主要有联绵、叠音两种类型。

1 联绵词

动词联绵词数量较多,绝大部分单纯动词属于这一类型。其中又可将其分为双声、叠韵、非双声叠韵三种情况。

1.1 双声联绵词

数量较少,如:

(1) 王婆笑道:"有老身在此,任武二那厮怎地兜达,我自有话回他。大官人只管放心!"(第九回 144)

(2) 西门庆道:"据这小厮所言,就是实话,汝等如何展转得过!"(第四十七回 699)

"展转"指"狡赖,翻供"之义。

(3) 西门庆道:"既是恁说,明日来我家,我有话分付你。"(第十九回 285)

1.2 叠韵联绵词

这类词所占比例较大,如:

(1) 那秋菊把嘴谷都着,口里喃喃呐呐说道:"每日爹娘还吃冰浑的酒儿,谁知今日又改了腔儿。"(第二十九回 446)

(2) 那蒋竹山打的两腿剌八着,走到家,哭哭啼啼,哀告李瓶儿,问他要银子还与鲁华。(第十八回 290)

(3) 金莲与他接了衣裳问他,饭不吃,茶也不吃,趔趄着脚儿,只往前边花园里走。(第十三回 208)

1.3 非双声叠韵联绵词

数量最多,如:

(1) 妇人道:"……况且,老公公在时,和他另在一间房睡着,我还把他骂的狗血喷了头。好不好对老公公说了,要打偷

棍儿。奴与他这般顽耍,可不硎碜杀奴罢了! ……"(第十七回 257)

"硎碜",方言词即"寒碜"之义。

(2) 那婆子走到跟前,拜了两拜,说道:"我才到他前头来,吃他咭咭了这一回来了。"(第三十七回 567)

2　叠音词

数量很少,仅有"聒聒"、"漾漾"等。

(1) 王婆道:"你两口子聒聒了这半日,也够了,休要误了勾当。老身厨下收拾去也。"(第八回 138)

"聒聒"即"叽咕"之义。

(2) 西门庆因见金莲装扮丫头,灯下艳妆浓抹,不觉淫心漾漾,不住把眼色递与他。(第四十回 606)

《金瓶梅》中的单纯词与《敦煌变文集》中的动词单纯词相比数量上有了明显的增加。除继续沿用上古、中古流传下来的词语如"叱咤"、"滇沛"、"支吾"、"抖擞"等之外,一个较为重要的原因乃是方言词的大量使用。许多单纯词都来源于当时的方言词。

二　三音动词的结构特点

《金瓶梅》中的三音动词约有 25 个,与《敦煌变文集》相比,不仅数量上增加许多,类型上也较为丰富多样。

1　结构特点

三音节词语从包含语素多少方面分析全部为合成词,从语素的性质及组合方式来看全部为复合式复合词,其中动宾式结构的数量最多,其次为补充式,偏正式、主谓式的词语最少。书中三音词语的结构没有联合式这一构词方式。

1.1　动宾式

动宾式结构在三音词语中所占比例最大,约占三音词总数的68%。从词性构成分析,大多为"动 + 名→动"式。从结构层次上分析,第二层次多以偏正式为主,其次为附加式、联合式。

1.1.1　〔动·宾(偏正)〕式

(1) 应伯爵道:"我道是谁来,是向五的那庄子。向五被人争地土,告在屯田兵备道打官司,使了好多银子。……"(第三十五回 541)

(2) 四人到监中都互相抱怨,个个都怀鬼胎。(第三十四回 513)

(3) 李瓶儿道:"……我是不消说的,只与人家垫舌根,谁和他有甚么大闲事? 宁可他不管我这里还好。……"(第四十四回 654)

"垫舌根"即"被别人议论"之义。

(4) 结识的朋友,也都是些帮闲抹嘴,不守本分的人。(第一回 14)

1.1.2　〔动·宾(附加)〕式

(1) 前日打了淫妇家,昨日李铭那忘八先来打探子儿;今日应二和姓谢的,大清早晨,勾使鬼勾了他去。(第二十一回 334)

"打探子儿"谓"探听消息"之义,"探子"由词根语素"探"加词缀语素"子"构成。

(2) 武松道:"哥哥不要问,说起来装你的幌子,只由我自去便了。"(第二回 47)

"装幌子"意为"出丑"之义。在此以离合的形式出现。"幌子"亦是词根语素加词缀语素而成。

(3) 张四道:"你这嚼舌头老淫妇,挣将钱来焦尾巴!怪不得您无儿无女!"(第七回 127)

宾语由词根语素"舌"加词缀语素"头"构成。

1.1.3 [动·宾(联合)]式

数量极少,较典型的如"图生长"一词。

西门庆道:"东京太师老爷府里翟管家,前日有书来,说无子,央及我这里替他寻个女子。不拘贫富,不限财礼,只要好的,他要图生长。……"(第三十六回 549)

"图生长"指"娶妻纳妾为了生育后代"。宾语"生长"为联合结构。

1.2 补充式

补充式三音词约有 6 个,可分为两种类型。

1.2.1 动补型

(1) 那妇人连声叫道:"……就是拨了土兵来,那厨上锅上灶不干净,奴眼里也看不上这等人。"(第二回 43)

(2) 这贲四巴不得要去,听见这一声,一个金蝉脱壳走了。(第三十五回 544)

1.2.2 注释型

用动作行为的状态进行注释说明。如:

(1) 只见家人儿子小铁棍儿,笑嘻嘻在跟前舞旋旋的,且拉着敬济要炮燺放。(第二十四回 366)

"舞旋旋"即"手舞足蹈,欢蹦乱跳"之义。"旋旋"说明"舞"的情态。

（2）妇人看见,笑个不了,引惹的那楼下看灯的人,挨肩擦背,仰望上瞧,通挤匝不开,都压踃踃儿。（第十五回 232）

"踃踃"补充说明"压"在一起时的样子。

1.3　偏正式

偏正式三音词仅有一个"倒踏门"。谓"男嫁女娶,入门为婿"之义。如：

到次日,就使冯妈妈递信过去,择六月十八日大好日子,把蒋竹山倒踏门招进来成其夫妇。（第十七回 266）

1.4　主谓式

主谓式三音词典型的仅有一个"鬼推磨"。如：

伯爵道："这是头里账。如今递酒,不教他唱个儿？我有三钱银子,使的那小淫妇鬼推磨"。（第三十二回 485）

"鬼推磨"即俗言"有钱能使鬼推磨"之义。

2　语义特点

从三音词语素义融合的程度看,《金瓶梅》中的三音动词可分为两种类型：一是意义融合型,一是引申比喻型,即在三音动词中有一部分词语是用引申比喻手法所形成的,具有惯用语的性质特点。

2.1　意义融合型

作为词的三音动词所占比例较小,其意义特征是词义可以直接从语素义角度分析理解。如：

（1）望西门庆说道："你装憨打势,还在上首坐。还不快

下来与姐姐递个钟儿,陪不是哩?"(第二十一回327)

（2）自这两个与西门庆甚合得来。（第二十一回14)

其他如"说得来"、"守本分"、"打官司"、"使眼色"等均属此类。

2.2　引申比喻型

这类词语所占比例较大,有的可作为惯用语来看待。大多具有浓厚的方言色彩和鲜明的形象色彩。例如:

（1）雪娥恐怕西门庆来家拔树寻根,归罪于己,在上房打旋磨儿,跪着月娘教休题出和他嚷闹来。（第二十六回405)

"打旋磨儿"指"转圈下跪,执意恳求"之义。

（2）那妇人便大哭起来,说道:"……是那个嚼舌根的,没空生有,调唆你来期负老娘?……"(第二十五回380)

"嚼舌根"谓"多说废话"之义。

（3）向孟玉楼、李娇儿说:"……人家的孩儿在你家,每日起早睡晚,辛辛苦苦,替你家打勤劳儿,那个兴心知慰他一知慰儿也怎的?"(第十八回275)

"打勤劳儿"即"帮忙"之义。其他如"露马脚"、"嚼舌头"、"怀鬼胎"、"鬼推磨"等都属于这一类型。

三　四音动词的结构特点

这里的四音词语主要是指成语及某些重叠式四音词而言。《金瓶梅》中的动词性四音词约有135个,占全部动词总数的4.57%。

1 结构特点

四音词语的结构方式主要有复合式、重叠式两种。其中绝大部分词语属于复合式构词,重叠式仅占极少的一部分。

1.1 复合式

在复合式中,联合式是其最主要的结构方式,约占四音词语总数的 77.78%。其次为主谓式,占四字成语总数的 11.85%。偏正式、动宾式、补充式数量较少。

1.1.1 联合式

A. 结构方式

联合式词语约 105 个,从第二个层次上分析主要有 7 种格式。

a. [联合(动宾·动宾)]式

这种格式的联合式成语数量最多,占联合式成语总数的 64.76%。如:

(1) 来保慌的叩头谢道:"蒙老爷莫大之恩,小的家主举家粉首碎身,莫能报答。"(第三十回 452)

(2) 只为卓二姐身子瘦怯,时常三病四痛,却又去飘风戏月,调弄人家妇女。(第一回 16)

其他还有"指手画脚"、"游手好闲"、"装憨打势"、"压杠造舌"、"咬文嚼字"、"摇席破座"、"修真炼性"、"提心吊胆"、"死心塌地"、"情投意合"等等。

b. [联合(主谓·主谓)]式

(1) 当下三四个人不由分说,拖翻竹山在地,痛责三十大板。打的皮开肉绽,鲜血淋漓。(第十八回 290)

(2) 人见了魂飞魄丧,卖弄杀俏冤家。(第二回 53)

（3）两个朝朝暮暮，眉来目去，都有意了。（第十二回180）

其他还有"风吹草动"、"冰消雪散"、"言听计从"等。

c.［联合（偏正·偏正）］式

（1）……骑大白马，仆从跟随，前呼后拥。（第三十九回585）

（2）把李瓶儿笑的前仰后合，说道："姐姐你妆扮起来，活象个丫头。……"（第四十回603）

其他如"胡言乱语"、"朝思暮想"、"百依百顺"等均属此类。

d.［联合（补充·补充）］式

（1）妇人一夜翻来覆去，不曾睡着。（第八回136）

（2）到后来情浓事露，甚有斗狠杀伤，性命不保，妻孥难顾，事业成灰。（第一回12）

以上四种格式为联合式中最主要的构成方式，其他类型还有［联合（动宾·偏正）］式（"仰天长叹"）、［联合（主谓·动宾）］式（"乐极生悲"）、［联合（偏正·动宾）］式（"大惊失色"）等。

B. 语义构成

从联合式两部分的意义关系上分析主要有以下几种类型：

a. 相同相关型

指两部分的意义基本上是相同的，联合式中绝大部分词语属于这种类型。如"街谈巷议"、"撒娇撒痴"、"铺谋定计"、"损兵折将"、"咬牙切齿"、"龇齿戴发"等。

b. 相反相对型

指两部分的意义是相互对立的，多用反义词构成，如"醉生梦死"、"前合后仰"、"藏头露尾"、"外合里应"等。

c. 连动型

前后两部分在时间上有一定的连续性,如"探囊取物"、"仰天长叹"、"见景生情"、"挥金买笑"等。

d. 因果型

前一部分表示原因,后一部分表示结果,如"乐极生悲"、"大惊失色"等。

1.1.2　主谓式

主谓式词语约 16 个。充当主语的部分多为名词性的,极个别为动词性的。从音节上分析,主语多由单音节词来充当,双音词较少。例如:

(1)……夜晚神不守舍,梦与鬼交。……(第十七回 263)

(2)其人性本虚飘,言过其实,巧于词色,善于言谈。(第三十二回 502)

其他如"眼不转睛"、"恩将仇报"、"笑容可掬"、"五彩多目"等均属此类。

1.1.3　偏正式

从语义上分析主要为表方式、表程度两种情况。表方式如"一挥而就"、"一饮而尽"等。表程度如"洗心改正"等。

1.1.4　补充式

典型的补充式词语仅有 2 个,即"同归于尽"、"石沉大海"。

1.1.5　动宾式

数量最少,仅出现 1 个成语,"正中下怀"。

四音词语的构词方式与三音词相比,可以发现这样一个有趣的现象:二者在主要构词方式上具有相互对立的特点。三音词语以动宾式为主,不存在联合型的结构方式;而四音词语则是联合式结构占绝对优势,动宾型结构的词语则极为罕见。这大概与词语的词性及音节多少有密切的关系。在动词性词语中,联合式结构多存在于双音、四音词语之中,而动宾式词语多存在于双音、三音词语之中。

1.2 重叠式

在《金瓶梅》中,动词性重叠式构词仅有 5 个,皆为 AABB 式,如:

(1)李瓶儿道:"……如今丫头推奶子,奶子推老冯,急的冯妈妈哭哭啼啼,只要寻死。……"(第四十三回 641)

(2)那潘金莲和孟玉楼两个嘻嘻哈哈,只顾笑成一块。(第三十五回 535)

(3)忽听见妇人在房里颤声柔气,呻呻吟吟,哼哼唧唧,恰似有人交媾一般。(第八回 141)

(4)那猴子笑嘻嘻道:"姑夫,我对你说了罢,我昨日在花园里耍子,看见俺爹吊着俺五娘两只腿儿,在葡萄架儿底下,摇摇摆摆……"(第二十八回 425)

需要指出的是"呻呻吟吟"、"摇摇摆摆"虽然有双音词的形式即"呻吟"、"摇摆"两词,但由于其重叠后,词汇意义有些改变,所以将其看做构词而非构形似乎更恰当一些。

2 语义特点

从四音词语语素义与词语义的关系来看,主要有两种类型。一是词语的意义等于语素义的直接相加,如"赌身发咒"、"龇牙露嘴"、"加官进禄"、"兴工动土"等。二是大部分词语的意义是用比喻手法形成的,具有形象生动的特点,其中很多来自于方言词、口语词。如"调嘴调舌"、"拾翠寻香"、"颠寒作热"、"搬唆摆对"、"嘲风弄月"、"打牙犯嘴"、"赴汤蹈火"、"重眉落眼"、"帮闲抹嘴"、"惹草招风"、"买笑追欢"等。

四　结　论

综上描述分析,《金瓶梅》动词词汇主要有以下两个方面的特点:

4.1　从词的构成角度分析,当时动词的构成以复合式为主,占上卷合成动词总数的90.49%。附加式、重叠式构词仅占极小的一部分。这一特点已与现代汉语动词词汇的构成情况相一致。

4.2　从音节多少角度分析,《金瓶梅》中的动词已明显地体现出汉语词汇由单音向双音、多音发展的趋势。《金瓶梅》上卷所出现的单音词约1171个,而双音词则达1624个,三音词25个,四音词135个,双音词占上卷动词总数的54.96%,若加上三音、四音词,复音词所占比例则高达60.37%。单音词仅占全书动词总数的39.63%。

参考文献

程湘清 1990《隋唐五代汉语研究》,山东教育出版社。

符淮青 1985《现代汉语词汇》,北京大学出版社。

葛本仪 1985《汉语词汇研究》,山东教育出版社。

蒋绍愚 1989《古汉语词汇纲要》,北京大学出版社。

潘允中 1989《汉语词汇史概要》,上海古籍出版社。

唐超群 1990 动宾式合成词研究,《华中师范大学学报》第 2 期。

王利器 1988《金瓶梅词典》,吉林文史出版社。

中国社会科学院语言研究所现代汉语研究室 1987《句型和动词》,语文出版社。

《金瓶梅》复音形容词研究

程娟

○ 引　言

《金瓶梅》词汇研究属于近代词汇研究的范畴。有关近代词汇研究存在的问题，一些专家学者已有阐述。总的看来是构词法研究较为薄弱。本文在对《金瓶梅》动词进行分析研究的基础上进一步展开对形容词构词系统的描写考察，目的是通过研究《金瓶梅》复音形容词的结构特征来探索近代汉语构词法的有关问题[①]。

在讨论问题之前，有几点需要加以说明。

0.1　关于形容词的范围。目前有关形容词的认识存在一定的分歧：广义的观点是形容词既包括性质形容词，也包括状态形容词。该观点以朱德熙先生的《现代汉语形容词研究》[②]一文（1956）为代表。狭义的观点是形容词仅仅指性质形容词。该观点以北大编写的《现代汉语》[③]教材（1993）为代表。本文采用了广义的观点，收词范围既有性质形容词，也包括部分状态形容词。

[①]　本文研究版本仍为王汝梅、李昭恂、于凤树校点，齐鲁书社 1987 年出版的《金瓶梅》删节本。

[②]　参看朱德熙《现代汉语形容词研究》，见《现代汉语语法研究》，商务印书馆，1985 年版。

[③]　参看北京大学中文系现代汉语教研室《现代汉语》，商务印书馆，1993 年版。

0.2 关于构形与构词的区分。构形与构词是两个完全不同的概念,构形是指一个个词的不同变化形式,构词指的是一个个独立的词。如"恭恭敬敬"看做是"恭敬"的形态变化,即构形问题,不把它作为一个新词来看待。在形容词的数量统计中不包括构形之类的词。而像"急急巴巴"、"花花黎黎"一类词,不是在"急巴"、"花黎"的基础上产生的,汉语中不存在"急巴"、"花黎"之类的复音词,我们将"急急巴巴"、"花花黎黎"之类的词作为新产生的形容词来看待。刘叔新先生在《汉语描写词汇学》①中曾谈到,词的同一性问题,认为应该区分"词位"和"词"两个概念。"词位"包括词的形态变化等。如"高兴"和"高高兴兴"按词位统计应是一个词,而按词统计是两个词。在此我们对《金瓶梅》形容词的统计是以同一性为原则的。可以说构形主要是词的使用问题,而构词则是创造一个新词。

0.3 本文讨论的核心问题是复音形容词的结构特征,所以收词范围虽既有性质形容词又有部分状态形容词,但论述却是按形容词音节的多少来展开。性质形容词与状态形容词的划分是为了探讨二者在语法功能上的差异,在此我们暂不涉及语法功能问题。

据我们对《金瓶梅》上下两卷形容词的考察统计,《金瓶梅》约有形容词 1496 个,其中单音形容词 334 个,占全书形容词总数的 22.3%,复音形容词 1162 个(其中包含 27 个形容词性的短语),占形容词总数的 77.7%。下面按音节多少对复音形容词分类进行定量分析和静态描写。

---

① 参看刘叔新《汉语描写词汇学》,商务印书馆,1990 年版。

一 双音形容词的结构特征

《金瓶梅》共有双音形容词 949 个,占复音形容词总数的 81.7%。其构成情况如下表所示:

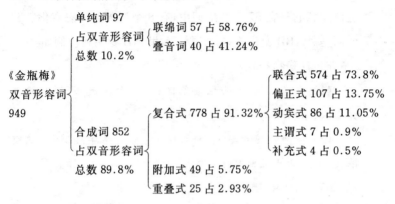

（一）单纯形容词

《金瓶梅》中单纯形容词的数量很少,仅占双音形容词总数的 10.2%。主要有联绵和叠音两种情况。

1 联绵词

联绵形容词约有 57 个,占双音单纯词总数的 58.76%。

1.1 双声联绵形容词

约有 12 个,占联绵词总数的 21.05%。例如:尴尬、伶俐、恍惚、踟蹰、褴褛、玲珑、淋漓、蹊跷等。

1.2 叠韵联绵形容词

约有 32 个,占联绵词总数的 56.14%。例如:踉跄、料峭、糊涂、邋遢、腼腆、娉婷、缱绻、盘桓、酩酊、蹀躞、殷勤、峥嵘、朦胧等。

个别词带有方言色彩,如"惫赖"是凶狠泼辣刁钻的意思,可写作
"破赖"、"派赖"、"泼赖"等。"韶刀"是啰唆、唠叨的意思。

1.3　非双声叠韵形容词

约有 13 个,占联绵词总数的 22.81%。例如:狼狈、狼藉、犹
豫、潇洒等。

值得注意的是在 57 个联绵词中,有 8 个词具有形态变化。其
中 7 个词是 AABB 变化式,1 个词是 A 里 AB 变化式。例如:

〔狰狞〕与〔狰狰狞狞〕

(1) 五鬼闹判,焦头烂额见狰狞;十面埋伏,马到人驰无
胜负。(第四十二回 631)

(2) 狰狰狞狞开路鬼,斜担金斧;忽忽洋洋险道神,端秉
银戈。(第六十五回 982)

〔龌龊〕与〔龌龌龊龊〕

(1) 因叫他到跟前瞧:"踦的我这鞋上的龌龊。"(第五十
八回 861)

(2) "不该小的说,还是爹惯了他,爹先不先和他在书房
里干的龌龊营生。"(第三十四回 522)

(3) 李瓶儿不肯,说道:"没的这屋里龌龌龊龊的,他每都
在这里,不方便,你往别处睡去罢。"(第六十二回 932)

〔窈窕〕与〔窈窈窕窕〕

(1) 玉貌妖娆花解语,芳容窈窕玉生香。(第九回 145)

(2) 逍逍遥遥八洞仙,龟鹤绕定;窈窈窕窕四毛女,虎鹿
相随。(第六十五回 982)

其他如"逍遥、恍惚、朦胧、伶俐"都有 AABB 式的形态变化。

〔蹀躞〕与〔蹀里蹀斜〕

(1) 只见他三个唱的从后边出来，都头上珠冠躧躧，身边兰麝浓香。（第三十二回 483）

(2) “虽然有这小丫头迎儿，奴见他拿东拿西，蹀里蹀斜，也不靠他。”（第二回 43）

张鸿魁先生指出：“《广韵》定母贴韵：‘蹀，躞蹀’，心母贴韵：‘躞，躞蹀，行貌。’《金瓶梅》分别改换声符为‘叠’、‘亵’。又写作‘蹀斜’。”[①]王利器先生认为“蹀里蹀斜”是“蹀躞”两字的通俗变用，形容脚步歪斜不稳。

2 叠音词

《金瓶梅》中的叠音形容词约有 40 个，占双音形容词中单纯词总数的 41.24%。例如：刁刁、巴巴、迢迢、腌腌、佯佯、悻悻、脉脉、草草、区区、闲闲、昂昂、翕翕、熙熙、悬悬、凛凛、袅袅、溶溶、潭潭、滔滔、岩岩、焰焰、燕燕、翩翩、滚滚等。这里的叠音词细分又有两种类型：一种是音节不表义，只有叠音之后才有意义。如“悻悻”。一种是音节虽然表义，但叠音之后的音节与原音节的意义差别很大或完全不同。如“涓”原为名词，指“细小的水流”，而“涓涓”则是形容词，指“细水长流的样子”。其他如“焰焰”、“滔滔”、“潭潭”、“袅袅”、“荡荡”等都是单音节表义，表事物或行为，重叠之后则变为状物或对行为的描写。而像“草草”、“区区”、“闲闲”、“翼翼”等叠音前后的意义完全不同。以上情况我们皆视为叠音词。

《金瓶梅》中的叠音词大多是从上古中古沿用下来的。有些是新产生的，个别词带有方言色彩，如“巴巴”、“刁刁”等。

---

① 参看张鸿魁《金瓶梅语音研究》，齐鲁书社，1996 年版。

（1）拿住你，你还那等嘴巴巴的。（第八十五回 1356）

在此"巴巴"形容说话一声连一声不住嘴。

（2）金莲道："教他等着去，我偏教你吃这一大钟，那小钟子刁刁的不耐烦。"（第三十三回 497）

"刁刁"王利器《金瓶梅词典》认为应是"叨叨"，指小口喝酒的样子。

与动词相比，《金瓶梅》双音单纯形容词的数量较多，占双音形容词总数的 10.2%。而《金瓶梅》中的双音单纯动词仅有 27 个，占双音动词总数的 1.66%。

（二）合成形容词

《金瓶梅》约有合成形容词 852 个，占双音形容词总数的 89.8%。其中复合式形容词占绝大部分，占双音合成词总数的 91.32%。附加式、重叠式形容词数量很少，分别占 5.75% 和 2.93%。

1 复合式

1.1 联合式

联合式形容词在复合形容词中占绝对优势，约 574 个，占复合词总数的 73.8%。我们分别从语义构成、词性构成、词义与语素义的关系、词的构形变化四个方面进行具体的探讨。

1.1.1 语义构成

从复合词两个语素之间的意义关系看，主要有意义相同相近联合、意义相关联合、意义相反联合三种情况。每种情况所占比例及例词如下表所示：

语素义的关系	比例	例　　词
意义相同相近联合	75.8%	哀伤 懊恼 悲恸 沉重 贫乏 粗糙 猖狂 诚实 丑陋 稠密 端庄 丰隆 刚强 广阔 黑暗
意义相关联合	22.8%	白净 绰耀 富丽 饥寒 娇羞 狂诈 廉直 刁泼 乏困 醇厚
意义相反联合	1.4%	利害 荣枯 善恶 炎凉 厚薄

1.1.2　词性构成

从复合词两语素的词性入手进行分析,绝大部分词的词性与语素的词性是一致的,即为"形＋形→形"的情况。例如:和睦、狠毒、洪亮、荒凉、空虚、美满、僻静、谨慎、平淡、精细等。词的词性与语素的词性不一致的情况极为少见,约有10个左右。如光辉、风流、才干、颜色、势利、活动、寻常。其中"颜色"、"活动"、"光辉"、"才干"的词汇义与语法义在现代汉语中多有一定的变化。

〔颜色〕

　　谢希大接过来道:"哥不信,委的生得十分颜色。"(第一回18)

"颜色"现由形容词转化为名词。

〔活动〕

　　又见竹山语言活动,一团谦恭:"奴明日若嫁得恁样个人也罢了。不知他有妻室没有?"(第十七回265)

"活动"的适用对象发生了一定的变化。

〔光辉〕

　　闲廷内外,溶溶宝月光辉;画阁高低,灿灿花灯照耀。(第四十六回670)

"光辉"的适用对象和功能产生了一定的变化。在现代汉语中

"光辉"多作定语,作谓语时常与"灿烂"连用。

〔才干〕

　　贴刑副千户西门庆,才干有为,精察素著,家称殷实而在任不贪,国事克勤,而台工有绩,翌神运而分毫不索。(第七十回 1091)

1.1.3　词义与语素义的关系

主要有以下几种类型:

① 词义是语素义的组合义

这类关系一般是建立在语素义都是基本义的基础之上,词的意义可从语素的字面意义上得到理解。例如:娇羞、安逸、端庄、富足、华丽、恢弘、惶愧、急躁、奸邪、谨密、峻峭、魁伟、麻木、矮矬、稀罕、促忙、宽阔、俊俏、贤良、真切、遥远、谦逊、恼怒、欢乐、黑暗、新鲜、纤细、瘦弱、勤俭等均属此类。《金瓶梅》中的双音联合形容词多属这种类型。

② 词义是语素义的融合义

这类关系一般是建立在词的两个语素一表基本义,一表引申义的基础之上。例如"耿直、公平、轻狂、倦淡、昏沉、畅快、详细、温良、清雅、苦恼"等词中加点的语素表引申义,另一语素表基本义。词义不能完全从字面上加以分解,意义上有了一定的概括融合性。

③ 词义是语素义的引申义

这类关系一般是建立在词的两个语素皆表引申义的基础之上。如"寒酸、轻薄、方正、老辣、油滑、干直、饱满"等均属此类情况,数量较少。

属于偏义型的形容词极少,如"干净"意义偏于"净"。

1.1.4　构形变化

在 574 个联合式形容词中有 20 个具有形态变化,其形态变化形式有以下两种类型:

① AB→AABB 式

有 19 个联合式形容词有 AABB 的变化形式,例如:悲切、恭敬、干净、欢喜、冒势、明白、昏沈、昏暗、荒凉、热闹、闹喧、齐整、容易、宽大、皎洁、清秀、沉重、肥胖、风流等均属此类情况。如:

〔风流〕与〔风风流流〕

(1) 话说大宋徽宗皇帝政和年间,山东省东平府清河县中,有一个风流子弟……(第一回 13)

(2) 可意的人儿,风风流流从帘子下丢与个眼色儿。(第二回 52)

〔沉重〕与〔沉沉重重〕

(1)"此去京都甚远,况你家私沉重,抛下幼女病妻在家,未审此去前程如何,不如勿往为善。"(第四十七回 690)

(2) 老婆又见搭连内沉沉重重,许多银两,因问他替己,又带了一二百两货物酒米,卸在门外店里,慢慢发卖了银子来家。(第五十九回 871)

〔清秀〕与〔清清秀秀〕

(1)"妈妈余氏,主家严厉,房中并无清秀使女。"(第一回 31)

(2) 清清秀秀小道童一十六众,都是霞衣道髻,动一派之仙音;肥肥胖胖大和尚二十四个,个个都是云锦袈裟,转五方之法事。(第六十五回 982)

〔容易〕与〔容容易易〕

(1) 西门庆道:"这个容易,我只听你言语便了。"(第三回

64)

　　(2)金莲故意失惊道:"怪贼囚,好大胆,就这等<u>容容易易</u>要奈何小丈母!"(第五十三回 791)

〔荒凉〕与〔荒荒凉凉〕

　　(1)一路上秋云淡淡,寒雁凄凄,树木凋落,景物<u>荒凉</u>,不胜悲怆。(第八十四回 1344)

　　(2)弄的那雨淋风刮,佛像儿倒的,<u>荒荒凉凉</u>,将一片钟鼓道场,忽变作荒烟衰草,三四十年,那一个肯扶衰起废!(第五十七回 837)

②AB→ABB 式

有此形态变化的形容词极少,例如:

〔白腻〕与〔白腻腻〕

　　(1)把身上都搽遍了,搽的<u>白腻</u>光滑,异香可掬,欲夺其宠。(第二十九回 445)

　　(2)头上银丝䯼髻,金镶分心翠梅钿儿,云鬓簪着许多花翠,越显得红馥馥朱唇,<u>白腻腻</u>粉脸。(第十九回 286)

"虚飘"与"虚飘飘"两词,形式上类似于"白腻"与"白腻腻",但意义上完全不同,我们将其视为两个独立的词,而非形态变化。例如:

　　(1)其人性本<u>虚飘</u>,言过其实,巧于词色,善于言谈。(第三十三回 502)

　　(2)西门庆道:"我不怎么,只是身子<u>虚飘飘</u>的,懒待动旦(弹)。"(第七十九回 1279)

在现代汉语中有些形容词可同时具有两种形态变化,如"冷清"既可以是"冷清清"也可以是"冷冷清清","亮堂"既可以是"亮

446

堂堂"也可以是"亮亮堂堂"。在《金瓶梅》中尚未发现有两种形态变化的形容词。

1.2　偏正式

《金瓶梅》中的偏正式双音形容词约有 107 个,占双音复合形容词总数的 13.75%。我们分别从语义构成、词性构成、词义与语素义的关系三个方面进行探讨。

1.2.1　语义构成

从偏语素与正语素的语义关系看,主要有以下几种情况:

① 偏语素表否定

例如:不平、不安、不当、不凡、不恭、不济、不利、不愤、不肯、不整、不便、不苟、不幸等。

② 偏语素表程度

例如:冰凉、雪白、漆黑、惨白、粉碎、滚热、焦黄、净光、喷香、馨净、通红、稀烂、大明、大红、淡黄、良久、许久、许多、严寒、至诚、巨富、契阔、契厚等。

③ 偏语素表性质特征

例如:美貌、青春、青年、和气、下气、正气、硬气、香气、大量、大胆、雅相、人材、软款、异样、见成、现撇、好看、好笑、好吃、多疑、多诈、桃红、粉青、朱红、猩红、鸦青、银红、柳黄、沙绿、翠蓝等。

1.2.2　词性构成

偏正式形容词的词性构成比联合式形容词的词性构成复杂得多,主要有以下几种情况:

① 形 + 形→形

该类型的形容词约占偏正式形容词总数的四分之一左右。其中偏语素表程度和偏语素表性质特征类型中的部分形容词多属这类情况。例如:纯白、鲜红、淡红、净光、严寒、大明、良久、清香、莹白、沉困等。

② 副 + 形 → 形

该类型形容词的数量与①类大致相当,偏语素表否定义中的全部形容词和偏语素表程度特征类型中的部分形容词多属这类情况。例如:不安、不恭、不幸、许多、许久、相当、相称、相契、正好、现撇、通红等。

③ 形 + 名 → 形

该类形容词在数量上位居第三,例如:正气、秀气、硬气、大胆、大量、大意、粗心、异样、雅相、青春、青年、美貌、富态、波皮等。偏语素表性质状态的形容词多属这种类型。由于中心语素是名词性的,一些形容词在现代汉语中已演变为名词。如:

〔正气〕

(1)"大凡还是女人心邪,若是那正气的,谁敢犯他!"(第七十六回 1211)

(2)"像我进香去,被强人逼勒,若是不正气的,也来不到家了。"(第八十五回 1356)

〔青春〕

(1)雪娥道:"你又年少青春,愁到明日养不出来也怎的!"(第五十九回 887)

(2)"就是嫂子他青春年少,你疼不过,越不过他的情……"(第六十二回 948)

〔青年〕

"嫂子在上,不该我说,哥也糊涂,嫂子又青年,偌大家室,如何就丢了,成夜不在家,是何道理!"(第十三回 201)

〔美貌〕

(1) 待要发作时,回过脸来看,却不想是个美貌妖娆的妇人。(第二回 52)

(2) 伯爵道:"这果是算不的数了,只他一个浑家,年纪只好二十左右,生的十分美貌,又有两个孩子,才三四岁。"(第五十六回 832)

〔泼皮〕

(1) "俺每倒替你捏两把汗,原来你到这等泼皮。"(第七十三回 1133)

(2) 有几句双关,说得这老鼠好:你身躯儿小,胆儿大,嘴儿尖,忒泼皮。(第八十六回 1377)

④ 形+动→形

例如:好看、好听、好吃、好笑、多疑、多诈等。偏语素多表性质特征。

⑤ 名+形→形

例如:冰凉、粉碎、雪白、漆黑、柳黄、鹅黄、沙绿等。偏语素多表程度或特征。

1.2.3　词义与语素义的关系

主要有三种类型:

① 词义是语素义的组合义

偏语素表否定义的形容词多属这种类型。例如:不安、不便、不恭、不整、不当、不幸等。词义可从两语素的字面意义上得到理解。

② 词义是语素的融合义

偏语类表程度的形容词和个别表性质特征的形容词多属该种

类型。正语素表基本义,偏语素是比喻义或引申义,整个词义是二者的综合融合,例如:滚热、漆黑、稀烂、柳黄、鹅黄、银红等。

③ 词义是语素义的引申义

偏语素表性质特征的形容词多属这种类型。例如:青春、硬气、下气、雅相、好看等。

1.2.4　构形变化

《金瓶梅》中虽然出现了"焦黄"、"稀烂"、"雪白"、"漆黑"之类的状态形容词,但并未发现该类词具有 ABAB 式的变化形式。

1.3　动宾式

《金瓶梅》中约有动宾式形容词 86 个,占双音复合词总数的 11.05%。我们分别从语义构成、词性构成两个方面加以分析。

1.3.1　语义构成

从动语素与宾语素的关系来看,主要有以下几种情况:

① 宾语素表受事

例如:称心、费心、出众、出群、得闲、得宠、乔样、要强、惹眼、好色、好胜、合理、享福、持重、怯床等。

② 宾语素表施事

例如:甘心、安心、痴心、狠心、出色、得意、服气、尽兴、努力、失意、爽口、正色等。

③ 宾语素表当事

例如:没趣、没羞、无端、无情、无聊、无礼、有意、有名、有为、有趣、有福、能事、在行等。

④ 宾语素表原因

例如:烦难、害羞、纳闷、伤感等。

⑤宾语素表使动

例如：惊人、动人等。

⑥宾语素表结果

例如：消瘦、消乏等。

1.3.2　词性构成

动宾式形容词的词性构成比较复杂，主要有以下几种类型：

①动＋名→形

约计 55 个，占动宾式形容词总数的 64％。例如：出色、出群、出众、得意、得闲、动人、惊人、费心、经心、留心、称心、知心、用心、粗心、中意、尽兴、努力、钟情、失意、成器、有福、有意、有趣、有名、知趣、惹眼、合理、好色、落魄、没趣、乔样、省事、任意、随便、伤感、无端、无情、无聊、无礼、享福、介意、能事、在行、本分、怯床等。

②形＋名→形

约计 12 个，占动宾式形容词总数的 14％。例如：专心、甘心、狠心、安心、痴心、爽口、正色、多情、多心、慎事、淘气等。

③动＋形→形

约计 12 个，占动宾式形容词总数的 14％。例如：持重、要强、耐烦、消瘦、消乏、烦难、害羞、纳闷、克勤、认真等。

④动＋动→形

约计 6 个，占动宾式形容词的 7％。例如：中吃、中用、中看、中听、得宠、好胜等。

其他还有"副＋形→形"，如"没羞"，数量极少，不再单列。

1.4　主谓式

《金瓶梅》中主谓式双音形容词仅见 7 例。例如：年老、年少、性急、自由、自足、自在、自然。其中"自由"、"自在"、"自然"在此之前已经出现。

1.5　补充式

《金瓶梅》中补充式双音形容词的数量最少,仅见 4 例。比如上紧、凑巧、分明、幸甚。

2　附加式

《金瓶梅》中附加式双音形容词约计 49 个,占双音合成形容词总数的 5.75%。其中典型的词缀有 7 个。

2.1　前缀＋词根

前缀"可"共构成派生式形容词 12 个,例如:可疑、可恨、可憎、可伤、可恶、可怪、可观、可惜、可喜等。

2.2　词根＋后缀

在 6 个形容词后缀中,"然"构成的派生词数量最多,约计 32 个。例如:安然、惨然、诚然、荡然、愕然、忿然、骇然、浩然、焕然、恍然、浑然、决然、慨然、茫然、惘然、飘然、歉然、缺然、悄然、偶然、聚然、爽然、坦然、淹然、俨然、快然、悠然等。其他后缀见以下例句:

〔饿答〕

　　金莲道:"天不着风儿晴不的,人不着谎成不的! 他不撑瞒着,你家肯要他! 想着一来时,饿答的个脸,黄皮寡瘦的,乞乞缩缩,那个腔儿!"(第七十一回 1104)

〔燕尔〕

　　话说西门庆娶王楼在家,燕尔新婚,如胶似漆。(第八回 132)

"尔"是上古沿用下来的形容词后缀。

〔顺溜〕

　　若人家买卖不顺溜,田宅不兴旺者,常与开财发利市。

452

（第十二回 195）

〔忙惚儿〕

　　李瓶儿道："原来你去，省的屈着你那心肠儿。他那里正等的你火里火发。你不去，却忙惚儿来我这里缠。"（第六十一回 905）

　　王利器先生认为："'忙惚儿'即'忙乎儿'，'惚'在此为语助词，北方土语中至今仍沿用。"

　　其他如"了得"中的"得"我们亦看做形容词后缀。

　　关于"的"目前看法尚有分歧，一种观点是将"的"看做形容词后缀；一种是将"的"看做助词。在此我们采用了助词说。

3　重叠式

　　《金瓶梅》中重叠式双音形容词的数量较少，约计 25 个，皆是在有意义的语素的基础上重叠而成。如"匆匆"、"惶惶"、"讪讪"、"灿灿"中的"匆"、"惶"、"讪"、"灿"皆有意义，在《金瓶梅》中虽不可单用，但却可构成"匆忙"、"惶愧"、"羞讪"、"灿彩"等复合词，且重叠之后词汇义和语法义皆变化不大，只是加深程度而已，在此我们将"匆匆"、"惶惶"、"讪讪"、"灿灿"视为重叠式，而非叠音词。其他像"朗朗"、"平平"、"森森"、"汪汪"、"纷纷"、"绵绵"、"阴阴"、"木木"、"中中"、"渺渺"、"瞑瞑"、"郁郁"等词，重叠后的意义与原单音节的意义基本一致，虽然单音节语素在《金瓶梅》中都不可单用，但因其表义，我们将这类重叠式看成是合成词的一种。

　　《金瓶梅》中还有单音形容词的构形形式，例如："长长"、"大大"、"淡淡"、"肥肥"等词皆是在"长"、"大"、"淡"、"肥"的基础上重叠而成。在《金瓶梅》中以上各单音节词皆可单用，且重叠以后语法意义有了一定的变化,表示程度加深义,我们将其视为构形,而非构词。类似的情况还有翠翠、高高、孤孤、怪怪、光光、酣酣、憨憨、好好、狠狠、黑黑、红红、坏坏、黄黄、慌慌、昏昏、急急、紧紧、烂烂、辣辣、冷冷、乱乱、满满、慢慢、闷闷、浓浓、勤勤、轻轻、清清、全全、热热、酸酸、深深、生生、实实、旺旺、微微、温温、稳稳、稀稀、细细、鲜鲜、小小、严严、遥遥、远远、早早、窄窄、直直等。《金瓶梅》可有重叠变化形式的形容词约计 57 个,占单音形容词总数的17.07%。换句话说《金瓶梅》中的单音形容词约有 17.07%有构形变化形式,说明当时复音化的趋势非常明显。

总之重叠式形容词以其单语素有意义且单语素的意义与重叠之后的意义基本一致而与叠音词区别开来;以其形式上无原形词、重叠后词汇义不变,只是增加了某些语法义或色彩义而与词的构形区别开来。

二 三音形容词的结构特征

《金瓶梅》中共有三音形容词145 个,占复音词总数的12.5%。从词所包含的语素多少方面分析,全部为合成词。其中复合式形容词占绝大部分,主要是补充式。附加式形容词数量极少。

(一)补充式

补充式三音形容词约有 129 个,可分为两种类型。

1 A—BC 式

该类型仅有 3 例,即"光赤条"、"明滴溜"、"慌不迭"。例如:
〔光赤条〕

见妇人脱得光赤条身子,坐着床沿,低垂着头,将那白生生腿儿横抱膝上缠脚,换了双大红平底睡鞋儿。(第五十二回769)

〔明滴溜〕

连肾囊都肿的明滴溜如茄子大。(第七十九回1281)

2 A—BB式

该类型数量很多,约有 126 个。BB 皆有具体实在的意义,对 A 语素进行生动形象的描写说明。我们据语素 A 的词性分为以下几种情况。

2.1 A语素为形容词词性

从 A 语素的表义特点分析,主要有以下类型:

2.1.1 A 表颜色,与 BB 结合后增加了词的色彩感。

例如:

白:白生生、白鲜鲜、白馥馥、白湛湛、白晃晃、白光光、白茫茫 等。

黑:黑洞洞、黑漫漫、黑压压、黑烟烟、黑油油、黑臻臻等。

黄:黄霜霜、黄恹恹、黄烘烘等。

翠:翠弯弯、翠依依

青:青旋旋等。

绿:绿惨惨

红:红馥馥

粉:粉浓浓等。

2.1.2 A 语素表示某种状态,与 BB 结合之后增强了视觉形象感。

例如：

呆瞪瞪、滑蔽蔽、烂糟糟、亮腾腾、乱腾腾、乱扰扰、慢条条、明
晃晃、明亮亮、齐臻臻、细弯弯、窄星星、直掇掇、直隆隆、直屡屡、直
竖竖、直挺挺、虚笼笼、光油油、光睁睁等。

2.1.3　A语素表示某种性质，与BB结合后分别增加了触觉
感、嗅觉感或音色感、味觉感等。

触觉感如热烘烘、热腾腾、热突突、冷落落、冷呵呵、凉凄凄、软
浓浓等。嗅觉感如香喷喷、香馥馥等。音色感如响当当等。味觉
感如苦艳艳（酽）。其他如表示人的心态情感的形容词性语素，与
BB结合后也更为生动形象具体。例如：愁切切、愁漠漠、娇滴滴、
恶狠狠、闷昏昏、闷恹恹等。

2.2　A语素为动词词性

例如：喘吁吁、恨绵绵、恨悠悠、弄耸耸、嚷可可、喜孜孜、喜匆
匆、喜重重、醉醺醺、笑欣欣、笑略略、笑吟吟、笑嘻嘻等，数量较少。

2.3　A语素为名词词性

例如：汗浸浸、气吁吁、气呼呼、气狠狠、肉奶奶、水济济、血历
历、玉纤纤等，数量最少。

从以上例词中可以看出语素A与BB的组合绝大部分是固定
的，只有"馥馥"、"恹恹"、"落落"、"腾腾"、"晃晃"、"烘烘"、"狠狠"
等组合较为灵活，但一般不超过四个词，说明BB仍具有实在的词
汇意义。

《金瓶梅》中的复合式三音词除补充式之外，还有三个偏正式，
即油似滑、蜡查黄、焦剌剌。"油似滑"形容非常狡猾。例如：

油似滑的言语，无般不说出来。（第一回34）

"油似滑"又作"油里滑"，例如《醒世恒言·李玉英狱中讼冤》：

"那哥哥叫做焦榕,专在各衙门打干,是一个油里滑的光棍。"

（二）附加式

附加式三音形容词共计 13 个,可分两种类型:

1　A—BB 式

BB 为词缀,较典型的有"刺刺",在《金瓶梅》中构词较多,意义已经虚化。例如:白刺刺、大刺刺、怪刺刺、活刺刺、热刺刺、涩刺刺、生刺刺、羞刺刺、噪刺刺、焦刺刺等。

2　AA—B 式

AA 为叠音,B 为词缀,主要是"然","然"在双音词中构词 32 个,在三音词中构成了"恍恍然"、"森森然"二词。

〔恍恍然〕

　　李瓶儿夜间独宿房中,银床枕冷,纱窗月浸,不觉思想孩儿,欷歔长叹,恍恍然恰似有人弹的窗根响。（第六十回 890）

〔森森然〕

　　（1）"我如今头目森森然,莫知所之。"（第二十七回 419）

　　（2）西门庆甦醒了一回,方言:"我头目森森然,莫知所以。"（第七十九回 1278）

三　四音形容词的结构特征

《金瓶梅》中共有四音形容词 67 个。其中典型的四音词约计 40 个,五音词 1 个,四音成语等约计 27 个。

（一）四音形容词的特征

从每个词所包含的语素多少的角度来划分,《金瓶梅》四音词中有单纯词5个,合成词35个。

1 单纯词

〔迷留摸乱〕

　　林氏被文嫂这篇话,说的心中迷留摸乱,情窦已开,便向文嫂儿计较道:"人生面不熟,怎好遽然相见?"(第六十九回1053)

"迷"、"摸"二字双声,"留"、"乱"二字双声。谓"心绪不宁,情绪烦乱"义,在其他作品中可写作"迷溜没乱"、"没留没乱"、"没撩没乱"等。例如无名氏《合同文字》一折:"一片心迷留没乱焦,两条腿滴羞笃速战。"董解元《西厢记诸宫调》卷三:"没留没乱,不言不语,尽夫人问当,夫人说话,不说一句。"《水浒传》第七回:"众多闲汉都来伺候,见衙内心焦,没撩没乱,众人散了。"

〔稀里打哄〕

　　王婆道:"你休稀里打哄,做哑装聋!自古蛇钻窟窿蛇知道,各人干的事儿,各人心里明……"(第八十六回1375)

"稀里打哄"王利器先生认为是"装聋做哑、糊里糊突"的意思。在其他作品中还可写作"希里打哄",四字只记音不表义。如明无名氏《度黄龙》第三折:"我是个清净道童,近日跟着这云游的吕先儿希里打哄。"在此"希里打哄"是胡闹义。

〔牢温郎当〕

　　撅的人垂头落脚,闪的人牢温郎当。(第八十回1299)

"牢温郎当"又作"囊温郎当",是"无精打采"之义。

〔搂搜索落〕

458

"你倒还对着丫头说我几时恁般大起来,搂搜索落,我要你何用?"(第九十四回 1487)

"搂搜索落"谓奚落取笑义。

〔使气白赖〕

海棠使气白赖,又灌了半钟酒。(第九十五回 1502)

"使气白赖"也作"死气白赖"、"死乞白赖",谓纠缠不休义。例如《醒世姻缘传》第三十二回:"这回亏了他三个死乞白赖的拉住我。"《儿女英雄传》第十六回:"俗话说的:'天下无难事',只怕死求白赖,或者竟拦住他也不可知。"《新儿女英雄传》第四回:"你死求百赖的叫我出去,出去干什么呀?"

2 合成词

《金瓶梅》共有四音合成形容词 35 个,其中重叠式最多,附加式、复合式数量极少。

2.1 重叠式

《金瓶梅》中四音重叠式形容词约计 30 个,大部分带有方言色彩。例如:

〔啬啬磕磕〕

"那老冯老行货子,啬啬磕磕的,独自在那里,我又不放心。"(第二十回 305)

"啬啬磕磕",谓语言断断续续,行动跌跌冲冲。

〔乞乞缩缩〕

"想着一来时,饿答的个脸,黄皮寡瘦的,乞乞缩缩,那个腔儿。"(第七十二回 1104)

"乞乞缩缩"《金瓶梅词典》释义为"冷得发抖的样子"。

〔花花黎黎〕

王楼道:"我比不得你每小后生,花花黎黎。我老人家了,使羊皮金缉的云头子罢,周围拿纱绿线锁,好不好?"(第二十九回 434)

"花花黎黎"即"花花绿绿"的意思。

〔急急脚脚〕

一个急急脚脚的老小,左手拿着一个黄豆巴斗,右手拿着一条绵花叉口,望前只管跑走……(第六十回 894)

"急急脚脚"是北方口语,常用来形容行事不稳重,急躁慌张的样子。

〔楞楞睁睁〕

只见两个人进来,吃的浪浪跄跄,楞楞睁睁,走在凳子上坐下。(第十九回 287)

那胡秀起来,推揉了揉眼,楞楞睁睁,跟道国往铺子里去了。(第六十一回 904)

"楞楞睁睁"也写作"瞪瞪睁睁"、"楞楞怔怔",形容神态不正常,理智不清醒的样子。

〔意意似似〕

王楼道:"嗔道贼臭肉在那里坐着,见了俺们,意意似似,待起不起的。"(第二十五回 384)

"意意似似"亦作"意意思思",形容"犹犹豫豫"的样子。

〔停停妥妥〕

"正是有心算无心,不备怎提备?人家悄悄干的事儿停停妥妥,你还不知道哩!"(第七十二回 1105)

"停停妥妥"又写作"停停脱脱",表十分圆满义。

〔淹淹润润〕

淹淹润润,不搽脂粉,自然体态妖娆;嬝嬝娉娉,懒染铅华,生定精神秀丽。(第三十六回 559)

"淹淹润润"形容女子温柔妩媚的样子。

其他如"挨挨抢抢"、"惨惨幽幽"、"风风势势"、"急急巴巴"、"声声气气"、"淹淹缠缠"、"絮絮答答"等都具有浓厚的方言色彩。

2.2 附加式

四音附加式形容词数量极少,较典型的有"慢条厮礼"、"惹气刺刺"、"花丽狐哨"等。例如:

〔慢条厮礼〕

(1)春梅道:"你问他。我去时,还在厨房里雌着,等他慢条厮礼儿才和面儿,我自不是……"(第十一回 171)

(2)月娘道:"一个风火事,还象寻常慢条斯礼儿的。"(第三十回 456)

(3)一面起来,慢条厮礼,撒腰拉裤,走来见妇人,只顾倚着炕儿揉眼。(第七十三回 1135)

"慢条厮礼"形容慢吞吞不着急的样子,"慢"有意义,是实词根语素,"条厮礼"是词缀,在此只记音,不表义,故"慢条厮礼"有多种写法,可写作"慢条斯礼"、"慢条丝礼"等。

〔惹气刺刺〕

"……他慌了,使丫头叫我回去,才拿出这银子与我。没来由,教我怎惹气刺刺的。"(第二十一回 325)

"惹气刺刺"是形容令人生气,引起恼怒的情形,"刺刺"是后缀。

〔花丽狐哨〕

(1) 端的好在院里歇,他自吃人在他根前那等花丽狐哨,乔龙画虎的,两面刀哄他,就是千好万好了。(第二十回308)

(2) 你做奶子行奶子的事,许你在跟前花黎胡哨?(第七十二回1103)

"花丽狐哨"也作"花黎胡哨"、"花藜胡哨"、"花胡哨"等。向熹先生认为"'花''哨'是实词素",中间两字无意义①。

2.3 复合式

四音复合式形容词的数量最少,较典型的有"蛮声哈剌"、"气喘吁吁"两词。例如:

薛内相道:"那蛮声哈剌,谁晓的他唱的是甚么?"(第六十四回972)

"蛮声哈剌"形容南人声调难懂、不好听。"蛮声"指南方人的声音,"哈剌"是摹其声,在此看做主谓结构。

(二)四音形容词语的特征

《金瓶梅》中形容词性的四音词语大部分为成语,约27个。从其结构形式方面划分,主要为联合式,也有主谓式和偏正式。

1 联合式

1.1 〔联合(偏正·偏正)〕

这类成语数量较多,例如:百伶百俐、百媚千娇、诚惶诚恐、大惊小怪、清省白醒、黄皮寡瘦、白眉赤眼、怪模怪样等。

---

① 参看向熹《简明汉语史》,高等教育出版社,1993年版。

462

1.2 ［联合(动宾・动宾)］

这类结构的成语如：欢天喜地、乔眉乔眼、乔模乔样、提心吊胆、吹毛求疵、出类拔萃等。

1.3 ［联合(主谓・主谓)］

这类结构的成语如：面红面赤、眉清目秀、手忙脚乱、风调雨顺等。

1.4 其他联合式

联合式的两个成分结构不相一致，这类成语较少。如：大惊失色(联合［偏正・动宾］)、轻狂使势(联合［联合・动宾］)等。

2 主谓式

这类成语数量较少，例如：天网恢恢、黑白分明、花枝招展、响遏行云等。"花枝招展"也作"花枝招飐"。

3 偏正式

有闷闷不乐、焕然一新等。

《金瓶梅》中的形容词语大多已沿用下来，个别词语带有浓重的方言色彩，现已不再使用。例如：

〔清省白醒〕

(1)那春梅道："娘清省白醒，那讨酒来！娘不信只搯他袖子，怕不的还有柑子皮儿在袖子里哩！"(第七十三回1137)

(2)"我如今茶前酒后，且不打你，到明日清省白醒，和你算账。"(第七十三回 1137)

"清省白醒"是形容头脑清醒，毫无酒意或睡意的样子。

〔不端不正〕

(1) 妇人正手里拿着叉竿放帘子，忽被一阵风将叉竿刮倒，妇人手擎不牢，不端不正，却打在那人头上。（第二回52）

(2) 爱月儿走到下面，望上不端不正，与西门庆道了万福……（第五十九回 874）

"不端不正"犹言"端端正正"的意思，也作"不当不正"。

〔轻狂使势〕

偏染的白儿不上色，偏他那等轻狂使势，大清早晨，刁蹬着汉子请太医看。（第五十八回 863）

"轻狂使势"形容人轻佻狂放，不拘形骸，也作"轻狂百势"。

以上所讨论的是《金瓶梅》中四音形容词语的特点。超过四音节的形容词，较典型的仅有"不当家化化"1个。例如：

(1) 月娘道："你好恁柱口拔舌，不当家化化的，骂他怎的，他惹着你来？……"（第五十一回 751）

(2) 春梅道："不当家化化的，磕甚么头？"（第九十五回 1500）

"不当家化化"在其他作品中也写作"不当家花拉"、"不当家豁拉"。例如：

(3) 王夫人听了道："阿弥陀佛，不当家花拉的！就是坟里有，人家死了几百年，这会子翻尸盗骨的，作了药也不灵。"（《红楼梦》第八回）

(4) "阿弥陀佛，说也不当家花拉的！这位大嫂一拉就把我拉在那地窖子里。"（《儿女英雄传》第七回）

(5) "我又没给他哩，真是长昧心痞，不当家豁拉的。"

464

（《醒世姻缘传》第四十九回）

蒋绍愚先生在《近代汉语词汇研究》中曾专门阐述过"不当家花拉"一词，现引原文如下："'不当家花拉'一词，曾有过几种不同的解释：有的认为是'无职守，引申为不了解情况，不负责'，有的认为是'罪过'之义，有的认为是'不值得'之义。究竟哪一种对呢？近年来有人指出，'不当家花拉的'在现代石家庄、呼和浩特、甘肃民勤等方言中都还使用，大约是'不应当这样'的意思，有时与'罪过'义近。"并指出"'不当'是词根，'家'和'花拉'是词缀。"从以上"不当家化化"①出现的语言环境分析，我们比较同意蒋绍愚先生的观点。

四 结 论

以上我们按形容词音节的多少分别探讨了《金瓶梅》复音形容词的结构特征，列表如下：

---

① 参看蒋绍愚《蒋绍愚自选集》，河南教育出版社，1994年版。

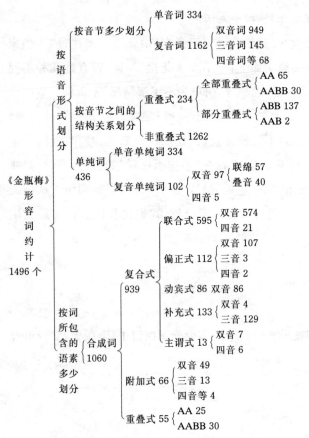

从中我们得出以下结论：

4.1　从音节多少方面分析,可知《金瓶梅》形容词复音化的规律已表现得较为突出,基本上接近现代汉语。

(1)《金瓶梅》形容词与《金瓶梅》上卷动词复音化的比较：

音节形式 统计 / 词 类	单音词		复音词	
	数量	所占比例	数量	所占比例
《金瓶梅》形容词总计 1496 个	334	22.3%	1162	77.7%
《金瓶梅》上卷动词总计 2955	1171	39.6%	1784	60.4%

从表中可知《金瓶梅》形容词复音化的比率高出动词 17.3%。

（2）《金瓶梅》形容词与现代汉语《形容词用法词典》的比较：

音节形式 统计 / 书 名	单音词		复音词	
	数量	所占比例	数量	所占比例
《金瓶梅》形容词总计 1496 个	334	22.3%	1162	77.7%
《形容词用法词典》总计 1066 个	159	15%	907	85%

对《形容词用法词典》有两点需要说明：第一，该词典只收构词形容词，不收构形形容词。如收"高"，不收"高高"，这一点与我们的收词原则相同，可以进行比较。第二，该词典以收现代汉语常用形容词为主，故收词数量较少。

4.2　从语音之间的结构关系角度考察《金瓶梅》中的形容词，发现其重叠式形容词较为丰富。这里的"重叠式"是指词的语音形式是由音节重叠而成，不考虑音节是否表义。既包括单纯词中的叠音词，也包括合成词中的重叠式。《金瓶梅》中的重叠式形容词可分全部重叠和部分重叠两大类，具体有以下几种形式：

①AA 式 65（其中单纯词叠音 40 个，合成词重叠 25 个）；

②AABB 式 30（全部为合成词重叠）；

③A—BB 式 137（其中补充式 126 个，附加式 11 个）；

④AA—B 式 2（全为附加式）。

共计 234 个，占全书形容词总数的 15.6%，占复音形容词总数的 20.1%。

以上皆为重叠构词。《金瓶梅》中的形容词还有一些属重叠构形。其中在单音形容词基础上产生的重叠约计 57 个,占单音形容词总数的 17.07%。在复音形容词基础上产生的重叠约计 28 个,占双音形容词总数的 2.95%。具体形式如下:

①AA 式 57 个;

②AABB 式 26 个(其中 7 个为单纯词,19 个为联合式);

③A 里 AB 式 1 个;

④ABB 式 1 个。

合计 85 个。在形容词统计中我们据词的同一性原则,未将该类词计算在内。倘若加上这部分形容词,《金瓶梅》中的复音形容词将达到 1247 个,复音化的比例将会更高。

4.3　从词所包含的语素多少角度考察,复音形容词中单纯词的数量较少,共计 102 个,占全书复音词总数的 8.8%。其中双音单纯词占单纯词总数的 95.1%,四音单纯词占 4.9%。双音单纯词中有相当多的形容词是从上古中古延续下来的,这说明当时单纯语音构词已占极少数。《金瓶梅》中的合成形容词共 1060 个,占全书复音词总数的 91.2%。其中复合式数量最多,占绝对优势;其次为附加式、重叠式。具体统计如下:

复音单纯词 102 占 8.8%		复音合成词 1060 占 91.2%		
联绵	叠音	复合式	附加式	重叠式
62	40	939	66	55
在复音单纯词中所占的比例		在复音合成词中所占的比例		
60.8%	39.2%	88.7%	6.2%	5.1%

4.4　合成词中有以下三个方面的问题需要注意:

(1) 音节不同,构词方式不同。

音节数量＼结构方式	双音	所占复音合成词的比例	三音	所占复音合成词的比例	四音	所占复音合成词的比例
复合式 联合	574				21	
复合式 偏正	107		3		2	
复合式 动宾	86					
复合式 补充	4		129			
复合式 主谓	7				6	
复合式 合计	778	73.5%	132	12.5%	29	2.7%
附加式 词根＋后缀	37		13	1.2%		
附加式 前缀＋词根	12				4	0.3%
附加式 合计	49	4.6%				
重叠式 AA	25	2.4%				
重叠式 AABB					30	2.8%
重叠式 总计		80.5%		13.7%		5.8%

从表中可知双音形容词的构词方式最为丰富,有联合、偏正、动宾、补充、主谓、附加、重叠七种。其次为四音词等,有联合、偏正、主谓、附加、重叠5种。三音词的构词方式较为单一,主要有补充、附加等类型。

（2）词类不同,构词方式不同。

我们将双音复合式形容词与双音复合式动词作一对比,发现二者构词的共同点是联合式皆占绝对优势。其差异主要表现在偏正、动宾、主谓、补充所占的比例上。如下表所示:

结构／数量统计／词类	联合 数量与比例	偏正 数量与比例	动宾 数量与比例	补充 数量与比例	主谓 数量与比例
双音复合形容词 778	574 73.8%	107 13.75%	86 11.05%	4 0.5%	7 0.9%
双音复合动词 1590	869 54.65%	183 11.51%	458 28.81%	65 4.09%	15 0.94%

形容词的结构方式依数量多少排序,依次为联合、偏正、动宾、主谓、补充;动词依次为联合、动宾、偏正、补充、主谓。

(3) 双音复合式形容词共计 778 个,约占双音形容词总数的 82%。从语义构成看联合式、偏正式一般有三种类型;动宾式的情况较为复杂,一般有六种情形;补充式有两种类型;主谓式仅有一种类型。从词性构成看,联合式的词性绝大多数为"形 + 形→形"类,占 98.25%,语素的词性与词的词性不相一致的仅占 1.75%;偏正式中仅有 25%的词是"形 + 形→形"类;动宾式、主谓式、补充式中语素的词性跟词的词性都不一致。从词义与语素义的关系方面分析,联合式、偏正式主要有三种类型:词义是语素义的组合义,词义是语素义的融合义,词义是语素义的引申义。以上情况如下表所示:

结构类型 语义构成与词性构成		语义构成	词性构成
《金瓶梅》双音复合形容词结构	联合式	相同相近联合 相关联合 相反联合	形 + 形→形 98.25% 其他 1.75%
	偏正式	偏语素表否定 偏语素表程度 偏语素表性质特征	形 + 形→形 25% 副 + 形→形 形 + 名→形 }75% 形 + 动→形 名 + 形→形
	动宾式	宾语素表受事或对象 宾语素表施事 宾语素表当事 宾语素表原因 宾语素表使动义 宾语素表结果	动 + 名→形 64% 形 + 名→形 14% 动 + 形→形 14% 动 + 动→形 7% 其他 1%
	主谓式	主语素表主体	名 + 形→形 42.9% 代 + 形/动→形 57.1%
	补充式	补语素表结果 补语素表程度	动 + 形→形 75% 形 + 副→形 25%

参考文献

程湘清主编 1982《先秦汉语研究》,山东教育出版社。

程湘清主编 1984《两汉汉语研究》,山东教育出版社。

程湘清主编 1988《魏晋南北朝汉语研究》,山东教育出版社。

程湘清主编 1990《隋唐五代汉语研究》,山东教育出版社。

程湘清主编 1992《宋元明汉语研究》,山东教育出版社。

葛本仪 1985《汉语词汇研究》,山东教育出版社。

郭锡良 1997《汉语史论集》,商务印书馆。

蒋冀骋、吴福祥 1997《近代汉语纲要》,湖南教育出版社。

蒋绍愚 1994《近代汉语研究概况》,北京大学出版社。

蒋绍愚 1994《蒋绍愚自选集》,河南教育出版社。

刘叔新 1990《汉语描写词汇学》,商务印书馆。

罗竹风主编、汉语大词典编辑委员会 1986《汉语大词典》,上海辞书出版社。

王利器 1988《金瓶梅词典》,吉林文史出版社。

向　熹 1993《简明汉语史》,高等教育出版社。

徐通锵 1997《语言论》,东北师范大学出版社。

袁　宾 1992《近代汉语概论》,上海教育出版社。

张鸿魁 1996《金瓶梅语音研究》,齐鲁书社。

张其昀主编、中文大辞典编纂委员会 1968《中文大辞典》,中国文化学院出版
　　部。

章一鸣 1997《〈金瓶梅词话〉和明代口语词汇语法研究》,上海古籍出版社。

赵克勤 1987《古汉语词汇概要》,浙江教育出版社。

郑怀德、孟庆海编 1991《形容词用法词典》,湖南出版社。

朱德熙 1985《现代汉语语法研究》,商务印书馆。

原书后记

　　千禧年底,我在"超期服役"三年后,终于被批准退休了。因久病缠身,我曾向分管领导不止一次地提出"无条件退下来"。退下来的一年中,身体是好多了,但活动也更多了。除多次随老领导下去调研、视察,应邀到各省市讲课,还和共事数十年并且一直支持我不放弃语言研究的好友刘政同志合著《人大监督探索》一书(中国民主法制出版社 2002 年 3 月出版),撰写文稿多篇,均在报刊发表,如刊于《人民日报》的《人大监督制度及其创新》、《法制日报》的《略论人大及其常委会的决定权》、《求是》杂志的《论人大监督》等。我的北大同窗好友听说我退下来了,都鼓励我在身体允许的前提下"重操旧业":搞点语言研究或写点杂文。先是,何乐士大姐督促我把有关专书复音词的文章结集出版;继之,何九盈兄在春节假日连续三天,一气呵成,为本书写了一篇热情洋溢的序言。这篇长序中有关"序"、有关汉语通史必须以断代研究为基础、有关汉语史分期、有关读书的诸多论述,均有精到见解;至于谈到我,固然毫无"献谀"、"标榜"之意,却充满奖掖、厚爱之情。语言学是广阔的大海,我在有限的时间内所作的一点研究和探索,不过涉及几滴水。好在九盈对我写的那些东西并未作具体的学术评介,只是强调我具有一点专注学业的精神,当官不忘读书的精神,以至从政多年还是一身书卷气。若非近半个世纪友谊长存,九盈是决然写不出这篇既序文又序人的文章的。在此，对九盈以及所有理解、帮助、支持我的朋友，我深表谢意。

　　本书得以较快出版，要感谢商务印书馆和对语言学造诣颇深的张万起编审以及本书责编李青梅副编审等同志。听说商务印书馆最近设专项基金出版语言学著作，这是很有远见的做法。我还要谢谢我的老伴刘俊英和儿子程钢替我用电脑打印、校改书稿。

程　湘　清

2002 年 2 月 24 日

于北京椿树园

增订本后记

　　商务印书馆 2003 年出版的《汉语史专书复音词研究》，是作者主编的汉语史断代专书研究丛书中由作者分工撰写的词汇部分及有关复音词研究成果的汇集。作者以现代语言学理论（包括现代语义学义位、义素分析方法）为指导，运用比较系统科学的方法，对先秦、两汉、魏晋南北朝、隋唐五代等断代的有代表性的《尚书》、《诗经》、《论语》、《孟子》、《韩非子》、《论衡》、《世说新语》、《敦煌变文集》等多种专书的复音词，按照内在联系分门别类，进行系统的静态描写，同时尽可能上探源、下溯流，对前后断代乃至现代汉语的复音词，作纵向的历史比较和动态分析。还采用计量方法，在当时没有计算机帮助的情况下，靠手工操作、下笨工夫一字一词精心统计和分析，努力把定量分析和定性分析结合起来。从而，在一定程度上反映各断代汉语复音词的真实面貌，包括从语音、语法、语义、词性、词形、修辞等多角度，揭示其构成状况、演变特点、发展规律，旨在为探析汉语发展中的重要现象——词汇复音化现象，为总结汉语发展史、主要是汉语词汇发展史，提供依据和论证。作者在前人研究的基础上提出一些新的看法，诸如，关于不是语音系统简化才导致词汇复音化，而是由词汇的复音化才导致语音系统简化的异于传统说法的判断；关于复音词结构方式的三个发展阶段及其发展状态、特点和趋势；关于联合式复音词中不平等联合式复音词概念的提出和运用;关于语言发展中既要求词义的丰富性、多样性,又要求表达的单一性、明确性,这一矛盾的对立统一大大促进了汉语复音化的进程;等等。不少学者还特别对作者系统提出专书研究方法论给予肯定,认为不仅总结了前人的研究经验,也给后来者以启迪和借鉴。

本增订本除对个别疏漏之处作了修正,主要是以附录形式补进由作者具体指导程娟(现为北京语言大学教授)撰写的《金瓶梅》复音词动词和形容词研究的内容。动词篇曾收入我主编的《宋元明汉语研究》,形容词篇曾刊载《中国语文》。该两文不但研究方法和作者相同,内容完全衔接,而且从词类角度研究复音词尚有独到之处。原来就有读者指出,原书缺少近代专书复音词研究成果,是一大缺憾。增加此内容则能保持我们那套丛书中关于复音词研究的连续性和完整性,更能满足读者的需求。增订本出版,当感谢商务印书馆既是编审又是语言学者的周洪波、何宛屏、李青梅等各位同志的支持和帮助。尤其是责编李青梅编审对书稿审阅校订,一丝不苟,保证了出书质量。书中可能存在一些问题,当然要由作者负责,敬请方家和读者给予批评指正。

程 湘 清

2007 年 3 月 8 日

于北京椿树园